新世纪研究生教学用书
会计系列

含 MPAcc、MAud
及MBA、EMBA财会方向

U0648327

高级审计研究

Research on Advanced Auditing

（第三版）

刘明辉 主编

东北财经大学出版社
Dongbei University of Finance & Economics Press
大连

图书在版编目（CIP）数据

高级审计研究 / 刘明辉主编. —3版. —大连：东北财经大学出版社，2018.2
（2020.1重印）
（新世纪研究生教学用书·会计系列）
ISBN 978-7-5654-2982-8

Ⅰ.高…　Ⅱ.刘…　Ⅲ.审计学–研究生–教材　Ⅳ.F239.0

中国版本图书馆CIP数据核字（2017）第274293号

东北财经大学出版社出版

（大连市黑石礁尖山街217号　邮政编码　116025）

网　　址：http://www.dufep.cn

读者信箱：dufep@dufe.edu.cn

大连雪莲彩印有限公司印刷　　　　东北财经大学出版社发行

幅面尺寸：185mm×260mm　字数：560千字　印张：24.25　插页：1
2018年2月第3版　　　　　　　　　2020年1月第10次印刷

责任编辑：王　莹　孙冰洁　　　　　责任校对：惠恩乐
封面设计：张智波　　　　　　　　　版式设计：钟福建

定价：48.00元

教学支持　售后服务　　联系电话：（0411）84710309
版权所有　侵权必究　　举报电话：（0411）84710523
如有印装质量问题，请联系营销部：（0411）84710711

第三版前言

《高级审计研究（第二版）》在2013年7月出版，于2016年8月第7次印刷。随着近年来审计环境的快速变化，审计标准不断修订，本书也需要再次修订。为了提高注册会计师审计报告的信息含量，满足资本市场改革与发展对高质量会计信息的需求，保持我国审计准则与国际准则的持续全面趋同，2016年12月23日，财政部发布了《关于印发〈中国注册会计师审计准则第1504号——在审计报告中沟通关键审计事项〉等12项准则的通知》（财会〔2016〕24号）。修订后的准则实现了与国际准则的趋同，从结构到内容均发生了一些明显变化。考虑到当前研究生教学目标和学生需求，结合当前审计理论与实务的最新动态，有必要对原书中的部分内容进行更新。

本书是在2013年版本的基础上修订完成的。在修订过程中，保留了第二版的基本体系和主要内容，同时对相关内容进行了全面更新，并进一步提高了案例和实务内容的比例。

具体而言，经过修订之后，本书特点主要体现为以下几个方面：

一是按照2016年修订后的中国注册会计师执业准则对全书内容进行了全面梳理和更新，充分吸收修订后准则的相关内容，如增加了"关键审计事项"概念、按照准则更新"与治理层沟通"等内容；按照最新内部控制配套指引、审计准则问题解答等的核心要求更新或者补充相关内容。

二是进一步增强理论和实践的紧密结合。在理论方面，保留第二版中重点内容，并尽可能进行知识扩展，增强学生对于理论知识的感性认识。同时，紧密跟踪国内外审计理论和实务的最新发展动态，相应添加国内外组织最新动态和审计实务的相关内容，增强本书的实务性。

三是根据审计职业发展的最新动态，尤其是信息技术对审计的影响，全面补充相关链接的内容；及时补充与正文密切相关的信息。本次修订增加的教学案例涵盖了当前热点案例和传统经典案例。

本书由东北财经大学博士生导师、中国注册会计师审计准则委员会委员刘明辉教授担任主编。中华女子学院副教授胡波博士对第1章至第10章进行修订，南京财经大学副教授韩小芳博士对第11章至第17章进行修订。胡波和韩小芳修订了课件和答案，并补充了20个教学案例。最后由刘明辉教授总纂、修改、定稿。

由于作者的水平有限，本书肯定存在诸多不足之处，诚请各位学界同仁和实务界朋友多加指正，不胜感谢。

编　者
2018年1月

第二版前言

本书是在 2006 年 1 月出版的《高级审计理论与实务》的基础之上，经过进一步修订而成。考虑到研究生的教学特点和目标，结合当前审计理论与实务的最新动态，在修订过程中，我们尽可能做到理论与实际相结合，国际化与本土化并重，在内容和体例上充分体现实务性和可操作性，以满足案例教学的要求。

具体而言，本书经过修订之后，其特点主要体现为以下几个方面：

一是充分吸收中国注册会计师执业准则的相关内容，全力展现风险导向审计思路，体现增值审计的思想。

二是紧密跟踪国内外审计理论和审计实务的发展动态，相应添加国内外最新审计准则和审计实务的相关内容，增强本书的实务性。

三是在正文中大量穿插图表、案例和相关链接，对有关内容的介绍尽可能简明、形象，并及时补充与正文密切相关且学员所需的知识；精选大量实例作为习题，加强读者对于审计理论和审计现状的思考，扩展理论联系实务的能力。

四是拓展写作思路，充分反映相关学科、法律法规、经济政策、科学技术变化对审计学科的影响。

本书从内容逻辑上分为 4 编共 17 章。

第 1 编为审计理论概述，包括：第 1 章审计的供求分析，主要阐述审计起源与发展、审计动因理论，以及现代审计的社会角色与责任，分析影响审计供求的因素内容；第 2 章审计理论与审计理论结构，主要介绍审计理论研究的三座里程碑、审计理论结构及其逻辑起点；第 3 章审计环境与审计目标，主要介绍审计环境的构成要素、审计环境对于审计的影响、审计环境与审计目标的关系，以及审计目标的发展演进；第 4 章审计假设，阐述了审计假设的概念与性质、不同的审计假设模式，并重点介绍了风险导向审计模式下的审计假设体系；第 5 章审计基本概念体系，主要介绍审计理论中的基本概念。

第 2 编为风险导向审计，系统介绍了风险导向审计的理论和方法。本编内容主要包括：第 6 章企业内部控制与风险管理，主要介绍内部控制与风险管理的相关理论及其关系；第 7 章风险导向审计概述，主要介绍了审计模式的演进，概括介绍了风险导向审计相关内容；第 8 章风险导向审计的基本原理，系统介绍了风险导向审计的基本原理，本章还介绍了 KPMG 风险导向战略系统审计的过程；第 9 章风险导向审计的实施：风险评估，重点阐述审计师了解被审计单位及其环境过程中应实施的风险评估程序及具体的组织方式，审计师需要了解被审计单位及其环境的内容，如何进行有效的重大错报风险评估并形成相应的审计记录；第 10 章风险导向审计的实施：风险应对，主要介绍了审计师针对财务报表层次的重大错报风险的总体应对措施、针对认定层次重大错报风险的审计程序规划，以及进一步审计程序，适当阐述了审计师如何评价列报的适当性以及审计证据的充分性和适当性。

第3编为审计失败与审计质量控制，包括：第11章审计期望差距，主要说明审计期望差距的特征、构成要素、存在原因，以及职业界对缩小审计期望差距所做的努力；第12章审计失败，阐述审计失败的含义、原因、法律责任、规避方法，特别是如何处理管理层舞弊；第13章审计质量控制，主要介绍审计质量的含义、特征、衡量标准、影响因素，以及会计师事务所质量控制制度体系，对非审计服务对审计质量控制的影响也进行了相关分析。

第4编为舞弊审计与其他服务，包括：第14章舞弊审计，重点阐述了舞弊审计的相关理论和实务检验方法；第15章鉴证服务概述，主要介绍鉴证服务的含义、特点、业务范围、鉴证业务准则的内容，以及相关的法律风险和防范措施；第16章其他鉴证业务，分别介绍了预测性财务信息审核、内部控制审核和风险评估业务；第17章相关服务，介绍了对财务信息执行商定程序和代编财务信息两类业务。

本书由东北财经大学博士生导师、中国注册会计师审计准则委员会委员刘明辉教授担任主编。具体分工为：第1章、第2章和第4章由大连海事大学李琳编写；第3章由深圳大学王义华编写；第5章由深圳证券交易所徐正刚编写；第7章至第10章由浙江工商大学张宜霞编写；第11章由南京大学薛清梅编写；第6章、第12章和第17章由中华女子学院胡波编写；第13章由中国证监会刘悦编写；第14章由东北财经大学郑艳茹编写；第15章由东北财经大学常丽编写；第16章由河南财经学院李凯编写。练习题和答案由胡波和李凯进行了修改。最后由刘明辉教授总纂、定稿。

由于作者的水平有限，本书肯定存在诸多不足甚至是错误之处，尚请各位学界同仁、老师和职业界朋友多加指正，不胜感谢。

编　者

2009年3月

目　录

第1编　审计理论概述

第1章　审计的供求分析　⇨3

学习目标　/3

1.1　为什么需要审计　/3

1.2　审计的社会角色　/14

1.3　审计供求关系与审计期望差距　/19

总结与结论　/22

练习题　/23

第2章　审计理论与审计理论结构　⇨26

学习目标　/26

2.1　审计理论的含义与作用　/26

2.2　审计理论研究的里程碑　/28

2.3　审计理论结构的逻辑起点　/31

2.4　审计理论结构的构建　/35

总结与结论　/44

练习题　/44

第3章　审计环境与审计目标　⇨46

学习目标　/46

3.1　审计环境的构成要素及其对审计的影响　/46

3.2　审计环境变革与审计目标的演变　/50

3.3　21世纪的审计变革　/57

总结与结论　/63

练习题　/63

第4章　审计假设　⇨66

学习目标　/66

4.1　审计假设概述　/66

4.2　审计假设的研究回顾　/68

4.3　风险导向审计假设体系的构建　/73

总结与结论　/79

练习题　/79

第5章　审计基本概念体系　⇨81

学习目标　/81

5.1　审计基本概念体系概述　/81

5.2　可信性　/83

5.3　过程　/89

5.4　传输　/95

5.5　执行　/104

总结与结论　/110

练习题　/111

第2编　风险导向审计

第6章　企业内部控制与风险管理　⇨115

学习目标　/115

6.1　内部控制　/115

6.2　企业风险管理　/123

6.3　企业内部控制与风险管理的关系　/141

总结与结论　/143

练习题　/144

第7章　风险导向审计概述　⇨147

学习目标　/147

7.1　审计模式的演进　/147

7.2　风险导向审计概述　/151

总结与结论　/154

练习题　/154

第8章　风险导向审计的基本原理　⇨157

学习目标　/157

8.1　审计风险模型　/157

8.2　风险评价的战略系统视角　/160

8.3　风险导向审计的了解获取框架　/163

8.4　BMP：风险导向审计的风险评估计量程序　/163

8.5　风险导向审计的分析程序与证据的获取　/174

总结与结论　/178

练习题　/178

第9章　风险导向审计的实施：风险评估　⇨182

学习目标　/182

9.1　风险评估程序　/183

9.2　了解被审计单位及其环境　/186

9.3　了解被审计单位的内部控制　/194

9.4　评估重大错报风险　/202

9.5　与治理层和管理层的沟通　/207

9.6　审计工作记录　/207

总结与结论　/208

练习题　/208

第10章　风险导向审计的实施：风险应对　⇨210

学习目标　/210

10.1　针对财务报表层次重大错报风险的总体应对措施　/210

10.2　针对认定层次重大错报风险的进一步审计程序　/211

10.3　控制测试　/214

10.4　实质性程序　/218

10.5　评价列报的适当性　/221

10.6　评价审计证据的充分性和适当性　/222

总结与结论　/222

练习题　/223

第3编　审计失败与审计质量控制

第11章　审计期望差距　⇨227

学习目标　/227

11.1　审计期望差距的概念与产生原因　/227

11.2　审计期望差距的影响与解决对策　/236

总结与结论　/246

练习题　/247

第12章　审计失败　⇨248

学习目标　/248

12.1　审计失败的内涵　/248

12.2　审计失败与相关概念解析　/250

12.3　审计失败的成因剖析　/255

12.4　审计失败与审计责任　/264

12.5　审计失败的规避　/269

总结与结论　/270

练习题　/271

第13章　审计质量控制　⇨273

学习目标　/273

13.1　审计质量控制概述　/273

13.2　会计师事务所质量控制制度体系　/279

13.3　非审计服务与审计质量控制　/292

总结与结论　/297

练习题　/297

第4编　舞弊审计与其他服务

第14章　舞弊审计　⇨301

学习目标　/301

14.1　舞弊和舞弊审计　/301

14.2　关注和识别舞弊风险因素　/304

14.3　舞弊审计的方法和程序　/311

14.4　舞弊审计报告　/320

总结与结论　/323

练习题　/323

第15章　鉴证服务概述　⇨326

学习目标　/326

15.1　鉴证业务的产生与发展　/326

15.2　鉴证业务的含义与要素　/329

15.3　鉴证业务与相关服务的区别　/331

15.4　鉴证业务的重要分类　/333

15.5　鉴证业务的法律责任　/342

总结与结论　/345

练习题　/345

第16章　其他鉴证业务　⇨347

学习目标　/347

16.1　预测性财务信息审核　/347

16.2　内部控制审计　/353

16.3　风险评估　/357

总结与结论　/358

练习题　/359

第17章　相关服务　⇨360

学习目标　/360

17.1　对财务信息执行商定程序　/360

17.2　代编财务信息　/367

总结与结论　/372

练习题　/372

主要参考文献　⇨374

第 1 编

审计理论概述

第 1 章

审计的供求分析

[学习目标]

1. 了解审计起源与发展；
2. 掌握不同的审计动因理论；
3. 熟悉现代审计的社会角色与责任；
4. 熟悉影响审计供求的因素。

● 1.1　为什么需要审计

审计作为一种社会现象，其伴随着社会环境的变迁而经历了从简单到复杂、由低级到高级的发展过程。从历史的角度去考察审计的起源与发展，将有助于我们了解审计动因。

1.1.1　审计起源与发展的简要回顾

审计的历史十分悠久，审计史学家理查德·布朗（Richard Brown）曾指出"审计的起源可追溯到与会计起源相距不远的时代"。在古埃及、古巴比伦、古希腊和古罗马这些人类文明的发源地进入奴隶制经济发展阶段之时，奴隶主统治者授权各级官吏管理国家事务，统治者为保持其统治地位，发展财政经济，防止官吏腐化堕落，设置了专门负责经济监督的审计官员。同为文明古国的中国，在强盛的奴隶制国家——西周，设有从事政府审计的"宰夫"官职。宰夫负责审查各官吏的财政收支，监视官吏严格遵守和执行朝法，对发现的违法乱纪行为，可以向上级甚至周王报告，请求加以诛罚。这些都是最初的审计活动，也是政府审计的雏形。

进入封建社会后，随着社会政治经济的发展，为适应封建专制中央集权的需要，国家开始颁布法律，要求实行审计监督，审计组织也逐步独立于财政部门。在我国的官制中出现了源于三国时期、兴旺于隋唐的比部。比部是独立于财计部门——户部——的专职审计机构，对国家的财政收入、财政支出及公库系统的出纳进行审核。比部的设立被认为是中国审计史上的一座里程碑，对后世审计组织的建设产生了积极的影响。

18世纪下半叶至19世纪末，在欧洲工业革命的推动下，产业规模日益扩大，企业开始大量涌现，并诞生了股份有限公司。股份有限公司的所有权和经营权开始分离，公司的股东和债权人不能直接参与经营，为了保护自身的经济利益，专门聘请独立于公司所有者和经营者的审计师对公司的账目进行审核，以查实公司提供的财务信息。1862年，英国的公司法规定，股份有限公司应依法进行年度审计，股东可以聘请会计师或其他专家对公司的会计记录和财务报表进行审查，向股东提交审查报告。独立审计的形成将审计发展纳入了一个新的经济框架之内，迅速成为审计发展的主流，也揭开了现代审计的篇章。

20世纪40年代后，特别是第二次世界大战以后的数十年里，作为"社会经济细胞"的企业，其外部经营环境和内部组织结构日益复杂。一方面，经济全球化、一体化催生了众多的跨国公司；另一方面，跨国公司的内部管理层次快速分解。企业内部的管理人员和内部审计人员面对骤变的经济环境，为了降低成本、在激烈的竞争中取得理想的经济效益，开始在内部审计的理论和实务方面进行积极探索，促进了现代内部审计的形成。

简要回顾审计的起源与发展历程，我们可以得到如下启示：审计是社会环境——尤其是经济、政治和法律环境——变迁的产物。环境的改变推动着审计呈现出多样发展态势，审计总是力求不断地适应社会发展的需求。

1.1.2 审计动因的经济学分析

任何事物都是基于某种客观需要，在特定条件下产生并遵循一定的规律向前发展演进的，作为社会经济生活重要组成部分的审计亦是如此。审计动因是指审计产生、存在与发展的动力和原因。利用经济学的基本理论来探求审计动因，研究社会对审计服务的需求，将从根源上认识审计本质、审计目标、审计假设、审计规范等理论问题，从而有助于构建一个具有完整性和逻辑性的审计理论结构体系，因此具有重要的理论意义和实际价值。主要的审计动因理论包括信息理论、代理理论、受托责任理论、保险理论、冲突理论等。

1）信息理论

信息理论认为，之所以需要审计，是由于审计的结果可以使信息更加可靠，减少出现于管理层和投资者之间潜在的信息不对称，使市场更具效率。审计的本质在于增进财务信息的价值，也即提高财务信息对信息使用者决策的正确程度。

此理论认为，资本市场的参与者面临着信息不对称，即参与经济活动的经济当事人拥有不同信息的情况，通常卖方掌握的信息比买方掌握的信息要多。一般说来，信息不对称分为两种：一种是事前信息不对称；另一种是事后信息不对称。

（1）事前信息不对称

事前信息不对称导致了"逆向选择"的出现，造成了市场失灵。逆向选择产生的原因是委托人在签订契约以前不知道代理人的类型（道德是好还是坏，能力是高还是低）。

外部投资者在购买公司股票之前存在信息不对称。例如外部投资者对反映公司价值的信息——公司管理人员的能力情况——不是十分了解。如果股东无法区分经理的能力高低，那么有能力的经理就难以获得与其能力相称的报酬，他们可能会退出经理人市场，最终的结果是公司难以雇用到高水平的人才。针对事前的信息不对称，需要解决的是双方在签约前如何获得有用的信息。通过市场发出传递产品质量信息的信号有助于解决逆向选择问题。比如，委托人可通过调查经理以前所在公司的经营业绩来衡量经理的能力高低，取得有关代理人能力的更多信息；经理人也可主动向委托人提供自己从前良好的经营能力的证明信息等。

（2）事后信息不对称

事后信息不对称引发的"道德风险"问题也造成了市场失灵。当契约签订以后，委托人无法观察到（或者虽能观察到但成本太高）代理人的行动时，事后的信息不对称就可能会产生道德风险问题。

类似的，外部投资者在购买公司股票的时候相信公司会有效率地使用资金，而实际上公司在资金到手后经理却可能出现工作不求有功、但求无过，害怕承担风险，或者懒惰，甚至经理有可能以权谋私，侵吞公司的资产等，但外部投资者对公司管理人员的行为却并不知情。这种事后的信息不对称容易导致道德风险的产生。在这种事后信息不对称的情况下，偷懒者占便宜。为解决这种问题，委托人可以设计一个最优的激励方案，诱使代理人选择委托人所希望的行动。比如，股东可以将经理的薪酬与公司的盈利挂钩或者给予经理一定的股票购买权，以促进经理努力工作、提高公司的盈利能力，进而使代理人的目标与委托人的目标尽量保持一致。

利用信息理论，我们可以对审计动因进行如下分析：

（1）审计可以降低信息不对称的成本

在信息不对称的情况下，委托人希望实现在事前不对称的情况下让人说真话、在事后信息不对称的情况下让人不偷懒。在资本市场中，公司通过发行股票或向债权人借款的方式来取得所需的经营资金。公司筹集资金时一定会许诺这个项目有多好，会赚取多少盈利来返还给投资者和债权人，并写下诸多保证。但公司的承诺能否兑现，其真实的偿债能力又如何，公司的管理层更清楚，而外部投资者和债权人无从知晓。投资者和债权人需要获得高质量的信息，降低信息不对称带来的损失，最终作出适当的决策。为此，投资者和债权人应对公司管理层所提供的财务信息进行查实，但是如果每一个人都去检查，那么，获取可靠的信息成本就太高了，通过聘请专职的外部审计师来为全体委托人对公司管理层进行审计可以大大降低这一成本。

（2）审计可以缓解信息不对称

除了受到成本的制约外，由于自身能力以及时间、空间及法律等条件的限制，投资者和债权人已无法胜任或不能亲自直接检查，这就需要聘请具有专门技术的人来检查，于是这种审计工作就自然而然地成了具有会计专长的审计师们提供专业服务的机会。审计师的职责是运用专业技术和方法，对由管理部门编制的反映其受托责任的财务报表是否真实公允地反映了公司的财务状况和经营成果进行审查和判断，进而作出适当保证，并向公司股东及利害关系人报告。从这个角度来说，审计实际上就是为降低信息不对称的发生，满足全体委托人进行查账的需要，由审计师替所有的出资者来检查公司的一种经济活动。当然，对于管理层而言，通过审计师的审计也可以向市场发出传递服务质量的信号，而此时，"经审计"就成为一种标签，提高了财务信息的可信性。因而，无论是对委托人还是代理人，审计均起到了缓解信息不对称，促使信息使用者作出合理的经济决策，从而提高资本市场的资源配置效率。

（3）现实经济生活与信息论的逻辑一致性

信息论的盛行与股份有限公司的兴起与发展是分不开的。17世纪，随着欧洲经济的发展，许多国家相继出现了股份有限公司这种组织形式。股份有限公司的一个基本特征是经营权与所有权相分离，公司由全体股东共同拥有，各股东根据所占股份多少分享盈利或分担亏损，公司的经营管理则由股东大会选举产生的公司董事会负责。公司董事会是公司的最高管理机构，它向股东代表大会承担受托管理公司的经济责任。在股份有限公司中，针对作为公司所有者的股东不直接参与公司经营管理的特点，要求公司管理部门有义务通过一定媒介向股东报告其履行经济责任的情况和业绩。这种媒介就是公司的财务报表。信息理论认为审计可以提高财务信息的可信性，降低信息风险，从而可以增进财务信息的价值。这也是各国的法律和政府法规常常对财务信息进行独立审计作出规定的原因所在。

2）代理理论

代理理论认为，企业的股东与债权人和管理层之间符合代理关系，为了减少这种代理关系下的代理成本，委托代理双方签订一系列契约，契约条款的实施需要外部独立第三方的监督，所以就产生了对独立审计的需要。因此具有良好声誉的独立审计师在审计工作中既代表委托人的利益，也代表代理人的利益。审计的本质在于促使股东利益和企业管理人员的利益达到最大化。

现代产权经济学家詹森（Jensen）和梅克林（Meckling）"把代理关系定义为一种契约，在这种契约下，一个人或者更多的人（即委托人）聘用另一人（即代理人），代表他们来履行某些服务，包括把若干决策权托付给代理人。如果这种关系的双方当事人都是效用最大化者，就有充分的理由相信，代理人不会总以委托人的最大利益而行动"。为了解决代理人的道德风险，使代理人偏离委托人的利益差距有限，就必须付出一定的代价，这种代价就是代理成本，它是一种交易成本。代理成本包括三种：其一，委托人监督和激励代理人、使代理人为委托人的利益尽力而发生的成本；其二，代理人为担保不损害委托人的利益而支付的成本，或者对委托人遭受损害的补偿成本；其三，即便发生了监督和担保成本，代理人的决策与使委托人效用最大化的决策仍会有差异，由此造成的委托人的利益损失，称为"剩余损失"。

利用代理理论可以解释审计发挥作用的机制。

代理理论认为，企业是一系列契约（包括与股东、经营者、债权人、雇员的契约关系，还有与供应商和客户等的契约关系）的联结，企业中的相关各方存在相互抵触的利益冲突。企业的股东与债权人和管理层之间完全符合代理关系。

（1）企业的股东与债权人和管理层的目标函数并不总是一致，他们在组织设置与契约关系框架内追求各自特定的目标。股东仅对其投资能否产生货币收益感兴趣，而管理者不仅重视财富，而且也重视休闲、地位等，债权人关注如期地收回本息。由于公司投资者的责任有限，这会使股东选择风险较高的项目，但是这些项目债权人和管理层可能不会选择。不仅如此，不同权益所有者所享有的权利也是不同的。投资人虽然有剩余追索权，但股利分配的方案未被股东大会通过之前，投资人并不能享有公司的利润。公司由一群可能未持有公司股票但却控制着公司财产和信息流的管理人员所管理。

（2）在出现利益抵触的情况下，为了保护自己的权益不受侵害，出资者可以通过监督方式使管理层与自己的目标趋于一致。然而股东与债权人作为出资者无法直接观测到管理层的行为，除了通过管理部门的报告外，没有其他途径来考察管理部门的工作业绩与自己的目标之间的内在联系程度，也无法考察管理部门做了哪些工作导致这一盈亏情况。为此，出资者会考虑，如果将管理部门的报酬与其工作业绩相挂钩，那么就会激励管理部门将工作做好的积极性，但与此同时也可能会产生管理部门虚报业绩的情况。但如果管理部门的报酬是固定的，那么，管理部门虽然没必要去歪曲报告，但工作积极性势必下降，这对出资者也不利。由此认为，如果用有刺激的报酬合同再加上对财务报告进行独立审计，就会使股东利益达到最大化。聘请外部审计师来对企业的财务报表进行审核的费用成为出资者激励和监督管理层的一部分代理成本。于是就产生了委托外部审计师作为出资者的代理人对管理部门的财务报告进行审查的需求，这是代理理论对审计的最初解释。

（3）随着代理理论的发展，也出现了新问题，由于管理部门的报酬与其绩效相挂钩，投资人可通过减少报酬的方式，允许管理人员有偏离投资人利益的范围和自由。因此，为避免这种情况发生，精明的管理人员就会主动去聘请审计师对其业绩报告的真实性进行鉴定，以向出资者说明其付出的努力及其有效性。美国在证券交易委员会（SEC）作出审计要求以前就已经有很多公司自愿进行审计了，例如1926年在纳斯达克上市的公司中82%的公司都进行审计，1934年在纳斯达克上市的公司中94%的公司都自动进行审计。沃勒斯（W. A. Wallace）也指出："由代理人而不是主人（由董事会而不是由投资人或其他使用人）提出审计的要求，其原因在于投资人能够通过支付低报酬给管理人员的方式保护他们的利益不受损失。如果接受监督的收益（由外部审计向投资人提供保证，以免管理人员报酬减少）大于监督的成本（监督或审计费），则管理人员会要求审查他们受托的资产。"可以看出，在代理理论中，对审计需求已不是财产所有者的单方需求，而已成为财产所有者和财产经营者的共同需求。

（4）实证研究为代理理论提供了支持。1980年，巴拉契吉与勒默克拉西用代理理论对审计实务进行了实证分析。结论是：审计是保持经理与股东利益最佳化的控制器；经理也希望通过外部审计师来证实财务报告的真实性及其良好的经营绩效。1982年，美国的会计学者曹（Chow）运用代理理论，对1926年的审计进行实证研究，结果亦验证了管理人员的报酬与财务信息之间存在某种函数关系的假设。曹假设公司接受外部审计的原因在于调解管理人员、股东、债权人之间的利益冲突，其结论是：与财务信息有关的债务合约、报酬合约等因素都增加了公司自愿聘请外部审计师进行审计的可能性；代理成本因素在聘请外部审计师进行审计方面充当了重要角色。可以说，审计的确能够促使出资者和企业管理人员的利益达到最大化，审计的出现是社会选择所致。

3）受托责任理论

受托责任理论认为，审计因受托责任的产生而产生，并伴随着受托责任的发展而发展。当受托责任关系确立后，客观上就存在授权委托人对受托人实行监督的需要，审计的本质是一项独立的经济监督活动。

虽然中外学者对受托责任（accountability）的理解不尽相同，但是从一般意义上讲，它是指一种报告说明责任，是责任承担人向有关方面说明其行为过程与结果的责任。受托责任因授权而产生；受托方负有必须就其行为过程向授权者作出说明的责任，授权方也负有不随意改变授权的责任。这种责任最主要的内容是经济责任，虽并不局限于此，但其他责任都是依附于经济责任的。受托责任的内容可以通过法律、协议和惯例甚至口头合约来确定。

受托责任在不同的历史条件下有着不同的内涵与外延，但都适应了当时的社会环境特点。在奴隶社会和封建社会中，奴隶主、封建庄园主将财产委托给管家经营，管家成为受托人，主要承担受托财务责任。随着股份有限公司的发展，财产所有者（众多的股东和债权人）开始委托公司的管理层进行经营管理，而管理层又代表财产所有者将部分财产给下级管理者经营，权力不断被分散下去。此时的受托责任出现了交叉，且存在多个委托人，受托责任变得十分复杂。不仅如此，现代社会条件下的受托责任已经不再局限于财产的托付，还包括社会资源的委托，受托人不仅要承担依照授权合法经营管理财产、保护财产安全完整的责任，还要努力提高管理效率、履行相应的社会责任。

受托责任理论对审计动因的解释如下：

在委托人将财产的经营权转移给受托人的情况下，必定形成一种受托责任。当受托责任关系确立后，客观上就存在委托人对受托人实行监督的需要。这是因为，委托人与受托人存在潜在的利益冲突，如果没有委托人的监督、检查，追求个人利益最大化的受托人可能会耗费更多的资源来完成任务，资源就无法实现最优配置，所以以财产所有者为了维护其利益，有必要对财产经营管理者因经营管理其财产所负的受托经济责任履行情况进行审查，以评价受托经济责任的履行。但是，受托责任日益复杂，使得委托人由于受到法律、时间、空间、自身能力以及成本等条件的限制，不能或无法亲自监督受托人的活动，这就需要具有相对独立身份的第三者对受托人进行检查，这就是审计。不仅如此，对于受托人而言，为说明其对自身机会主义的行为作出了监督，同样有建立监控机制的动机，聘请独立的审计师实施审计能有效地发挥监控作用。审计师与受托责任双方的审计关系如图1-1所示。

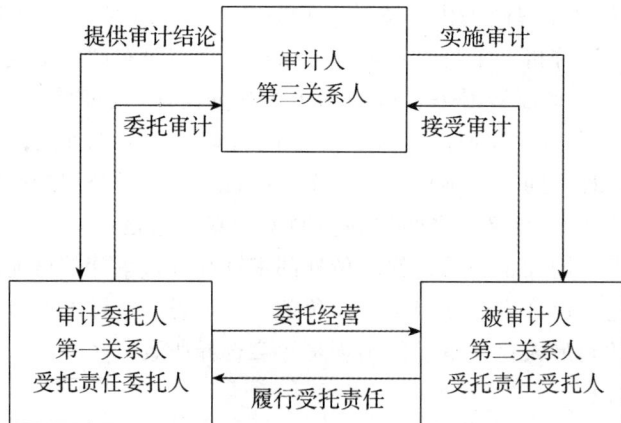

图1-1　审计关系图

总之，受托经济责任关系的确立是审计产生的前提条件，审计这种独立的经济监督方式，是维系受托经济责任关系的根本。著名审计学家钱伯斯（Andrew D. Chambers）对此作出的结论是："各种受托经济责任，包括社会的、道德的、技术的等等，只有在某种审计活动方式存在时才能存在。"在现代经济社会中，审计的发展，使受托人明确地感觉其受托责任的存在，从而使受托责任的贯彻成为名副其实、不容推诿的经济责任。

4）保险理论

保险理论认为审计是降低风险的活动，即审计是一个把财务报表使用者的信息风险降低到社会可接受的风险水平之下的过程，甚至认为审计是分担风险的一项服务。审计的本质在于分担风险。

保险理论的立论依托于信息风险的存在。所谓信息风险是指制定经营决策所依赖的信息不正确的可能性。产生信息风险的原因有：

（1）信息的距离。在现代社会，决策者几乎不可能大量地获取他所在单位的第一手资料，而必须依赖他人提供的信息。信息一旦由他人提供，被有意或无意错报的可能性就会增大。

（2）信息提供者的偏见和动机。如果信息由目标不同于决策者的人提供，就有可能出现有利于提供者的偏差。其原因可能是对未来事项的盲目乐观，或是有意以某种方式对信息使用者施加影响。无论是哪种情况，都将导致信息的错报。

（3）信息量过大。随着组织规模的扩大，其业务量也随之增大，这就增加了记录不当信息的可能性——这种不当信息很容易被大量的其他信息所掩盖。

（4）复杂的交易业务。近几十年来，各组织之间的业务日趋复杂，从而加大了正确记录的困难。

上述原因都会使财务信息使用者得到可靠财务信息的不可能性与日俱增。降低信息风险的方式有三种：一是报表使用者自行查证信息；二是报表使用者与管理者分担信息风险；三是提供经审计的财务报表。但是除了存在查证信息的成本与其他限制条件外，管理者承担风险能力低也促使依靠审计师来降低信息风险的做法日益普遍。

保险理论对审计动因的解释是建立在风险转移论基础上的。保险理论认为，保险费用是风险决策者愿意从自己将要得到的收入中支付出去的、实现分担风险目的的费用。在这一理论下，审计的本质被看作是一种保险行为，可减轻投资者和其他关联人的风险压力。审计费用的发生纯粹是贯彻了风险分担的原则。与股份有限公司利益相关的各集团和股东，为防止经理们舞弊而造成灾难性损失，或者经理们为防止下属从中作弊，都愿意从自己将要得到的收入中支付一部分费用来聘请外部审计师，这部分审计费用就被称为保险费用，同时把审计的效果视为保险价值。如果审计师因失职而未觉察出财务报表不可靠，他们有责任赔偿因失职而造成的损失，从而实现分担风险的目的。审计的过程就是搜集证据以把风险降到合理程度的过程。

保险理论认为，凡是直接参与企业经营的管理者，都有可能出于私利来欺骗远离公司的利益相关者，现在通过保险费用（审计费用）的支付，将这种可能的损失转嫁到审计师身上，因而在这一理论下，审计就被看作是一种保险行为，可减轻投资者的压力。这正如沃勒斯所说："审计师对破产或濒临倒闭的公司负有'深口袋'责任。在美国，法院多起判决均认为，审计师有能力避免未保险的投资人的营业风险。法院的倾向性观念是，审计师有义务为向他们寻求避免财务损失的投资人担保财务报表的准确。法院明显地视审计为使风险社会化的一种手段。换句话说，因为审计师对揭示营业失败负有责任，审计师转而通过收取高额费用把成本转嫁给客户，进而通过提高产品价格和降低投资报酬转嫁给社会。"沃勒斯该话的主旨在于审计被认为是风险分担过程的一部分，这个过程旨在使较大的无法承受的风险变为较小的可接受风险。

保险理论的产生有着深刻的历史背景。20世纪后期，审计职业一直受到种种冲击，指控审计师诉讼案件有"爆炸"的趋势。在20世纪80年代，仅美国最大的会计公司就为与审计有关的诉讼支付了约2.5亿美元。进入20世纪90年代，以审计师为被告的诉讼案件日益增多，且赔偿标的越来越大。美国会计师职业界需要花费9%～12%的审计与会计收入来解决法律诉讼。社会各界要求加强调控、扩大审计师责任的呼声，加重了审计师的责任。规定审计师对财务报表可靠性应负责任的程度，不仅是审计职业的事，而且是整个社会的事。审计师应当为所获得的报酬、利润和威信承担足够的风险。对那些行为不当乃至行为不忠的审计师来说，风险的存在无疑是一种重要的威慑力量。法庭在对几桩大案的审理中，都判会计师事务所败诉，必须承担赔偿的责任，而不问错在何方。显然，人们认为审计是分担社会风险的过程，审计的目的就是把风险降到社会可接受的水平之下。

5）冲突理论

冲突理论认为，审计存在的根本原因就是"人跟人之间存在利害冲突"，就是因为财务报表的提供者和使用者之间、使用者和使用者之间的利益并不一致，他们之间存在实际或潜在的利害冲突，正是因为存在利害冲突才导致财务报表存在不实报告的可能性，而审计是协调冲突的活动。审计的本质在于通过独立的合理保证业务来维护各个利益集团的利益。

冲突理论认为利益冲突是普遍存在的。

（1）就财务报表的提供者和使用者来讲，他们之间存在着利益冲突。例如，债权银行对于借款公司的资产，会采取比较稳健的做法；借款公司却对于本身的经营前途具有乐观的信心。由于两者存在利害冲突，管理层所提供的财务报表及有关资料可能存在粉饰财务状况与经营成果的情况。因此，财务报表使用者期望外部独立专家对财务报表实施独立、客观、公正的鉴证，发表意见，以合理地保证财务报表不受利害冲突的影响。

（2）财务报表的使用者与使用者之间也可能存在利害冲突。比如，公司股东可能期望得到丰厚的现金股利，而债权人则更倾向于不发放股息。为了使财务报表被每一个预期使用者所信赖，财务报表必须保持中立，即不能以牺牲一方利益为代价而使他方受益。基于这一考虑，也要求有一独立于利害关系各方的审计师对财务资料予以鉴证，以维护各个利益集团的利益。

冲突理论认为，利害冲突的存在，使人不能轻易相信别人的话，在没办法直接了解事实，却又必须设法知道的情况下，我们就需要找一个可靠的第三者来查证。协调冲突各方的利害关系是审计存在的关键，至于认为审计很专业、很复杂，可能只有专家才会做，或者一般人看不到公司的账，只有审计师才可以查账，这些并不是主要的原因。因为即使有这样的专业能力，也有机会能看到账簿，只要立场不对，别人也会不相信所出具的意见。比如，某公司的总会计师既懂会计，又能看到账簿，而且很专业。但如果他说"本公司的报表很公允"，别人往往难以完全相信，原因就在于他的立场有问题，很可能会倾斜于公司管理层的利益。

美国著名会计学家查特菲尔德（Michael Chatfield）认为："17世纪，公司的出现使有利害关系者对与账簿分离的独立的财务报表的需求更为强烈，这是因为，债权人和股东均需要得到与他们投资有关的资料。但是，由于公司管理部门与股东之间潜在的利害冲突，股东对公司管理部门提供的财务报表常常抱有怀疑态度，因此需要进行审查，以证实其可靠性。"外部独立的审计师对财务报表进行审计，使财务报表保持中立，不受利益冲突的影响，从而有助于财务报表使用者作出适当的决策。

表1-1对上述主要的审计动因理论进行了比较。

表1-1　　　　　　　　　　　　　　主要的审计动因理论比较表

审计动因理论	主要的观点	对审计本质的认识
信息理论	审计的结果可以使信息更加可靠，减少出现于管理层和投资者之间潜在的信息不对称，使市场更具效率	审计旨在增进财务信息的价值，提高财务信息对信息使用者决策的有用程度
代理理论	审计师是企业的股东与债权人和管理层之间，为了减少代理关系下的代理成本，监督委托代理双方签订一系列契约条款实施的外部独立第三方。具有良好声誉的独立审计师在审计工作中既代表委托人的利益，也代表代理人的利益	审计在于促进股东利益和企业管理人员的利益达到最大化
受托责任理论	审计因受托责任的产生而产生，并伴随着受托责任的发展而发展。当受托责任关系确立后，客观上就存在授权委托人对受托人实行监督的需要	审计是一项独立的经济监督活动
保险理论	审计是降低风险的活动，即审计是一个把财务报表使用者的信息风险降低到社会可接受的风险水平之下的过程，甚至认为审计是分担风险的一项服务	审计是风险的分担
冲突理论	审计存在的根本原因在于人跟人之间存在利害冲突。因为财务报表的提供者和使用者之间、使用者和使用者之间的利益并不一致，这种实际或潜在的利害冲突导致财务报表存在不实报告的可能性，而审计是协调冲突的活动	审计是通过独立的合理保证业务来维护各个利益集团利益的方式

1.1.3　现代审计动因的进一步考察

上述各审计动因理论主要从各自的角度出发，对审计动因进行论述，在某种程度上都具有一定的合理性，但是衡量一种理论是否能很好地解释审计动因不应仅看某一方面的合理性，而应运用系统、全面的观点加以剖析。为此，我们认为，在对现代审计动因进行考察时有必要建立一定的客观标准，这一客观标准体系的建立应结合审计理论结构研究，并能充分体现历史性、逻辑性、系统性的原则。按照审计动因的衡量标准探寻审计产生的基础，将有助于我们得出恰当的审计动因结论。

1）审计动因衡量标准体系

基于以上考虑，我们认为审计动因衡量标准体系应该做到：

（1）能回答审计源于并满足了何种社会需求

社会学家斯宾塞（Herbert Spencer）认为："一个系统的存在与发展满足了社会的某种需求，任何一个系统里的动力过程都可视为是满足这些基本需求的功能过程，一个系统对其环境的适应程度取决于它满足这些功能需求的程度。"因而，研究审计起源就必须能够回答审计源于何种社会需求，研究审计的发展就必须解释审计在多大程度上适应了该种社会需求。

（2）不但能解释审计产生的原因，而且能解释审计发展的推动力

在不同的社会形态、经济形态下，审计的内容、形式、目的、方法等都随着社会的发展起着变化，无论是最初产生的政府审计还是独立审计，都已经有了与当初不同的含义，因而，审计动因理论不仅应能解释审计产生的原因，而且要能解释审计发展的推动力。

（3）能由该种理论推导出审计本质、审计职能、审计目的和审计责任

理论界对于审计本质、审计职能、审计目的和审计责任的理解，一直颇有争议，而审计动因是对审计活动理论研究上的追根溯源，这一根本上的探究应有助于整个审计理论体系的构建，使其具有同一理论内涵。

（4）能解释从各个不同角度划分的所有类型的审计

审计作为一个体系（同一本质），从不同角度划分可以有多种类型，如从不同审计主体来看，审计可以划分为政府审计、独立审计和内部审计；从不同审计目的来看，审计可以划分为财务审计、管理审计、法规审计等。解释审计动因的理论应能回答不同审计主体的存在原因，能说明不同审计对象（审计客体）需要审计的理由，还应能界定不同目的审计的动因。

（5）能解释对审计进行管制的合理性

审计活动自产生以来就伴随着对其进行的管制，这一点在独立审计上体现得尤其明显。解释审计动因的理论若不能对这一相伴相生的现象作出合理解释，便很难具有说服力。

（6）能说明审计为什么需要保持独立性

独立性是审计活动的最本质属性，审计的产生、审计行业的生存与发展都与审计的独立性息息相关，因而解释审计产生、存在、发展的原因和动力的理论必须能够回答审计为什么需要保持独立性。

（7）能解释不同时期、不同国家审计发展水平存在差异的原因

每一种理论的产生都是置于一定的假设前提下的，而审计正是对有差异的社会环境下的社会需求的一种满足，在不同的条件下，理论假设前提的完备程度就会不同，故解释审计动因的理论在解释不同时期、不同国家审计发展水平存在差异的原因时不应改变该种理论的假设，而只能通过这种假设的完备程度作出解释。

2）运用多因决定论思维框架探求现代审计动因

审计同其他任何一门科学一样，追根溯源，它的产生是有着特殊的前提和条件的，而且这些前提和条件会随着社会的发展、环境的变迁而改变。探求审计动因，具有重要的理论意义和实际价值。在遵循审计动因衡量标准的基础上，我们认为，审计的起源、产生、存在、发展不是由单个因素决定的，而是由多个因素共同决定的。审计活动的复杂性与重要性，决定了审计的产生必然是由于多个因素共同的影响。按照审计动因衡量标准体系的要求，运用多因决定论思维框架，我们认为以下是推动现代审计不断发展的主要因素：

（1）权力分散的结果

随着社会环境的改变，组织规模的不断扩大，无论是由财产所有者还是由少数管理人员直接控制组织的全部经营管理工作都变得越来越不现实，这时就出现了权力的分散。权力分散既包括财产所有权与财产管理权的分离，也包括经营管理权的不断分解、下放。权力分散使得财产所有者或者有关管理人员在获取信息时可能面临风险，因此有必要进行监督检查。

就政府审计而言，不论社会制度如何，财产所有者都需要对财产管理者，即政府行政部门的管理活动进行监督；就内部审计而言，由于决策权和其他管理权的部分下放，有些部门或分支机构要实行独立经营，最高管理层的许多决策活动就要转变为监督活动，根据管理跨度原则，最高领导层直接控制的人员相对于间接控制的人员越来越少，因而也就越来越需要专职的监督人员来协助自己完成对企业的总体控制；就独立审计而言，由于公司所有者——股东——不参与管理，管理权交由公司管理部门如董事会等执行，公司所有者同样需要聘请独立的审计师对管理部门的管理活动予以监督。所以，权力的分散是审计产生的原因之一。

（2）客观条件的约束

在理论上，组织中的财产所有者和高层管理人员可以获得有关经营管理的信息，也有权对经营管理者和中下层管理人员的活动进行检查，但由于受到在权力分散基础上的法律、时间、空间、成本等一系列条件的限制，他们不能直接取得完整、可靠的信息，或者无法进行直接监督，因而聘请具有某种资格（独立性、专业训练）的人来对相关信息进行验证、代为检查成为一种必然。

就政府审计而言，现代政府收支巨大，政府职责日益扩大，政府活动、政府项目日趋复杂，使得立法部门无法有效履行监督职责，因而有必要建立政府审计组织，聘请各种专家，来对政府行政部门的活动进行检查监督；就内部审计而言，现代企业规模不断扩大，分权式管理方式不断深化，企业的管理层无法对下属的活动实施直接监控，于是，设置内部审计部门的方式被广泛采用；就独立审计而言，股份有限公司的结构使财产所有权与管理权实现了分离，股东不但不能直接参与公司管理，而且无权亲自检查公司财务报表，这就需要有人代表股东验证财务报表，这种限制是通过法律来明确的，属于法定的限制。所有这些约束都是促使审计产生的原因。

（3）复杂技术的约束

现代社会下的经济业务日益复杂，错误和舞弊的可能性都在增加，账务处理和报表编制需要专门的技术，信息使用者为了得到真实准确的信息，在自己不具备对财务信息鉴证能力的情况下，有必要雇用独立的第三者对财务报表进行审计。愈加复杂的技术因素无论在过去、现在还是未来都是影响审计的一个重要因素。不难推断，如果决策者自己可以轻易地对信息的真实可靠性进行鉴证，那么审计就没有产生的必要。未来经济业务会更加复杂，计算机技术的广泛应用使信息存取方式发生变化。经济的发展需要更多样的信息，对信息的鉴证需要更多样的知识，一个决策者不可能同时具备这些专业知识，因此有必要利用独立专家对信息质量进行鉴证。

（4）趋利动机的存在

信息提供者在提供信息给使用者时总有一定利己的动机。比如，公司希望得到银行贷款而向银行提供财务报表，为了能得到贷款，管理者就有高估资产、低估负债的倾向，银行需要对财务报表的真实可靠性进行鉴定。或者，为了使其业绩更加突出乃至使股票期权顺利实现，管理者在向社会公众公布财务报表时，会有虚增利润的动机。总而言之，人性的贪婪和自私使得信息提供者只要有机会就会选择利己的方式处理信息，而这一方式很可能是对信息使用者不利的。正是由于趋利动机的存在，信息使用者为了避免决策失误要求对信息进行鉴证，同时有些信息提供者为了证明自己并未由于趋利动机而使信息发生歪曲也要求对信息进行鉴证。双方的要求只能由一个独立的第三方完成才更公正，这样就产生了对独立审计的需要。

（5）调和矛盾的需要

根据经济学的原理，任何一个人或一个集体都有自己相对独立的利益，而在社会经济资源一定的前提下，不同利益主体之间必定存在着一定的矛盾。这种矛盾既体现在公司股东和公司管理部门之间，也体现在公司管理部门与债权银行之间。

就政府审计而言，财产的所有者希望作为财产管理者的政府行政部门能以最小的成本来从事最高效的经营活动，而财产管理者可能会要求较高的报酬，即较大的成本，在两方利益冲突的情况下，客观上就需要对管理者的经营活动予以审计，使得所有者和管理者对所需合理成本尽量达成一致；就内部审计而言，高层管理人员与中下层管理人员之间同样存在着局部利益的对立，于是，也就产生了内部审计，使高层和中下层管理人员对所需合理的经营成本达成一致；就独立审计而言，股东和经营管理人员更是存在着利益上的冲突，因为对股东来说，企业的经营管理所需费用归根到底是他们所支付的费用中的一部分，是利润的减项，而对管理人员来说，企业的经营管理费用正是他们主要的收入来源，这也就是他们冲突的根本原因，这样，客观上需要独立审计对他们在此类利润分配等问题上的矛盾予以调解。

（6）降低风险的需要

由于经济上或营业上的原因，如经济衰退、决策失误和意外同业竞争等，企业面临严峻的营业风险，所有者的投资极有可能成为泡影。为减少营业风险所带来的损失，就要求企业提供更多的财务与非财务的信息，而且投资者更关心的是关于企业前景的信息。但由于存在信息风险，向投资者提供不可靠信息的可能性与日俱增。为了把信息风险降到一定水平，就要由审计师对信息进行审核，并提供评价，因而产生了对审计的需要。

未来技术创新将使企业产品科技含量越来越高，高科技产品种类越多，经营风险也就越大，金融创新使企业投资风险不断加大；企业经营更趋复杂，错误处理的概率提高。未来决策所需信息与目前会有所不同，知识经济下无形资产、人力资本将会得到确认，确认的风险性使财务信息打破了传统的稳健原则，信息风险在21世纪将有增长的趋势。面对这种趋势，决策者为了减少自身风险，更有必要聘请审计师先对信息进行鉴证。如果审计师未能发现信息的不真实之处，他们应为自己的失职而作出赔偿，这样也就起到了转嫁风险的目的。

总而言之，权力的分散构成了现代社会的基本特征，而日益复杂的现代经济环境使建立在权力分散基础上的组织面临严重的信息风险问题。社会需要审计师以独立的身份对代理人提供的财务信息进行验证，监督代理人活动，调和冲突各方的矛盾，从而降低信息风险，确保委托代理关系的有效维系。审计在纷繁复杂的现代社会环境之中变得愈发重要。

● 1.2　审计的社会角色

社会需求是推动审计发展的动力，而审计所承担的社会角色正是审计满足了社会需求的体现；不仅如此，其社会角色也随着社会需求的变化而发生变化。

1.2.1 审计社会角色的转变

在审计发展初期，审计师被赋予"警犬"的职能。因为在受托责任确立的情况下，财产委托人对受托人有实行经济监督的需要，即委托人为了维护其利益，有必要对财产经营管理者因经营管理其财产所负的受托经济责任履行情况进行审查，以评价受托经济责任的履行。而审计被视为一种独立的经济监督方式，就承担起了这种监督检查的职能。当时的审计主要是审核、检查财产受托人是否存在贪污、渎职或者伪造、遗漏、篡改报告信息的情况，将结果报告给财产委托人，从而满足财产委托人的需要，保护财产委托人的利益。查错防弊成为审计的目标，审计师的作用和价值在于履行查错防弊的职能。由于初期反映经济活动的财务信息相对简单，信息量不大，所以审计师能够对反映经济活动的全部账簿及凭证逐笔审查，调查会计中的错误与舞弊行为成为当时公司主要的审计业务。

进入20世纪30年代，随着经济现实和审计实务的发展，审计的社会角色发生了变化。为了满足社会需求，审计师开始被定位为"看门人"。因为经济的发展造成了反映经济活动的信息量骤然增加，并且信息也越来越复杂，这一方面使得财产委托人日益重视反映经济活动的综合信息——财务报表；另一方面，检查信息的高昂成本令审计师无法实施详细审计，可是抽样审计又可能遗漏重要的事项。在实践中，审计师发现财务信息的产生是个过程，过程的好坏直接影响到信息质量的高低；检查产生信息的过程、发现信息过程的薄弱环节，对其进行重点检查，可以有效地完成审计任务。而企业为了加强管理，建立了内部控制制度。于是，审计师在实务中对财务报表实施在审查企业内部控制制度基础上的抽样审计，通过发现内部控制制度的不足之处来确定审计资源的配置，有重点、有目标地进行审计，在确保审计结论在一定可靠性水平的前提下提高审计效率。尽管如此，建立在企业自身内部控制制度基础上的抽样审计方式仍会给审计师带来更高的风险。特别需要指出的是，此时的财产委托人范围不断扩大，不仅包括了众多的股东，还包括企业的债权人和许多利益相关者，审计师承担的责任范围由委托方向已知第三者延伸。有鉴于此，审计师否定了自己"警犬"的角色，强调只是"看门人"，仅仅对财务报表的真实公允发表意见，不对查找账簿中的错误与舞弊负责。

但是20世纪后期，审计师所处的经济、法律环境与以往有显著不同。在高风险的现代社会里，因企业经营失败或者因管理层舞弊破产倒闭的事件大量出现，出资人遭受了重大损失，由此而对审计师形成了日渐提高的期望。社会公众不仅要求审计师对财务报表的真实公允发表意见，还要求他们查找重大的错误与舞弊，而且一旦出现信息使用人因信息不当而遭受的损失，审计师必须承担足够的风险、对信息使用人作出相应的赔偿。这种期望给法庭判决带来了很大压力，促使审计师承担的法律责任进一步扩大到其他第三者。毫无疑问，仅仅履行"看门人"的职能已经无法满足人们对审计的需求，审计师需要承担起"信息风险的降低与分摊者"的责任。

1.2.2 资本市场与现代审计

在现代市场经济体系中，金融市场作为资金供求双方的联系者发挥着非常重要的作用。几乎所有的非金融市场（如商品市场、信息市场）、所有的机构和公司，甚至所有的个人都和金融市场息息相关。而资本市场又是整个金融市场的核心组成部分之一。通过资本市场来筹集、分配资本可以满足有竞争力的投资需求，在有效运转的资本市场上，证券价格能正确反映其公司价值，从而可以引导投资的流向。在投资匮乏的情况下，如果稀少的资本流向最有生产潜力的部门，则会增加社会福利。

资本市场有效率是指资本市场在证券价格形成中充分而准确地反映了全部相关信息，即如果证券市场并不由于向所有证券市场交易参与者公布了信息集φ而受到影响，那么，就说市场对信息集φ是有效率的。对信息集φ有效率也意味着以信息集φ为基础的证券交易参与者不可能取得超额经济利润。按照信息集的不同类型，可以将资本市场效率分为三种：弱态市场效率、半强态市场效率和强态市场效率。

（1）在具有弱态效率的资本市场中，所有包含在过去证券价格变动中的资料和信息都已经完全反映在证券的现行市价中；证券价格的过去变化和未来变化不相关。投资人不可能从价格的历史分析中获取超额经济利润。

（2）半强态市场效率意味着公开信息迅速地反映在现时的证券市场价格中。也就是说，现在的证券价格不仅体现了历史的价格信息，而且反映所有与公司证券有关的公开有效信息。如果资本市场具有半强态效率，则投资人无法利用已经公开的信息获得超额经济利润。因为在新的信息披露之前，证券价格处于均衡状态，一旦新的信息出现，证券价格会立刻随之调整，于是证券价格中就不仅包含了过去价格的信息，也包含了已公开其他信息，投资人无法再获得新信息所带来的利益。

（3）强态市场效率是指资本市场的价格能够充分反映有关公司的任何为市场交易参与者所知晓的全部信息，包括所有可利用的公共和私人信息。任何人（包括内部人）也无法拥有对信息的垄断权。证券的市场价格永远可以真实反映其价值。

资本市场的效率形式与信息关系可以通过表1-2清晰地表现出来。

表1-2   **资本市场的效率形式与信息关系**

资本市场的效率形式	证券价格所反映的信息
弱态市场效率	过去的公开信息与私人信息的历史资料
半强态市场效率	所有公开信息
强态市场效率	所有公开信息与内部私人信息

在实证研究中发现，弱态效率性资本市场确实存在，因为证券价格变动的历史时间序列数据呈现出随机游走状态。而在考察股票价格对信息反映速度时，人们发现股市对任何有关新信息的反映一般在5～10分钟，这一调整速度可以反映资本市场达到了半强态效率。但是，内部知情者根据未公开的信息从事非法交易牟取暴利的情况大量存在，使得几乎没有人承认强态效率市场的存在。

通过对有效市场的分析可以看出，不同信息对资本市场证券价格的影响程度可以反映资本市场效率状态，有效资本市场与信息的披露密切相关。在现实生活中，几乎没有任何的资本市场具有强态效率，因为市场参加者不能获得完全的信息，总是有一些市场参加者掌握着另一些市场参加者所无法知道的信息，所以资本市场就存在着信息不对称问题。

在资本市场中，一个拥有高预期价值投资项目的公司，如果证券价格很高，则公司的投资就能得到促进；当公司没有高预期价值投资项目，如果证券价格较低，那么吸收的投资就会受到限制。可见，如果证券价格正确地反映了公司的内在价值，资本市场可以正常发挥作用，恰当引导投资流向，资本市场的运转是有效率的。但是，在信息不对称的情况下，"逆向选择"和"道德风险"问题会严重降低资本市场运行效率，甚至会造成市场交易中断。

例如，由于投资人意识到自己对公司的情况明显地不如公司管理层了解，为降低风险通常会按照发行公司的平均质量给出购买证券的价格。拥有高预期价值投资项目的公司，会认为到资本市场上发行证券来筹集资金不合适，从而会退出资本市场。但是，没有高预期价值投资项目的公司，因为证券价格相对较高、公司价值被市场高估而非常满意，并进一步扩大融资规模。这样，由于资本市场存在的信息不对称，本应流向高质量、高预期价值公司的资金受到抑制，反而不断投给低质量、低预期价值的公司。这种"逆向选择"问题产生了不合理的资金分配机制，导致资本市场资源配置的功能失效。

"逆向选择"问题是在资本市场交易之前存在信息不对称形成的，在交易之后的信息不对称会带来"道德风险"问题。例如，当公司接受投资以后，由于权力分散下的各种条件约束，投资人不能或无法对公司的行为进行观测，而公司管理层有自己的行为目标、与投资人存在利害冲突，于是管理层很可能会私下改变资金用途、隐瞒投资收益或者不努力经营。这些侵害投资人的行为如果令投资人认为"资本市场是不公平的"，降低愿意购买证券的价格或撤出市场的话，那么市场不仅会再次面临"逆向选择"的问题，甚至会因为市场失去大量的投资人而中断交易。

为了减少信息不对称带来的问题，保障资本市场能正常运转，市场本身产生了披露内部信息的动力机制。公司可以通过对外公布财务报告或暗示的方式，将内部信息传播给资本市场，提高投资者对市场的信心，使投资人能够购买反映其价值的证券，保证市场有效。不过需要指出的是，虽然法律责任可以对自愿披露的信息质量加以约束，但是却无法保证披露信息的质量可靠。审计师以独立的身份，利用专业知识代表全体投资者对披露信息进行验证，可以提高披露信息的可信度、提高信息质量、降低检查信息的成本。因此，审计是维护资本市场有效运转的手段。

除了市场自身的动力机制以外，惩罚和管制机制也可以促进资本市场正常地发挥作用。例如，在资本市场无法依靠自身的力量修正出现的问题时，为重建历经严重经济危机的资本市场的秩序，美国颁布了《证券法》和《证券交易法》，要求上市公司必须接受审计师的审计，定期披露重大事项的信息，成立了证券交易委员会（SEC），对资本市场实施监管，并对上市公司的违法行为施加惩罚。这些措施有利于增强人们对资本市场的信心，使得信息能够顺利地由公司内部传递给市场上的投资者，实现市场正常运转所带来的社会效益。

我们看到，无论是在市场产生内在驱动力的情况下公司自愿接受审计，以增强披露信息的可信性，还是在资本市场受到监管时强制公司接受审计师审计、定期披露相关信息，使得投资人树立对市场的信心，在这些促进资本市场正常运转的诸多机制中，审计都起到了非常重要的作用。可以说，现代审计和资本市场之间存在着密切的联系，审计是使资本市场正常运转的基本保障。

1.2.3　现代审计的社会角色与责任

【相关链接1-1】

注册会计师的社会形象

2003年美国注册会计师协会（AICPA）的官方网站上出现了一条题为"AICPA声讨HRB公司（H&R Block's）广告"的新闻。

在广告画面中，一个孤单行人走在一条黑暗曲折的小巷中。这名行人可以被看作是美国普通纳税人的代表。小巷深处闪烁着数十盏标记着"CPA"或"名声赫赫的CPA"的氖灯。这些氖灯时明时暗，引导着这位行人来到一间名为HRB公司的办公室。随后，这位行人在此解决掉了困扰他的一切财务问题。在另一个广告中，一位携带着上年度纳税申报表的女士找到了HRB公司的工作人员，该工作人员帮助女士发现了储蓄账户中额外的2 000美元，而此前该女士的CPA却未能查到。

AICPA对该公司通过电视广告描绘的CPA形象表示极为不满，尤其是这家公司提供的税务服务同CPA职业也有着重叠和竞争关系。

时任AICPA主席巴瑞·米兰科在写给HRB公司主席马克·安的亲笔签名信中催促该公司撤销近期贬损注册会计师职业声誉的电视广告，这些广告暗示CPA们在工作中未能尽职且质量低劣。信中说："在贵公司的广告中抨击注册会计师职业就等于在抨击330 000位注册会计师，这其中也包括你们自己公司的雇员。"

在随后的巴瑞·米兰科公开信中写道："2月7日我终于接到了马克·安先生打来的电话，他在电话中承诺会重新审查公司所有我们提及的广告。他表示在审查后还会继续保持关注。一周后马克·安先生又给我来电并称他已要求公司市场人员将其中一则诋毁性质的广告在广告安排中删除。我对马克·安先生此举表示感谢，但同时我也告知马克，AICPA成员将继续抵制那些带来负面影响的该公司诋毁CPA服务质量或贬损CPA的广告。我相信正是因为广大AICPA成员对HRB公司及公司分支机构的声讨，我们才能在这次CPA保护自我声誉的战斗中取得这一进展。"

现代社会经济发展日新月异，企业面临着巨大的营业风险，由于经济上或营业上的原因而导致面临经营失败的可能性大大增加。企业的利益相关者为了作出正确的决策，就需要得到大量相关的财务与非财务信息。但是判断营业风险的信息有不正确的可能性，这种可能性就是信息风险。信息风险产生的原因主要有信息的距离、信息提供者的偏见和动机、信息量过大和复杂交易业务的产生。在信息风险广泛存在的现代社会里，针对审计师的社会角色与承担的责任，有两种观点比较盛行：其一，认为审计师是"信息风险降低者"；其二，认为审计师是"信息风险分摊者"。这两种观点的理论依据主要是"信息论"和"保险论"的结合。

（1）信息风险降低论

这种观点认为审计师的作用之一在于通过审计减少会计信息中可能存在的故意或非故意的错报，降低信息使用人的信息风险。它强调审计师只是作出合理保证，而不是绝对的保证。"审计师有责任计划和实施审计，以便为财务报表中是否不存在因错误或舞弊事项而引起的重要错报取得合理保证。由于受审计证据的性质和舞弊事项的特性的影响，审计师只能为查出错报取得合理的保证，而不是绝对的保证"。审计师应以重要性作为衡量标准，能否查出重要错报而不是所有错报是确定审计师是否作出合理保证的依据。"合理保证而非绝对保证这一概念表明，审计师不是财务报表正确性的保证人或保险人"。如果要求审计师对所有报表信息予以保证，则高昂的审计成本将使审计行为在经济上不可行。信息风险的复杂性决定了审计师只能是降低信息风险，而无法完全分担这种信息风险。

（2）信息风险分摊论

这种观点认为审计师要对欺诈和错误行为承担足够的责任，审计行为被视为分担社会风险的过程。这种风险分担的角色类似于保险人，不分享成功决策的利益而分担损失。按照保险理论，如果发生了损失，审计师必须赔偿，但如果没有损失，审计师的利润就是其得到的审计公费。由于信息风险的复杂性，要求审计师对每一个错报事项都负法律责任是不合情理的，这样将导致社会所支付的成本超过其收益，更为重要的是，即使增加社会成本，也未必能够发现那些经过周密策划的欺诈行为，同时也不可能完全排除判断失误。审计师所面临的风险可分为重大错报风险和检查风险，但其中只有检查风险是审计师有能力控制的风险，因而信息风险分摊论将审计师视为由多种因素综合作用形成的"信息风险分担者"，这使得审计师的社会责任压力过重，从而使得这种审计期望无法实现。

总之，审计以何种方式存在以及如何发挥作用是多因素共同作用的结果，现代审计可能受自身审计技术、审计成本、审计时间以及外在的审计环境，甚至包括社会公众和客户等构成的社会信用体系的制约。实际上无论审计师多么勤勉尽职，也无法保证其审计后的会计数据绝对真实公允。审计师的定位不能仅仅迎合人们的主观愿望，审计师不是警察，他们并不具有警察那样的强制性，审计师的作用不能被盲目夸大。但是，如果审计师不能向信息使用者提供有助于降低风险的信息，不能查找出重大错误与舞弊，不能对审计信息使用者因信息不当而遭受的损失进行赔偿，则审计师这一职业最终将会丧失存在的空间。因此，我们认为，审计师在现代社会中应当扮演"信息风险降低者"的角色，同时也应承担相应的社会责任。

● 1.3　审计供求关系与审计期望差距

经济理论是指导实践的基础，它为经济领域的研究提供了基本框架。利用微观经济学枢纽——供求论，可以对审计服务这种商品进行深入的分析。

1.3.1　审计信息需求分析

根据微观经济学对需求的定义，我们可以将审计利益集团在某一特定时期内在每一价格下对审计服务愿意而且能够购买的数量称为审计需求。审计服务的购买意愿和支付能力必须同时具备才构成有效的审计需求。如果仅有审计需求，不具备货币支付能力，则不能形成现实的审计需求。

审计服务的需求量是由许多因素决定的。除了随机因素的影响，经常起作用的因素有：审计服务的价格、相关服务的价格、审计利益集团的支付能力、审计利益集团的偏好。

（1）审计服务的价格

审计服务的价格是决定审计服务需求量的重要因素。在一般的情况下，审计服务价格与需求量呈负相关关系。也就是说，审计服务的价格越低，需求量就会越大；反之，当审计服务的价格越高，需求量就会越小。

（2）相关服务的价格

审计师不能提供有价值的信息，审计服务的有用性就必然会衰退，甚至连审计服务也会被取代。审计师并没有天赋的权利在竞争的信息市场中生存。在资本市场上，审计师除了提供有助于增进财务信息价值的服务，还在和其他信息提供者竞争，例如，认证服务公司、财务分析师、媒体等。如果具有替代性质的相关服务的价格上升，就会引起审计服务的需求量增加；反之亦然。

（3）审计利益集团的支付能力

审计利益集团缺乏支付能力是对审计服务购买意愿的一种限制。缺乏支付能力的购买意愿只是反映了需求者的良好愿望，并不能形成现实有效的审计需求。在审计对资本市场发挥着日益重要作用的前提下，一般来说，审计利益集团的支付能力强，对审计服务的需求量会增加；当审计利益集团的支付能力较弱时，受到审计服务价格的制约会使一些审计服务的购买意愿无法实现，所以对审计服务的需求量会减少。

（4）审计利益集团的偏好

审计利益集团的偏好引导着审计服务供给的方向，是推动审计服务供给发展的内在动力。审计利益集团对某种审计服务的偏好程度增强，则这种审计服务的需求量就会增加；偏好程度减弱，需求量就会降低。我们在考察审计师承担角色的嬗变中可以看到，审计师从初期对查找账簿中的错误与舞弊负责的"警犬"角色，到强调自己只是"看门人"仅仅对财务报表的真实公允发表意见，以及在高风险的现代社会里，因企业经营失败或者因管理层舞弊破产倒闭的事件大量出现，促使审计师承担起"信息风险的降低者"之责任。在这个过程中，审计需求在不断改变，并要求审计服务的供给去适应、实现变化的审计需求。

根据以上分析，可以确定审计服务的需求函数，即在某一特定时期内审计服务的各种可能的购买量和决定这些购买量的因素之间的关系。假定审计服务的需求量是由上述四种经常起作用的因素决定的，那么审计服务的需求函数如下：

$q_d = \phi\ (p,\ p_r,\ y,\ w)$

其中：q_d 表示审计服务的需求量；p 表示审计服务的价格；p_r 表示相关服务的价格；y 表示审计利益集团的支付能力；w 表示审计利益集团的偏好。

进一步假定，在其他三种因素不变的情况下，只研究审计服务价格和需求量的关系，可以将审计服务的需求函数表示为 $q_d = f\ (p)$，这说明审计服务的需求量是价格的函数。图 1-2 可以表示审计服务的需求曲线。

1.3.2　审计信息供给分析

供给和需求是相对的概念，审计供给是指审计师在某一特定时期内在每一价格下对审计服务愿意而且能够提供的数量。只有在审计师既有能力又有意愿提供时才构成有效的审计供给。

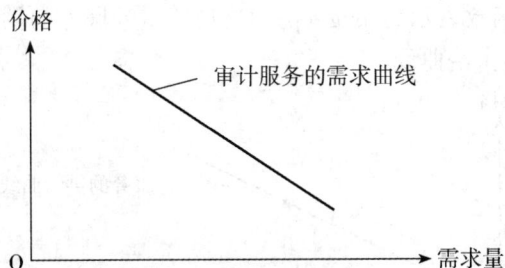

图1-2　审计服务的需求曲线

审计服务的供给量是由许多因素决定的。在随机因素之外，通常起作用的因素有：审计服务的价格、相关服务的价格、审计的技术能力、提供审计服务的成本。

（1）审计服务的价格

审计服务的价格是决定审计服务供给量的重要因素。基于获取利润的基本前提，在一般的情况下，审计的供给量与审计服务价格呈正相关关系，即审计服务的价格越高，供给量就会越大；相反，当审计服务的价格越低，供给量就会越小。

（2）相关服务的价格

如果具有替代性质的相关服务的价格上涨而审计服务的价格没有变动，或者审计服务的价格上涨的幅度小于其他服务价格的涨幅，那么审计师就会减少审计服务的供给量，转而投产于其他的相关服务，使得相关服务的供给量增加。

（3）审计的技术能力

需求能否得到满足，还要受到来自于技术上的制约。如果在技术方面无法实现，那么这种需求也不能成为有效的需求。回顾审计的发展历程可以明显地感觉到，相对于旺盛的审计需求来说，审计的供给能力始终处于被动的状态。例如，我们在考察审计模式变迁时发现，从早期的账项基础审计，到后来的制度基础审计，再发展到风险导向审计，如果审计技术无法为满足审计需求提供保障和支持，则审计需求只能成为一种愿望，只有在技术具有可行性时，审计需求才有可能实现。审计技术与审计需求的矛盾推动着审计技术不断发展。

（4）提供审计服务的成本

审计师在向需求者提供服务时必然要耗费一定的资源，存在提供审计服务的成本。为了使这个职业能够正常地生存、发展，需要保证提供审计服务的审计师能够收回成本并获取一定的盈利。审计需求最终得以实现，不仅要有提供审计服务的技术保障，还需要符合"成本-效益"的原则。提供审计服务的成本主要包括：提供信息的成本、竞争劣势成本、行为管束成本、诉讼成本和政治成本等。

根据以上分析，可以确定审计服务的供给函数，即在某一特定时期内审计服务的各种可能的供给量和决定这些供给量的因素之间的关系。假定审计服务的供给量是由上述四种经常起作用的因素决定的，那么审计服务的供给函数如下：

$q_s = v(p, p_r, t, c)$

其中：q_s表示审计服务的供给量；p表示审计服务的价格；p_r表示相关服务的价格；t表示审计的技术能力；c表示提供审计服务的成本。

进一步假定，在其他三种因素不变的情况下，只研究审计服务价格和供给量的关系，可以将审计服务的供给函数表示为 $q_s=g$ （p），这说明审计服务的供给量是价格的函数。图 1-3可以表示审计服务的供给曲线。

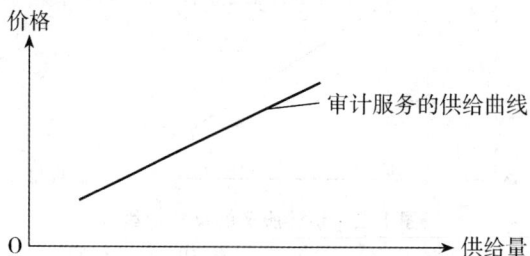

图1-3 审计服务的供给曲线

1.3.3 审计供求矛盾的存在与审计期望差距

根据经济学的均衡理论，我们能够得出"均衡的审计服务量和价格是由审计供给和需求共同决定"的结论。然而，现实生活中的审计信息呈现出公共物品性质。这造成了：一方面，审计结果的不可排他性，可能使审计信息使用者采取"搭便车"行为；另一方面，审计结果的不可观察性，使审计市场的价格很难建立在可观测的基础之上。不仅如此，由于审计结论是针对不同公司的情况作出的，这会导致审计结果的异质性，从而使审计结果具有不可加性。因此，审计市场并不是一个有效的市场，审计供给相对于审计需求不足，这种审计供给与审计需求之间的矛盾是造成审计期望差距存在的经济学动因。

审计期望差距是指公众对审计的需求与公众对目前审计职业的认识之间存在的差距，它既包括由于审计能力不足而形成的差距，也包括由于公众的错误认识而形成的差距。世界各主要发达国家会计职业界均对审计期望差距进行了调查研究，如美国的科恩委员会提供的报告、加拿大特许会计师协会的"审计公众期望研究委员会——麦克唐纳委员会"等，通过调查公众对审计的期望，深入分析其与审计师业绩之间的差距。学者汉弗莱等人（1992）和波特（1993）在审计期望差距方面的研究也取得了一定的成果。对于审计期望差距的内容，在书中后面的章节会作详细阐述。

我们应当认识到，在现实中审计期望差距是始终存在的。在整个审计的发展历程中，当伴随着企业经营失败而出现重大的财务丑闻时，社会总会针对审计师的执业能力、独立性和应承担的责任展开广泛的争论。而经历危机后，社会和审计界都会对审计作出重新的认识。也正是这种由于审计供求之间矛盾而产生的审计期望差距，才驱动着审计的不断延伸与发展。

［总结与结论］

审计的历史源远流长，其伴随着社会环境的变迁而经历了从简单到复杂、由低级到高级的发展历程。环境的改变推动着审计呈现出多样发展态势，审计总是力求不断地适应社会发展的需求。利用经济学的基本理论来探求审计动因，研究社会对审计服务的需求，将从根源上来认识审计理论的诸多问题，从而有助于构建一个具有完整性和逻辑性的审计理论结构体系，因此分析审计动因具有重要的理论意义和实际价值。主要的审计动因理论包括信息理论、代理理论、受托责任理论、保险理论、冲突理论。但是，我们认为，审计活动的复杂性与重要性，导致审计的产生必然是多个因素共同影响的结果。仅从一个方面认识审计动因难免有失偏颇。在建立审计动因衡量标准体系的基础上，我们运用多因决定论思维框架分别从权力分散、客观条件和复杂条件的约束、趋利避害的动机、调和矛盾与降低风险的需要等方面对现代审计动因进行了进一步考察。同时，我们还分析了审计社会角色的转变、资本市场与现代审计、现代审计的社会角色与责任。我们认为，审计师在现代社会中应当扮演"信息风险降低者"的角色，并应承担相应的社会责任。最后，在深入讨论审计供给和审计需求影响因素的基础上，我们提出审计供求矛盾导致了审计期望差距的产生，审计期望差距不断驱动着审计的延伸与发展。

[练习题]

★ 讨论题

从理论上看，存在两种类型的审计需求。一种是法定审计需求，另一种是自愿性审计需求。请你收集资料并思考以下问题：自愿性审计需求与法定审计需求各自包括哪些具体内容？为什么审计需求会从自愿性需求发展为法定审计需求？在现代市场经济中，是否存在自愿性审计需求？

★ 案例分析题

下面是两个注册会计师的谈话内容，请根据它们回答下列问题。

CPA1：最近我总是听说"财务报表的利益相关者"这个词。什么是利益相关者呢？大概的意思就是，利益相关者包括所有能够影响企业财务报表或者受到企业报表影响的人员和组织，可见，这个范围实在太广了，几乎包括了所有人。有人说，我们注册会计师提供的审计服务也要满足利益相关者的需求。但是，要想知道公司财务报告的所有使用人的特定需求是不可能的，比方说，我怎么能够知道工会或者银行会如何利用我所审计公司的财务报告呢？

CPA2：可是你必须知道财务报告用户的需要，否则你无法判断某一个特定的交易事项的会计处理是否对用户非常重要。

CPA1：但是我无法知道他们所有人的需要。我只好将注意力偏向股东或者银行的放贷部门。他们是更重要的报表使用人。此外，是管理层最终负责报表的公允表达方式，我只负责对他们编制的财务报表发表意见，又不是我自己编制报表，你不要对我们审计师期望太高了。

CPA2：是公众的期望，而非我的期望。我可不希望因为没有达到用户的要求而被告上法庭。但是我完全同意你的看法，要想知道所有用户的需要是相当困难的，而且，每种用户需要的信息似乎都不同，你无法满足每一个人。如果利润高了，员工会要求加工资，税务局要求收取更多税，管理人员就希望将利润报告得低一点。我看我们只能运用会计准则来作出判断，只要符合会计准则，我们就可以假设它是符合用户需要的了。

CPA1：这点我倒是同意的。

讨论内容：

（1）为什么审计师需要了解可能使用审计报告的各种用户以及他们的需要呢？

（2）评价CPA2的结论：因为无法确知所有使用人的需求，结果就只能依赖会计准则判断财务报表是否得以公允表达。

（3）请指出以下五种报表使用人的信息需求，并说明其可能存在的潜在冲突。

①现有的股东；

②潜在的投资者；

③企业内部的工会组织；

④银行放贷部经理；

⑤公司管理层。

★ 思考题

2017年伊万·布朗为英国《金融时报》撰文表示，外部独立审计起到的监督作用有限，应由公司董事保证披露信息的准确性，并承担与此相关的法律责任。伊万·布朗是捷达集团（Stagecoach Group）的独立董事，并曾在2001—2007年担任劳埃德银行集团（Lloyds TSB Group）审计委员会主席。

下文是伊万·布朗的观点：

四大会计师事务所——德勤（Deloitte）、安永（EY）、毕马威（KPMG）和普华永道（PwC）——每隔一段时间总会被处以罚款或者因为所做审计工作不达标准而遭到监管当局斥责，以至于这些公司的保险费用一定很高。我有一个建议可以解决这一问题：取消强制性的外部独立审计。

其一，现有会计准则具有很强的规范约束性，以至于公司董事和审计委员会只能在紧箍咒的限制下工作。编制财务报表的人运用个人判断来提供"真实而公允"视角的日子已经一去不复返了。

如果一个公司的董事会能够做到以下几点，就没有必要通过外部独立审计来提供一个真实公允的视角：公司审计委员会的成员理解公司业务内容及其面临的风险，能够达到会计处理和披露要求，以及知道该问哪些问题。

其二，公司董事所需签署的内容无所不包的管理当局声明书要求其就会计标准、政策、风险、欺诈以及司法诉讼等方面作出保证。声明书还涉及财务报告的细节内容，包括税务处理、退休福利和风险对冲。如果公司董事会已经就就业业地提供了这些保证，还有什么需要由外部独立审计来做的呢？

其三，对违法违规行为的最佳防范，就是建立起强有力的内部控制体系，特别是一个能向审计委员会和高级管理层保证公司治理和风险管理流程有效性的强大的内部审计部门。取消强制性外部独立审计将使内部审计部门在公司内部获得更加重要和更受尊敬的地位。内部审计部门的主管应当由审计委员会任命并向其汇报工作，而不应由管理层负责招募。

其四，四大会计师事务所真的想进行外部独立审计吗？这些公司近期公布的高管任命包括一位时尚和奢侈品行业主管、一位全球移民事务主管以及一名无人机驱动解决方案部门的合伙人。普华永道中国区的一位合伙人上月对英国《金融时报》表示："按照我们目前的工作方式,我们应该算是一家精品投行。"

四大会计师事务所的上述举措与大银行在20世纪90年代和21世纪初采取的策略近似,当时银行的首席执行官们纷纷进军利润率更高的新业务领域。如今,四大会计师事务所的最高层并不是审计师,这些公司在发展审计业务还是开拓潜在利润更高的咨询顾问业务的两难抉择中反复摇摆。

一家公司是否应当同时开展审计和咨询业务? 2017年2月,英国财务报告委员会(Financial Reporting Council)宣布对审计师事务所的企业治理和企业文化展开检查。该委员会的公告称:"不是所有审计师事务所都确确实实地在为投资者的利益服务",这些公司需要"强有力的领导"和"正确的文化"。

对于审计师事务所的专业能力也存在质疑。让我们回想一下金融危机以来各家银行因为各种违法违规行为——如洗钱、违反制裁禁令以及违规销售保险产品等——而支付的罚款,这只是银行违法违规行为的一小部分。违法活动带来不同寻常的较高回报,而这无疑应当引起外部独立审计师的警觉。

但绝大多数此类违法活动是因人告发或新闻调查报道而曝光的。审计师们仅仅是漏掉了这些利润率高得不同寻常的业务活动吗,还是他们不愿意向监管当局检举汇报?不管是何原因,最终的结果都难以让人满意。

因此,我们应当取消强制性的外部独立审计,让公司董事保证披露信息的准确性。如果公司财务报告被证明为错误的或误导性的,又或者公司在财报公布后的12个月内不再持续经营,那么公司董事应当完全承担与此相关的法律责任。

问题:如何评价上述观点?

★补充阅读材料

1.刘明辉. 独立审计准则研究 [M]. 大连:东北财经大学出版社,1997.
2.徐政旦,等. 审计研究前沿 [M]. 上海:上海财经大学出版社,2002.
3.文硕. 世界审计史 [M]. 北京:中国审计出版社,1990.

第2章

审计理论与审计理论结构

第2章

［学习目标］

1. 了解审计理论研究的里程碑；
2. 明确审计理论结构的含义与其逻辑起点；
3. 能够确立审计理论结构。

● 2.1 审计理论的含义与作用

衡量一门学科成熟与否的标志是其理论研究的深度。一套系统的、首尾一贯的理论，也是评估其实务正确性的指南。审计学科发展亦如此。虽然，审计实务工作已有悠久的历史，但直到19世纪末至20世纪中叶，审计理论才基本形成体系。至今，审计理论研究已经具有一定规模。

2.1.1 审计理论的含义

对于理论的含义，人们的认识不尽相同。但根据词义学家的解释，我们可以得出"理论"至少包括以下四个方面的特征：

（1）理论是从实践工作中概括出来的，没有实践工作就不可能形成理论；

（2）理论是对某一方面知识的概括和总结；

（3）理论是结论性的认识，它能够用来指导实践工作；

（4）理论是抽象的、普遍性的，但其起点和终点又是具体的。

具体考察理论的建立过程，首先需要确定研究对象，然后搜集和整理数据并进行分析和推理，最后得出结论。当然，为了确保该过程实现其目标，需要作出一些假设。一方面，理论的建立过程是对现象（或数据）之间的内部联系进行观察、分析和推理的过程；另一方面，该过程也是一个对各种现象（或数据）进行"浓缩"和"提炼"的过程，从而使得人们对复杂的现实世界能够有一个清晰的理解。由此可见，理论的建立过程和实践工作之间存在着非常紧密的联系，不断变化和发展的现实是理论建立的基础。理论的可靠程度主要取决于它能否真实地再现不断发展变化的复杂现实，取决于它能否准确地指导和预测现实的未来。

　　通过上述分析，我们认为审计理论是人们基于对审计实务活动的认识，通过思维运动而形成的关于审计系统化的、合乎逻辑的、合乎客观事物发展规律的理性认识，是由审计的基本概念、基本原则、基本原理，以及由此推演出来的派生概念、原则、原理等内容所构成的审计知识体系。也就是说，审计理论是审计实务的抽象，是上升到理论高度的抽象。它不以人们的意志为转移，而是对审计实务认真地进行概括和总结的产物。审计理论与审计实务的关系如图 2-1 所示。

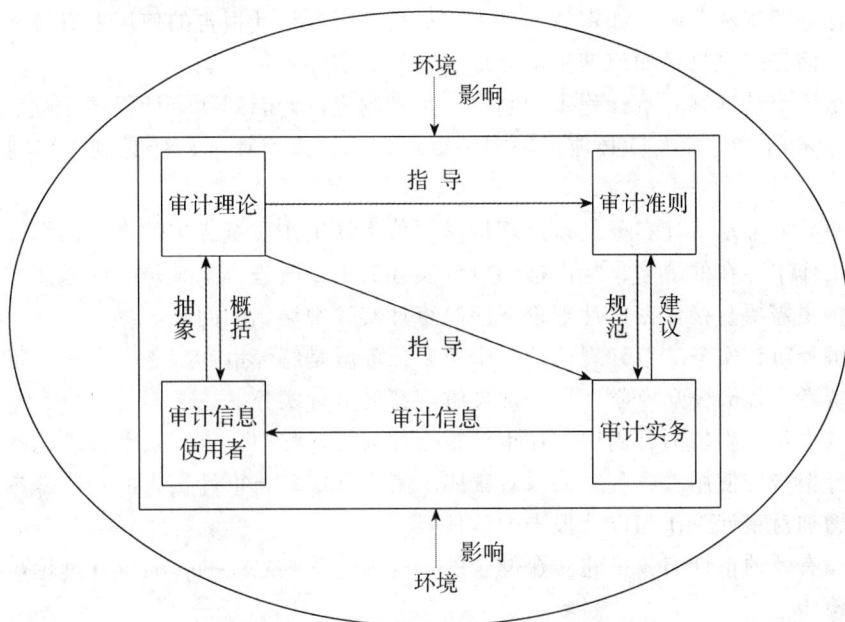

图 2-1　审计理论与审计实务关系图

　　据此，我们还可以得出如下结论：

　　（1）审计理论、审计准则和审计实务的建立和发展，均要受到外部环境（尤其是社会经济环境）变化的影响，同时也必须能够满足社会上各个阶层或各个社会集团对审计信息的需求。当社会经济环境已经发生了变化或者各个阶层或社会集团对审计信息的需要发生了变化，而审计准则或实务仍然处于落后状态并不能满足它们的信息需要时，审计理论的任务就是指导和推动审计准则及实务并使之能够适应社会经济的发展。

　　（2）审计理论与审计实务是矛盾的统一体。一方面，审计理论与审计实务相互依存。审计理论用来指导审计实务，同时，审计实务也为审计理论提供生存的土壤。另一方面，审计理论与审计实务又相互制约。审计理论必须以审计实务为基础，并正确地反映审计实务。同时，审计实务工作又需要审计理论来指导，为其提供各种方法、技术等工具。

　　（3）审计信息使用者所获得的审计信息是由审计理论工作者或审计准则制定者（政府或专业团体）提供给他们的，如果审计信息提供者不能正确认识审计理论和审计实务的发展方向，审计信息使用者就不可能得到他们所需要的审计信息，从而会大大降低审计信息的使用效能。

2.1.2　审计理论的作用

通过对审计理论含义的分析，我们可以看出审计理论的作用主要表现在两个方面：一是解释现存的审计实务；二是预测和指导未来的审计实务。即建立审计理论的主要意图是对现行的审计实务进行批判和论证，而审计理论形成的主要动力来自于需为审计师所做的和要做的事情提供证据的要求。具体包括：

（1）解释审计的职责和范围。在不断发展变化的社会经济环境下，首先要依据审计理论确定审计的职责和范围，如审计的基本目标是什么，审计报告的使用者有哪些，审计师应就哪些方面发表意见，如何搜集审计证据、发表审计意见等。

（2）指导审计准则和审计程序的制定。负责制定审计准则和审计程序的政府机构、专业团体及事务所的管理人员必须正确理解审计理论，以审计理论作为制定准则和程序的依据。

（3）指导并推动审计实务。审计理论是评价审计工作质量优劣的重要准绳，可以指出审计实务工作中存在的缺陷，从而推动审计实务的不断改进。尤其是在尚未制定出审计准则的领域，更需要直接依据审计理论来解决审计实务中遇到的问题。

（4）解释审计实务。审计理论的一个主要任务就是解释审计实务，有利于审计实务工作者、投资者、社会公众及学生更好地理解现有的审计实务。

（5）增强审计报告的有用性。在审计报告的编写过程中，也需要审计理论的指导，这有助于审计报告的使用者或利害关系者集团了解审计实务与审计报告的一些基本概念和原理，从而增加对审计工作和审计报告的信任。

总之，有效的审计实务是建立在健全的审计理论基础之上的，而审计理论需要接受审计实务的检验。

● 2.2　审计理论研究的里程碑

回顾审计发展历程，诸多专家、学者为审计理论的建设和发展作出了重要的贡献，早在19世纪末20世纪初就成功出版了一批审计书籍，它们从不同的角度解答审计实务中出现的各种问题，并通过对各种理论因素加以整理，指导人们更有效地开展审计实务工作。其中有代表性的著作主要包括：

（1）1881年，F.W.皮克斯利（英）编著了《审计人员——他们的义务和职责》。该书是世界上第一部关于审计基础和审计实务的名著，论述了《公司法》的历史、选举审计师的方法、会计和审计法规、簿记理论与审计、审计基础理论、公司发表的计算书的格式、资产负债表和利润表账户中的重要项目、审计师的义务和职责等等。此后，该书又增加了审计师的地位、分配红利时应得利润、审计证明和报告等内容。《审计人员——他们的义务和职责》一书不仅创造性地提出了一系列的审计基础理论，而且在推动审计理论的发展过程中，发挥着重要的作用。

（2）1892年，劳伦斯·R.狄克西（英）编著了《审计学——审计人员的实务手册》。这本著作被公认为现代审计理论的奠基作之一，它对审计理论的发展产生了深远的影响。该书主要根据英国的《公司法》和法院判决编著而成，集中反映了当时英国审计思想和审计制度的精华。

（3）R.H.蒙哥马利（美）于1911年出版的《美国经营手册》和1912年出版的《审计：理论与实务》。在《美国经营手册》一书中蒙哥马利提出了资产负债表审计的概念。他指出，资产负债表审计指的是对资产和负债是否正确地反映了目前真实财务状况的审计。这一观点的提出，有力地推动了现代审计的发展。

上述著作主要是在阐述审计实务的基础上对审计理论进行了深入思考，并得出一些有益的理论观点，这对于推动审计理论的建立发挥了不可磨灭的作用，但其未对审计理论结构加以系统研究，也并未真正建立起一套自成体系的审计理论，从而说明审计理论研究仍然处于萌芽阶段。

在审计理论的建设和发展过程中，重要的里程碑主要有三个。

2.2.1 里程碑之一：《审计理论结构》的出版

1961年，罗伯特·K.莫茨教授（美）和他的学生侯赛因·A.夏拉夫（埃及）共同出版了《审计理论结构》（The Philosophy of Auditing），这是世界上第一部将审计理论作为一门独立的学科加以论述的重要著作。全书共分10章，由审计理论探索、审计方法、审计假设、各种审计理论概念、审计证据、适当反映、独立性、道德行为和审计的展望等部分组成。该书第一次从哲学的高度系统地、科学地研究了审计理论，其独到之处主要表现在：

（1）该书指出了审计理论的存在和建立审计理论的必要性。作者认为，在审计行为和思维的背后，存在着理论根据和基本原理，将这些根据和原理抽象化、系统化，对于解决审计实务问题是至关重要的。审计理论一旦产生，就会成为一种积极的力量，帮助审计实务人员了解审计实践活动的规律，并按合理一致的方法解决不断遇到的棘手问题。

（2）对于各种审计现象，作者从理解（comprehension）、展望（perspective）、洞察（insight）、想象（vision）四个角度进行了哲理式的思考、提炼和升华。理解，即用概括性的眼光对审计理论进行全面的思考；展望，即从综合、相互联系的角度考虑每一个审计问题；洞察，即超越偶然认可的惯例或信念去深刻认识推论的前提；想象，即超越时空，预测审计理论的发展。

（3）从集合学科的角度来研究审计理论。作者认为审计具有集合学科的性质，他们将数学、行为科学、逻辑学、沟通学、伦理学等学科的一些研究方法渗透到审计中来，在一个更坚实的基础上，研究审计理论这门崭新的学科。

（4）系统论述了重要的审计概念。审计概念反映了审计学的本质，是人们对审计学科的基本认识，是审计理论赖以建立的基础。在该书中，作者系统地陈述了审计证据（evidence）、应有关注（due audit care）、公允表达（fair presentation）、独立性（independence）、道德行为（ethical conduct）等审计概念。

（5）逻辑性地阐述了审计的理论结构。作者首先介绍了以数学、逻辑学和形而上学为核心的基础部分，继而依次论述了由基本哲学、审计假设、审计概念、应用标准、实务应用领域五部分组成的审计理论结构图，从而较为清晰地反映了审计理论各部分之间的内在联系。

《审计理论结构》是一部世纪巨著，是一部影响深远的审计理论力作。它的出版在审计界引起了巨大反响,受到全世界审计理论和实务工作者的极大称赞。最有代表性的评论认为:"在莫茨和夏拉夫的著作出版之前或之后,恐怕没有一份审计文献具有如此大的影响并被如此广泛地引用。"它对审计理论的论述"像一座灯塔,引导着审计理论研究的航向"。

2.2.2　里程碑之二:《基本审计概念说明》的出版

1972年,美国会计学会正式出版了《基本审计概念说明》(A Statement of Basic Auditing Concepts),这是一本对审计理论研究者和审计实务工作者均有助益的出色文献,它从深度和广度两个方面将审计理论的研究又向前推进了一大步。该书共分五部分:序、审计的作用、调查过程、报告过程、补论——调查过程(证据的搜集和评价)。该书对审计理论建设的卓越贡献主要表现在以下四个方面:

(1)该书明确指出了审计的定义,认为审计是一个系统的过程,它客观地搜集和评价有关经济活动与经济事项认定的证据,以便证实这些认定与既定标准的吻合程度,并将其结果转达给有关用户,因而审计的作用在于帮助用户判断信息,即具有验证职能。这是迄今为止最权威的定义。

(2)该书研究了审计假设、审计概念和合理论证三者之间的相互关系,为探讨审计理论的结构奠定了基础。

(3)该书运用沟通理论论述了报告过程,认为审计师相当于发送者,审计报告相当于所传送信息的内容,审计报告书相当于媒介,会计信息使用者相当于接收者,审计的作用在于提高会计信息的价值,审计过程的主要受益者是会计信息的使用者。

(4)该书对审计过程中的种种风险提出了许多十分深刻、有用的见解,为指导审计师正确地评价审计证据提供了合理的理论依据,还明确了审计的社会作用,提出了信息价值增加论。

《基本审计概念说明》是在审计实践基础上分析研究审计理论问题,论证严谨、思维缜密、内容丰富、建议稳健,将审计理论在莫茨和夏拉夫工作成果的基础上进一步拓展,对审计理论和实务发展的贡献是巨大的。

2.2.3　里程碑之三:《审计理论——评价、调查和判断》的出版

1978年,C.W.尚德尔编著的《审计理论——评价、调查和判断》(Theory of Auditing: Evaluation, Investigation and Judgment)一书正式出版。该书进一步丰富和发展了莫茨和夏拉夫的审计理论思想,被誉为审计理论发展史上的第三座里程碑。作者以基本假设(postulate)、定理(theorems)、结构(structure)、原则(principles)和标准(standards)为基础,论述了审计的基本原理,并就审计理论建设问题,大胆地提出了自己的设想。尚德尔的贡献主要在于:

(1)从信息论的角度对审计理论进行全面的研究,将审计置于更为广阔的空间,并由信息传递过程给出一般意义上的审计定义,认为审计是"人们为了证实是否遵循某些标准而形成意见和判断的评价过程"。

(2)明确了理论概念和结构,研究了审计假设、审计概念和审计程序,提出了审计假设的质量要求及判断审计概念的原则。

（3）进一步区分了审计调查和查询，将审计调查延伸到未来，提出了计算变动风险的公式。

尚德尔的著作在审计理论研究方面进一步加强了论述的理论性和结构性，更抽象、更注重逻辑思辨。之后，已经很少再出现纯粹的审计理论著作，大部分是与审计实务结合在一起论述审计理论问题。主要包括 R.A.安德森（加）的《外部审计学》、汤姆·李（英）的《企业审计》、大卫·费林特（英）的《审计理论导论》、蒙哥马利（美）的《蒙哥马利审计学》、道格拉斯·R.卡迈克尔（美）等的《审计概念与方法：现行理论与实务指南》、大卫·N.里基特（美）的《审计学——概念与准则》和阿伦斯与洛贝克（美）的《审计学——整合方法研究》、三泽一（日）的《审计学》等等。这些著作虽然也论及审计理论，不断丰富、发展审计理论体系，但对审计实务的贡献更为直接。

● 2.3　审计理论结构的逻辑起点

审计理论是一套系统化的知识体系，按照系统论的观点，在系统中应有一个内在的结构。系统的结构是系统内部各组成要素之间的相互联系、相互作用的方式和秩序，内在的结构是系统保持整体性和具有一定功能的内在依据，结构是系统的普遍属性。没有无结构的系统，也没有离开系统的结构。我们认为，审计理论结构是指审计理论诸要素（组成部分）及其相互联系的组合，审计理论必须有相应的框架结构——审计理论结构——来支撑整个体系，审计理论结构是审计理论的重要组成部分。研究审计理论必须考察审计理论结构，而研究审计理论结构就需要明确审计理论的组成要素及各要素之间的内在联系。但值得注意的是，在研究审计理论结构过程中面临着一个不容回避的问题，即从何处入手，以什么作为逻辑推理的出发点。研究审计理论的逻辑起点，有利于我们正确地认识和构建审计理论、运用和检验审计理论、归纳和演绎审计理论、发展和创新审计理论。

2.3.1　确立审计理论结构逻辑起点的要求

从哲学的角度讲，逻辑起点指从抽象上升到具体全过程中的出发点的概念、范畴或判断，也叫作上升的起点。它是构造一门学科理论体系的出发点或建基点，是该学科理论体系中最基本、最抽象、最简单的一个理论范畴，它对该学科其他理论要素的建立和发展以及整个理论体系的构造均有着决定性的作用。

审计理论结构的逻辑起点至少应符合以下要求：

（1）逻辑起点的实质内容应表现为审计体系中最抽象、最一般、最简单的思维规定。

（2）逻辑起点应是审计体系中的直接存在物，即它必须是不以审计体系中任何其他范畴为中介前提的范畴，而其他审计范畴反倒必须以它为基础和依据。

（3）逻辑起点应该揭示审计理论诸要素的内在矛盾以及审计系统整体的一切矛盾萌芽。逻辑起点本身所包含的矛盾是整个审计体系运动、发展的内在动力和源泉。

（4）逻辑起点与形式逻辑系统中的公理不同，它既不是任意的和暂时承认的东西，也不是随便出现和姑且假定的东西，而是为后来的事物运动过程所证明，把它作为逻辑开端是正确的。

（5）从最一般的意义上讲，逻辑起点范畴作为审计系统中的一个基本要素，同整个体系发生着多方面的联系。这种联系不仅规定着审计系统整体的本质，还规定着起点范畴在审计理论体系中所处的地位和所起的作用。

2.3.2　不同逻辑起点的分析与考察

不同学者研究范式的差异，导致审计理论界对逻辑起点存在不同见解。国外学者的观点主要包括三点：一是20世纪50年代至70年代中期，以审计假设为逻辑起点的模式，以莫茨和夏拉夫、尚德尔为代表；二是20世纪70年代中期至80年代中期，以审计目标为逻辑起点的模式，以安德森为代表；三是20世纪80年代中期之后，以审计本质为逻辑起点的模式，以汤姆·李和费林特为代表。对不同的逻辑起点进行具体分析，可以得出以下几种观点：

（1）审计假设导向型

这种观点是从审计假设出发，在审计假设的基础上推导出审计原则，然后用它们来指导审计准则，审计假设和审计准则共同构成了审计理论结构的理论基础和概念体系。其流程可大致表示为：审计假设→审计原则→审计概念→审计准则→审计规范。持这种观点的人认为："审计假设是构造系统的审计理论结构的基础，也是审计科学发展的前提。"审计假设是建立审计理论结构的基石、理论研究的基本要素、推理论证的原始命题。

以"审计假设"为逻辑起点来构建审计理论结构，其缺陷主要表现在以下两个方面：

①审计理论与社会经济环境失去相关性。审计假设不同于审计环境，审计环境是指与审计的存在、发展密切相关，影响审计思想、审计理论、审计实务以及审计发展水平的客观现实因素和历史因素的总和，是内部环境因素和外部环境因素的对立统一体。审计环境的不确定性，导致了作出审计假设的必要性，但审计假设一经确定，就相对保持稳定，不能直接反映社会经济环境变化对审计理论的影响。

②审计理论结构内部离散。审计假设是为了实现审计目标而对审计师所面临的社会经济环境作出的假定性规定，其实质是对审计对象的一种时空设定。但是，审计目标却无法由审计假设推导而出。比如，"经济责任假设"，该假设将审计对象的空间界定为具有责任关系的经济活动范围。但人们作出这种界定的原因却是由"审计目标"来回答的，更何况人们为了更有效地发挥审计的职能，实现审计的目标，也可以把审计对象的空间范围进一步扩大。总之，以审计假设为前提，加工、生成和传递信息过程中所应选择的方法、程序，总的说来都是为了实现审计目标。

（2）审计目标导向型

这种观点是从审计目标出发，根据审计目标规定审计信息的质量特征，然后研究作为信息传递手段的审计报告的构成要素等问题，其流程可大致表示为：审计目标→审计对象、性质→审计原则→审计准则。持这一观点的人认为，"目标是一切工作的出发点"，"审计目标是整个审计监督系统的定向机制"。这一观点也有其固有的局限性，主要表现为：

①审计目标受审计目的与审计职能的双重制约，只反映两者耦合的部分因素，结果既未能全面包括审计目的因素，也未能全面反映审计职能的因素，不能全面揭示审计对象的因素。

②从审计实践活动看，审计目的是主观的、外在的。审计目标作为审计实践活动本身的目标，一般是对审计所提供的信息的内容、种类，提供时间、形式及其质量、特征等方

面的要求，这里既有质的规定性，又有量的规定性。可见审计目标实质上是审计职能的具体化，审计目标的提出，不能超越审计的职能，而只能局限在审计职能的范围之内。审计职能是审计本身所固有的、客观的、内在的。审计目的相对于审计信息系统而言则是主观的、外在的，审计目的通过影响审计目标促使审计职能的发展，而审计职能的发展则通过具体化为审计目标而促进审计目的实现。因此，以审计目标作为逻辑起点而展开的审计理论体系难以揭示更高层次的审计理论，无法揭示审计发展的真正原因，因而建立在审计目标基础上的审计理论体系也是局限的、不完整的、较低层次的。

（3）审计本质导向型

这种观点是从审计本质出发，根据审计对象、审计职能，演绎、归纳出审计原则和审计准则。其流程可大致表示为：审计本质→审计对象→审计职能→审计原则→审计准则。国内十几年的审计理论研究，大多选择"审计本质"作为逻辑起点，进而阐述审计对象、审计属性、审计职能、审计作用、审计任务和审计方法等一系列理论问题。持这种观点的人认为，"只有准确地揭示事物的本质，才能把握审计理论的发展方向"，"只要正确地确立了审计的本质，也就顺理成章地确立了审计理论结构"，"离开具体的对象，客观的职能（任务和作用从属于职能）就无从产生"。但是，由于"审计本质"纯理论性太强，因而造成以"审计本质"为逻辑起点构建的审计理论结构与审计实务相脱节，即基础的审计理论研究在时空上远远超越实践，而应用性审计理论研究又在时空上远远落后于审计实务，具体表现在如下几方面：

①审计理论与社会经济环境相脱离。社会经济环境的变化必然对审计实务产生影响，因而要求审计实务作出相应的反应，以适应变化了的社会经济环境。但是社会经济环境变化对审计的影响，首先表现在对审计目标的追求以及实现审计目标所采取的各种手段、技术上，而不是直接表现在审计的本质、属性或对象上。因而以"审计本质"这样一个纯理论性的命题为起点来构建的审计理论结构，必然会脱离客观的社会经济环境，从而使审计理论不能很好地指导、预测审计实务并客观地反映审计实务。

②审计理论结构内部逻辑性不强。科学、完整的审计理论结构应结构紧密、逻辑严密，各组成部分相互连贯、浑然一体。在整个理论结构中，其逻辑起点应具有一定的内聚力、向心力，通过它能把理论结构内各组成部分有机地联系起来，形成一个有序、严谨的整体。但是，以"审计本质"作为逻辑起点却不具备这种功能。比如，无论我们将审计职能规范为"单职能论"还是"双职能论"，审计的方法、程序、原则并不会因此而不同。这一现象本身也说明我们在理论研究中所遵循的思维模式有缺陷。

③不能正确反映审计理论对实践的指导作用。审计本质起点论只能解释什么是审计这类纯理论问题，不能解决为什么要审计这一与审计实践密切相关的问题。以"审计本质"为起点建立审计运行模式，由于失去了审计运行的动力源泉和自觉遵循的行为机制，因而无法揭示各类审计运行机制和行为方式形成的条件和过程，也难以引导审计运行机制正常运行和审计实务顺利发展。

（4）两元或多元导向型

持这一观点的人认为，审计理论结构的逻辑起点如果仅为审计本质、审计环境、审计目标、审计假设中的一种，对于正确、全面研究审计理论是不完善的。因此，他们提出了审计理论结构逻辑起点的二元论。主要观点有以下四种：

①主张以审计目标和审计假设共同作为审计理论结构研究的逻辑起点；

②主张以审计本质及审计假设作为审计理论结构研究的逻辑起点；

③主张以审计环境和审计目标共同构成审计理论结构的逻辑起点；

④主张以审计本质、审计目标和审计假设三个因素作为审计理论结构的逻辑起点。

两元或多元论，看似全面，但实际上审计环境、审计目标、审计假设、审计本质等处于不同的层次。如果同时以两元或多元因素为起点，就如同一个人站在台阶上，两条腿一条在上、一条在下或是一条要向左、一条要向右，导致审计理论结构的构建无所适从。因此，其不科学性主要表现为审计理论结构各要素之间没有明确的逻辑关系。

除了国外审计学者有代表性的观点外，我国学者在探寻审计理论结构的逻辑起点过程中，也取得了一定的成果，如财务责任起点论（钟英详，1986）、目标与假设双重起点论（袁晓勇，1997）、审计性质与目标双重起点论、环境与目标双重起点论（谢诗芬，2000）、生产力与生产关系起点论（李汉国，1988）等多种不同观点。

2.3.3 审计理论结构逻辑起点的现实选择

审计理论密切依存于审计实践，从审计实践中产生。因此，审计理论不可避免地受到其环境的影响。我们认为将审计环境作为构建审计理论结构的逻辑起点是切合实际的选择。理由主要有如下几个方面：

（1）审计环境是一种真实的存在，是审计系统中最简单、最普遍、最常见、最基本的现象。

（2）审计环境构成审计理论体系的核心要素，是推导其他抽象的审计理论与概念的基础。审计环境是审计动因的决定因素；审计环境是审计理论体系的核心，它比审计假设所反映的社会环境约束条件更为全面、综合，也界定了审计目标所"意欲表达的理想境地"的特定内容，是审计实务的基石，以之为起点，能使整个审计理论建立在更为宽泛而坚实的基础之上。

（3）审计环境反映了审计根本属性，决定着审计的需求与供给，是整个审计体系运动、发展的内在动力和源泉。

（4）审计环境是审计系统本身与影响审计的外部因素的结合体，审计环境具有联结理论与实践的功能。审计环境不简单等同于审计实践活动，它是对间接或直接影响审计的环境因素的高度抽象与概括，涵盖政治、经济、法律、科技、社会、自然等多个因素。另外，审计环境来自于审计实践，并不断与之进行物质与能量的交换。

（5）审计环境是衡量审计系统是否先进科学的基本标准，离开审计环境，不能解释各不同国家或同一国家在不同历史阶段审计理论与审计实务所存在的差异。审计环境深刻地体现了审计的这一集合特征，是审计理论跨世纪的研究主题。

（6）审计环境蕴含多样化研究方法。审计环境倡导的多样化研究思维方法、多元化理论模式能促进审计理论自身发展。审计理论研究的开山鼻祖——莫茨和夏拉夫教授——正是将数学、逻辑学、伦理学等研究思想渗透到审计学中来才建立了人类审计理论发展史上的第一座丰碑。

回首现代审计大发展的几次浪潮，现实以其无可辩驳的方式印证了，从审计目标、审计对象、审计程序到审计方法的变化无不是审计环境不断变化的结果，可以说，有什么样的审计环境，就有什么样的审计模式和审计理论体系。脱离环境来研究审计理论，等于无源之水、无本之木。审计系统是一个开放系统，处于各种环境之中，尤其受到社会经济环境的直接影响。

● 2.4　审计理论结构的构建

2.4.1　构建审计理论结构的原则

审计理论结构研究体现着一国审计理论研究的科学水平，我国的审计理论研究是从20世纪80年代才开始的，因而审计理论研究相对较弱。理论来源于实践，同时，理论又指导实践并预测实践，没有理论指导的实践将是盲目的实践。审计理论与方法来源于审计实务工作，是对审计实务工作的概括和总结。改革开放以来，我国的审计实践已经发生了重大变化，这急需理论上的规范与指导。因此，对审计理论结构的研究不仅是我国审计学科自身发展的需要，也是指导我国审计实务的迫切需要。我们认为，建立科学的审计理论结构应遵循如下原则：

（1）客观性原则

审计理论的目的在于揭示研究对象的本质属性和规律，以便更有效地发挥审计在社会主义市场经济建设中的职能和作用。要达到这一目的，在构建审计理论结构时，首先，要求对审计与其所处的社会环境之间的需求关系以及审计对这种需求所能发挥的潜在功能，进行客观的揭示。在构建具有客观性质的审计理论结构时，应该考虑两个方面：一方面是审计理论应包括尽量多的经验内容，如果审计理论结构中包括的可以对之进行实证检验的经验命题数量越多，而且这些命题能接受实践的检验，那么这个理论结构就会有更多的经验内容，就更有价值；另一方面是审计理论要有许多高质量的证据的支持，这直接关系到审计理论的价值能否实现。

（2）全局性原则

构建审计理论结构时，必须要有一个全局观念。这是因为：

①审计理论结构应从审计机制运行的角度出发，对这一事物从不同的侧面和层次进行全面的描述。结构内部的各个层次之间相互制约、相互联系，具有内在的逻辑严密性和完整性。为了提高审计理论结构的整体功能，增强其整体效应，我们必须考虑从整体出发，从全局考虑问题，并注意整体的集合性；还要使各组成部分的排列组合保持合理，必须从提高整体功能的角度去提高和协调各部分的状况。总之，就是从全局出发，考虑各个部分，以求总体最佳。

②审计理论结构是对审计要素诸多特征的概括和描述。在描述和分析某种审计理论时，不仅要注意到各种审计理论的主要和基本特征，同时也要注意到其他特征。由于审计本身就是由许多要素组成的整体，因此，审计理论结构除了要反映出审计系统诸要素的特征之外，还要反映出各要素间的联系方式以及审计理论与其所处环境之间的关系。

（3）逻辑性原则

构建审计理论结构的逻辑性原则，规定了理论结构内在的一致性和层次性。其内容涉及以下几个方面：

①审计理论结构必须保持思维逻辑的一致性。这包括两个方面：一是理论内部逻辑结构上是浑然一体、前后一致、首尾贯通的。理论结构中的概念框架、推理判断都必须严格按照逻辑规律展开。理论结构在逻辑结构上的严密可以确保其具有相对的稳定性，能经受住外来干扰的冲击。二是外部相容性。这是确保新理论和已被人们认可并接受的旧理论之间达成协同和逻辑相关的必备条件。相容性不仅是新旧理论的相容，更重要的是要确保整个理论结构的逻辑统一性。

②审计理论结构必须达到内在的简要性，也就是说，审计理论结构构建时，要在逻辑上表达出一种简洁、扼要的形式。正如爱因斯坦所说："一种理论的前提的简单性越大，它所涉及的事物的种类越多，它的应用范围越广，它给人们的印象也就越深。"有的学者甚至把这个标准称为"科学理论的美学原则"。

③审计理论结构内部的逻辑组织和推演能力。这是显示理论具有多大的逻辑力量。在理论遇到反例的情况下，理论可以通过内部的结构来克服所遇到的困难。理论的推演能力是指从理论的陈述部分推演出可供经验检验的经验性结论。这是理论受检验所必需的步骤，然而也是最困难的一步。

④审计理论结构必须保持一定的层次性。它包括等级性和多侧面性两重含义。等级性是指任何一个审计理论结构都可以在纵向上把它分为若干等级，其中低一级的结构是高一级结构的有机部分。审计理论结构的多侧面性是指同一级的审计理论，又可以在横向上划分为相互联系、相互制约又相互独立的平行部分。

（4）历史性和动态性原则

任何审计实务活动都处在一个多样性和层次性的复杂的社会经济环境之中，这就使审计理论结构不可能是绝对封闭和绝对静止的，而是开放的、历史的、发展的。随着人们对审计实务活动及其所处社会经济环境认识的深入，审计理论结构的内容也会发生变化。所以，审计理论结构的封闭性、静止性是相对的，而它的开放性、动态性却是绝对的。

2.4.2　对不同的审计理论结构的评价

中外审计学者对审计理论结构已经进行了较为深入的研究，现将其中主要的模式加以归纳，并对其作以评价。

（1）莫茨和夏拉夫模式

莫茨和夏拉夫在《审计理论结构》（The Philosophy of Auditing）一书中提出了由基本哲学、审计假设、审计概念、应用标准和实务应用领域五部分组成的审计理论结构（如图2-2所示）。其中，基本哲学涉及审计决策的科学方法；审计假设是一种信念，是指导行动的根据；审计概念是把理论组织起来的中心，可帮助人们对理论要素加以归类；应用标准是衡量审计质量的尺度，为审计行为提供指南。

莫茨和夏拉夫的审计理论结构框架，奠定了后来学者研究的基础，但是他们所提出的审计理论结构也存在一定的不足。比如，他们所提出的"基本哲学"这一要素，其提供的是各门科学的方法论，与其他的"审计假设""审计概念""应用标准"等不具有同质性，不适合作为要素出现。而且此模式未涉及审计目标，这是不全面的。但这一审计理论结构在审计理论中占有重要的位置，其后的许多学者所提出的审计理论结构大都是对这一审计理论结构的修改、充实和提高。

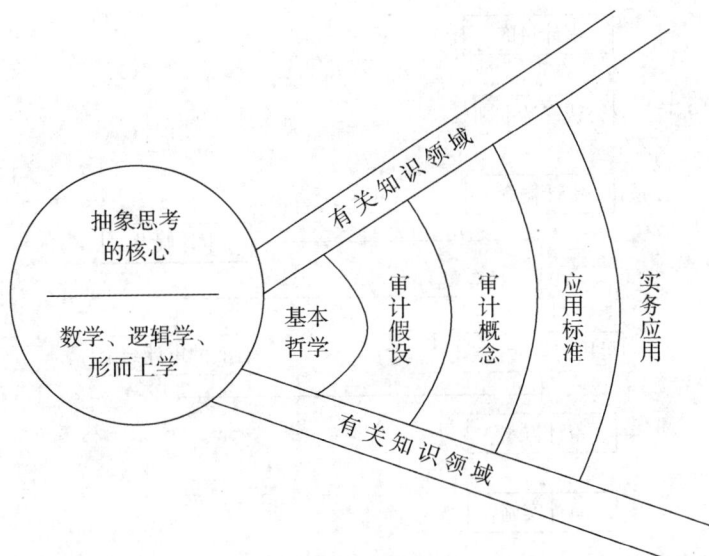

图 2-2　莫茨和夏拉夫模式图

（2）尚德尔模式

尚德尔发展了莫茨和夏拉夫的理论，他在《审计理论——评价、调查和判断》中提出的审计理论结构由基本假设、定理、结构、原则和标准五部分组成。基本假设是根据需要建立的，是不加证明就要求人们接受的一些基本概念或假定；定理是能用基本假设予以说明的命题；结构是说明学科每一组成部分及其相互关联概念的模式；原则是用以解释实务中的有普遍性的惯例；标准是某一学科中有关程序的质量要求。可以看出，这一审计理论结构不包括基本哲学、审计概念、审计实务领域，但却增加了定理、结构和原则。尚德尔模式的不足之处在于：和莫茨和夏拉夫模式一样，尚德尔也没有考虑审计目标，这是有缺陷的；将假设和定理放在了同一层次是不妥当的；把结构作为理论的组成要素难以令人接受。

（3）蒙哥马利模式

《蒙哥马利审计学》（第 11 版）在总结各家观点的基础上，提出了以下审计理论结构构成要素，即审计目标、审计准则、审计假设、概念和技术。其中，审计目标既包括审计总目的，又包括每项审计的特定目的；审计准则指公认审计准则；审计假设不可证明，但对一门学科的发展很重要；概念是产生于观察和经验的一门学科的不同方面的概括的思想观念；技术则包括不同形式的证据和取得、评价、鉴定、综合证据的方法。蒙氏审计学虽然提出了比较贴切的审计理论的要素，但并未对要素之间的相互关系进行阐述，因此对审计理论结构的研究并不彻底。

（4）安德森模式

加拿大审计学家安德森的《外部审计学》，在总结前人的基础上进一步修改、充实审计理论结构。他强调审计目的、审计准则、审计概念、审计假设、审计技术和审计程序之间的关系。他认为审计理论的目的是提供一个合理的协调一致的概念框架以确定达到既定审计目标所必需的审计程序及范围。安德森从审计目的出发绘制的审计理论结构如图 2-3 所示。

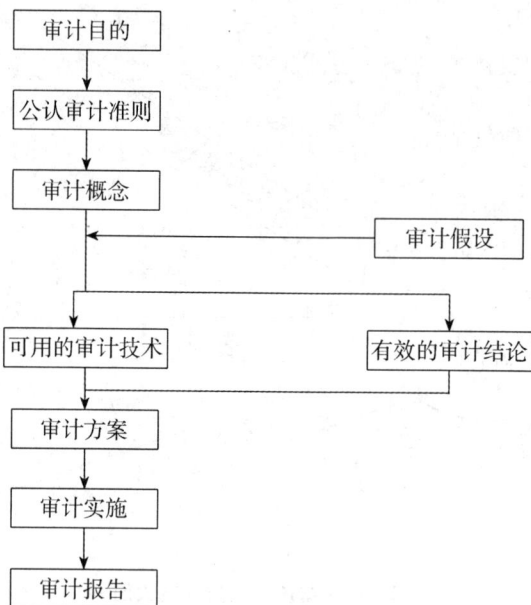

图2-3　安德森模式图

安德森所描绘的审计理论结构比较完整，但也存在一定的不足。首先，他所描绘的审计理论结构仅仅适用于财务审计，而现在的审计领域早已超越财务审计范畴，向经营审计、管理审计等经济效益审计领域拓展。其次，根据安德森的看法，审计概念和审计假设来源于公认审计准则，公认审计准则来源于审计目的。事实上，审计概念和审计假设来源于审计师在长期的审计实务中获得的认识。公认的成熟的审计假设和概念由审计职业团体加以总结提炼，便形成审计准则，审计准则以审计假设和概念为依据。

（5）汤姆·李和大卫·费林特模式

英国著名审计学家汤姆·李和大卫·费林特对审计理论结构的观点基本一致。汤姆·李在《企业审计》一书中认为，审计理论结构由本质与目标、假设和概念递进组成；大卫·费林特则在《审计理论导论》中提出"本质和目标→假设→概念→标准"是审计理论结构的模式。他们都以审计本质作为审计理论结构的起点是对审计理论的进一步发展，审计本质导向型也是近年来被许多学者接受的一种代表性的观点。但是，也应该看到，将审计本质和审计目标并列支撑其他要素是不合适的。

上述的各种审计理论结构既有相同之处，也有不同之处。假设、准则和概念是审计理论结构的组成部分，对此似乎已形成共识，而在其他的内容是否属于审计理论结构这一问题上则存在分歧。但这些审计理论结构中最突出的局限性在于，仅从独立审计出发，以财务审计为研究对象，而没有将审计的研究领域随实践的发展而拓展到更广泛的多元审计体系中，因而缺乏普遍性和完整性。

（6）三泽一模式

日本学者三泽一在其所著《审计学》一书中用了10章的篇幅来讲述审计的基本理论。他将审计理论按审计类别分为会计审计理论和业务审计理论；按审计主体分为会计师审计理论、监事审计理论、内部审计理论，并研究了审计理论结构，如图2-4所示。

三泽一的审计理论结构是以审计的主要类别和以审计师为主体来划分的，只说明了审

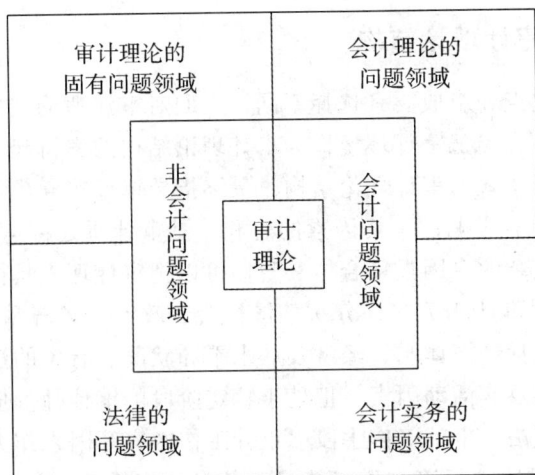

图2-4　三泽一模式图

计依据和审计对象的关系，而没有就"审计一般"来表示审计理论结构，这并不能清晰揭示审计理论结构的要素及其相互关系。另外，他仍以会计为对象来描绘审计理论结构，认为有些问题只有把会计理论和审计理论结合在一起才能解决，只有把会计领域和法律领域中各种各样的问题同审计问题结合起来，才能使审计理论结构系统化。这种观点与日本所实行的证券交易法审计、商法审计必须引证法律条款的惯例是分不开的，这仅可解释日本的审计情况。

（7）我国学者对审计理论结构的探索

我国学者对审计理论结构的探索始于20世纪90年代初期。主要表现在：

①萧英达在其所著的《比较审计学》中提出："以审计目的为指导、以审计假设为基础，再加上各种审计概念（包括性质、对象、职能等），便可建造一个完整的审计理论结构体系。"

②蔡春在其《审计理论结构研究》一书中指出，审计理论结构应由审计本质、审计假设、审计目标、审计规范、审计信息、审计控制手段与方式六个要素组成。

③王文彬、林钟高在其所著的《审计基本理论》中提出应建立一个由审计目标理论、审计行为主体理论和审计方法理论构成的审计理论体系。

④袁晓勇认为应以审计假设和审计目标共同作为审计研究的逻辑起点，据此构建的审计理论结构包括审计基本理论和审计应用理论两个基本层次。其中，审计基本理论主要是指审计基本概念、基本原则、基本原理等基本性的审计理论问题，如审计环境、审计假设、审计目标、审计本质、审计对象、审计的一般原则、审计职业道德、审计质量特征等；审计应用理论是指由基本理论演绎出来的派生概念、具体准则、审计程序和方法，如独立性的认定、重要性的判断、审计准则与审计计划的制订、内部控制测试、证据的搜集与评价、审计报告与工作底稿的编制等。

⑤张建军认为，根据审计理论各要素之间的内在联系，审计理论结构应由审计目标、审计假设、审计概念、审计准则构成，最终对审计实务进行指导。

2.4.3　构建我国的审计理论结构

由于构建的逻辑起点和组成要素选择不同，人们对审计理论结构模式的理解呈现出多样性态势。我们认为，应当把审计环境作为审计理论结构的逻辑起点，以科学的构建原则为指导，设立适合我国实践的审计理论结构，最终指导审计实务。

审计环境是对审计有影响的一切因素的总和，是审计所处特定发展阶段的客观条件。审计环境是一个错综复杂的多因素集合体。我们可以把审计环境具体细分为审计外环境和审计内环境。我们把同审计相关的部分从整体社会、政治、经济和法律环境中抽象出来，称之为审计外环境，包括经济体制、经济发展水平和状况、有关的法律法规、社会文化环境、外部相关利益集团及其活动因素；把处于特定阶段的审计师价值观念、审计思想、审计文化、审计程序与方法、审计工作手段、审计工作内容等因素作为审计内环境。审计内外环境密切相关，不断地进行着物质、能量和信息的交换。审计内环境决定着审计的本质，进而决定了审计的职能，进一步决定着审计的程序和方法；审计外环境决定着审计动因，进而决定着审计目标。因此，审计本质与职能、审计动因与目标最终统一在人类社会生产实践活动中，统一在特定的时空条件下的审计环境中。

下面我们以审计环境为起点来构建适合我国审计现状的审计理论结构，这一理论结构由审计理论的起点、前提与导向，审计基本理论，审计规范理论，审计应用理论和审计相关理论五个层次组成。我们可以把审计理论结构表述为如图2-5所示，并具体说明如下：

（1）审计理论研究的起点、前提与导向

①审计环境是审计理论研究的逻辑起点

审计环境影响审计目标、审计假设和由此确立的审计基本理论、规范理论和应用理论。审计系统中的一切理论问题都是由审计环境展开的，并在此基础上层层深入，形成合理的逻辑层次关系。以审计环境为起点建立的审计理论体系及以理论为指导的审计实务工作能否实现人们的期望，是对审计目标确立恰当与否的最好检验。在审计环境中，对审计目标起主要作用的是社会公众对审计的期望及相关法律对审计的约束。

②审计假设是审计理论研究的前提

审计假设是人们对变化不定的社会经济环境作出的一些合乎逻辑的推论和判断，它设定了审计工作的空间、时间和质量单位。审计假设为有效地实现审计目标提供必要的前提条件，是建立审计基本理论、规范理论和应用理论的逻辑前提。但这种假定和判断不能凭空设定，它受制于审计外环境，离开审计环境的审计假设，只能是"沙滩上盖高楼"——不牢靠。

③审计目标是审计理论和实务的导向

审计目标是在认真研究审计环境和审计假设的基础上确定的，既对审计基本理论起导向作用，也对审计规范理论和审计应用理论起导向作用。审计目标是审计活动的既定方向和要达到的预定结果，是审计行动的基本指南。审计目标既反映社会（审计环境）对审计的要求，也反映了审计作用于社会（审计环境）的实质内容。审计目标的确定受到审计环境的影响，并随着审计环境的变化而变化。一方面，有什么样的审计目标便给审计工作、审计报告等提出什么样的要求；另一方面，审计目标也给审计准则提出了要求和前提，它规定着审计信息的质量特征。

```
┌─────────────────────────────────────────┐      ┐ ┌──────────────┐
│  审计环境（包括能量交换的内、外环境）        │      │ │ 审计理论的   │
└─────────────────────────────────────────┘      ├─┤ 起点、前提与 │
   ┌──────────────┐          ┌──────────────┐     │ │ 导向         │
   │   审计假设    │──────────│   审计目标     │     ┘ └──────────────┘
   └──────────────┘          └──────────────┘

        ┌──────────────┐
        │   审计导因     │
        └──────────────┘
   ┌──────────────┐          ┌──────────────┐
   │   审计本质     │          │   审计职能     │
   └──────────────┘          └──────────────┘

        ┌──────────────┐                              ┐ ┌──────────────┐
        │  审计概念体系   │                              ├─┤  审计基本理论  │
        └──────────────┘                              │ └──────────────┘

   ┌──────────┐    ┌──────────┐    ┌──────────┐       │
   │  审计主体  │    │  审计客体  │    │  审计原则  │       ┘
   └──────────┘    └──────────┘    └──────────┘

   ┌──────────┐    ┌──────────┐    ┌──────────┐          ┌──────────────┐
   │职业技术规范 │    │职业道德规范 │    │质量控制规范 │ - - - - -│  审计规范理论  │
   └──────────┘    └──────────┘    └──────────┘          └──────────────┘

   ┌──────────┐    ┌──────────┐    ┌──────────┐
   │ 审计组织理论│    │ 审计操作理论│    │ 审计控制理论│
   └──────────┘    └──────────┘    └──────────┘
                                                        ┐ ┌──────────────┐
                                                        ├─┤  审计应用理论  │
                                                        ┘ └──────────────┘
 ┌──┐ ┌──┐ ┌──┐ ┌──┐ ┌──┐ ┌──┐ ┌──┐
 │审│ │审│ │审│ │审│ │审│ │工│ │审│
 │计│ │计│ │计│ │计│ │计│ │作│ │计│
 │程│ │计│ │方│ │证│ │报│ │底│ │档│
 │序│ │划│ │法│ │据│ │告│ │稿│ │案│
 └──┘ └──┘ └──┘ └──┘ └──┘ └──┘ └──┘

        ┌──────────────┐                              ┌──────────────┐
        │  审计相关理论   │- - - - - - - - - - - - - - │  审计相关理论  │
        └──────────────┘                              └──────────────┘
```

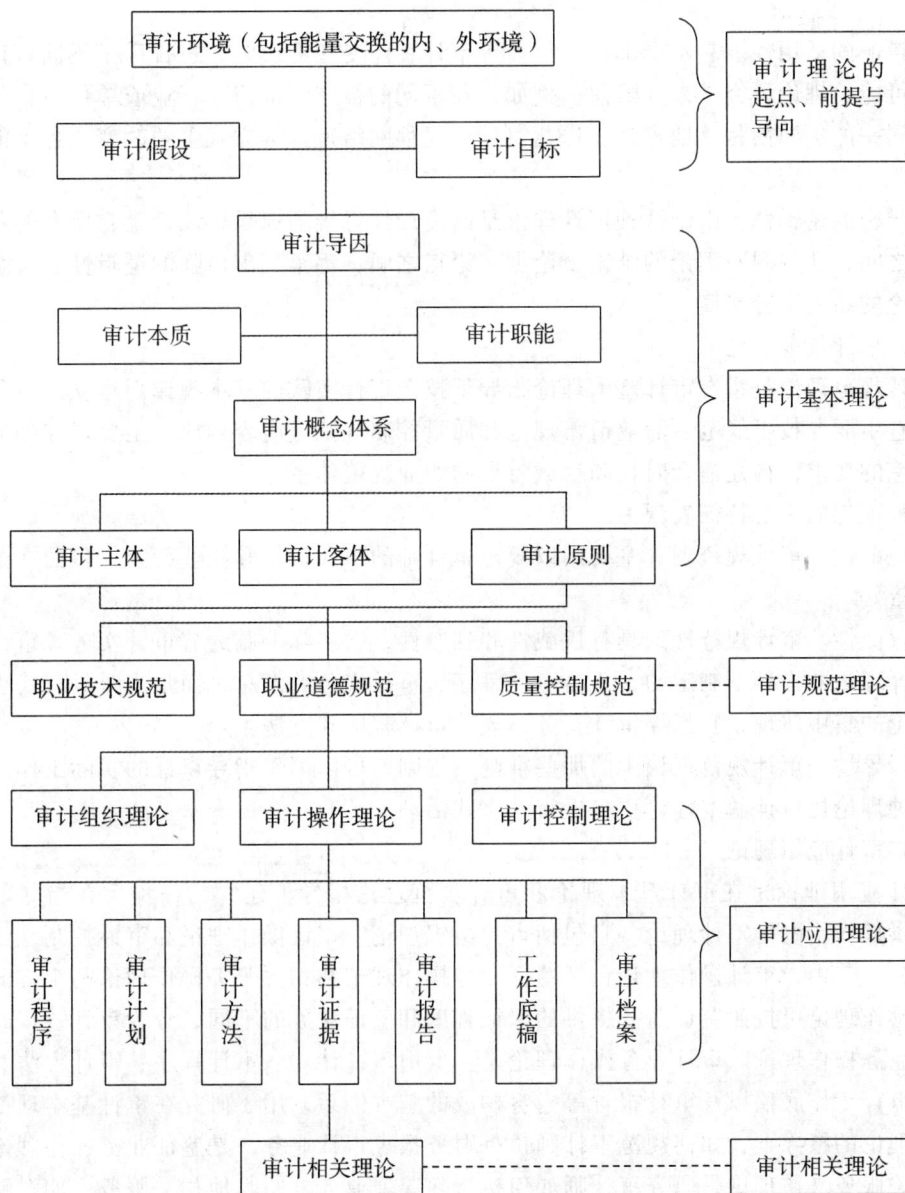

图2-5 以审计环境为起点构建的审计理论结构图

（2）审计基本理论

审计基本理论是指可以通用于任何独立审计活动的各种具有普遍指导性的审计理论。它是审计理论的精髓，由审计导因、审计本质、审计职能、审计主体、审计客体、审计原则和审计概念体系等构成。

审计基本理论具有以下特征：

①高度的抽象性。它没有具体的实践导向，也没有实物可供参照，只是产生于高度的理念之中（如审计职能），是看不到和无法直接感受到的事物。高度抽象性会导致人们认识上的困难以及模糊性，因而，在关于审计基本理论问题的研究中，学术流派

颇多。

②普遍的适用性。它不受部门、行业等审计客体变化的影响，也排斥了不同审计类型的差别可能给理论研究带来的障碍。例如，在不同的被审计部门、行业或单位，审计基本职能是同一的，即使是就地审计、送达审计或远程网络审计等方式上的改变，也不能使审计基本职能产生变化。

③严密的逻辑性。由于这种审计理论是高度理性思维的成果，无论是它所属的各种不同理论之间，还是同一理论的结论、论据、论点之间，都呈现出极强的逻辑性，整个审计基本理论的结构十分严谨。

（3）审计规范理论

审计规范理论是指在审计基本理论指导下按照审计实践的基本规律而建立的一种审计理论。它由职业技术规范、职业道德规范和质量控制规范等内容构成，主要研究如何根据审计环境的要求，构建适合时代和地域特征的职业规范体系。

这种理论的主要特征表现为：

①规范性。审计规范理论主要用以规范审计师的执业资格和执业行为，目的在于提高审计质量。

②权威性。审计规范理论具有权威性和强制性，它实际上制约着审计实务。审计规范是在审计理论的指导下制定的，不是审计程序、审计实务的汇总，而是当时具有代表性的审计理论的集中体现，它指导审计实务，规范审计程序和方法。

③指导性。审计规范理论中的那些准则、规则，可以用于指导审计的实际工作。这是由于这种理论比审计基本理论更接近审计实践活动。

（4）审计应用理论

审计应用理论是在审计基本理论和审计规范理论指导下建立的一种旨在指导审计实务、提供操作指南的审计理论。它包括审计组织理论、审计操作理论和审计控制理论三个有机部分。其中，审计操作理论包括鉴证业务操作理论和相关服务操作理论两个方面。鉴证业务操作理论可按照鉴证业务提供的保证程度和鉴证对象的不同，分为审计、审阅和其他鉴证业务操作理论。审计业务操作理论是主要由审计计划、审计程序、审计方法、审计证据、审计工作底稿以及审计报告等内容构成的基本体系，用于研究在审计基本理论和审计规范理论的指导下，如何规范审计师执行财务报表审计业务，是鉴证业务操作理论的核心。相关服务操作理论是研究审计师如何执行除鉴证业务外的其他相关服务，如对财务信息执行商定程序、代编财务信息、税务咨询和管理咨询等。

这种理论的主要特征表现在：

①具体性。这种理论常常能被找出相应的实物参照系，总是解决某一特定方面的实际问题，常常具有一定的可操作性和可察见性。

②有用性。它不像审计基本理论那样空洞枯燥，无法用于实际工作。审计应用理论所包含的内容相当广泛，如审计计划、审计程序、审计技术方法、审计策略与审计证据、审计报告等方面的理论，都应归入此类。

（5）审计相关理论

审计相关理论是从事审计理论研究和审计实践工作所必须具备的其他学科理论，主要包括：

①哲学和经济学理论。哲学为审计理论研究提供了一般方法论指导。我们应该继承并发展马列主义哲学，同时也应该汲取西方哲学中的可以为我所用的精髓，以丰富和完善我们的方法论。经济学理论也是审计理论基础的重要组成部分，它可以开阔我们的视野，为我们提供可供选择的理论依据和方法。

②系统科学理论。系统科学是关于系统及其演化规律的科学，它是一个大学科，包括一般系统论、控制论、信息论、耗散结构论、突变论、混沌论、运筹学、博弈论等理论分支。由于一切事物和过程都可以被看作不同的组织系统，这使得系统理论具有一般的性质，带有较高的普遍性。所以，运用系统科学的原理，研究各种系统的结构、功能及其进化的规律是可行的。

③财务和会计理论。现代审计可划分为财务审计和管理审计，两者分别对受托财务责任和受托管理责任的完成过程及结果进行审核。受托财务责任要求受托人最大限度地尽一个管理人的责任，诚实经营，保护受托资财的安全完整，同时要求其行动符合法律、道德、技术和社会的要求；受托管理责任则要求受托人不仅应合法经营，而且应有效经营、公平经营，也就是说，受托人要按照经济性、效率性、效果性，甚至公平性和环保性来使用和管理受托资源。不管是审核受托财务责任还是审核受托管理责任，均要大量分析和评价财务信息和非财务信息，而这些信息是在一定的财务和会计理论指导下产生的。因此，审计学不可避免地要以财务和会计理论为指导来构架审计理论，以便指导和预测审计实务。

④管理科学理论。以古典管理理论为起点，经过行为科学理论的中间发展，至今日益成熟完善的现代管理理论，理应成为审计理论基础的一部分。一是，制度基础审计是以测试和评价内部控制制度为主要内容的，而内部控制制度是控制论在经济管理中的具体运用，是企业管理现代化的产物；二是，管理审计的兴起，说明了企业管理活动的日益重要，管理审计迫切需要现代管理理论的指导，以客观地评价企业的经营管理，并为企业改进经营管理提出富有建设性的意见。

⑤统计科学理论。内部控制的日趋健全、企业规模的日益庞大，以及高等数学方法的广泛应用，使得抽样技术在审计中被广泛运用成为可能。由于审计抽样大量地应用统计科学的有关概念和方法，因此，以现代统计理论为后盾构建审计理论便成为一种必要。

⑥侦查逻辑科学理论。任何审计结论和意见都需要审计证据的支持。审计证据可通过检查记录或文件、检查有形资产、观察、询问、函证、重新计算、重新执行和分析程序等审计程序获取，这类程序类似于侦查学中的某些方法和程序。证据的获取过程中，需要大量地运用逻辑判断以整理分析审计证据，排除伪证，使获取的证据充分而且适当。因此，审计理论基础应包括侦查逻辑学的有关理论。

⑦计算机与网络技术理论。计算机在会计实务中的广泛运用，给当代审计实务和审计理论带来了极大的冲击。例如，EDP 会计系统导致内部控制减弱，引起审计线索消失和审计方法改变，相应地也必然要求审计准则变化等等，这些新问题的出现使得现实中需要结合计算机技术理论重塑审计理论，以指导 EDP 审计实务。

⑧其他理论，如计算技术、行为科学，以及人力资源理论、环境理论等。

[总结与结论]

　　审计理论是人们基于对审计实务活动的认识，通过思维运动而形成的关于审计系统化的、合乎逻辑的、合乎客观事物发展规律的理性认识，是由审计的基本概念、基本原则、基本原理，以及由此推演出来的派生概念、原则、原理等内容构成的审计知识体系。建立审计理论的目的是对现行的审计实务进行批判和论证。在审计发展历程中，诸多专家、学者为审计理论的建设和发展作出了重要的贡献，其中里程碑式的著作有3部。由于审计理论是一整套审计知识的集合，因此，必须有相应的框架结构——审计理论结构——来支撑整个体系。研究审计理论必须考察审计理论结构（即审计理论的组成要素及各要素之间的内在联系）。我们在对不同审计理论结构的逻辑起点与构成内容进行深入分析的基础上，构建了以审计环境为逻辑起点的一整套适合我国审计实践的审计理论结构。

[练习题]

★ 讨论题

　　1. 针对审计理论研究的逻辑起点有哪几种主要观点？

　　2. 我国注册会计师行业的萌芽和发展均在于政府推动。早在1998年，我国政府发布了一系列旨在规范事务所发展的政策。2000年，中国注册会计师协会先后发布了若干项旨在促进事务所扩大规模的指导意见。2007年，中国注册会计师协会发布了一系列力图推动事务所参与国际竞争的相关意见。上述相关政策和意见的核心思想是促进事务所通过强强合并、规模化经营，提升我国本土所的国际竞争力，由此促进中国注册会计师行业的健康发展。在2007年中国注册会计师协会提出的"做大做强"的指引下，中国注册会计师行业掀起了合并浪潮。

本土会计师事务所合并成潮

　　本土会计行业人士的并购热情丝毫没有受到经济危机的影响。随着北京京都天华会计师事务所的揭牌，最近两个月以来已发生3起会计师事务所合并事件。

　　2008年11月29日，天健光华会计师事务所与重庆天健会计师事务所合并；12月19日，安徽华普、辽宁天健和北京高商万达三家会计师事务所宣布合并；12月21日，北京京都会计师事务所和天华会计师事务所合并。

　　历经20余年，中国注册会计师行业已经有了长足发展，但与国际"四大"（普华永道、毕马威、安永、德勤）会计师事务所相比，中国本土会计师事务所在人才规模和收入上均有较大差距。

　　根据中国注册会计师协会统计，截止到2007年年底，"四大"从业人员超过1.8万人，占行业百强事务所总人数的35%；2007年度，"四大"总收入为91.3亿元，占行业总收入的55.5%。

　　为促进本土会计行业的发展，2007年5月，中国注册会计师协会发布了《关于推动会计师事务所做大做强的意见》，此后，本土会计师事务所逐渐开始谋求合并。

本土会计师事务所合并后，可以在从业人数和客户数量上有较大提升，有助于拉近与"四大"之间的距离。

比如，2008 年 1 月 16 日，中瑞华恒信会计师事务所、岳华会计师事务所合并成立中瑞岳华会计师事务所（下称中瑞岳华）。根据中国注册会计师协会统计，合并后中瑞岳华拥有 1 000 名注册会计师和 24 家分所，2007 年度合并后总收入为 5.05 亿元，占排名首位的普华永道中天总收入的 19.22%。而 2006 年度最大的本土会计师事务所立信会计师事务所，占当时排名首位的普华永道中天总收入的比例仅为 10.78%。

对于会计师事务所的合并浪潮，会计行业监管者普遍表示欢迎。

请根据自己的思考和体会，选取近期我国独立审计宏观监管政策方面的一个或者几个重大举措，讨论包括监管环境在内的外部环境是如何引导、推动审计理论发展的。

★补充阅读材料

1.MONTGOMERY R H. The American business manual ［M］．New York：P. F. Coller & Son Corporation，1911.

2.WILLIAM D G. A survey of auditing research ［M］．New York：Prentice Hall，1987.

3.RICCHIUTE D. Auditing concepts and standards ［M］．Cincinnati：South-Western Pub. Co.，1982：78.

4.莫茨 R K，夏拉夫 H A.审计理论结构 ［M］．文硕，肖泽忠，等，译．北京：中国商业出版社，1990.

5.李 T.企业审计 ［M］．徐宝权，张立民，译．天津：天津大学出版社，1991.

6.尚德尔 C W.审计理论 ［M］．汤云为，吴云飞，译．北京：中国财政经济出版社，1992.

7.徐政旦，等．审计研究前沿 ［M］．上海：上海财经大学出版社，2002.

第 3 章
审计环境与审计目标

[学习目标]

1. 了解审计环境的构成要素；
2. 了解审计环境对审计的影响；
3. 理解审计环境与审计目标的关系；
4. 掌握审计目标的发展演进阶段。

● 3.1 审计环境的构成要素及其对审计的影响

任何事物的产生与发展都离不开环境的影响，审计作为社会文明的产物当然也离不开环境的影响。所谓审计环境是指与审计的存在、发展密切相关，影响审计思想、审计理论、审计实务，以及审计发展水平的客观现实因素和历史因素的总和，是内部环境因素和外部环境因素的对立统一体。

3.1.1 审计环境的构成要素

影响审计的环境因素很多，分类也是多种多样。按照一般对环境的分类，可以分为政治、经济、法律、社会、文化和科技环境；按照地域可以分为国内环境和国外环境；按照结构可以分为宏观、中观和微观审计环境三个层次；按照与审计本身的关系可以分为审计内部环境和审计外部环境。限于篇幅，本节只选择性地阐述对审计产生直接或者重大影响的若干环境因素。

（1）经济因素

审计的经济环境是指一定时期内的社会经济发展水平及其运动机制对于审计工作绩效的客观要求。具体包括宏观经济运行模式以及微观的企业组织形式、经营模式等等。

独立审计是商品经济发展到一定程度时，随着企业财产所有权与经营权分离而产生的。18 世纪下半叶，资本主义工业革命开始以后，英国的生产社会化程度大大提高，导致企业所有权与经营权进一步分离。企业主们雇用职业的经理人员来管理日常经营活动，他们需要借助外部专业人员来检查和监督经理人员，于是出现了第一批以查账为职业的审计师。随着资本市场的快速发展，企业融资渠道进一步拓宽，债权人、潜在的投资者等社会公众都迫切需要了解公司的财务状况和经营成果，以作出相应的决策。因此，为确保财务信息的真实与公允，就催生了对财务报表的真实和公允进行审计。

（2）诉讼及判决

诉讼与判决在审计的发展过程中扮演着非常重要的角色。当社会公众的需求发生变化时，若审计能力所能达到的水平与之相差甚远，则审计师就会面临诉讼的威胁，就会迫使审计师考虑社会的需求，并通过改进审计技术来满足公众需求。法庭判决是根据社会对审计要求的变化及其合理性，并考虑审计能力后作出的，从而对明确审计的目标和审计责任产生作用。例如，1925 年在美国"Craig 诉 Anyon"一案中，会计师事务所在 5 年的审计中，未能揭露公司一职员盗窃公司财产达 100 万美元的事件，结果法庭对审计师未揭露这种重大舞弊行为判定犯有过失罪，应该赔偿原告的损失。

（3）法律因素

审计的法律环境是指一定时期国家法律对于审计工作的干预指导程度和对审计师自身权益的保障程度。英国议会在 1844 年颁布了《公司法》，规定股份有限公司必须设立监事来审查会计账簿和报表，并将审查结果报告给股东。次年，又对《公司法》进行了修订，规定股份有限公司必要时可以聘请会计师协助办理审计业务。该法案使公司有了聘请外部审计师的权利，从而有力地促进了独立会计师的发展。1862 年，修改后的《公司法》又确立审计师为法定的公司破产清算人，进一步明确了审计师的法律地位。美国等其他国家也都有相关法律规定强制审计等事项。

（4）科学技术因素

审计的科技环境是指一定时期内的科学技术发展水平所决定的技术手段对于审计操作技能和审计内容的影响。最初的审计主要依赖于手工逐笔业务核查，即采用详细审计。随着统计抽样技术的应用以及企业管理层广泛采用内部控制，审计主要依赖于内部控制评价基础上的制度基础审计。随着信息技术的应用普及，一方面，会计核算普遍使用计算机，大大减少了会计核算上的计算错误；另一方面，复杂的信息技术增加了企业经营环境的复杂性，也增加了审计的风险。因此，审计很快也采用计算机作为辅助审计的手段。同时，为了合理降低审计风险和降低审计成本，审计师开始采用风险导向审计模式。

近年来，人工智能技术以及各种机器学习的形式，为审计专业人员提供了诸多令人耳目一新的可能性。并行处理、获取海量数据以及算法优化等人工智能技术已经开始逐步走进审计实务中。安永目前已开始尝试利用计算机技术辅助审核收入合同和租赁合同，利用机器学习技术分析大批量的贷款合同，用于估值测试。运用人工智能等技术，将数以万计的信息，特别是纸质合同中的信息数字化后，能够让软件自主学习审计的思维模式。这些尝试尚处于初级阶段。随着软件处理信息量的增加，在专业审计师的帮助下，这些软件的学习能力将迅速提高，并将在实务中发挥超乎想象的作用。

（5）相关利益群体：会计职业团体、政府、公众

审计的发展进程也是相关利益群体博弈的过程。审计师为了保护自身的利益，自发形成了行业协会——会计职业团体。会计职业团体在维护审计师的权益、提高审计师的审计能力、制定审计准则等事务中发挥了巨大的作用。公众为了保护自身的利益，不断对审计提出新的要求，审计的期望差距日益增大。于是，会计职业界为减少期望差距而作出新的

努力。政府作为公众的代言人，扮演着维护公众利益者的角色，对审计施加各种管制。这些无疑都将规范和促进审计的发展。

（6）文化因素

审计的文化环境是指一定时期人们受教育的程度以及审计职业教育的普及程度。如果整个社会的教育普及层次较低，人们就必然缺乏对于社会经济生活的参与意识，因而难以充分地理解审计监督对于社会经济发展的客观作用。这样就势必会影响审计业务的实施范围、方式和内容。若接受审计的单位的管理人员不具备会计和审计专业知识，就不能很好地利用审计信息，从而影响到审计监督作用的发挥。另外，现代审计的任务与范围也要求审计师不仅应当具备会计和审计专业知识，同时还应当具备一定的经济、工程、法律和电子数据处理系统等方面的相关知识，只有拥有这样的知识结构，审计师才能较为圆满地完成审计任务。由此可见，良好的文化环境不仅影响审计师的业务能力和审计信息的社会效用，而且在客观上也构成了提高审计质量的必备条件。

3.1.2 审计环境对审计理论和实务的影响

本部分我们将对审计环境给审计理论和实务带来的影响展开分析。考虑到审计环境对审计目标的影响格外突出和重要，我们将在下一节里单独讨论。

（1）审计环境决定了审计需求与供给

从经济环境的变化中可以清晰地看到审计的需求与供给的发展轨迹。早在15世纪，当时地中海沿岸的商业城市已经比较繁荣，在威尼斯出现了最早的合伙企业。在当时的商业合伙企业中，有的合伙人只出资而不参与经营管理。这样，那些不参与经营管理的合伙人也希望监督企业经营，及时了解、掌握企业的财务状况。因此，就产生了对独立审计的最初需求，即在客观上希望有一个与任何一方均无利害关系的第三者能对合伙企业进行监督、检查。同时，在15、16世纪意大利的商业城市中也出现了一批具有良好的会计知识、专门从事这种监督与检查工作的专业人员，他们就是独立审计的最初供给者。

股份有限公司的兴起使企业的所有权与经营权进一步分离，绝大多数股东已完全脱离经营管理，他们需要准确了解企业的经营成果，以便作出是否继续持有公司股票的决定。与此同时，投资市场上潜在的投资者、金融机构、债权人也需要及时正确掌握公司的经营成果和财务状况，以避免给他们带来巨大的经济损失。因此，公司股东、潜在投资人及债权人在客观上进一步要求对公司财务报表进行审计。而"南海公司事件"中，斯耐尔以"会计师"名义提出了"查账报告书"，从而宣告了注册会计师的诞生。其后，苏格兰爱丁堡创立的第一个注册会计师专业团体——爱丁堡会计师协会，标志着审计供给作为一种职业——注册会计师职业——的诞生。然而，此时的审计还只是处于自由供给的状况。1933年，美国《证券法》规定，在证券交易所上市的所有企业的财务报表都必须接受审计，并出具审计报告。不久，会计准则和审计准则相继出台。至此，在法律规范的介入下，独立审计的需求与供给逐步走向法制化、规范化。可见，法律环境最终为独立审计的需求与供给提供了有力保障。

第二次世界大战后，各经济发达国家通过各种渠道推动本国的企业向海外拓展，跨国公司得到空前发展。国家间资本的相互渗透带动了独立审计国际需求的发展。相应地，一大批国际会计公司建立起来了，并随着客户规模的扩大不断进行合并，形成了"四大"国际会计公司，注册会计师行业成为世人所瞩目的职业。

（2）审计环境决定了审计模式的建立与调整

审计模式一般意义上可以规定为若干审计特征的集合，而且是具有一定性质和组合形式的集合，它的生成和变换，均取决于社会经济环境的变化。

从生成方式看，通常一种审计模式并不是凭空产生的，而是另一种审计模式变换的结果。当社会经济环境发生巨大变化时，旧的审计模式就会由无组织到有组织地被新的审计模式所替代。当审计模式同社会经济环境部分不相适应时，就会对原有审计模式有组织地进行调整。

从变换方向看，一种是受本国社会经济环境的引导而生成新的审计模式，如英国的审计主要是在本国政治、经济、文化中发展起来并为本国经济服务的，具有一定的超然性，其社会经济环境内部的矛盾运动具有独立性，受他国社会经济环境的影响不大；另一种是审计模式的变换受到因输入外来社会经济环境而带来的本国社会经济环境的变化的引导而生成新的审计模式，因而，这种新的审计模式类似于输出国的审计模式，当然随着本国社会经济环境与输出国社会经济环境的背离，也会导致审计模式与输出国审计模式的分道扬镳。

（3）审计环境决定着审计职能的扩展和变化

职能是一事物在特定环境中所具有的特定功能。它既是一事物的质的内在规定，也是一事物能满足客观环境需求的能力的外在表现。在特定的环境中，它是不以人们的主观意志为转移的客观存在。只要决定这一事物职能的客观环境保持不变，该事物的职能将持续存在并发挥作用；当这一事物所依存的客观环境发生变化，对该事物产生新的需求，这一事物就会产生新的职能，否则就将消失。

独立审计产生的经济背景是股份有限公司的出现。股份有限公司的一个基本特征是经营权与所有权相分离所产生的受托经济责任。这一特征决定了社会对独立审计提出的要求首先就是对财务报表进行鉴证，因而，独立审计的基本职能是鉴证、评价。同时，只要受托经济责任关系存在，独立审计的鉴证、评价职能就将持续存在并发挥作用。

信息技术和人工智能的快速发展，已经影响到审计职业领域。2016 年 3 月 12 日，德勤宣布与 Kira Systems 联手，将人工智能引入会计、税务、审计工作当中。ICAEW 认为，人工智能可以使审计师和会计师逐步向商务顾问的角色转换。

（4）审计环境制约着审计的具体内容

独立审计目标是审计工作的基本服务方向，代表着社会各利益集团要求的基本方向，直接反映社会经济环境的变化。一国的审计目标最终取决于社会经济环境，有什么样的社会经济环境就有什么样的审计目标，反之则不成立。

审计目标又是由不同层次、不同系列的目标所构成的一个网络体系，在审计模式诸内容中，占有举足轻重的地位。独立审计的一切内容，如审计管理体制、审计准则的制定与实施、信息披露、审计报告制度、监督体系等都必须围绕审计目标协调地发挥作用。通过优化审计行为来实现审计目标，满足社会的需要。因此，审计环境作用于审计的方式是通过审计目标制约审计的具体内容。

（5）审计环境促进了审计程序和方法的变更

自 1844 年至 20 世纪初这一阶段，由于英国的法律规定了所有股份有限公司和银行必须接受审计，因而英国审计模式被广泛借鉴。此时，对审计师的期望只是要他们来检查企业的管理人员，特别是会计人员是否存在贪污、盗窃和其他舞弊行为，尚无完善的审计程序，审计方法是对会计账目进行逐笔审计。

20世纪初至20世纪30年代，全球经济发展重心由欧洲转向美国，独立审计发展的中心也由英国转向了美国。此阶段，经济领域中的一个突出特点是金融资本对产业资本的渗透更为广泛，企业同银行的利益关系更加紧密。由于金融资本往往数额巨大，因此对独立审计的要求更为严格。要求独立审计应具有完备的审计程序，审计方法也由详细审计初步转向抽样审计。

20世纪30年代初，资本主义世界经历了历史上最严重、最深刻、破坏性最强的经济危机，大批企业倒闭，投资者和债权人蒙受了巨大的经济损失。这就从客观上促使企业利益相关者加强对审计规范的关注，他们纷纷要求制定审计准则，以规范审计程序。自此，审计范围扩大到了测试相关的内部控制制度，并广泛地采用了抽样审计方法。

（6）审计环境推动了审计技术与手段的进步

科学技术环境对审计技术的影响最为显著。"科学技术是第一生产力"，它的变化最为迅猛，特别是近几年来计算机技术日新月异的发展，对审计系统造成了强烈的冲击，也为审计带来了计算机辅助审计技术。随着网络技术的发展、信息时代的到来，电子数据集散系统将把所有公司的可公开资料都搜集进去，分层次发布，用户可以从信息网中取得所需的信息。但是，从信息网中得到的信息需要验证，用户要求审计师验证这些信息的可靠程度以提高信息的价值并对风险发出警报，这就为审计师应采用何种审计技术对网上信息进行验证提供了一个新的课题。

（7）审计环境决定了审计风险水平

审计师在执业过程中，审计风险是不可避免的。在独立审计的实践中，审计师必须千方百计将审计风险控制在一个较低的水平上。这就要求审计师必须考虑应当采取哪种最为恰当的审计方法，才能尽可能地把审计风险控制在较低的、可以允许的水平上。审计师的这种努力，不仅仅靠自己的良好愿望，更有赖于其所处的审计环境。例如，国家有关法律法规对审计方法的限定。实践表明，通过定期培训等方式，可以提高审计师和企业会计人员的素质，也是控制审计风险的有效措施。

此外，审计环境还通过对会计信息真实性、可靠性的影响制约着审计风险。按照审计环境的要求和约束，审计师必须严格依据国家有关法律、法规的规定审查企业的经济活动和相关的会计记录，对被审计单位存在的各种违法违规行为以及财务会计信息的疏漏、虚假和错误予以揭示。对违规执业的审计师，应依法追究责任，从而间接促进企业严肃财经纪律，正确进行财务成本核算，确保财务会计信息的真实性、可靠性，进而达到控制审计风险的目的。

●3.2 审计环境变革与审计目标的演变

3.2.1 审计环境与审计目标的关系

审计目标是特定审计环境的产物。审计目标的确定主要受到三方面因素的影响：一是社会的需求；二是审计自身的能力；三是法律、法庭判决，以及会计职业团体制定的审计准则。社会的需求对审计目标的确定起着根本性的导向作用，决定着审计目标的需求；审计自身的能力对审计目标的确定起着决定性的平衡作用，决定着审计目标的供给；法律、法庭判决，以及会计职业团体制定的审计准则代表了相关方博弈的过程和结果，是审计目标明确化的具体表现形式。

（1）社会需求是影响审计目标确立的根本因素

社会需求是社会生产和服务的出发点。审计作为一种服务职业，审计目标的发展自然受社会需求的重要影响。这可以从审计产生、发展的历史演变中得以验证。

在审计产生之初，生产技术比较落后，经济业务比较简单，控制手段比较原始，财产所有者对财产监管者最关心的是其是否诚实。因此，审计目标是单纯的查找舞弊行为，审计方法是简单的"听账"、对账和详细查账，几乎毫无例外地要详细验证每笔经济业务。19世纪末20世纪初，随着资本主义生产的发展和企业规模的日益扩大，企业所需资金量大大增加，但是资本市场还很不完善，资金的主要来源是银行贷款。申请贷款者发现，报送经独立审计师鉴证过的资产负债表比较容易取得银行贷款，因而，美国开展了以企业偿债能力为主要目标的资产负债表审计。20世纪30、40年代以后，随着整个世界资本市场的迅猛发展、证券市场的涌现及广大投资者对投资收益情况的关心，整个社会的注意力转而集中于利润表上，使其成为审计的主要内容。同时，人们对信息的可靠性也更加关注，从而使审计发展到以验证财务报表公允性为主要审计目标的财务报表审计阶段。从上述审计目标的演变中不难发现，社会需求是影响审计目标确立的根本因素。

（2）审计能力是影响审计目标确立的决定性的制约因素

社会环境对审计需求的不断扩大和对审计作用的过高期望，常常使人们卷入不愉快的责任诉讼中。审计能力是有限的，当审计工作的结果不能满足社会对它的全部期望时，或者说当社会与审计职业界对审计的内容和要求不一致时，就会出现二者在审计目标上的差距。事实上，审计自产生以来，始终在为满足社会的需求而努力，但始终无法完全满足社会的需求。因为，当旧的需求满足后，又会产生新的需求。为了满足新的社会需求，审计师需要作出多种努力，而这需要时间，更需要审计技术、方法、审计理论上的突破。因此，审计能力的有限性决定了审计所能满足的社会需求是相对的，而不是绝对的。只有当审计具备了满足社会需求的能力时，这种社会需求才能成为审计目标。

（3）法律、法庭判决以及会计职业团体制定的审计准则使审计目标得以明确化

著名会计学家迈克尔·查特菲尔德（Michael Chatfield）认为，美国和英国的审计发展受到国家法律、法庭判决和会计职业团体三个方面的重要影响。

国家法律对审计的影响可以从英国的《证券法》，美国的《证券法》、《证券交易法》、《反国外贿赂法》等窥见一斑。这些法律使法定审计成为可能，同时也明确了审计的目标。例如，1900年以前的英国《公司法》，根据当时的社会需求，明确规定公司审计的主要目标是揭露舞弊和差错。而到了1949年，根据社会经济环境的变化，新修订的《公司法》明确规定审计报告是要对财务报表的质量提出专门的意见。从此，审计的主要目标转移为对财务报表的质量作出评价，而揭露舞弊和差错已经成为次要的目标。1985年，《公司法》再次对审计目标进行了具体的修订，以至于汤姆·李在《企业审计》一书中认为："现代企业注册会计师所从事的审计工作具有多种职能。注册会计师不仅要对企业的主要

财务报表提出专门的意见，还要审查财务报表与董事会报告的一致性；如果主要财务报表没有充分表达，则注册会计师要在审计报告中予以充分表达；在审计意见有保留的情况下，注册会计师要对红利的分配及发放提出单独报告……"美国的《证券法》、《证券交易法》和《反国外贿赂法》等也都对审计目标的确立有类似的影响。国家法律根据社会需求对审计目标作出规定，带有强制性，审计师必须遵循。

法庭判决的结果和原则也对审计目标有影响。在英美等国家，法庭对案例的判决结果及判决原则被看作是一种习惯法。审计范围和审计责任通过对一系列典型案件的判决而得到明确。例如，英国法庭在1887年的"里兹地产建筑投资公司诉夏巴德案"的判决中明确提出：审计师的职责是检查管理部门，确定管理部门人员编制的资产负债表是否在实质上正确，而不仅仅是计算上的正确性。该案的判决明确了审计的最主要的目标是检查报表反映情况的真实性，即是否有欺诈舞弊行为。由于法律对审计目标的阐述比较抽象，许多的具体细节需要通过法庭的判决来加以明确，并且在许多情况下，法庭的判决要考虑社会需求及审计能力的变化，因而导致法庭的判决随着社会经济环境的变化而变化，审计目标和内容也随之发生相应的变化。美国的准则制定和完善过程就是典型的诉讼导向型。

会计职业团体通过对审计准则的制定施加影响，也在影响着审计目标。会计职业团体会根据社会的需求，将适当的审计目标纳入审计准则，从而成为审计师必须遵循的最低标准。例如，美国的审计准则委员会在1977年发布了《审计准则说明书》第16号"注册会计师揭露差错和舞弊的责任"和第17号"客户的非法行为"。这表明，会计职业团体根据社会的需求，已经将揭露差错和舞弊、客户的非法行为列为审计目标。

综上所述，审计目标是不同时期社会需求、审计能力的协调统一，它们通过法律、法庭判决以及审计准则得以明确化。社会需求，审计能力，法律、法庭判决以及会计职业团体制定的审计准则在审计目标的确立过程中分别起着不同的作用。

3.2.2　审计环境的变化与审计目标的演变

一般认为，审计目标包含总目标和具体目标两个层次。总目标规范具体目标的内容，具体目标则是总目标的具体化。审计总目标既反映社会（审计环境）对审计的要求，也反映了审计作用于社会（审计环境）的实质内容。审计总目标的演变大致可以划分为以下四个阶段：

（1）第一阶段：以查错纠弊为主要审计目标

这一阶段起始于独立审计产生之时，直至20世纪30年代财务报表审计形成后方告结束。当时的经济环境的特点是经济不发达，经济业务简单。当时社会对审计产生需求的主要原因是公司股东需要通过审计来了解掌握公司管理人员履行其经营职能的情况。由于经济业务较为简单，审计师通过对账项的详细审查，基本上可以满足审计师查错纠弊的需要。受托责任的界定比较简单。审计师对审计风险也只有朦胧的意识，社会公众对审计师的职责也没有明确规定，所以审计师之所以愿意承担这类风险，仅是因为这类风险转化为现实的可能性很小。因此，审计的目标就是揭露管理人员在业务经营过程中有无舞弊行为。美国享有盛名的蒙哥马利的《审计：理论与实务》一书，在其1912年、1916年和1932年的版本中都将查错纠弊作为审计的主要目标。与这一阶段的独立审计目标相适应，审计师的职责就是揭露差错和舞弊。

随着经济的发展，人们逐渐认识到，审计师不可能也无法承担起揭露所有的欺诈、差错和舞弊的责任，公司管理部门也有责任采取措施预防欺诈、差错和舞弊的发生。就像当时的法官对审计作用的认识，他们认为审计师仅是"门卫（watchdog）"而不是"侦探（bloodhound）"，但对重大的差错和舞弊，审计师有责任予以揭露，这是毫无疑义的，否则审计师就没有履行其职责，没有达到独立审计的目标，要承担相应的风险。说明这一审计风险的案例有：1887 年英国发生的"里兹地产建筑投资公司诉夏巴德案"，1925 年美国"Craig 诉 Anyon"一案。特别是后者，法庭判决审计师应对其没有查出公司雇员盗用 100万美元的重大舞弊事件负责，并赔偿相应的损失。

总的来看，独立审计目标发展的第一阶段，经济业务较为简单，人们对审计的理解还处于浅层的阶段，审计师对风险的意识由于审计责任没有具体规定还较为淡薄，因而审计师有能力接受这种审计需求。后来随着社会环境的变化，独立审计目标开始扩展，逐渐向验证财务报表的真实公允性方面转换。

（2）第二阶段：以鉴证财务报表的真实公允为主要审计目标

这一阶段起始于 20 世纪 30 年代中期，直到 20 世纪 80 年代，审计师对审计风险的认识也由朦胧阶段向被动接受阶段转换。促使独立审计目标向第二阶段转换的原因是多方面的。

首先是社会经济环境的变化。进入 20 世纪以后，以美国为代表的资本主义经济开始迅速发展，特别是股份有限公司的大量涌现，使经济生活出现了两个新的变化：一是企业管理人员的责任范围扩大。企业管理的责任不再仅仅表现在与股东和债权人的关系上，而且表现在与其他许多利益相关者的直接关系上。这种关系最终要通过企业会计信息表现出来，社会对企业会计信息的需求日益增加，会计信息也就显得日益重要。二是企业的筹资渠道逐渐由银行转向证券市场。这使得企业风险的承担者由银行转为广大的股东，而股东对会计信息很关注，更注重的是关于企业盈利能力的信息。上述的两个变化使社会公众逐渐意识到审计的作用，已初步形成了强化审计责任的氛围。自 20 世纪 20 年代开始，投资者的盈利欲望以及对投资安全的考虑，使整个社会对企业财务报表的关心超过了对查错纠弊的关心，特别是广大投资者，只要保证其盈利能力，即使存在一些舞弊行为，他们也若无其事。

其次是审计能力的有限性。对审计师来说，由于企业规模的扩大和经济业务的日益复杂，再要进行像以前那样查错纠弊所需要的全面而又详细的审计已极为困难，社会也支付不起详细审计所需的审计费用。受审计能力的限制，审计行业为了避免审计风险，也极力把查错纠弊的责任推向企业管理部门，强调审计仅仅是对财务报表发表的一个意见，不是也不可能去揭露贪污、盗窃和其他舞弊。20 世纪 30 年代内部控制理论的发展，使审计师们开始认为，欺诈舞弊可通过建立完善的内部控制制度来予以控制，如汤姆·李所说："在 20 世纪 30 年代和 40 年代，公司的管理部门，特别是大公司的管理部门正式接受查错纠弊的责任，他们通过在公司内部建立内部审计和会计控制制度使舞弊行为发生的可能性降到最低程度。"内部控制理论在实务中的应用，使审计师可以在抽查的基础上，对财务报表的公允性发表一个意见，不仅可以提高审计效率，而且可保证审计质量。

最后是法律环境的变化。1929—1933 年震撼整个资本主义世界的经济危机爆发，使无数的投资者倾家荡产，使美国政府认识到了会计信息真实性的重要性，先后以保护投资者利益和维护正常的经济秩序为目的，颁布了 1933 年的《证券法》和 1934 年的《证券交易法》，强制上市公司必须委托审计师对其财务报表进行审计，而且规定：任何证券的购买者，如发现经审计过的财务报表对重要事项有不实表述，或故意隐瞒使报表不被误解所必须说明的重要事实而遭受损失时，可对审计师提起诉讼。这些规定使审计师的职责予以明确，表明审计师的职责不再以查错纠弊为主，而是对被审计的财务报表的真实性、公允性负责。从法律上明确规定审计责任，使审计师深深意识到了审计风险的存在。

为了适应这种情况，美国注册会计师行业作出了积极的反应，在1934年发表的《股份有限公司报表的审计》以及1936年颁布的上述文件修订版《独立注册会计师对会计报表的审查》，均明确规定应审查财务报表。

总之，随着社会环境的变化，审计责任得到明确，这种明确的审计责任使审计师充分意识到了审计风险的存在。虽然社会公众仍要求审计师查错纠弊，但由于企业盈利能力和会计状况已成为更重要的因素，人们开始注重财务报表的质量。因而社会对查错纠弊的要求就不那么明显，受审计能力的限制，审计师也无法揭露所有的差错和舞弊。出于对审计风险危害性的认识，审计行业极力地把查错纠弊的责任推向企业管理部门。这两方面的共同作用，使独立审计目标向审查财务报表的公允性转换。

（3）第三阶段：以鉴证财务报表的真实公允和查错纠弊为主要审计目标

这一阶段的开始以美国注册会计师协会（AICPA）在1988年颁布的第53、54号《审计准则公告》为标志。促使查错纠弊成为与验证财务报表的真实公允并重的审计目标的原因是多方面的。

原因之一是20世纪60年代以后，企业管理人员欺诈舞弊案增加及针对审计师的诉讼"爆炸"。以前，社会公众认为防止雇员舞弊是企业管理部门的职责，但现在管理人员与雇员串通一气也参与舞弊，这样对社会造成的危害则是巨大的。因此，社会对独立的审计师应承担查错纠弊的责任的呼声越来越强烈。实际上，从社会公众的观点来看，查错纠弊一直是他们对审计师提出的要求。到了80年代，社会公众甚至将经营失败等同于审计失败。而审计行业由于受到审计能力的限制，尚找不出一种能把所有重大舞弊和差错揭露出来的方法，因而出于审计风险的考虑，尽量降低其查错纠弊的责任。二者之间的期望差距越来越大。尽管如此，社会环境的强烈要求和职业"适者生存"的法则，使得审计行业不得不对此予以重新考虑，与其被动接受，不如积极寻求降低审计风险的方法。明确查错纠弊是独立审计目标，会使审计师意识到这种责任的存在，从而在审计过程中设法降低审计风险。

原因之二是法院判决几乎一直倾向于社会公众的需求。例如，美国在20世纪60、70年代较有影响的"Continental Vending（1969）"和"Hochfelder（1974）"两案都认为审计师有责任揭露重大的欺诈舞弊。英国普华事务所1991年涉嫌国际信贷和商业银行（BCCI）舞弊案，普华受到了BCCI的股东和存款户及职工的会计索赔。也就是说，不管会计职业界愿不愿意承担，社会都要求其必须承担起查错纠弊的责任。会计职业界为了维持其生存和发展，也顺应这个需求揭露重大的舞弊和差错，以把审计风险降到社会可接受的水平之下。

原因之三是政府管理机构的压力。美国证券交易委员会在20世纪70年代一直重申和强调审计师有揭露欺诈和有问题的付款的职责，并对此不断施加压力。

原因之四是会计职业界自己也认为，虽然无法揭露所有的差错和舞弊，但通过设计适当的程序可以合理地保证财务报表不受重大欺诈的影响。会计职业界对这个问题的认识也是经历了一个过程的。起初出于明哲保身的目的，采取过硬的立场来推卸审计师查错纠弊的责任，后来，在社会公众的压力下，会计职业界明确承担了查错纠弊的部分责任。但这种责任仍只局限于以下情况：审计师在根据公认审计准则进行检查时怀疑存在重大舞弊行为和工作差错，而且是已影响到对财务报表发表意见的程度。尽管有这种认识，但是由于没有寻找到一种有效的查找舞弊和差错的途径，审计行业仍然存在着一种极力减轻责任的强烈愿望。1974年，AICPA成立了独立的"审计人员职责委员会"，该委员会提出的建议以及1977年发表的第16、17号《审计准则公告》均将查错纠弊和揭露非法行为纳入独立审计目标和职责范围，但对这种责任的认识还是未给予完全的肯定，对此责任的接受还较勉强。到了20世纪80年代，审计师与社会公众对此项责任的认识分歧增大，一些社会公众开始将公司的经营失败等同于审计失败，他们认为：如果一个公司趋于经营失败，该公司的财务报表审计应及早地对该公司会计状况的恶化发出警报。

原因之五是审计师在技术上有可能发现重大舞弊和错误。面对这种复杂的环境变化，1985年，美国成立了由前任证券交易委员会委员 James C. Tread 任主席的委员会（简称"Tread委员会"）。Tread委员会在1987年提交的最终研究报告中对审计师提出了两项建议：一是关于揭露编制欺诈性财务报表的责任；二是有关提高审计师的揭露欺诈行为的能力。这份报告还要求审计师：①在每项审计中采取积极的步骤，评价这种欺诈性报告的潜在可能性；②设计测试程序，对这种揭露提供合理的保证。根据Tread委员会报告的建议以及会计职业界对审计风险的认识，AICPA审计人员职责委员会于1988年发布了新的审计准则公告，其中第53号和第54号分别取代了以前的第16、17号《审计准则公告》，分别阐述了审计师揭露和报告客户差错、舞弊的责任，以及揭露非法行为的责任。

总之，美国第53号至第61号《审计准则公告》的发布，表明审计行业充分认识到了社会公众的需求以及由此引起的审计责任。审计师若不积极履行这种责任，就将面临重大的信任危机，甚至会危及职业的存在。面对这种风险，审计行业必须改变过去的观点，寻求有效的措施去查错纠弊以满足社会需求。所以，审计行业必须修改审计准则，审计师在实务中必须采取适当的程序来寻找差错和舞弊以达到审计准则的要求。风险导向审计不失为一种有效的审计方法，它有助于寻找高风险的审计领域，从而把审计风险降到社会可接受的水平。独立审计目标实现第二次转变，表明审计师对审计风险的认识已由被动接受转化为对审计风险进行积极控制。

（4）第四阶段：降低信息风险

这一审计目标以1995年美国注册会计师协会发布《改进企业报告》为标志，以1996年公布的第78号《审计准则公告》为转换完成标志。从此降低信息风险成为审计的主要目标。促使独立审计目标向降低信息风险转化的原因也是多方面的。

原因之一是社会公众的信息需求在不断扩大，传统的会计信息已远远无法满足需求了。长期以来受制于公认审计准则的约束，审计行业致力于产出一种标准的以复核性为导向的审计产品，而对财务报表以外的信息不发表意见，社会公众不得不从审计职业之外获取这些信息，但在他们看来在年度报告中所披露的大多数其他信息，如对于评价企业地位、发展及未来趋势的信息都是至关重要的，其可以满足社会公众的信息需求。这些信息在某种程度上比已审的会计信息还要重要。如果这样，社会公众将不会一如既往地支付审计费用，从而导致事务所之间在审计费用上的竞争，最终给审计职业带来巨大的经济压力，甚至制约职业的全面发展。满足公众这种需求的潜在方法就是推行管理审计，也就是对揭示企业管理活动的信息提供全面的评价。美国AICPA在其1995年发布的《改进企业报告》中提出了对审计报告改革的建议，增加了对非会计信息评价的内容，目的在于增加信息的可信性，也就是降低信息的风险。

原因之二是经过长期的实践，审计师在技术上已初步具备了这方面的能力。早在20世纪50年代，审计行业就已深刻认识到传统审计范围已不能满足社会公众的需要，强调将审计范围从单位的会计记录扩展到整个企业。自50年代以后的40多年里，审计师在做好财务报表审计的同时，积极地从事管理咨询活动，并取得了巨大的成功。审计行业也制定了管理鉴证准则，由于没有得到法律上的有力保护，审计师为保护自己并不发表肯定式评价。这说明审计职业已初步具备了审查企业管理活动信息的能力。若能在立法上得到保护，则提供这方面的服务也是可能的。正是基于这一背景，美国注册会计师协会发布了第78号《审计准则公告》，明确将内部控制结构改为内部控制要素，并将风险评估和信息监控明确列为内部控制要素，内部控制是审计师在执行审计过程中必须考虑的内容之一。

原因之三是伴随着经济的高速发展，审计师的法律责任在日益扩大，但审计的建设性职能却在日益缩小。现代审计发展到今天已具有一种社会职能，站在社会的角度，将审计范围局限于会计数据是极为不妥的，审计应迎合社会公众对企业管理的期望业绩水准，对企业管理的行为或业绩进行判定。由于面临大量诉讼的威胁，加上对总体管理业绩进行评判，实际上是一种主观判断，背离了鉴证职能提高信息可靠性的本质，审计职业界极不愿意深入到非会计数据能反映的领域。缩小这种距离无非有两种选择，一种是审计职业自我挑战，也就是扩大审计的鉴证职能；二是审计职业日益为其他职业所替代。显然，为了维持审计职业的生存与发展，明智的选择应是第一种，也就是提供更多的保证服务，对揭示企业管理的信息提供全面的评价，降低信息的风险。

3.2.3　英美审计目标演变小结

现将英国《公司法》以及美国审计准则对审计目标要求的变化列示如下（见表3-1、表3-2）：

表3-1　　　　　　　　　　　英国《公司法》对审计目标要求的变化

期间	主要目标	其次目标	目标变化原因
1840—1880年	查错纠弊	—	企业员工不忠行为的增加
1881—1900年	查错纠弊	验证财务会计记录的准确性	对审计师这一技术型职业的逐步认识——若干会计师职业团体的建立
1901—1920年	查错纠弊	验证财务会计记录的准确性，鉴证财务报表的可信性	财务报表编制技术的进步和会计信息使用的增加
1921—1940年	查错纠弊、验证财务会计记录的准确性	鉴证财务报表的可信性	财务会计实务和报告技术的持续进步与公司管理层对其揭露和防范舞弊、差错的逐渐认识
1941—1960年	验证财务会计记录的准确性，鉴证财务报表的可信性	查错纠弊	公司管理层对其揭露和防范舞弊、差错的普遍接受与对会计和审计有重要影响的《公司法》的重要修订
1961—1985年	鉴证财务报表的可信性	查错纠弊	《公司法》、财务报告和会计实务的进一步改进，报告和审计实务规范的不断完善

表 3-2   美国审计准则对审计目标要求的变化

颁布时间	准则或者报告名称	审计目标的内容
1934年、1936年	《股份有限公司报表的审计》《独立注册会计师对会计报表的审查》	明确规定应审查财务报表
1977年	《审计准则公告》第16、17号	将查错纠弊和揭露非法行为纳入独立审计目标和职责范围
1988年	《审计准则公告》第53、54号	阐述了审计师揭露和报告客户差错、舞弊的责任，以及揭露非法行为的责任
1995年	《改进企业报告》	提出了对审计报告改革的建议，增加了对非会计信息评价的内容，目的在于增加信息的可信性，也就是降低信息的风险
1996年	《审计准则公告》第78号	明确将内部控制结构改为内部控制要素，并将风险评估和信息监控明确列为内部控制要素，内部控制是审计师在执行审计过程中必须考虑的内容之一，降低信息风险已成为审计的主要目标

● 3.3   21 世纪的审计变革

3.3.1   21 世纪的审计环境

1）知识经济

知识经济浪潮对审计的深刻影响，主要来自：以知识为基础的经济环境的影响；世界经济一体化引起的审计信息系统国际接轨与国际审计；知识经济改变企业投入、运营、产出关系，由此带来审计目标、模式、范围、手段等的深刻变化。

在人类即将迈向 21 世纪之际，随着区域经济一体化、市场化、知识化、信息化、集团化、网络化，知识经济的大潮迅猛而来。据联合国 1996 年 12 月估测，改变世界面貌和人类生活的重大高科技产业化将在 2030 年前后全面实现，人类将在 21 世纪下半叶全面进入知识经济时代。各国经济实力不同，进入知识经济时代有先有后，有的专家学者认为现在美国已开始步入知识经济时代。我国研究人员按照指标体系测算后提出：我国目前尚处在知识经济的萌芽阶段。

"知识经济"（knowledge economy）是个全新概念。按经济合作与发展组织（OECD）的《以知识为基础的经济》一书中提出的比较明确的定义，即"所谓知识经济是建立在知识和信息的生产、分配和使用基础上的经济"。在知识经济体系中，知识已融入经济系统内，成为该系统的关键生产要素。知识经济作为一种科学的崭新的经济体系涉及科学技术、社会经济、人文科学诸方面，它以知识密集的智力资源为基础，以信息生产和利用为核心，以高新技术和服务产业为支柱，以不断创新为灵魂，以教育为本源。它是以追求知识价值不断更新为目标的经济。"知识经济"一经提出，就在全世界产生了很大反响，各国对知识经济的认识和重视程度不断加深。1998 年 10 月世界银行发表题为《知识促进发展》的经济展望报告，报告说知识经济可能出现的前提条件是：发达的网络技术以传播编码化的知识；新的知识和科学技术在经济增长中所占的比重不断提高，不断的知识创新推动经济发展；建立有效的国家保障体系和国际共识的标准，以保证知识的生产、传播和应用；全球一体化的经济也为知识和信息传播开拓了广阔天地。OECD在最新一份报告中也指出："知识经济已被视为生产率和经济增长的推动力，这促使人们把新的注意力集中在信息、技术和学习上。"知识经济的兴起与挑战，必将对现有思维方式、生产生活方式、价值观念、教育模式、经营管理及领导决策等产生重大影响。

知识经济时代的到来，必将引起管理科学的革命与创新。知识经济带来的巨大效益也已引起越来越多决策者的高度重视，传统的会计、审计已受到严重的挑战，发达国家企业界埋怨会计审计未能提供与决策相关的信息。现代企业经营需要更多地考虑信息资料，新的会计模式也需计量资源改变速度、技术改变速度等。在发达国家，审计提供可靠的会计与经济信息，在降低筹集资本成本、减少风险、合理配置资源方面发挥越来越重要的作用。美国已成立未来审计功能委员会、财务报告委员会，专门研究跨世纪会计审计对策、审计应提供哪些信息、审计师对信息应承担的风险责任。未来审计功能委员会认为审计功能已由财务报表审计发展为验证功能，并由验证功能发展到保证性服务阶段，要求审计信息由可靠性验证发展为提供决策相关性信息，由财务信息向非财务领域信息扩展，由单一信息扩展到系统可靠性信息。知识经济时代的到来，要求审计这种知识产业为用户创造价值，审计师必须具备能创造价值的胜任能力。审计是经济监督控制体系的重要组成部分，知识经济的浪潮必然对审计环境、审计制度、审计对象、审计法规、审计手段、审计授权与委托带来深刻影响与变革，这种影响主要有以下几个方面：

（1）知识成为最重要的资源

未来社会，知识经济将发展为世界经济的主流，并以其知识、信息流的巨大能量创造着前所未有的资源消耗最低、投入最少而生产率最高的经济增长方式。知识资源是无限的，运用越多，成本越低，而且会不断更新，不断地产出新知识，使经济发展可持续化。美国经济学家罗默提出所谓的"新增长理论"——当知识被纳入生产函数以后，不是效益递减，而是效益递增。经济增长方式已从增加投入型转向技术进步型，而且知识经济将使人类的经济发展，从主要依赖自然资源转向主要依赖智力资源，从主要消耗物资转向更多地消耗知识，经济增长以牺牲环境为代价转向实现人与自然环境的协调。世界银行在1998年10月发表的《知识促进发展》年度报告强调知识是经济增长和可持续发展的关键。传统经济以人、财、物为主要资源，其成本项目主要是料、工、费。知识经济则是以知识智力为主要经济资源的一种新型经济形态，企业资产中以知识为基础的专利权、商标权、商誉、计算机软件、人才引进与开发等无形资产所占比重大大增加，技术转让与创新将成为经济长期增长的首要因素，数码技术、信息技术、计算机辅助设计、虚拟仿真技术、生命科学、管理与金融创新等高新技术知识越来越成为企业乃至国家经济竞争的关键，这些成为引起未来现金流量与市场价值变化的主要动力，这必然对会计核算、审计监督、评价鉴证标准、方法手段等产生深刻的影响。

（2）世界经济一体化

在信息以光速传输的知识经济时代，随着网络无边际的延伸，以及知识无国界的影响，数字经济必然是全球化的经济，而全球化也加速了新科技的延伸。哈佛大学的经济学家为美国经济提出忠告："在经济全球化、技术国际化、科技高速化的今天，传统的'自力更生'观念难以适应经济的发展。只有联合起来，进入国际经济，一个国家才能得到很好发展。"由于高新技术领域十分广阔，任何国家都不可能在计算机技术、微电子技术、芯片技术、网络技术以及层出不穷的新技术中全面领先。任何国家都可以充分利用自己的智力资源"有所为，有所不为"，都会成为世界经济一体化不可或缺的一部分。知识经济发展使生产经营活动全球化、经济市场化、世界贸易体制多边化、各国金融融合化、投资活动国际化。网络经济迅速发展，闭关锁国经济已不复存在，经济决策者必须确立经济全球化的大视野，审计必然要研究如何创新、如何与国际接轨、怎样开拓国际审计的新课题。

（3）知识经济深刻改变着企业投入、运营、产出关系

随着知识经济兴起，企业面临制度创新、技术创新、市场创新、产品创新、管理创新的时代，在企业的各种投入要素中知识资源的地位越来越重要，其作用将越来越大。知识经济正引起一场生产运营革命，企业大量引进知识型工具，采用柔性生产方式，制造出知识含量高、个性化产品，以适应市场多样化的消费需要。企业产出的不仅是知识主导型产品，更重要的是无形资产。目前一些实力强的企业，有形和无形资产的比例已达到1：2或1：3。美国微软公司靠著名品牌和软盘中包含的知识，使其资产平均每周增加4亿美元。知识经济中的管理正在变革为一种信息管理、知识管理。一些较大的跨国公司已设立了一个新的主管——知识主管，以促进科技整体发展和转化为生产力。知识经济带来的变化，必然引起企业会计、审计目标追求知识经济效益，因为现代市场竞争已从产品竞争、服务竞争延伸到知识竞争，企业的成功与否取决于知识和创新能力的高低，如何完善提高会计审计参与企业预测、决策、控制和审计分析的创新能力，这些都将引起企业会计核算，审计监督模式、范围、性质、目标、手段等发生深刻变化。

2）经济全球化

经济全球化是对当代经济发展趋势的高度概括，它最基本的特征是商品、技术、信息，特别是资本，在全球范围内的自由流动和配置，形成的一种包括发达国家和发展中国家在内的世界经济相互交织的复杂局面。中国以发展中国家的身份加入了世界贸易组织，标志着我国正式参与经济全球化的进程。

国际货币基金组织的一份报告中将经济全球化定义为："跨国商品与服务贸易及国家资本流动规模和形式的增长，以及技术的广泛迅速传播使世界各国经济相互依赖性增强。"经济全球化是市场全球化和信息全球化。世界各国、各地区通过密切的经济系统和经济协调，在经济上相互联系和依存、相互渗透和扩张、相互竞争和制约已发展到很高程度，形成了世界经济从资源配置、生产到流通、消费的多层次和多形式的交流与结合，使全球经济形成一个不可分割的有机整体。

经济全球化是生产力与科技高度发展，以及国际资本追求最大利润向全球扩张的必然结果，是世界经济发展的必然趋势。世界贸易组织前干事鲁杰罗就曾说过："阻挡经济全球化的发展无异于阻止地球自转。"第一，全球市场正在加速形成的过程中，商品、服务、资本、劳动力等生产要素市场早已超出国家和地区的界限，在全球范围内迅猛扩大，其发展速度与规模可谓史无前例，贸易和投资自由化已经成为全球市场难以逆转的发展趋势。第二，跨国公司高度发展，进行全球扩张和渗透，促进了生产和资本的国际化和全球

化。第三，科技进步，尤其是以电子计算机和互联网等为主的信息技术使生产力发展出现新的飞跃，国际分工进一步深化，世界范围的生产和流通已被连接成一个不可分割的整体。第四，国际经济组织自身的发展和完善，特别是它们在促进和保障全球经济稳定和发展方面的功能日益强化。当今世界的三大国际经济组织：国际货币基金组织、世界银行和世界贸易组织，对于推动全球经济市场化、自由化和全球化进程，促进世界各国相互依赖关系的加强，起着不可替代的作用，使全球经济领域的制度和规则趋于统一。第五，世界各国和地区之间的经济相互依赖关系空前强化，几乎所有国家都不同程度地卷入国际性或区域性经济合作组织之中，建立开放性经济体制已成为各国政府发展本国经济必须选择的政策原则。

经济全球化主要表现为：①国际贸易增长迅速，贸易自由化的范围正迅速扩大。贸易自由化已经从传统的商品贸易领域扩大到技术、金融等服务贸易领域。②以资本国际流动、金融机构的全球化、金融市场的国际化为特征的全球金融一体化进程加快。③跨国公司空前活跃，企业跨行业、跨国兼并再现高潮。跨国公司是经济全球化的基础和载体。企业兼并的浪潮以追求"全球化公司"为目标，呈现出"强强合并"的趋势。同时，发展中国家也被推上了前台，发达国家也明显加强对发展中国家企业的购并活动。所有这些都表明市场经济在各国的运行、科技进步和信息产业的发展、跨国公司在全球范围内的资源配置等因素使经济全球化成为当代世界经济的主要趋势。

经济全球化有助于发展中国家利用发达国家的资本输出、先进技术与设备和管理经验，也为发展中国家提供了资本外投的经济环境和条件。不少发展中国家对外直接投资规模不断扩大。经济全球化促进了发展中国家跨国公司的发展。经济全球化有利于发展中国家经济体制和政策的转变。经济全球化有助于发展中国家现行法律法规与国际规则、规范和机制的接轨。当今世界，市场经济占据主导地位，国际分工和交换应遵循相同的"游戏规则"。这就要求各国积极参与国际规则的制定，并对国内与之不相适应的机制进行改革，使国家经济发展战略的选择及其效果发挥积极的作用。

同时，经济全球化将使生产要素的自由流动更为无序，经济运行速度加快，金融创新工具增多，经济运行风险提高。而审计也应顺应审计国际化的趋势，进行全方位变革，按市场经济的特征不断进行创新，以适应新的经济环境的需要。

3）以网络信息技术为代表的科技日新月异

计算机与网络技术的迅速发展使当今世界进入网络经济时代。作为维护经济秩序、管理与监督经济活动的重要手段，审计必然受到信息技术发展的深刻影响。会计职业也已经注意到这种现象，并密切关注。

【相关链接3-1】

美国注册会计师协会发布2012年技术创新调查报告

美国注册会计师协会（AICPA）发布了《2012年顶尖技术创新调查报告》。调查由AICPA下属的"信息技术部"负责实施，调查从2013年1月17日至2月15日为期30天，共有2 259名AICPA会员参与，误差幅度为2.1%。该报告显示，参与调查的注册会计师（USCPA）确信其所在的组织能够确保IT网络安全，妥善管理业务数据，但是他们对雇主运用云计算以及移动设备等新兴技术拓展收益的能力深表怀疑。

本次调查发现，来自公共部门和工商界的受访 CPA 都将"IT 环境安全"列为2012 年度顶尖技术的首位。与此同时，有逾 60% 的受访者表示，其所在组织在这方面的工作十分出色。对 2012 年度进行的调查请受访者对其所在组织 2013 年的技术目标进行了排序，排名前 10 位的技术详情如下所示，括号内的百分比表示确信或高度确信所在组织正确处置该项技术任务的受访者比例。

2012 年度 10 大顶尖技术排名：

1. IT 环境安全（62%）

2. 数据管理和保存（61%）

3. 风险与合规管理（65%）

4. 隐私保护（62%）

5. 新兴技术应用（34%）

6. 管理系统应用（52%）

7. 辅助决策和绩效管理（46%）

8. IT 投资和支出监管（56%）

9. 舞弊的预防及应对（60%）

10. 供应商和服务商管理（56%）

与对 2011 年进行的调查一样，对 2012 年进行的调查也请 CPA 列举了在接下来的一年，哪些技术将产生最为深远的影响。"信息安全"在 2011 年下滑到第 2 名之后，2012 年重回榜首；"远程访问"占据 2012 年榜单第 2 名位置；"移动设备的控制和使用"紧随其后，该项技术曾在 2011 年榜单上位列第 1 名。

安东尼·帕格雷斯（Anthony Pugliese）是 AICPA 高级副主席，负责金融、营运以及会员价值等事务，同时拥有 CPA、CITP 和全球特许管理会计师（CGMA）三项职业资质。在一次新闻采访中，他说："随时随地处理重要信息的能力正在改变 CPA 的行事方式。但与此同时，这些新技术也带来了新挑战。CPA 与客户以及其所在企业需要站在技术浪潮的前沿，正确处理数据访问、信息安全以及隐私保护等技术问题，寻找经济增长的新蓝海。毫无疑问，我们正在为应对上述挑战而努力工作。"

公共部门和工商业调查结果：

在对 2012 年进行的调查中特别针对公共部门 CPA 和工商业 CPA 进行了调查。参与调查的 CPA 中，有逾 40% 的 CPA 在公共部门工作，33% 就职于工商界。其他受访 CPA 的行业分布情况为：非营利组织 5.5%、政府和军队 5.4%、咨询和法律 4.5%、教育界 3.7% 及其他 4.8%。公共部门 CPA 和工商业 CPA 心目中前 10 位的技术排名如下，括号内的百分比表示确信或高度确信其所在组织正确处置该项技术任务的受访者比例。

2012 年度 10 大顶尖技术排名（公共部门 CPA）：

1. IT 环境安全（52.6%）

2. 数据管理和保存（57.1%）

3. 隐私保护（58.4%）

4. 风险与合规管理（59.8%）

5. 新兴技术应用（32.9%）

6. 舞弊的预防及应对（54.7%）

7. IT投资和支出监管（51.7%）

8. 管理系统应用（46.4%）

9. 辅助决策和绩效管理（42.8%）

10. 理解IT技术对立法、监管以及准则的影响（33.9%）

2012年度10大顶尖技术排名（工商业CPA）：

1. IT环境安全（70.9%）

2. 风险与合规管理（75.3%）

3. 数据管理和保存（65.7%）

4. 管理系统应用（59.9%）

5. 辅助决策和绩效管理（52.2%）

6. 新兴技术应用（37.0%）

7. IT投资和支出监管（62.9%）

8. 供应商和服务商管理（60.2%）

9. 隐私保护（67.1%）

10. 舞弊的预防及应对（68.1%）

3.3.2 21世纪的审计发展趋势

（1）审计目标：降低信息风险

审计面临日益复杂的环境，信息使用者面临着比以往任何时候都多得多的信息，也面临着更多的信息不确定性。他们需要审计师对更多信息的可靠性作出鉴证，以降低信息风险。

（2）审计领域：不断拓展

出于客观环境的需要，同时也是出于审计生存发展的需要，审计职业界需要不断地开辟新的审计领域。诸如，非财务报表信息的审计、管理舞弊审计、网络安全鉴证等等。

（3）审计手段：网络审计

网络审计是以计算机网络为基础的审计，其含义包括：①对网络信息系统和网络通讯系统的正确、安全、可靠性进行审计；②利用计算机与网络开展审计。前者是审计领域的问题，而后者是审计手段的问题，这里主要指后者。

（4）审计模式：现代风险导向审计

面对知识经济、经济全球化、信息技术等新的环境，企业组织形式更加复杂，企业经营模式更加复杂，这些都增加了审计的风险。因此，审计实务界和理论界提出了一种新的审计模式——现代风险导向审计。关于现代风险导向审计，详见本书第二编的相关内容。

【相关链接3-2】

在2017ACCA北京年度峰会上，中国注册会计师协会秘书长陈毓圭表示，以信息技术为代表的科学技术进步，正在以它前所未有的深度、广度和速度，改变人类的生产和生活，也改变着会计人才的定义和会计人才评价尺度。在新的科学技术环境下，要加紧培养三类新型的会计师：创新会计系统的会计师、在新的平台上工作的会计师、为企业创新提供会计服务的会计师。新型会计人才应当至少具备以下四个方面的特质：一是对经济、金融、文化、社会、法律以及它们相互之间广泛的联系有全面的认知；二是对科学技术进步的逻辑以及它们造福人类的机制、路径有正确的理解；三是对会计、审计、理财、理税这些核心会计功能的工作机理有深刻的把握；四是具有自我学习、持续学习、跨界学习的能力。

［总结与结论］

审计环境是审计赖以生存和发展的客观条件。审计环境主要包括经济、诉讼及判决、法律、科学技术、相关利益群体、文化等因素。审计环境变化导致了审计目标的演变。其中，社会的需求对审计目标的确定起着根本性的导向作用，决定着审计目标的需求；审计自身的能力对审计目标的确定起着决定性的平衡作用，决定着审计目标的供给；法律、法庭判决以及会计职业团体制定的审计准则代表了相关方博弈的过程和结果，是审计目标明确化的具体表现形式。审计目标的发展演进分四个阶段，即查错纠弊、鉴证财务报表的真实公允、鉴证财务报表的真实公允和查错纠弊并重、降低信息风险。

21世纪新的审计环境包括知识经济、全球一体化、信息技术等等，新的审计环境要求以降低信息风险为审计目标、不断扩展审计领域、开展网络审计、采用现代风险导向审计模式。

［练习题］

★讨论题

1.《中国注册会计师审计准则第1101号——注册会计师的总体目标和审计工作的基本要求》规定，在执行财务报表审计工作时，注册会计师的总体目标是：（1）对财务报表整体是否不存在由于舞弊或错误导致的重大错报获取合理保证，使得注册会计师能够对财务报表是否在所有重大方面按照适用的财务报告框架编制发表审计意见；（2）按照审计准则的规定，根据审计结果对财务报表出具审计报告，并与管理层和治理层沟通。

我国学者谢荣（1994）认为，审计目标以及与此相应的审计责任可分为三个阶段：（1）以查错纠弊为审计目标。这一阶段起始于民间审计产生之时，一直到20世纪30年代财务报表审计形成为止。此阶段社会对审计的需求来自于股东希望了解管理人员履行受托责任的情况。因此审计目标就是揭露管理人员在经营过程中是否有舞弊行为。与此目标相对应，审计人员的责任就是揭露舞弊和差错，尤其是重大舞弊和差错。（2）以验证财务报表的真实公允为主的审计目标。此阶段始于20世纪30年代中期一直到20世纪70、80年代。审计的目标主要是对财务报表的公允性发表意见。审计人员的责任就不再以查错纠弊为主，而是着重对财务报表的公允性作出评价。（3）验证财务报表的真实公允与查错纠弊并重的目标。这一阶段的开始可以AICPA的第53、54号《审计准则公告》的发布为标志。促使查错纠弊重新成为审计目标的首要原因是20世纪60年代以后管理人员欺诈舞弊的增加和诉讼"爆炸"。

结合上述资料，请你思考，审计师是否应当承担起财务报表的查错纠弊责任。

2.请你搜集相关资料，并结合下列文字和图标，谈谈审计环境的变化对事务所行为的影响。

GAO（2003）在关于事务所合并与竞争行为的报告中对美国会计师事务所的合并行为进行了分析。报告认为，在20世纪80年代后期，美国的一些会计师事务所就开始通过兼并与收购在全美范围内扩大经营规模并将业务扩展至全球。到了80年代后期，事务所之间的合并达到高潮，"八大"事务所之间也开始实施合并战略。如图3-1所示，"八大"之间的第一次合并发生在1987年，"八大"之一的Peat Marwick Mitchell率先与"非八大"的一家欧洲事务所KMG Main Hurdman的美国会员所Klynveld Main Goerdeler合并，形成了KPMG Peat Marwick（毕马威）。虽然Klynveld Main Goerdeler并非"八大"，但由于KMG在欧洲广阔的业务网络，合并的结果使得KPMG成为当时全球业务范围最大的会计师事务所，这一领先地位持续到1989年。

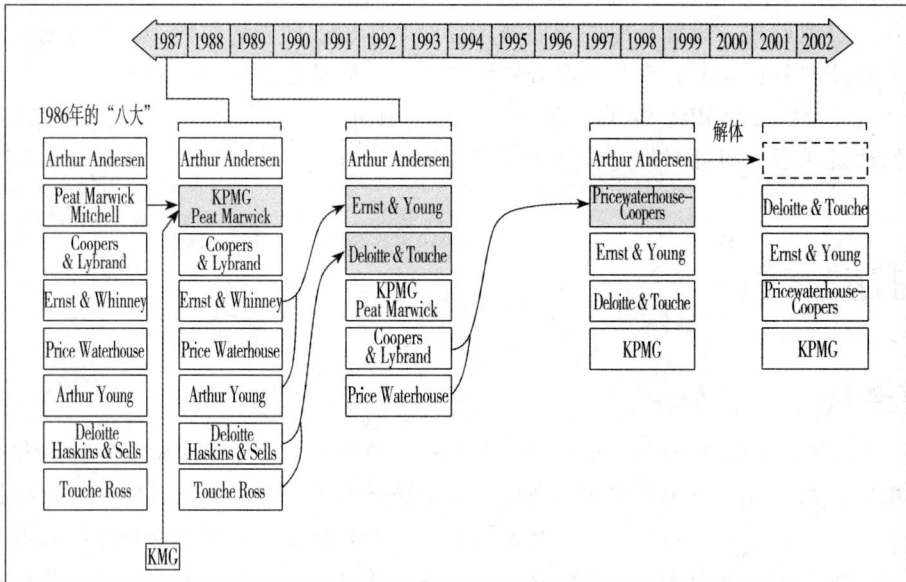

图3-1　事务所合并过程图解

★ 补充阅读材料

1.查特菲尔德 M. 会计思想史 [M]. 文硕，董晓柏，译. 北京：中国商业出版社，1989.

2.李 T．企业审计［M］．徐宝权，张立民，译．天津：天津大学出版社，1991．

3.蔡春．审计理论结构研究［M］．大连：东北财经大学出版社，2001．

4.国际会计师联合会国际审计实务委员会．国际审计准则［M］．深圳：海天出版社，1996．

第 4 章

审计假设

[学习目标]

1.了解审计假设的概念与性质；
2.熟悉不同的审计假设模式；
3.掌握风险导向审计模式下的审计假设体系。

●4.1　审计假设概述

假设是一门学科建立的重要基础，各种概念、原则、程序和方法正是在假设的基础上产生出来的。在审计理论结构中，审计假设处于审计理论体系的第一层次，是建立审计基本理论、规范理论和应用理论的逻辑前提。但人们对假设的认识各不相同，致使审计假设含义也不尽一致。

4.1.1　审计假设的含义与特点

我们认为，假设是关于事物的因果性的一种假定性的解释，是依据一定的科学原理和事实，对解决科学研究问题提出猜测性、尝试性方案的说明方式。同理，审计假设是根据已获得的审计经验和已知的事实，并以已有的科学理论为指导，对审计事物所产生的原因及其运动规律作出推测性的解释，简而言之，审计假设是指关于审计的科学猜测或设想。审计假设有两层含义：一是指无须证明的"当然"之理，可作为逻辑推理的出发点。二是指人们在已掌握的知识的基础上，对观察到的一些新现象作出理论上的初步说明的思维形式，是有待于继续证明的命题。

审计假设具有以下三个方面的特点：

（1）审计假设是不证自明的公认的"当然"之理

在审计理论研究中，审计假设之所以不证自明，或者是因为它们早已经过人们长期的实践检验，被认为是理所当然的；或者是因为它们是审计师已经获得的理论成果；或者是因为审计师为了理论推导而设定。

（2）审计假设是逻辑推理的出发点

第一次试图建立审计假设的莫茨和夏拉夫在《审计理论结构》一书中是这样解释的："亚里士多德说过：'每一可论证的科学多半是从未经论证的公理开始的；否则，论证的阶段就永无止境。'从这一简单的论述中，我们能认识到假设存在的理由。没有出发点，我们就无法进行推理或思维，我们也不可能向那些不接受讨论基础的人'证明'任何事物。不管我们是要使自己满意，还是为了使别人满意，均是如此。假设在任何理论大厦里，都占据着基础的位置。假设也许不是明确的真理，但是，不管假设是不是真理，我们必须承认它，这才是关键所在。因为没有假设，我们就不能有进一步的作为。"

（3）审计假设来源于审计实践并用于指导审计实践

审计假设不仅具有重要的理论意义，同时还具有深远的实践意义。审计假设来源于审计实践，并需要通过实践来进行验证，同时审计假设又对审计实践发挥指导作用。审计假设对审计实践的指导作用通过以下两个途径得以实现：①作为审计理论体系的前提，可以推导出审计基本理论和应用理论，从而来指导实践；②在审计实践中，审计假设能帮助审计师选择适当的方式和方法进行工作。没有审计假设，审计工作就无法进行。具体审计假设关系如图4-1所示。

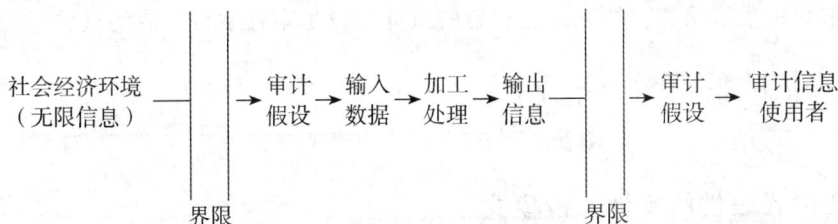

图 4-1　审计假设关系图

4.1.2　审计假设的性质

马克思主义哲学认为，客观世界是物质的，物质处于无限的发展变化的运动过程之中，并且各种事物之间具有紧密的联系。人类在认识世界的过程中产生了这样一个矛盾，即世界是可知的，人们的认识过程是无限的；但在某一历史阶段，人们的认识往往带有局限性。因此，在追求真理的过程中必然呈现出阶段性。认识的无限性和认识的阶段性，迫使人们不得不依据已掌握的事实作出合乎逻辑的推断，以利于认识和改造世界。审计假设就是以事实为依据作出的合理推断，我们认为审计假设具有如下的性质：

（1）审计假设在本质上是具有普遍性的，而且是推导其他审计命题的基础

假设对任何学科的发展均是必不可少的，假设是建立一切理论的基础。没有假设、没有出发点，我们就无法进行推理或思维，就无法进行交流，也就不可能向那些初学者传授或证明任何事物。由于客观世界是无限的，并且各种事物之间具有紧密的联系。所以，任何一门学科都不可能包罗万象，而总是以某一局部客观世界为对象。为深入研究和发展审计学科领域的理论和实践，不得不人为地割断诸事物之间的某些联系，从而把审计学科领域限定在一个可操作的范围之内。当然，"人为地割断"绝不是随心所欲，而科学的割断就会形成审计假设，为审计学科领域的推理和逻辑展开提供一个出发点或基础。没有基础和出发点，我们就无法推理和作出相应的结论，也无法同不承认这些基础和出发点的人，

去讨论和证明什么东西。因此，审计假设对审计学科的建立和发展是不可缺少的。

（2）判断审计假设能否成立的唯一标准是审计实践

假设是一个理所当然或不言自明的公理，不必通过其他假设或一般原则、准则和程序来证实。事实上，直接验证假设是很困难的，因为假设是作为理论基础而存在的，在它的下面没有什么可资依托。设法论证审计假设是不现实的，因为审计假设是作为逻辑推理的基础和出发点而存在的。支持审计假设的是审计实践而不是审计原则、审计概念等理性的东西，因而审计假设不可能由审计原则、审计概念等推理而成。判断一项审计假设是否成立，只要看支持或否定审计假设的审计实践是否成立就可以。

（3）审计假设随审计环境的变化而变化

任何事物都是环境的产物，假设也不例外。一旦环境变化（包括会计报告和审计报告用途的变化），审计假设势必会发生变化，因此适应新的环境的假设也就随之而生。审计实践证明，许多曾被认为有效和有用的审计假设，在日后受到了挑战，甚至会丧失其存在的价值。面对失效的审计假设，要么按照变化了的环境建立新的审计假设，作为新的出发点去修订已有的审计理论结构，促进审计学科的发展；要么不顾事实抱住失效的审计假设不放，使已构建的审计理论结构最终失去基础而遭倾覆。审计学科的发展史，同样展现了审计学科假设的发展历程。所以，建立新的审计假设是审计学科发展的重要标志。

●4.2　审计假设的研究回顾

4.2.1　几种代表性的审计假设模式

世界各国对审计假设的理论研究时间还不长，只是从20世纪60年代初才开始重视。在这方面作出杰出贡献的首推莫茨和夏拉夫，在他们合著的《审计理论结构》一书中提出的八条审计假设，开创了审计假设研究的先河，多年来已成为人们研究审计假设的基础。有关审计假设的代表性观点主要有以下几种：

（1）莫茨和夏拉夫模式

莫茨和夏拉夫将审计假设归纳为八条具体内容：

① 财务报表和财务资料是可以验证的；

② 审计师和被审计单位管理层之间没有必然的利害冲突；

③ 提交验证的财务报表和其他信息资料不存在串通舞弊和其他非常行为；

④ 完善的内部控制系统可以减少舞弊发生的可能性；

⑤ 公认会计原则的一致运用可以使财务状况、经营成果和财务状况变动得以公允表达；

⑥ 如果没有明确的反证，对被审计单位来说，过去真实的情况将来也属真实；

⑦ 审计师完全有能力独立审查财务资料并提出报告；

⑧ 独立审计师承担的职业责任与其职业地位相称。

莫茨和夏拉夫是研究审计假设的开创者，他们在《审计理论结构》中首次提出"审计假设"这一概念，并给出了八条审计假设，这对审计界来说具有划时代的意义。他们的研究启发和推动了整个审计界对包括审计假设在内的审计理论的研究。他们对审计理论研究所作出的贡献将载入审计理论发展的史册。正如著名审计学家杰克·罗伯逊（Jack Robertson）所说："没有任何其他的理论结构能达到莫茨和夏拉夫的理论结构那样的深度和广度。因此，任何新的审计理论的发展都不可能超越莫茨和夏拉夫的理论结构。"

（2）汤姆·李模式

汤姆·李在《企业审计》一书中，将审计假设分为审计依据假设、审计行为假设和审计功能假设共三类十三条：

① 审计依据假设

（a）企业对外提供的会计信息缺乏足够的可信性，股东和其他报告使用者没有充分的理由相信这些会计信息。

（b）提高企业财务报表中会计信息的可信性是审计的最基本任务。

（c）审计是提高会计信息可信性的最佳手段。

（d）通过审计，会计信息的可信性是可以提高和验证的。

（e）与企业有利害关系的人对会计信息的可信性是持怀疑态度的。

② 审计行为假设

（f）审计师与管理部门之间的冲突并不妨碍审计的实施。

（g）法律并不限制审计师的行为。

（h）审计师在精神上和地位上是独立的。

（i）审计师能承担所胜任的审计任务。

（j）审计师能对其工作和意见的质量负责。

③ 审计功能假设

（k）审计师可以获取充分可靠的审计证据，并以适当形式在合理的时间和成本范围内进行审计。

（l）内部控制的存在可使会计信息避免重大的错误和舞弊。

（m）公认会计原则与基础的适当和一致运用，可使财务报表公允表达。

汤姆·李的审计假设模式对审计假设进行了层次的划分，第一部分分析了公司审计产生的原因，第二部分分析了对审计师的要求，第三部分分析了履行审计职能的基本条件。这使得审计假设体系清晰明了，更容易理解。而且，该模式与莫茨和夏拉夫的审计假设模式不同之处在于增加了审计需求产生的原因假设。将审计动因纳入审计假设体系中来是具有划时代意义的，他提出的"会计信息缺乏足够的可信性"这一观点有深远的影响。对此，审计学者哈姆列特也持同样的观点，认为："任何审计理论必须能够解释产生审计需求和提供审计服务的原因。"此外，汤姆·李打破了莫茨和夏拉夫认为审计师与管理人员不存在利害冲突的假设，并提出了审计证据假设。

（3）尚德尔模式

C.W.尚德尔在《审计理论》一书中提出了五条审计假设：

①目的基本假设

要搜集、考虑和创造的证据的范围和性质，用来评价证据的标准，所得出的结论，都取决于审计的目的。我们还不能证明每一次审计都有其目的，它是审计的一项基本假设。

②判断基本假设

确定审计活动的目的要求有一个中间的或最终的决定，它使判断或意见成为必要。它包含将判断者头脑中产生的某种模式的概要观点与某个标准或标准体系相比较，然后判断得出结论。

③证据基本假设

过去、现在或预计的证据是进行一项审计所必需的。没有证据就不能形成审计意见，从而也就没有审计。

④标准基本假设

存在一种抽象的，但能够使审计师作出陈述、意见或判断的标准系统。标准是形成审计意见、进行审计的必要条件。

⑤传输基本假设

该假设宣称，可通过记忆或外界的存在将数据传输给其他人，且这些数据是有意义的。这些数据的存在、有效性以及对它们的解释是审计过程的主题。没有它们就不可能有理解、评价或判断。

尚德尔在《审计理论》一书中提出的审计假设模式是基于"审计是人类为了建立某种标准的遵循性而进行的评价过程，其结果是得出一种意见或结论"这一观点而得出的。几乎在人类生活的每一个方面都广泛存在评价过程，将审计假设按照一般的评价过程进行研究，涉及范围极其广泛，因此，尚德尔的审计假设模式丰富了审计假设理论。

（4）费林特模式

大卫·费林特在《审计理论导论》一书中提出了七项审计假设：

①受托经济责任关系或公共责任关系是审计存在的首要前提；

②经济责任的内涵微妙、复杂、重要，以致如果没有审计，该种责任的解除就无法证实；

③审计必须具备的特征是其地位的独立性和摆脱调查与报告方面的约束；

④审计的对象、内容都可以通过证据予以证实；

⑤可以对行为、业绩、成果和信息质量等确定责任标准并进行计量，然后对照标准作出判断；

⑥被审财务或其他报表资料的含义和目的是充分的、清晰的，审计可以对其可信性作出充分表达；

⑦审计可以产生经济或社会效益。

费林特一改其他审计学者只从财务审计的角度研究审计假设的作法，而根据现代审计的发展，从社会的观点综合考察研究了广义的审计假设。尤其是他首次提出了"受托经济责任关系或公共责任关系是审计存在的首要前提"这一审计假设，把审计理论同代理理论联系起来，值得理论界探讨。毫无疑问，费林特审计假设模式为建立广义的审计理论结构提供了一个可予参考的基础。

此外，审计学者安德森、罗伯逊也对审计假设提出了自己的观点。不过，自从莫茨和夏拉夫第一次提出审计假设以来，虽然有不少学者做过努力，但至今尚未形成一致公认的审计假设体系。到目前为止，对审计假设体系的研究尚处于探索阶段。

总之，人们对审计假设的理解有所不同，不同的学者从各自所处的历史时代、各自的角度来研究这一重要问题，得出了不同的结论。诸多审计假设模式的提出无论是对审计理论抑或对审计实践均具有重大意义，但从发展的观点看，上述审计假设模式也还存在着一定的缺陷。

4.2.2 局限性分析

莫茨和夏拉夫在《审计理论结构》中认为："曾被认为有效和有用的假设，有可能在日后受到挑战，甚至被证明是不正确的……有些最初被认为可接受的假设，后来会被发现与其他的假设相冲突。还有一些假设是不必要的，因为通过对其他假设进行更为全面的考察，可以发现它们已经能够概括整个审计范畴。最后，我们在逐步建立关于假设的理论体系时，需要适当做些增删……它们就是审计假设，为发展符合逻辑的、完整的审计理论提供了必要的基础。尽管如此，我们还是应将它们看作是暂时的。它们也许会被发现是不正确的，或者需要补充其他的假设……"

具体地说，上述审计假设模式的不足之处主要表现在以下几个方面：

（1）审计假设体系考察的范围还不够完整

莫茨和夏拉夫模式、汤姆·李模式、费林特模式都是从财务审计中概括出来的，以狭义的审计观为基础。主要表现在：莫茨和夏拉夫模式中的假设①、⑤、⑦；汤姆·李模式中的假设①中的（a）、（b）、（c）、（d）、（e），假设③中的（l）、（m）；费林特模式中的审计假设⑥。我们知道，从20世纪60年代起，管理审计已经进入成熟发展的阶段，内部审计、国家审计在社会经济生活中也发挥着重要的作用。提出审计假设时不全面考虑这些现实情况，必然影响到相应建立起来的审计理论结构体系的完整性，也会影响到社会对审计的全面认识。

（2）审计假设相互之间的独立性不强

审计假设必须是审计推论的基础，是不能从其他假设中推导出来的。但是，莫茨和夏拉夫模式中的审计假设②完全可以从⑦中推论出来；汤姆·李模式中的假设①中的（b）、（c）、（d）、（e）完全可以从（a）中演绎出来，假设②中的（f）、（g）完全可以从（h）中演绎出来；费林特模式中的假设②完全可以由假设①派生出来。作为一个科学的假设体系，应该避免上述包容命题的产生。

（3）审计假设对排他性原则考虑不够

审计假设体系作为一个严密的整体，其所含的各条假设之间必须相互容纳，不得相互矛盾。但是，汤姆·李模式中的假设②中的（f）承认了审计师与管理部门之间存在利害冲突，却又在（h）中称"审计师在精神上和地位上是独立的"，假设①中的（a）指出"会计信息缺乏足够的可信性"，但在假设③中的（l）又指出"内部控制的存在可使会计信息避免重大的错误和舞弊"。作为一个严密的假设体系，应避免上述矛盾命题的产生。

（4）审计假设体系的系统性不强

从结构上分析，上述几种审计假设模式均存在一定的缺陷。影响审计的社会环境因素是多方面的，提出的审计假设应有基本的框架，凡是多余的、不重要的或重复的因素均应排除在外。莫茨和夏拉夫的八条假设、汤姆·李的十三条假设以及费林特的七条假设中，涉及的因素过多，结构不明确，给理解和讨论带来困难。

（5）审计假设的务实性不强

审计假设本身的正确性无法加以验证，但是由这些假设引申出来的结论却是可以验证的。因此审计假设必须符合审计实践，经得起审计实践的检验。莫茨和夏拉夫模式中的审计假设③和汤姆·李模式中的假设③中的（1）认为审计不承担检查发现舞弊行为的责任。但是在20世纪60年代末期美国掀起了一股诉讼的浪潮，许多经过审计的公司事后又揭露出种种舞弊行为，财务报表的使用者为此遭受了重大的经济损失，纷纷对审计师提出控告，这说明社会要求审计承担揭露舞弊的责任。

此外需特别指出的是，尚德尔的审计假设模式虽然丰富了审计假设理论，但它只是对审计假设的一般共性的论断，并没有揭示审计假设的专业特征，因此存在一定的不足。

根据上述分析，表4-1可以更清楚地显示主要审计假设模式的异同。

表4-1　　　　　　　　　　　　　主要审计假设模式比较表

审计假设模式	主要内容	重要意义	局限
莫茨和夏拉夫模式	①财务报表和财务资料是可以验证的 ②审计师和被审计单位管理层之间没有必然的利害冲突 ③提交验证的财务报表和其他信息资料不存在串通舞弊和其他非常行为 ④完善的内部控制系统可以减少舞弊发生的可能性 ⑤公认会计原则的一致运用可以使财务状况、经营成果和财务状况变动得以公允表达 ⑥如果没有明确的反证，对被审计单位来说，过去真实的情况将来也属真实 ⑦审计师完全有能力独立查审财务资料并提出报告 ⑧独立审计师承担的职业责任与其职业地位相称	第一次提出了审计假设，启发和推动了整个审计界对包括审计假设在内的审计理论的研究，具有划时代的意义	1.只考虑了财务审计（如①、⑤、⑦） 2.审计假设相互之间的独立性不强（如②和⑦） 3.审计假设的务实性不强（如③）
汤姆·李模式	①审计依据假设 （a）企业对外提供的会计信息缺乏足够的可信性，股东和其他报告使用者没有充分的理由相信这些会计信息 （b）提高企业财务报表中会计信息的可信性是审计的最基本任务 （c）审计是提高会计信息可信性的最佳手段 （d）通过审计，会计信息的可信性是可以提高和验证的 （e）与企业有利害关系的人对会计信息的可信性是持怀疑态度的 ②审计行为假设 （f）审计师与管理部门之间的冲突并不妨碍审计的实施 （g）法律并不限制审计师的行为 （h）审计师在精神上和地位上是独立的 （i）审计师能承担所胜任的审计任务 （j）审计师能对其工作和意见的质量负责 ③审计功能假设 （k）审计师可以获取充分可靠的审计证据，并以适当形式在合理的时间和成本范围内进行审计 （l）内部控制的存在可使会计信息避免重大的错误和舞弊 （m）公认会计原则与基础的适当和一致运用，可使财务报表公允表达	1.将假设划分为三个层次。第一部分分析了公司审计产生的原因，第二部分分析了对审计师的要求，第三部分分析了履行审计职能的基本条件。这使得审计假设体系清晰明了，更容易理解 2.将审计动因纳入审计假设体系中来是具有划时代意义的 3.打破了莫茨和夏拉夫认为审计师与管理人员不存在利害冲突的假设 4.提出了审计证据假设	1.只考虑了财务审计（如（a）、（b）、（c）、（d）、（e）、（l）、（m）） 2.审计假设相互之间的独立性不强（如（a）和（b）、（c）、（d）、（e），（f）、（g）和（h）） 3.审计假设对排他性原则考虑不够（如（a）和（l），（f）和（h）） 4.审计假设的务实性不强（如（l））

审计假设模式	主要内容	重要意义	局限
尚德尔模式	①目的基本假设 ②判断基本假设 ③证据基本假设 ④标准基本假设 ⑤传输基本假设	将审计假设按照一般的评价过程进行研究，涉及范围极其广泛，该模式丰富了审计假设理论	只是对具有评价性质的活动假设提供了一般性的论断，并没有揭示审计假设的专业特征
费林特模式	①受托经济责任关系或公共责任关系是审计存在的首要前提 ②经济责任的内涵微妙、复杂、重要，以致如果没有审计，该种责任的解除就无法证实 ③审计必须具备的特征是其地位的独立性和摆脱调查与报告方面的约束 ④审计的对象、内容都可以通过证据予以证实 ⑤可以对行为、业绩、成果和信息质量等确定责任标准并进行计量，然后对照标准作出判断 ⑥被审财务或其他报表资料的含义和目的是充分的、清晰的，审计可以对其可信性作出充分表达 ⑦审计可以产生经济或社会效益	根据现代审计的发展，综合考察研究了广义的审计假设产生的原因，为建立广义的审计理论结构提供了一个可予参考的基础	1. 以狭义的审计观为基础（如⑥） 2. 审计假设相互之间的独立性不强（如①和②）

● 4.3　风险导向审计假设体系的构建

4.3.1　构建审计假设体系的原则

为了构筑一个完整的审计理论结构体系，审计假设自身必须形成一个体系。审计假设并不是孤立存在的，主要的审计假设模式都遵循了这一要求，由诸多条目的审计假设共同组成了审计假设体系。值得注意的是，在构建审计假设体系时，既需要考虑审计假设本身表现出来的质量特征，同时也应该符合审计假设体系的系统性要求。只有同时考虑这两个方面的要求，才可能最终形成一套科学完整的审计假设体系。

（1）审计假设的质量特征原则

审计假设的质量特征原则包括以下几个方面：

①科学性。审计假设不是随意的幻想和毫无根据的空想，而是人们以已认识并掌握了的审计知识或经验为依据，以一定的确实可靠的关于审计的事实材料为基础，并按照科学逻辑的方法推理而成。其中，可检验原则是审计假设具有科学性的基本条件。假设本身就是一种推测性解释，它必须接受事实和经验材料、科学理论的检验，在检验中或证实或证伪。不可检验或无法检验的假设永远是一个谜，无法成为科学理论，因而并不可取。

②推测性。审计假设是在不完全或不充分的审计经验事实基础上推导出来的，是还未经过审计实践检验的结论，尚存在疑问的思想形态。因此，审计假设不得不带有一定成分的想象与推测。

③抽象性与逻辑性。假设的建立离不开各种逻辑方法，即假设的提出和对假设的验证，需要运用各种逻辑方法和推理形式。所以，假设建立的过程也是各种推理形式综合运用的过程，但审计假设的这种抽象性与逻辑性是不成熟的。

④预见性。审计假设是对审计的本质、审计各要素的内在联系、审计发展的规律性的猜测和推断，已具有一定的预见性。当然，这种预见性不一定准确。

⑤流变性。审计假设是一种尚待证明的东西。经实践证实为正确的假设，它就不再是假设而是科学了；而经实践推翻的假设，它就因其不正确或是被修正，或是被抛弃。因此，审计假设具有很大的流变性。事物的发展曲折多变，各人掌握的材料和理解事物的角度不同，因而，对同一问题会有多种假说。当对同一事物有多种探索方案时，有时多种方案均不符合实际，那么需推翻；有时只有一部分方案一定程度地符合实际，则应当加以补充。没有一成不变的假说。

⑥简明性。审计假设要尽可能地在逻辑上简捷明了，尽可能地解释和符合更多的事实和客观对象，即审计假设要有很大的内存量。这样，假设的科学性就强。此外，审计假设应以能够支持审计理论框架为限，应力求简明扼要，便于理解。

（2）审计假设体系的系统性要求

主要的审计假设模式存在的突出缺陷是在整个审计假设体系中系统性差，不同的审计假设之间存在包容或排斥现象。为此，在构建科学的审计假设体系时，除了要确保审计假设符合质量原则的要求外，必须要从系统整体出发，使得审计假设首尾贯通、相互关联，构成一个完整有效的体系。主要应考虑：

① 独立性原则

审计假设必须是相互独立的，或者说审计假设体系中的任何假设不应该是由其他假设推出的推论。独立性原则是审计假设的重要特征。审计假设的独立性原则表明审计假设体系中的每一项内容彼此应相互独立，"不为其他假设所笼罩"。也就是说，审计假设体系中的每项内容都应是独立的命题，它们不能重复交叉，其间也没有派生关系。

② 排他性原则

从逻辑上讲，两个相互矛盾而又同时真实的命题在同一个体系中是不能并存的，这就是所谓的"排他性"。审计假设体系作为一个完整的整体，也具有"排他性"。审计假设的"排他性"原则表明在审计假设体系中，不能包含相互矛盾的命题，即由审计假设体系推导出来的命题中，若有相互矛盾的两个命题，那么至少有一个是不能被证明的。

③ 包容性原则

审计假设在审计理论结构体系中处于高层次，它决定着审计的基本原则。审计假设的包容性原则表明每一项审计假设或几项审计假设结合之后，其中应该隐含着更多更丰富的命题。作为审计学科的出发点或基础，审计假设如果没有包容性，审计学科便无法在其上发展起来。一项审计假设如果仅能说明自己，而不隐含着更丰富的命题，这项审计假设对审计学科就无所贡献，也就失去了存在的价值。

4.3.2 风险导向审计的假设体系

根据构建审计假设体系应遵循的原则，借鉴西方关于审计假设的论述，并考虑我国的国情，我们认为，风险导向审计的假设体系应包括：

（1）信息不对称假设

这一假设认为，信息不对称是审计存在的直接原因。在信息不对称的情况下，需要一个机构来解决在事前信息不对称的情况下提供真实信息（让人说真话）、在事后信息不对称的情况下确实履行责任（让人不偷懒）的问题。例如，在资本市场上，审计的功能实际上就是为企业外部的投资者和债权人承担起查账的任务，由审计师替全体出资人检查企业的经济活动，从而降低资金提供者的监督成本。

这一假设主要解决为什么需要审计以及审计做什么的问题。

（2）信息不确定假设

财产所有权与经营权分离进而造成的信息不对称是审计产生的直接原因，而被审计单位管理层提供的财务报表和其他资料等所反映的信息的不确定性是审计产生的根本原因。我们知道，在社会经济生活中，任何一个国家、各种社会经济组织及个人时刻需要和获取各种各样的信息，其中主要的是经济信息。然而，诸多影响因素的存在导致了信息的不确定性，这种不确定性导致信息可能呈现出真实有用的信息、错误的信息或虚假的信息三种情况。错误和虚假信息，会给信息使用者造成决策失误，从而导致巨大的经济损失。为了避免这一情况，信息使用者客观上就需要一个来自外部的、持独立、客观、公正立场的第三者对被审计单位管理层提交的信息的公允性加以验证，这样就产生了审计。无论国家审计、内部审计还是独立审计，都是由于信息的不确定性而产生的。如果信息是确定的，则审计也将不再存在。

审计的性质、目标、任务以及各类审计概念都是从信息不确定假设中派生出来的，或者说是从这个假设中推导出来的。

（3）信息可验证假设

信息可验证假设，是指反映被审计单位的财务收支及有关的经营管理活动的会计信息是可以验证的。在现实生活中，虽然我们还不能证明对所有的经济活动都能予以验证和评价，但由于存在公认会计原则及一系列经济技术指标和优良管理的范例，人们普遍接受信息可验证假设。这条假设的含义至少应包含四个方面：①对审计客体的记录和汇总是客观的，即反映经济业务的凭证和对凭证进行分类登记的账簿以及反映综合情况的报表等资料之间存在逻辑联系；②存在判断财务报表和财务数据及其形成过程合理性的客观标准；③重大舞弊、差错及非法行为是可揭露的；④审计主体能在合理的时间、人力和费用范围内取得足够的证据并得出有效的结论。也就是说，审计师可采用一定的审计程序、审计技术和方法对企业递交的信息资料进行验证，为审计意见的形成提供充分有力的证据。如果企业递交的信息资料无法被验证，则应拒绝该项目。同样，审计师也可以应用适当的程序来发现重大舞弊、差错及非法行为。

从信息可验证假设出发，可以推导出四个重要的审计概念，即审计证据、审计标准、审计风险和合理保证。要对审计客体进行鉴证，首先必须取得充分有效的审计证据；为了作出审计评价，还必须有大家公认的审计标准；审计师未能揭露财务报表所包含的重大差错和舞弊，就必须承担相应的审计风险；社会公众就可以相信经验证的财务报表能提供某种程度的合理保证，一旦遭受损失，就可向审计师提起诉讼，寻求赔偿。

（4）信息重要性假设

信息重要性假设是指经济信息的内涵微妙、复杂、重要，以致如果没有已经审计的信息，就无法作出合理的决策；而验证信息的真实、可靠是审计过程的主题。没有审计不可能正确地理解、评价或判断信息。

两权分离造成了被审计单位不可避免地负有经济责任，审计正是需要审查这种经济责任。在经济社会中，经济责任是普遍存在的，必须有这样的审计假设，在审计中才能明确经济责任，考核经济责任的履行情况，真正发挥审计的作用。

（5）审计主体独立性假设

这一假设认为，随着财产所有权和经营权的分离，客观上需要一个与上述二者没有任何利害冲突的独立"第三人"，对会计信息的真实可靠性作出鉴证和评价。第三人假设不仅说明审计产生的理由，还从性质上明确审计是一种证实、评价性活动，更重要的是，根据这一假设，推导出从方式上审计必须是一种委托审计，从而将审计与会计检查、经济监察等区分开来，使得审计具有自身的基本特征。

（6）审计主体胜任性假设

审计作为一门服务职业，是为整个社会负责的，因此其责任是重大的。审计主体胜任性假设，是指审计师在履行审计职责过程中应具备专业胜任能力，包括技术、知识和经验等。审计师在进行风险识别、评价、估量时，需要根据具体的情况作出大量的判断和决策。虽然有适合于审计师的技术和方法，但现代职业审计是包括了一系列相互联系的判断在内的复杂的决策过程。所以，最有效的审计师不一定是那些熟练的技术能手，而是最有判断能力的决策者。假定审计师具备职业所需的胜任能力，就是说审计师有能力进行一系列的判断和决策，识别所有影响审计风险的因素，达到审计目标。

（7）审计主体理性假设

这一假设认为，人类行为不论是出自生命自身的冲动，抑或是为个人荣誉而产生的善举，其动机都发端于利己心。毫不例外，审计师也是理性的、追求自身利益或效用最大化的人。审计师在执行业务过程中所表现出的自利性体现为对审计公费和客户数量的追求。但出于理性的考虑，审计师不能无视法律和规范的存在而出具虚假报告。理性的审计师会从长远的角度考虑其行为的最大效益，并主动接受法律和规范的约束。

根据这一假设，可以推导出审计必须通过制定规范予以约束，必须建立健全有关法律、规范对审计师的执业行为和道德行为予以规范和约束，并建立一定的监督措施对审计质量予以控制。

（8）内控有效性假设

内控有效性假设是指内部控制是否健全和一贯有效与财务报表是否存在错报、漏报以及是否存在错误与舞弊息息相关。也就是说，健全、有效的内部控制系统能够减少甚至排除错误与舞弊事项的发生。内部控制是企业经营者为了合理保证财务报告的可靠性、经营的效率和效果以及对法律法规的遵守，由治理层、管理层和其他人员设计和执行的政策和程序。内控有效性假设认为，如果一个单位的内部控制结构较为完善，并得到有效的运行，这个单位在经营活动中和财务报表编制中进行欺诈舞弊的机会也就小。依据这条假设，审计实质性程序就可以以风险评价为基础，从而形成风险导向审计，并使风险导向审计建立在有效的假设基础上。健全而有效的内部控制结构可减少欺诈舞弊的机会，从而降低审计风险，这只是审计实践的经验总结，而无法对其因果联系从逻辑上加以证明，因此只能是一种假设。这种假设是现代审计所必须具备的一个基本条件，没有它，一切有关控制测试和评价的要求都失去了逻辑的理论依据。因此，在审计过程中必须对内部控制结构进行检查评估，唯有如此才能把审计风险降低到社会可接受的水平。

根据这条假设，可以演绎出控制测试、实质性程序、抽样风险、统计抽样、判断抽样等重要审计概念。

（9）风险可控性假设

风险可控性假设是指，虽然审计风险是不可消除的，但审计师可以通过设计恰当的审计程序，通过风险的识别、计量、评价、预防把审计风险控制到社会可接受的水平。审计师要对其报告的正确性承担责任的风险是人们早就认识到的，会计职业界也是在不断受到诉讼和损失的情况下生存与发展起来的。审计风险是客观存在的，但长期以来人们因无法知道审计风险程度的高低，只能被动地接受审计的风险，导致了审计期望差距越来越大，社会公众对审计提出了越来越多的批评。通过对审计风险的研究，人们认识到审计风险由重大错报风险和检查风险两要素组成，虽然重大错报风险的发生是审计师无法控制的，但审计师可通过评价它们水平的高低，通过检查风险的控制，而间接地控制审计风险。尽管审计风险的计量相当主观，但是如果没有假设审计风险是可控的，那么审计界将会被越来越高的审计风险捆住手脚而失去活力，也不能积极地采取措施，使审计更好地达到社会公众的需求。实践也证明，认为审计风险是可控的，从而把这一思想贯彻到所实施的审计程序中去，把审计资源重点分配到高风险的审计领域，可以较好地揭露企业财务报表中所包含的重大差错和舞弊，从而缩小社会公众的需求和审计能力之间的差距，使审计风险控制在社会可接受的水平范围之内。

（10）认同—贯性假设

认同一贯性假设是指，如果没有确凿的反证，过去被认为是正确的，将来也会被认为是正确的。设定这一假设的主要理由是解决企业经营业务的连续性与审计行为的阶段性之间的矛盾。任何企业的经营活动都是连续不断的，而会计是分期反映的，审计行为是阶段性的，财务信息是一个累积的结果，审计要鉴证的是期末余额。因而要假定前后会计期间反映的财务报表的逻辑关系都具有连续性。只有根据这一假设，审计师才能认为根据上期审计过的资产负债表的期末余额转记过来的本期期初余额是可信的，通过对本期发生业务的真实性进行审查，即可鉴证本期期末余额。除非有确切的相反证据证明前期资料有误时，才对那些对本期有影响的前期资料作出调整。这一假设不仅为审计师执行所有验证工作提供了指南，而且审计师在验证过程中，当被审计单位发生不可预见或意外的财务状况和经营变化时，也为审计师提供一种必要的保护，从而使审计责任有了一个合理的界限。

（11）证据力差别假设

证据力差别假设是指，不同的审计证据，其可靠性是不同的，会受其来源、及时性和客观性的影响。具体假设如下：

①从外部独立来源获取的审计证据比从其他来源获取的审计证据更可靠；

②内部控制有效时内部生成的审计证据比内部控制薄弱时内部生成的审计证据更可靠；

③直接获取的审计证据比间接获取或推论得出的审计证据更可靠；

④以文件、记录形式（无论是纸质、电子或其他介质）存在的审计证据比口头形式的审计证据更可靠；

⑤从原件获取的审计证据比从传真或复印件获取的审计证据更可靠；

⑥不同来源或不同性质的审计证据相互印证时，审计证据较具可靠性；

⑦越及时的证据越可靠，客观证据比主观证据可靠。

审计工作的核心就是获取审计证据，审计证据是作出审计结论的依据。证据力差别假设为审计工作的顺利进行提供了必要的基础，没有审计证据假设将无法展开审计工作，从而无法得出最终的审计结论。

（12）责任明确性假设

责任明确性假设认为，管理层责任和审计师责任是两个完全不同的概念。在狭义的审计业务中，按照适用的会计准则和相关会计制度的规定编制财务报表是管理层的责任，这一责任不能由审计师来承担；审计师的责任是依据公认的审计准则和会计原则的要求出具审计报告，对被审计单位财务报表的合法性、公允性表示意见。根据这一假设，财务报表是否公允表述，其判断标准以是否遵守公认的会计原则为标准，如果"没有公认的会计原则，审计师的意见就失去了通用的共同语言。因此，对任何人无价值可言"。舍弃了这一假设，也将剥夺了审计师所有判断公允性的标准。根据这一假设，审计师为了履行其职责，必须对审计工作作出周密的安排，保持职业怀疑态度，并以应有的关注去执行审计业务，以便尽可能地发现被审计单位财务报表所存在的问题。根据这一假设，审计师对被审计单位的财务报表进行审计、出具审计报告后，如果所提供的审计报告与后来的事实有所出入，责任不能全由审计师负责，而应对有关责任问题进行具体分析，如果审计行为是恰当的，所得出的审计结论也是合理的，则审计师就可以不负责任。这一假设的重要意义，就在于它合理地区分管理层责任与审计师责任，为判定审计的法律责任提供前提，使审计师不至于经常陷入诉讼的漩涡，从而有利于审计事业的发展。

综上所述，（1）、（2）、（3）、（4）假设主要是对审计产生的原因假设；（5）、（6）、（7）假设是对审计主体应具备资格条件的假设；（8）、（9）、（10）、（11）假设是为开展审计工作提供逻辑依据和技术方法的假设；假设（12）是为明确管理层责任和审计师责任而作出的假设。具体内容可以参照风险导向审计假设体系表（见表4-2）。可以认为，上述12条审计假设可以构成一个完整的审计假设体系，一系列重要的审计概念都可以从这些审计假设中推导出来，从而有助于构建一个严密、科学的审计理论结构体系。

表4-2　　　　　　　　　　　　　风险导向审计假设体系表

序号	所属层次	审计假设	意　义
1	审计产生的原因	信息不对称	为什么需要审计以及审计干什么
2		信息不确定	派生出审计的性质、目标、任务以及各类审计概念
3		信息可验证	派生出审计证据、审计标准、审计风险和合理保证
4		信息重要性	明确经济责任，从而真正发挥审计的作用
5	审计主体应具备的资格条件	审计主体独立性	说明审计产生的理由，明确审计是一种证实、评价性活动，还可推导出审计必须是一种委托审计
6		审计主体胜任性	说明审计承担了社会责任
7		审计主体理性	推导出审计须通过制定规范予以约束，必须建立健全有关法律规范对审计师的执业行为和道德行为予以规范和约束，并建立一定的监督措施对审计质量予以控制

序号	所属层次	审计假设	意　　义
8	为开展审计工作提供逻辑依据和技术方法	内控有效性	演绎出控制测试、实质性程序、控制风险、抽样风险、统计抽样、判断抽样
9		风险可控性	有助于揭露企业财务报表中所包含的重大差错和舞弊，从而缩小社会公众的需求和审计能力之间的期望差距，使审计风险控制在社会可接受的水平范围之内
10		认同一贯性	为审计师执行所有验证工作提供了指南及必要的保护，从而使审计责任有了一个合理的界限
11		证据力差别	为审计工作的顺利进行提供了必要的基础
12	明确会计责任和审计责任	责任明确性	为判定审计师的法律责任提供前提，使审计师不至于经常陷入诉讼的漩涡，从而有利于审计事业的发展

[总结与结论]

　　审计假设是指关于审计的科学猜测或设想。审计假设有两层含义：一是指无须证明的"当然"之理，可作为逻辑推理的出发点。二是指人们在已掌握的知识基础上，对观察到的一些新现象作出理论上的初步说明的思维形式，是有待于继续证明的命题。审计假设是推导其他审计命题的基础；判断审计假设能否成立的唯一标准是审计实践；审计假设随审计环境的变化而变化。本章在详细回顾并评价了几种主要的审计假设模式的基础上，提出了构建审计假设体系的原则，最后确立了风险导向审计假设体系。该假设体系分为4个层次，共12条假设。

[练习题]

★ 讨论题

　　1.主要的审计假设的模式有哪些？试对其进行评价，并说明你认为应该如何构建风险导向审计假设体系。

　　2.结合下列资料进行思考，以加深对审计假设的理解。

　　资料1：2016年度*ST海润收到无法表示意见审计报告

　　大华会计师事务所审计报告导致无法表示意见的事项段如下：我们在对海润光伏公司2016年12月31日的财务报告内部控制的有效性进行审计时，发现财务报告内部控制制度存在多项重大缺陷，内部控制失效，对财务报表的影响重大而且具有广泛性，我们执行的审计程序以抽样为基础，在内部控制失效的情况下，通过执行抽样审计程序无法获取充分、适当的审计证据以为对财务报表发表审计意见提供基础。

　　资料2：

　　罗伯特·莫茨是美国著名的审计学家。他与其学生侯赛因·夏拉夫合作的《审计理论结构》是审计理论领域的开山之作。莫茨和夏拉夫采用哲学思想进行了审计理论研究。作者在书中提出了著名的八大审计假设，分别是：

① 财务报表和财务资料是可以验证的；

② 审计师和被审计单位管理层之间没有必然的利害冲突；

③ 提交验证的财务报表和其他信息资料不存在串通舞弊和其他非常行为；

④ 完善的内部控制系统可以减少舞弊发生的可能性；

⑤ 公认会计原则的一致运用可以使财务状况、经营成果和财务状况变动得以公允表达；

⑥ 如果没有明确的反证，对被审计单位来说，过去真实的情况将来也属真实；

⑦ 审计师完全有能力独立审查财务资料并提出报告；

⑧ 独立审计师承担的职业责任与其职业地位相称。

结合上述资料，针对*ST海润内部控制缺陷等现象，从这些现象中进一步探讨审计意见背后的审计假设，以加深对于审计假设的认识和理解。

★ 补充阅读材料

1.莫茨 R K，夏拉夫 H A. 审计理论结构［M］. 文硕，等，译. 北京：中国商业出版社，1990.

2.李 T. 企业审计［M］. 徐宝权，张立民，译. 天津：天津大学出版社，1991.

3.尚德尔 C W. 审计理论［M］. 汤云为，吴云飞，等，译. 北京：中国财政经济出版社，1992.

4.徐政旦，等. 审计研究前沿［M］. 上海：上海财经大学出版社，2002.

第5章

审计基本概念体系

[学习目标]

1. 了解审计概念的作用；
2. 熟悉审计基本概念体系所包含的内容；
3. 掌握各审计概念的含义。

●5.1 审计基本概念体系概述

5.1.1 审计基本概念体系的含义与作用

审计概念是从审计实践中抽象出来，用审计名词或术语表示的一种理性认识。审计概念体系是相关审计概念互相联系、互相制约构成的一个完整的系统。

在这里，需要首先指出的一点是，审计概念有着广义和狭义之分。在广义上，所有和审计有关的名词或术语都可以被看作审计概念；但狭义的（基本的审计概念）则仅指那些审计理论结构中包含的概念。本节讨论的是后者。

审计概念体系的存在有着非常重要的意义，其作用主要体现在以下两个方面：

（1）审计概念体系是构建审计理论结构的基石。正如会计理论的完善、系统化建立在一套相互弥补、互不矛盾的概念基础上一样，审计要成为一门成熟的学科，也应该努力使其理论得到系统化和条理化。在这一过程中，最基本的同样是概念体系，它不仅是正确思维的必要条件，也为相关知识的交流和讨论提供了一个平台，从而促进审计理论系统化。

（2）审计概念体系还是指导审计实践的路标。审计作为一门务实性很强的学科，意味着理论指导实践的要求更为特殊。相对于理论结构来讲，概念体系能够更直接地指导实践。统一、规范的概念体系一经形成，便可从中采用逻辑推理的方法推导出实务中可以遵循的规则、标准、程序、方法，可以用来解决新问题，乃至预测将要发生的新现象，从而有效地指导和规范审计实践。

5.1.2　审计基本概念体系的内容

审计概念之所以能够形成一个体系，原因就在于这些概念并非孤立存在，它们彼此之间还存在着众多联系。因此，概念体系必然是一个多层次的、复杂的有机框架。概念只是这一框架中的节点，只有建立起各节点之间的联系，框架才能完整。同时，也只有依据各个概念之间的逻辑和层次关系来确定取舍标准，才能确保审计基本概念体系所包含内容的完整性。

【相关链接5-1】

审计概念体系的代表性观点

审计概念在理论结构中处于承上启下的地位，其重要程度早已为众多学者所一致公认。但是，概念体系中究竟应该包含哪些内容，理论界却有着不同的理解。下面给出几种有代表性的观点：

莫茨和夏拉夫在其1961年出版的《审计理论结构》中提出了5个审计概念：证据、应有的审计关注、公允性、独立性和道德行为。

尚德尔在1978年出版的《审计理论——评价、调查和判断》中提出的审计概念有4个，分别是目的、标准、判断和证据。

安德森在1984年出版的《外部审计》中从财务报表声明与规定标准的相符程度，以及证据的充分适当性与恰当评价取决的因素的角度进行分析，提出了一个包含20个左右概念的审计概念体系，如图5-1所示。

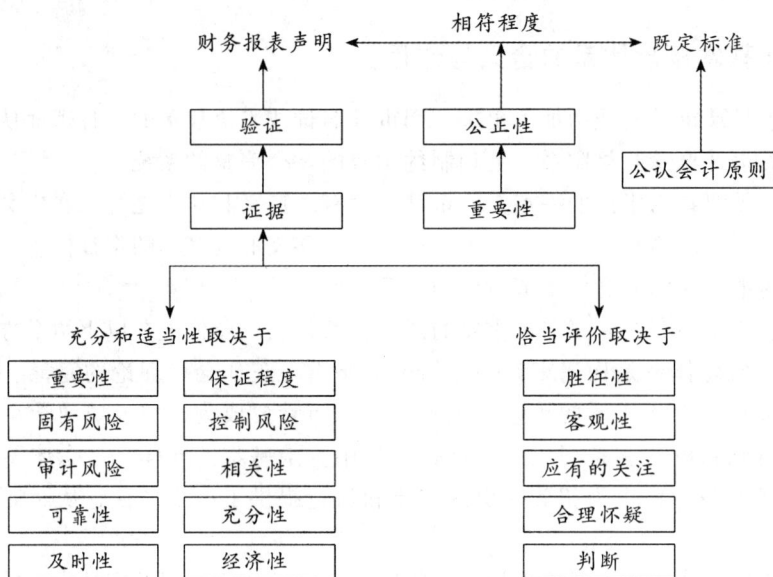

图5-1　安德森审计概念体系

费林特在1988年出版的《审计哲学与原理：导论》中是从权威性、过程和准则三个方面提出审计概念的，其中权威性包括胜任性、独立性和道德概念，过程包括证据、报告和重要性，准则包括应有的关注和疏忽、实务准则和质量控制。

如前文所述，审计概念对审计实务具有指导作用，我们在此也准备根据审计实务的操作过程来界定审计基本概念体系的内容，相应的概念体系被界定为"可信性"、"过程"、"传输"和"执行"四个方面。"可信性"强调的是审计师本身应当具备的特质，"过程"反映的是审计外勤调查过程，"传输"反映的是审计报告的对外披露，"执行"则特别强调审计师作为执业人员在审计调查和传输调查结果的过程中应当履行的职责。

以上四部分的内容只是总体上的审计概念，或者说是对审计概念的基本分类。从总体概念按照逻辑推理下去，还会形成具体概念层，从而得到一个完整的概念体系。

具体来看，"可信性"涉及的是审计师，它与人们是否相信审计师出具的报告有关。它首先要求审计师具备相应的"胜任能力"，这从技术角度阐明了审计师应该具备的素质；从道德角度来看，它还要求审计师能够以诚实的行为品质来执行审计业务，也就是说他的执业行为应该受到"职业道德"的约束。此外，审计师还应该在实质和形式上保持其"独立性"，以便能够对事实进行不带偏见的判断和客观的考察，并将这一状态呈现在客户面前。"独立性"不仅是最为重要的一个概念，它还是审计的本质所在。丧失"独立性"，审计也就不能再被称为审计了。

"过程"指的是审计调查过程。这可以被看作是根据"标准"来搜集、审查、评价和运用"审计证据"的过程。在这一阶段，还涉及"审计风险"与"重要性"的概念。它们之间的关系是：预期"审计风险"与"重要性"水平成反比，"重要性"水平的高低又与所要搜集的"审计证据"的数量的多少成反比。当然，这一切自始至终都与"审计判断"紧密地联系在一起。

"传输"主要指审计师在"真实与公允"的基础上对外公布其"审计报告"，却又不仅限于此。它还包括审计师与被审计单位以及社会公众之间的"沟通"，以"合理保证"审计报告的"真实与公允"。

"执行"突出审计师是执业者这一思想。作为执业者，就要以职业怀疑态度，切实履行其对公众的责任。在执业，也就是进行"审计测试"的过程中，他还应该保持"应有的职业关注"，并进行相应的"审计判断"。"执行"部分的概念实际上是对上述三方面内容顺利实施的保证。

综上所述，审计基本概念体系共包括4部分、15个具体概念，见表5-1。

表5-1　　　　　　　　　　　　审计基本概念分类表

概念分类	可信性	过程	传输	执行
具体概念	独立性	标准	审计报告	应有的职业关注
	胜任能力	证据	真实与公允	职业怀疑态度
	职业道德	重要性	合理保证	审计测试
		审计风险	沟通	审计判断

●5.2　可信性

该部分的基本概念有三个：独立性、胜任能力、职业道德。

5.2.1 独立性

因为涉及市场经济的利益公平，独立性向来被视为审计的精髓，备受公众的关注。它不仅是现代审计中最为重要的一个概念，同时还是审计职业存在和发展的基石。没有审计的独立性，就没有审计的可信性。

1）独立性的含义

审计师保持独立性的目标是支持报表使用者对财务报告过程的信心并提高资本市场的效率，它包括实质独立和形式独立两方面的内容。但 20 世纪 20 年代以前，审计职业基本上只重视实质独立，直到 1939 年证券交易委员会（SEC）审理"州际袜厂"诉讼案后，要求美国注册会计师协会（AICPA）在职业道德准则中强调审计师与被审计单位不得有任何形式上的利益关系，为迎合法律要求，职业界才开始重视审计的形式独立。AICPA 职业道德委员会前主席托马斯·G.希金斯也明确指出审计独立性包括实质独立和形式独立两方面的内容。目前，这一观念已为审计职业界所普遍接受。实质独立是一种内心状态，要求注册会计师在提出结论时不受有损于职业判断的因素影响，能够诚实公正行事，并保持客观和职业怀疑态度；形式独立，要求审计师避免出现这样重大的事实和情况，使得一个理性且掌握充分信息的第三方在权衡这些事实和情况后，很可能推定会计师事务所或项目组成员的诚信、客观或职业怀疑态度已经受到损害。前者无形、抽象、难以评价，后者有形、具体且可以加以衡量，二者结合在一起，构成了审计独立性的概念。实质独立在任何情况下都绝对适用，形式独立虽然只有基于合理的程序保障才能在一定程度上保障审计的实质独立，但它却可以影响社会公众对审计实质独立的信任程度。审计形式独立性越强，社会公众对审计实质独立及审计职业的评价就越高。

2）行为约束与核心价值

根据传统的观点，美国审计实务界和理论界一直把独立性视为一项由美国证券交易委员会或美国注册会计师协会强加的行为限制。而 1997 年 7 月美国注册会计师协会发表的白皮书则将独立性作为注册会计师职业的核心价值。

（1）行为约束观

从 20 世纪 60 年代起至今，学术界对独立性进行了长期而广泛的研究探讨，这些研究分别从不同的角度入手，主要为抵制客户压力或影响、审计师和经理合作或合谋、审计人员实质独立和形式独立以及审计的客观性和公正性等，具体表现为对缺乏或丧失独立性的行为作出判断，并制订了一系列限制性条款。目前，美国注册会计师协会和美国证券交易委员会对执行上市公司财务报表审计业务的注册会计师的某些行为与关系都作出了禁止性规定，包括直接经济利益和间接经济利益关系等。这些规定以堵漏的方式提炼出来，但却不能涵盖所有的方面。不仅投资者和管理者担心由于情况的变化使得限制性规定捉襟见肘，实务界也对这一套复杂刻板的准则颇有微词，认为费时费力，成本过高。

鉴于公众认为注册会计师同时对审计客户提供审计和咨询服务，不可避免地存在利益冲突，美国证券交易委员会前主席列维特（Arthur Levitt）在其任期内欲拿"五大"开刀，要求他们在 2000 年分离咨询业务。列维特认为"贪婪与狂妄"已经使注册会计师传统上为股东提供公允财务报告的使命产生偏离，致力于拓展利润丰厚的咨询业务使会计师事务所疏于其主营的公司审计，导致上市公司的财务报表质量下降。为保证注册会计师实施审计时的独立性,列维特建议禁止会计师事务所向客户提供包括设置财务信息系统、内部审计、保险统计、薪酬系统设计等在内的一系列咨询服务。但这一建议遭到了包括"五大"在内的注册会计师界的强烈反对。他们坚持认为,如果审计与咨询分开,会计师事务所很难吸引最佳的专业人才,注册会计师全方位解决问题的能力将会受到影响,同时将降低注册会计师提供审计服务的质量水平。

经过一番长时间的讨价还价,"五大"会计师事务所与美国证券交易委员会初步达成妥协。"五大"有条件地接受 SEC 关于独立性的限制:事务所只有经上市公司董事会的审计委员会充分论证后才能获准提供 IT 及其他咨询服务;事务所的独立性必须受独立监管,以判定其业务是否有利益冲突;事务所不能接手超过其全部业务收入 40%以上的内部审计业务;上市公司必须披露向会计师事务所支付的会计、顾问及税务服务费明细。

(2)核心价值观

1997 年 7 月美国注册会计师协会发布注册会计师独立性白皮书,其指导思想在于把独立性作为注册会计师职业的核心价值观,即独立性并非只是对注册会计师的外在行为加以限制,而是保障和提高自身执业水平的基石,一个缺失独立性的注册会计师的工作成果对相关利益主体而言毫无意义。因此,为实现注册会计师的社会价值,就必须时刻把独立性视为自身的核心价值,并养成一种基本的职业意识。美国审计准则委员会(ASB)成员威廉教授在 1997 年 3 月《会计视野》(Accounting Horizons)杂志上发表的论文 "Auditor Independence: A Burdensome Constraint or Core Value?" 对此作出了进一步的解释:独立性是注册会计师职业在市场经济中的存在价值的三个核心组成部分之一(另外两个是计量方面的专长和实施标准化规范的能力)。注册会计师和会计师事务所应尽力保持和发展自身的价值,注册会计师对独立性的遵守应源于一种由内向外的动力。

5.2.2 胜任能力

1)胜任能力的含义

专业胜任能力是体现审计师自身素质与熟练执行审计业务的要求之间的矛盾的概念。从审计师个体角度来说,其理应具有相应的专业知识和专业判断能力,以便能够对财务报表出具专业鉴证意见;从职业团体角度来说,为了维持公众对审计师行业的信任,必须设定执业资格,以合理确定究竟具备什么样的能力的人可以作为审计师来执业。

需要指出的是,审计师并非是所有方面的专家,审计业务涉及的特殊知识和技能可能会超出审计师的能力范围,此时,审计师可以利用专家的协助。例如,当审计对象是设备的生产能力或信息技术系统的运营情况时,审计师可以利用技术专家的协助;当审计对象是法律法规的遵循情况时,审计师可以利用法律专家的协助。在这种情况下,如果审计师确信包括专家在内的项目组整体已具备执行该项审计业务所需的知识和技能,且能够充分参与该项审计业务并了解专家所承担的工作时,他也可以承接该项审计业务。

2)胜任能力的基本内容

一般来说,审计师所应具备的专业胜任能力包括两个方面:专业知识和专业技能。前者通过接受教育来掌握并通过资格考试得以确认,后者主要来自于业务培训和经验积累。当然,为使审计师在其职业生涯中不断保持和提高专业胜任能力,还需要职业后续教育。

（1）专业知识

专业知识是指能为审计师提供与其所从事工作相关的技术、模型以及概念方面的知识。对专业知识的要求可以从资格前教育和资格考试两方面把握。

资格前教育是形成专业胜任能力的基础，能为审计师提供在其取得资格后继续自学的能力。一般包括以下四个方面：

①一般知识及基础知识。范围广泛的一般知识及基础知识，可帮助审计师进行有效的思考、交流、分析、推理及判断；根据联合国贸易和发展会议制定的《职业会计师资格要求国际指南》，一般知识及基础知识的内容包括：对思想和事件的历史发展、现代世界的不同文化和国际视野的理解；对人类行为的基本知识；对思想和经济、政治、社会差别的感知；具备取得和评价数据资料的经验；具备进行调查、抽象思维和批判思维的能力；对文学、艺术和科学的欣赏；了解个人价值和社会价值，以及调查和判断程度；进行价值判断的经验；进行演讲和辩论的书面和口头交流技巧，以及正式或非正式地表达意见的技巧。

②组织及商务知识。组织及商务知识提供的是与审计师执业范围相关的知识，它有助于审计师将其具体的分析和判断置于一定的经济环境中。组织和商务知识的具体内容包括经济学、商务计量及统计方法、组织行为、经营管理、风险管理、市场营销、国际商务知识。

③信息技术知识。信息技术的高速发展改变了审计师的执业内容以及执业方法，信息技术知识则是使用和评估信息系统所必备的。审计师应具备的信息技术知识包括商务系统中信息技术的概念、建立在计算机基础上的内部控制、企业系统的原理和实务、信息技术的实施和使用、评价以计算机为基础的商务系统、常用办公软件与网络知识等。

④会计、审计及相关知识。会计、审计及相关知识则为审计师从事审计工作提供了一个强有力的专业背景，具体包括财务会计和对外报告、外部审计与内部审计、管理会计、税务、金融与财务管理等知识。

专业知识来源于审计师所接受的资格前教育，但审计师还需要通过各个项目的资格考试来向公众证明自己对专业知识的掌握程度。否则，社会公众没有信心，审计工作也就失去了应有的价值。目前，审计师必须通过资格考试已经成为一种国际通行的做法。

（2）专业技能

专业技能可使审计师成功地运用通过教育所获取的知识。这些技能一般需要通过业务培训和经验积累来掌握。审计师应具备的专业技能有三类：

①智力技能。包括咨询、研究、逻辑推理、判断、严密的分析能力；运用解决问题的技能的能力，在不熟悉的环境中确认和解决非常规性问题的能力等。这些智力技能可以帮助审计师在复杂的组织环境中解决问题、制定决策并作出正确的判断。

②人际关系技能。包括与他人共事特别是小组内共事的能力；组织和分配任务能力；容忍和解决冲突的能力；与不同文化和智力的人们合作的能力；在不同文化环境中开展工作的能力；职业环境中的谈判能力等。这些人际关系能力有助于审计师与他人的合作，以形成一种良好的组织氛围。

③沟通技能。包括通过正式与非正式、书面与口头、通用语言等方式进行讨论的能力；有效地聆听和阅读能力，包括对不同的文化和语言的感知，以及从各种渠道获取和使

用信息的能力。这些沟通技能可使审计师接受外来的信息、形成合理的判断及作出有效的决策。

3）事务所对审计师胜任能力的判断与培训

会计师事务所应当委派具有必要素质、胜任能力和时间的审计师，按照法律法规、职业道德规范和业务准则的规定执行业务，以便能够根据具体情况出具恰当的报告。为此，事务所应当制定恰当的程序，评价审计师的胜任能力。除胜任能力的基本内容外，事务所一般可以从以下几个方面进行考虑：

（1）通过适当的培训和参与业务，获得执行类似性质和复杂程度业务的知识和实务经验；

（2）掌握法律法规、职业道德规范和业务准则的规定；

（3）具有相关技术知识，包括信息技术知识；

（4）熟悉客户所处的行业；

（5）具有职业判断能力；

（6）掌握会计师事务所质量控制政策和程序。

为确保审计师的胜任能力，会计师事务所应当在人力资源政策和程序中强调对各级别审计师进行继续培训的重要性，并提供必要的培训资源和帮助，以使审计师能够发展和保持必要的素质和专业胜任能力。由于审计师的胜任能力在很大程度上取决于继续职业发展的适当水平，因此，会计师事务所应重视人力资源的不断开发。如在培训方面不具备内部技术和培训资源或基于其他原因，会计师事务所为达到培训目的则可以聘请具有适当资格的外部人员。

会计师事务所一般可以通过下列途径提高审计师素质和胜任能力：

（1）职业教育；

（2）职业发展，包括培训；

（3）工作经验；

（4）由经验更丰富的员工提供辅导。

5.2.3　职业道德

1）职业道德的含义和作用

职业道德是同人们的职业活动紧密联系的，符合职业特点所要求的道德准则、情操和品质的总和，是社会道德在职业生活中的具体表现。它一般由某一职业组织以公约、规则等形式发布，要求其会员自愿接受并遵守。

对于审计师这种由社会公众普遍信任派生出来的公共代理性质的职业，职业道德的独特作用主要体现在以下几个方面：

（1）向社会昭示行业道德水准，提高行业公信力

没有可信性的审计报告对社会来说毫无意义，而除了审计师的独立性、专业胜任能力外，职业道德操守对审计报告的可信性也起着决定性的作用。美国注册会计师协会在解释其制定职业道德准则时就常说："通常，那些依赖审计师的人士感到难以评价审计师的服务质量。然而，他们有权要求这些审计师合格、正直。"职业道德就是为了博得社会公众的信任和支持。

（2）为审计师树立精神信条和专业原则

正如社会生活需要社会公德、家庭生活需要家庭美德的指导一样，审计师的执业过程同样需要精神上、道义上的支撑，以便能够以明确的信念处理各种关系。否则，面对纷繁复杂的现实，其难免会失去理念、迷失方向。

（3）对审计法规进行必要补充

为保证执业质量，必须对审计师的执业行为进行规范。其中，有些可以通过法律的形式作出明文规定；有些则不能，这就只有通过职业道德规范的形式来要求，例如，审计师执业时的精神状态。审计法规只是对审计师的最低要求，职业道德则升华了这种要求。

2）职业道德基本原则

注册会计师应当遵循下列职业道德基本原则：

（1）诚信；

（2）独立；

（3）客观与公正；

（4）专业胜任能力和应有的关注；

（5）保密；

（6）职业行为。

3）职业道德概念框架

职业道德概念框架旨在为注册会计师提供解决职业道德问题的思路，要求注册会计师：

（1）识别对遵循职业道德基本原则的威胁；

（2）评价已识别威胁的重要程度；

（3）采取必要的防范措施消除威胁或将其降至可接受的水平。

4）威胁及其防范措施

对遵循职业道德基本原则的威胁可能产生于各种情形或关系。某一情形或关系可能产生多种威胁，某种威胁也可能影响对多项职业道德基本原则的遵循。威胁可以归纳为以下五类：

（1）自身利益威胁。如果经济利益或其他利益对会员的职业判断或行为产生不当影响，将产生自身利益威胁。

（2）自我评价威胁。如果会员对其（或者其所在会计师事务所或雇用单位的其他人员）以前判断或服务的结果作出不恰当评价，并且将据此形成的判断作为当前服务的组成部分，将产生自我评价威胁。

（3）过度推介威胁。如果会员过度推介客户或雇用单位的某种立场或意见，以致其客观性受到损害，将产生过度推介威胁。

（4）密切关系威胁。如果会员与客户或雇用单位存在长期或亲密的关系，而过于倾向他们的利益，或认可他们的工作，将产生密切关系威胁。

（5）外在压力威胁。如果会员受到实际的压力或感受到压力（包括对会员实施不当影响的意图）而无法客观行事，将产生外在压力威胁。

防范措施是指可以消除威胁或将其降至可接受水平的行动或其他措施。防范措施包括下列两大类：①由行业、法律法规或监管机构规定的防范措施；②工作环境中的防范措施。

美国审计师职业道德规范流程图如图 5-2 所示。

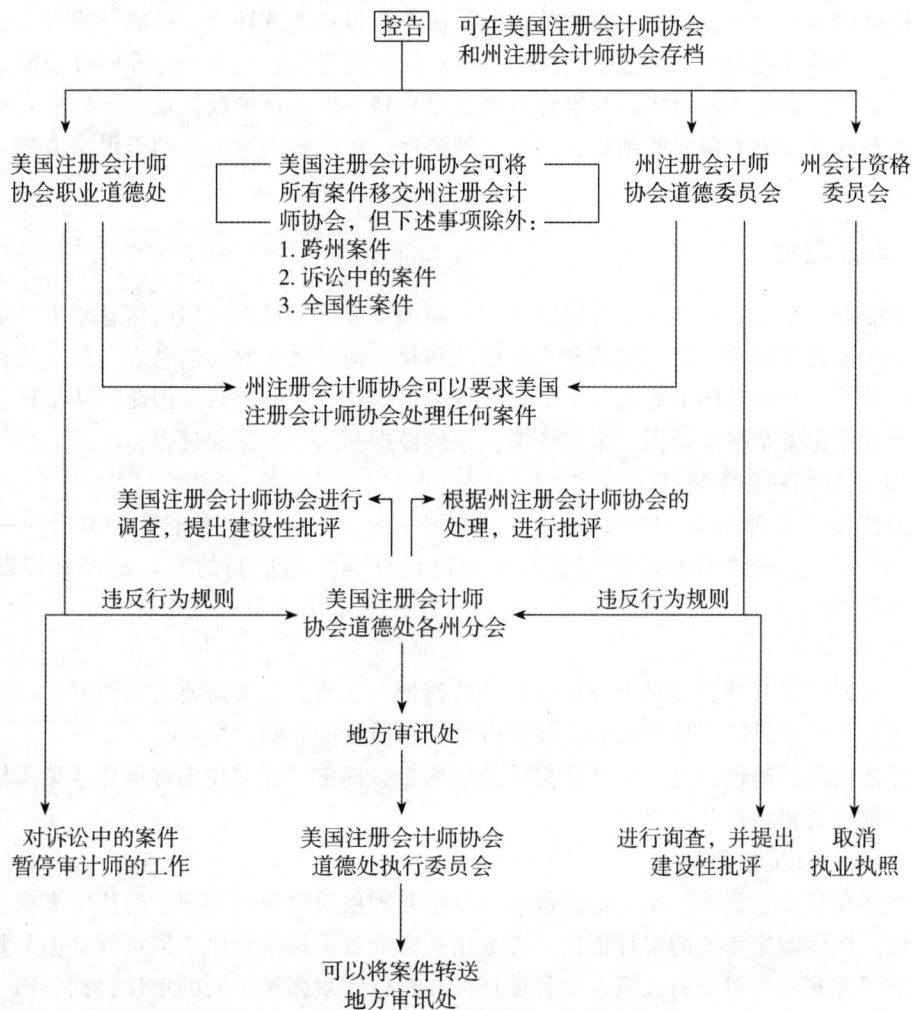

图 5-2　美国审计师职业道德规范流程图

●5.3　过程

该部分的基本概念有四个：审计标准、审计证据、重要性、审计风险。

5.3.1　审计标准

审计标准是指用于评价或计量审计对象（企业财务状况、经营成果和现金流量）的基准。运用职业判断对审计对象作出评价或计量，离不开适当的标准。如果没有适当的标准提供指引，任何个人的解释甚至误解都可能对结论产生影响，这样一来，结论必然缺乏可信性。也就是说，标准是对所要发表意见的鉴证对象进行"度量"的一把"尺子"，被审计单位和审计师可以根据这把"尺子"对鉴证对象进行"度量"。

就财务报表审计而言，审计标准是编制财务报表所使用的会计准则和相关会计制度。适当的标准应当具备下列所有特征：（1）相关性：相关的标准有助于得出结论，便于预期使用者作出决策；（2）完整性：完整的标准不应忽略审计业务环境中可能影响得出结论的相关因素，当涉及列报时，还包括列报的基准；（3）可靠性：可靠的标准能够使能力相近的审计师在相似的业务环境中，对审计对象作出合理一致的评价或计量；（4）中立性：中立的标准有助于得出无偏向的结论；（5）可理解性：可理解的标准有助于得出清晰、易于理解、不会产生重大歧义的结论。

5.3.2 审计证据

审计证据，是指审计师为了得出审计结论和形成审计意见而使用的信息。审计证据包括构成财务报表基础的会计记录所含有的信息和从其他来源获取的信息。在执业调查过程中，审计师所进行的各项工作无一不围绕着搜集证据这一目的进行。因此，从某种意义上讲，审计过程也就是搜集证据、审查证据、评价证据和运用证据的过程。

1）审计证据的基本特征

中国注册会计师协会2016年发布的《中国注册会计师审计准则第1301号——审计证据》指出："注册会计师应当根据具体情况设计和实施恰当的审计程序，以获取充分、适当的审计证据。"这里的充分性和适当性构成了决定审计证据证明力大小的两大基本特征。

审计证据的充分性，是对审计证据数量的衡量。注册会计师需要获取的审计证据的数量受其对重大错报风险评估的影响，并受审计证据质量的影响。

审计证据的适当性，是对审计证据质量的衡量，即审计证据在支持审计意见所依据的结论方面具有的相关性和可靠性。

2）搜集审计证据的程序

审计师在执业过程中，需要根据被审计单位管理层对财务报表项目的认定来确定具体审计目标，然后确定需要的审计证据，再采用相应的证据搜集程序。但审计证据和具体审计目标之间并非一一对应的关系。一种证据往往可以实现多种不同的审计目标，同一审计目标也可以从众多不同种类的证据那里得到验证；一种审计程序也可用来搜集多种证据，而要获得某类证据也可以采用不同的审计程序。

在实务中，审计师可以采用下列审计程序以获取形成审计意见的审计证据：

（1）检查记录或文件；

（2）检查有形资产；

（3）观察；

（4）询问；

（5）函证；

（6）重新计算；

（7）重新执行；

（8）分析程序。

在实施风险评估程序、控制测试或实质性程序时，审计师可根据需要单独或综合运用

第 (1) 项至第 (8) 项所列审计程序, 以获取充分、适当的审计证据。

【相关链接5-2】

安永采用无人机盘点

作为数字化审计功能的一部分, 对使用无人机进行库存盘点, 2017 年安永 (EY) 发起了全球概念验证 (Proof of Concept, POC, 是指对概念或想法的较短而不完整的实现, 用以证明其可行性, 示范其原理。概念验证通常被认为具有里程碑意义, 因为概念验证是实作的原型)。为了提高审计质量, 此次大范围项目试点将会采用先进的行业技术提高库存盘点数据收集的频率和准确性。

这个基于云端的资产追踪平台, 由物联网 (IoT) 传感器网络驱动, 将会通过读取二维码 (QR) /条形码/货架标签实时分析库存数量, 并将相关信息直接传输至无缝连接着8万多名审计师的 EY 全球审计数据平台——EY Canvas。

这一全球概念验证会最先用于制造业和零售业。例如, 在汽车制造行业客户审计中, EY 将会使用无人机在工厂中自动收集车辆数量信息。而对于零售行业客户仓库的库存盘点, 无人机更可以在非工作时间自动工作, 使用多种图像和对象识别工具 (如光学字符识别和二维码/条形码/货架标签) 收集库存信息, 从而降低审计风险并提高效率。

5.3.3 重要性

1) 重要性的含义

根据《中国注册会计师审计准则第 1221 号——计划和执行审计工作时的重要性》, 通常而言, 重要性概念可从下列方面进行理解:

(1) 如果合理预期错报 (包括漏报) 单独或汇总起来可能影响财务报表使用者依据财务报表作出的经济决策, 则通常认为错报是重大的。

(2) 对重要性的判断是根据具体环境作出的, 并受错报的金额或性质的影响, 或受两者共同作用的影响。

(3) 判断某事项对财务报表使用者是否重大, 是在考虑财务报表使用者整体共同的财务信息需求的基础上作出的。由于不同财务报表使用者对财务信息的需求可能差异很大, 因此不考虑错报对个别财务报表使用者可能产生的影响。

这一概念是基于成本效益原则产生的。现代社会日趋复杂, 审计师执行审计业务所面对的信息量日益庞大, 在这种情况下, 要求审计师去审查有关审计对象的全部信息, 既无必要也无可能, 只能采取选择性测试的办法。为此, 审计师需要抓住鉴证对象信息的重要方面和重要事项加以审查, 并搜集证据予以证实。

重要性包括数量和性质两方面的因素。在确定证据搜集程序的性质、时间和范围, 评估审计对象信息是否不存在错报时, 审计师需要运用职业判断, 综合数量和性质两方面的因素来考虑重要性。

数量大小毫无疑问是判断重要性的一个重要因素, 同样类型的错报, 数额大的显然比数额小的要严重。

重要性与审计风险之间存在直接的关系，这种关系是一种反向的关系。重要性水平越高，审计风险越低；重要性水平越低，审计风险越高。审计师在确定证据搜集程序的性质、时间和范围，评估审计对象信息是否不存在错报时，应当考虑这种反向关系。

此外，在考虑重要性时，审计师还应当了解并评估哪些因素可能会影响财务报告预期使用者的决策。例如，特定标准允许财务报告的列报方式存在差异，那么，审计师就应考虑采用的列报方式会对财务报告预期使用者产生多大的影响。

2）重要性在审计各阶段的应用

重要性原则的运用贯穿于审计执业过程的始终。

（1）业务承接阶段

重要性概念的运用始于审计业务承接。此时，审计师不仅要考虑到审计收费的多少，而且要判定被审计单位财务报表的误差是否已经超出预先确定的重要性范围，从而在权衡收费、风险、利润后作出合理选择。

（2）计划阶段

为便于规划工作，审计师首先要对报表层次以及认定层次的重要性水平作出初步估计，亦即可允许的最大错报额，以便帮助审计师制订搜集证据计划。此时，错报规模是判断重要性最常用的标准。

【相关链接5-3】

重要性的判断标准

通常，"四大"国际会计公司使用下列数量标准作为指南：①税前净利的5%～10%（净利大时用5%，净利小时用10%）；②总资产的0.5%～1%；③权益（净资产）的1%；④营业收入的0.5%～1%；⑤根据资产总额与营业收入中较大的一项确定一个变动比率，并选取同期财务报表中最小的重要性水平作为财务报表层的重要性水平（即最低原则）。

具体执业时，运用上述重要性数量标准尚需注意以下四个问题：第一，考虑被审计单位面临的特殊环境，包括财务状况、经营状况、规模以及发展趋势等；第二，关注已审财务报表对信息的要求，主要指公司治理结构的状况、上市情况等；第三，要联系审计特定性质，如出资合同、贷款合同的规定等；第四，上述重要性数量标准，应当理解为对总体财务报表可允许存在的误差金额，不能片面地理解为个别会计误差允许存在的误差金额。

由于审计证据是按每个账户来搜集，而不是针对整个财务报表搜集的，所以审计师还需要将允许存在的误差金额的初步估计数分配到各个认定层次。每个认定层次所分配的重要性初步估计就是"可容忍错报"。

【相关链接5-4】

重要性水平的分配

重要性水平的分配见表5-2。

表5-2　　　　　　　　　　　　　　重要性水平的分配

项目	金额（万元）	方案一（分配方法）（%）	方案二（分配方法）（%）	方案三（不分配方法）（%）
货币资金	120	0.5	0.5	20
交易性金融资产	480	1.9	1.9	20
应收账款	3 500	14.0	18.0	40
其他应收款	3 000	12.0	10.0	20
预付款项	3 500	14.0	12.0	20
存货	4 000	16.0	20.0	40
一年内到期的非流动资产	600	2.4	2.4	20
长期股权投资	4 500	18.0	18.0	30
固定资产	5 000	20.0	16.0	30
在建工程	800	3.2	3.2	20
总计		102.0	102.0	

采用分配方法时，分配的对象一般是资产负债表账户。注册会计师初步估计的会计报表层次的重要性水平是资产总额的0.4%，为102万元，即资产账户可容忍的错报或漏报为102万元。注册会计师将这一重要性水平分配给各资产账户。

方案一是按照0.4%的比例计算确定各账户层次的重要性。一般来说，这样并不可行，注册会计师必须对其进行调整。为了使计算出的结果等于102，对小数点后面的数字进行了适当的调整。

方案二是在方案一的基础上，考虑到各账户存在错报或漏报的可能性以及审计成本的高低而进行的适当的调整，例如，由于应收账款和存货错报或漏报的可能性较大，故分配较高的重要性水平，以节约审计成本。在分配方法下，报表层次的重要性水平等于各账户重要性水平之和。

方案三是采用不分配的方法，可根据各账户或各类交易的性质及错报或漏报的可能性，将各账户或交易的重要性水平定为会计报表层次的重要性水平的20%~50%。审计时，只要发现该账户或交易的错报或漏报超过这一水平，就建议被审计单位调整。最后，编制未调整事项汇总表，若未调整的错报或漏报超过报表层次的重要性水平，就应建议被审计单位调整。应收账款、存货、固定资产、长期股权投资分别定为40%、40%、30%、30%。在不分配方法下，报表层次的重要性水平不等于各账户重要性水平之和。

（3）实施阶段

在审计实施阶段，如果在审计过程中获知了某项信息，而该信息可能导致注册会计师确定与原来不同的财务报表整体重要性或者特定类别的交易、账户余额或披露的一个或多个重要性水平（如适用），注册会计师应当予以修改。

如果认为运用低于最初确定的财务报表整体的重要性和特定类别的交易、账户余额或披露的一个或多个重要性水平（如适用）是适当的，则注册会计师应当确定是否有必要修改实际执行的重要性，并确定进一步审计程序的性质、时间安排和范围是否仍然适当。

【相关链接5-5】

实际执行的重要性

《中国注册会计师审计准则第1221号——计划和执行审计工作时的重要性》指出，实际执行的重要性是指注册会计师确定的低于财务报表整体的重要性的一个或多个金额，旨在将未更正和未发现错报的汇总数超过财务报表整体的重要性的可能性降至适当的低水平。如果适用，实际执行的重要性还指注册会计师确定的低于特定类别的交易、账户余额或披露的重要性水平的一个或多个金额。

（4）报告阶段

在报告阶段，重要性水平有助于合理确定审计意见类型和审计报告的种类。审计师在评价审计结果时，应当汇总已发现但被审计单位尚未调整的错报，如果认为尚未更正错报的汇总数可能是重大的，则审计师应当考虑通过扩大审计程序的范围或要求管理层调整财务报表降低审计风险。如果管理层拒绝调整财务报表，并且扩大审计程序范围的结果不能令审计师满意，审计师应当考虑出具非无保留意见的审计报告。如果已识别但尚未更正错报的汇总数接近重要性水平，审计师应当考虑该汇总数连同尚未发现的错报是否可能超过重要性水平，并考虑通过实施追加的审计程序，或要求管理层调整财务报表以降低审计风险。

5.3.4 审计风险

1）审计风险概述

风险这一概念虽然源自其他学科，却也是审计执业过程中的一个核心要素。在审计领域，风险包含三个层次的内容：

（1）最狭义的审计风险：财务报表存在重大错报而审计师发表不恰当审计意见的可能性。一般说来，审计师对审计风险的理解就是如此，在审计实践中大量存在的也是这种风险。

（2）狭义的审计风险：发表了一个不恰当审计意见的风险。它包括两层含义：财务报表存在重大错报而审计师认为已公允揭示；财务报表不存在重大错报而审计师却认为未公允揭示。后者一般不太可能出现。

（3）广义的审计风险：审计职业风险，即审计主体损失的可能性。这主要源于通常所说的"深口袋"责任概念，它构成了职业界面临诉讼"爆炸"的一个重要原因。

我们在这里仅讨论介绍最狭义的，同时也是审计师最为关注的审计风险。

2）审计风险模型

审计风险模型经历了一个变迁的过程。传统的审计风险模型是由美国注册会计师协会（AICPA）于1983年提出的。在该模型中：

审计风险=固有风险×控制风险×检查风险

鉴于以该模型为指导的传统风险导向审计在审计范围和审计技术可操作性等方面存在的固有缺陷，2003 年 10 月，国际审计与鉴证准则理事会（IAASB）发布了新的审计风险准则，对审计风险模型作出重大改动。新的审计风险模型依据战略管理论和系统论，整合了传统风险导向审计模型中的固有风险和控制风险，把由于企业的整体经营风险所带来的重大错报风险作为审计风险的一个重要构成要素。我国 2006 年颁布的新审计准则也采用了这一模型。

修改后的审计风险模型如下：

审计风险=重大错报风险×检查风险

其中，重大错报风险是指财务报表在审计前存在重大错报的可能性；检查风险是指某一认定存在错报，该错报单独或连同其他错报是重大的，但审计师没有发现的可能性。

我们将在第 8 章中，对修改后的审计风险模型及其运用进行具体介绍。

● 5.4　传输

该部分的基本概念有四个：审计报告、真实与公允、合理保证、沟通。

5.4.1　审计报告

1）审计报告的含义和内容

《中国注册会计师审计准则第 1501 号——对财务报表形成审计意见和出具审计报告》（2016 年 12 月 23 日修订）指出，审计报告是指注册会计师根据审计准则的规定，在执行审计工作的基础上，对财务报表发表审计意见的书面文件。

审计报告是审计执业过程的最终结果，它在整个独立审计中具有十分突出的地位。这是因为对于社会公众而言，由于专业知识的限制，审计执业的整个过程无异于一个"黑箱"，他们所能够理解和运用的只是最终的审计报告。

至于审计报告应该包括哪些内容，历史上曾经出现过两种截然不同的观点。一是"符号论"，以莫茨和夏拉夫为代表。他们认为投资者对审计报告的具体内容并不感兴趣，而只关注其结论，因此审计报告可以简单到将大量的技术成本压缩为几个符号。二是科恩委员会的观点，认为报告使用者并不熟悉审计的固有局限性，以及管理层责任与审计责任的区别等事项，因此，有必要在审计报告中增加一些解释性的内容。目前，世界各国所采纳的都是科恩委员会的观点，且在格式上对审计报告的内容进行了标准化。

【相关链接 5-6】
注册会计师的社会形象

2017 年 1 月 1 日—4 月 30 日，40 家事务所共为 1 565 家上市公司出具了内部控制审计报告，其中，沪市主板 1 041 家，深市主板 457 家，中小板 55 家，创业板 12 家。从审计报告意见类型看，1 480 家上市公司被出具了标准无保留意见的审计报告，65 家上市公司被出具了带强调事项段的无保留意见审计报告，21 家上市公司被出具了否定意见的审计报告。

2）新审计报告准则

2016年12月23日，财政部发布《关于印发〈中国注册会计师审计准则第1504号——在审计报告中沟通关键审计事项〉等12项准则的通知》（财会〔2016〕24号）（新审计报告准则）。

审计报告是注册会计师对所审计财务报表发表审计意见的书面报告，是注册会计师与财务报表使用者沟通所审计事项的主要手段，对增强财务信息的可信性起着至关重要的作用。现行审计报告具有格式统一、要素一致、内容简洁、意见明确等优点，但也存在着信息含量和决策相关性不高的缺陷，与财务报表使用者的期望存在一定差距。2008年全球金融危机发生后，国际上对提高审计质量、提升审计报告信息含量的呼声日趋强烈。2015年，国际审计与鉴证准则理事会（IAASB）修订发布了新的国际审计报告准则，在改进审计报告模式、增加审计报告要素、丰富审计报告内容等方面作出了重大改进。

在我国，随着资本市场的改革与发展，政府部门、监管机构和投资者对注册会计师执业质量提出更高的要求，期望注册会计师出具的审计报告具有更高的信息含量和决策相关性，以降低资本市场的不确定性和信息不对称带来的风险。为顺应市场各方的需求，体现审计准则持续趋同要求，中国注册会计师协会借鉴国际审计报告改革的成果，结合我国实际情况，启动了审计报告准则的改革修订工作。经过近两年的研究、起草、论证和广泛征求意见，新审计报告准则由中国注册会计师协会审计准则委员会审议通过，财政部批准发布。

本次发布的12项审计准则，最为核心的1项是新制订的《中国注册会计师审计准则第1504号——在审计报告中沟通关键审计事项》，该准则要求在上市公司的审计报告中增设关键审计事项部分，披露审计工作中的重点难点等审计项目的个性化信息。其中，要求注册会计师说明某事项被认定为关键审计事项的原因、针对该事项是如何实施审计工作的。该准则仅适用于上市实体的审计业务。除该准则外，"对财务报表形成审计意见和出具审计报告""在审计报告中发表非无保留意见""在审计报告中增加强调事项段和其他事项段""与治理层的沟通""持续经营""注册会计师对其他信息的责任"等6项准则属于作出实质性修订的准则，另外5项准则属于为保持审计准则体系的内在一致性而作出相应文字调整的准则，这11项准则中，有的条款是仅对上市实体审计业务的规定，有的条款是对所有被审计单位（包括上市实体和非上市实体）审计业务的规定。

新审计报告准则的发布实施，将带来三个方面的积极变化：一是提高审计报告的信息含量，增强其决策相关性；二是提高审计报告的沟通价值，增强审计工作的透明度；三是强化注册会计师的责任，提高审计质量，回应财务报表使用者对持续经营、其他信息、注册会计师独立性的关注。

为确保新审计报告准则能够平稳顺利实施，采取分批、分步骤实施的方案，即，自2017年1月1日起，首先在A+H股公司以及纯H股公司按照中国注册会计师审计准则执行的审计业务中实施；自2018年1月1日起扩大到所有被审计单位，其中，主板、中小板、创业板上市公司，IPO公司，新三板公司中的创新层挂牌公司，以及面向公众投资者公开发行债券的公司执行新审计报告准则的所有规定，对其他企业的审计暂不执行仅对上市实体审计业务的规定。同时，允许和鼓励提前执行新审计报告准则。

3）审计报告的类型

如果认为财务报表在所有重大方面按照适用的财务报告编制基础的规定编制并实现公允反映，注册会计师应当发表无保留意见。当存在下列情形之一时，注册会计师应当按照《中国注册会计师审计准则第1502号——在审计报告中发表非无保留意见》的规定，在审计报告中发表非无保留意见：

（1）根据获取的审计证据，得出财务报表整体存在重大错报的结论；

（2）无法获取充分、适当的审计证据，不能得出财务报表整体不存在重大错报的结论。

如果财务报表没有实现公允反映，注册会计师应当就该事项与管理层讨论，并根据适用的财务报告编制基础的规定和该事项得到解决的情况，决定是否有必要按照《中国注册会计师审计准则第1502号——在审计报告中发表非无保留意见》的规定，在审计报告中发表非无保留意见。

审计报告的类型如图5-3所示。

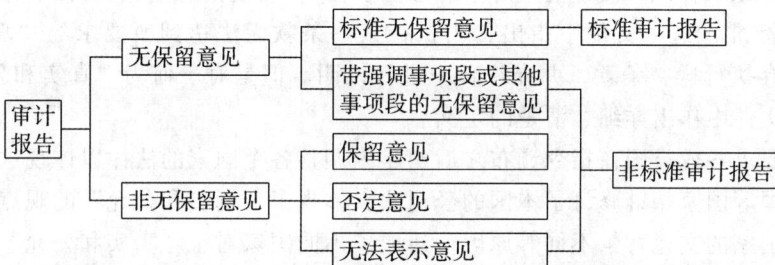

图5-3 审计报告的类型

【相关链接5-7】

注册会计师对于审计报告的责任

在适用的情况下，注册会计师还应当按照《中国注册会计师审计准则第1324号——持续经营》、《中国注册会计师审计准则第1504号——在审计报告中沟通关键审计事项》和《中国注册会计师审计准则第1521号——注册会计师对其他信息的责任》的相关规定，在审计报告中对与持续经营相关的重大不确定性、关键审计事项、被审计单位年度报告中包含的除财务报表和审计报告之外的其他信息进行报告。

关键审计事项，是指注册会计师根据职业判断认为对本期财务报表审计最为重要的事项。关键审计事项从注册会计师与治理层沟通过的事项中选取。

注册会计师对财务报表审计的责任部分还应当包括下列内容：

（一）说明注册会计师与治理层就计划的审计范围、时间安排和重大审计发现等事项进行沟通，包括沟通注册会计师在审计中识别的值得关注的内部控制缺陷。

（二）对于上市实体财务报表审计，指出注册会计师就已遵守与独立性相关的职业道德要求向治理层提供声明，并与治理层沟通可能被合理认为影响注册会计师独立性的所有关系和其他事项，以及相关的防范措施（如适用）。

（三）对于上市实体财务报表审计，以及决定按照《中国注册会计师审计准则第1504号——在审计报告中沟通关键审计事项》的规定沟通关键审计事项的其他情况，说明注册会计师从与治理层沟通过的事项中确定哪些事项对本期财务报表审计最为重要，因而构成关键审计事项。

注册会计师应当在审计报告中描述这些事项，除非法律法规禁止公开披露这些事项，或在极少数情形下，注册会计师合理预期在审计报告中沟通某事项造成的负面后果超过在公众利益方面产生的益处，因而确定不应在审计报告中沟通该事项。

5.4.2 真实与公允

"真实和公允"最早出现在英国，1948年的英国《公司法》规定：在会计年度结束时，公司必须按照"真实和公允"的观点提供资产负债表来表达公司的财务状况，提供损益表披露会计年度中的利润和亏损。此后，1967年的英国《公司法》又规定：审计师应当在报告中说明财务报表是否符合真实和公允的观点。

1978年，欧共体（EEC）发布的第四号理事会令中，将"真实和公允"作为衡量财务报表的最高标准，这一文件中指出，当执行某一条款无法达到所要求的"真实和公允"时，应当放弃执行这一条款，并在注释中进行说明。但是对于何为"真实和公允"，并没有在正式的文件中作出详细、清楚的定义。

欧共体要求各成员国在指令颁布之后两年内调整各个国家的法律以体现这一精神，随后法国、德国等国家相继修订了本国的公司法，体现了"真实和公允"的观点。理解的不同以及各个国家的文化背景不同等原因，造成了不同国家对于"真实和公允"这一术语的理解上存在不同。同时没有一个国家像英国那样，将它作为一个衡量财务报告最为重要的标准。可以说，尽管具有统一的用词，而且是由同一份文件所衍生出来的，但是"真实和公允"这一术语在欧洲的不同国家所具有的含义并非完全一样。

国际会计准则委员会在其发布的《编报财务报表的框架》"财务报表的质量特征"部分提到了"真实和公允"，但是对于什么是真实和公允，同样没有进行定义和解释，只是指出："……运用主要的质量特征和适当的会计准则，通常可以产生表达一般所理解的真实和公允信息的财务报表。"

公允这一概念实际指的是编制财务报表应该达到的标准。

美国注册会计师协会的会计原则委员会（APB）认为，若财务报表符合公认会计原则（GAAP），那么就达到了所谓"公允性"。具体说来，它必须满足四点要求：（1）财务会计信息的搜集和处理符合公认会计原则；（2）账簿中信息的描述符合公认会计原则；（3）不同时期应用会计原则的情况得到了适当披露；（4）有限的财务报表格式和符合公认会计原则披露的财务信息要求之间的矛盾得到了解决。

1975年，美国注册会计师协会的审计准则委员会（ASB）在第五号审计准则说明书"审计报告中所谓符合公认会计原则的公允反映的含义"中指出，公允性并没有一套较好的衡量标准，但审计师对公允性作出专业判断时，应当以下面五个方面作为判断基础：（1）所选择和应用的会计政策是否是公认的；（2）会计原则是否适用于环境；（3）财务报告包括相关附注是否包括了可能会影响它们的使用、理解和解释的丰富信息；（4）财务报告中所包含的信息是否以合理的方式进行分类、归纳，既不会太过详细也不会过于简单；（5）财务报告在反映基本事项和交易时，是否以一种可接受的范围内的方式来表述财务状况、经营成果和财务状况变动。

可见，美国注册会计师协会的审计准则委员会和会计原则委员会的观点是相近的，即都把公认会计原则作为衡量"公允性"的标准或依据，只不过审计准则委员会还强调了财务报表不应使报表使用者产生误解。审计职业界将公允性审计目标与公认会计原则相联系，也就是说在这种审计目标下，审计工作就是验证企业遵循公认会计原则的程度。

【相关链接5-8】

与司法界公允观相关的两个判例

雷克斯对基尔桑特诉讼案（1932年）中，审计师被指控帮助并支持向皇家邮船包裹公司的股东提供篡改了的、使人误入歧途的财务报表。在此案发生之前，按照公认的会计实务标准，企业可以将资产负债表上的储备金和未动用的准备金转作财务报表利润数额以保证股东红利的分配，并且可以不在资产负债表中予以揭示。该项标准在各个企业得到广泛运用。但该诉讼案的结论是：企业盈利能力和财务状况并不像资产负债表反映的那样好。企业总裁基尔桑特被指控公布1926年和1927年虚假年度财务报表而被判有罪。由于审计师了解动用储备金的会计处理，所以也因帮助并支持公布虚假报表而受到指控。后经法院证实，该审计师之所以未向股东公开说明动用储备金的情况是由于储备金的使用属于企业"秘密"，这在当时是公认的会计实务标准。然而，赖特法官坚持认为，由于企业可以为了欺骗而使用储备金，因此需要充分揭示储备金的使用，而且审计师对这些揭示还应该加以核实。他继续指出："……如果股利或企业的经常费用由秘密储备金支付，那么我认为很难搞清审计师如何能在履行其职责中，不提及和不注意这一重大事实，并对企业财务状况提出真实正确的评语。"该诉讼案强调这样的事实：承认现存的公认会计和审计实务标准，也许不能满足审计师工作和意见要充分反映其检查的会计信息可靠性这一法律概念。换言之，当确定企业采用的会计原则和基础是否符合真实合理的要求时，审计师必须独立进行判断。

美国对西蒙诉讼案（1969年）的判决再次表明司法界对独立审计目标所持的观点与独立审计职业界不同。该案中审计师由于未充分证实并报告有关大陆售货机公司、它的一个子公司以及这两个公司与一位董事之间的某些业务问题，就提出无保留审计意见，因而被判犯有预谋罪。这些业务是有关大陆售货机公司向其子公司贷款，这些贷款又被子公司转贷给大陆售货机公司的一名董事，该董事以其在子公司的股本作为贷款的保证。该公司审计师认为，大陆售货机公司在财务报表中处理这些业务的方式符合当时公认的会计实务标准，且当时的公认会计实务标准并未要求审计师证实并报告大陆售货机公司贷款的这种用途，以及这种用途的安全保证。然而由于大陆售货机公司报告的财务状况依赖于对子公司贷款的可收回性，其子公司又依赖于该董事的还款能力。所以法院裁决，审计师应该证实并报告收回贷款的不确定性，证实并报告大陆售货机公司股票安全性所面临的危险，因为贷款的收回直接影响到其股票的价值。法院进一步指出，"公允性"应是一个自由地位的独立概念，而不应依附于是否符合公认会计原则的判断上，可以说公允性与符合公认会计原则是两个不同的问题。即使有证据表明财务报表是按公认会计原则编制的，仍然存在着财务报表是否公允地反映了企业的财务状况和经营成果这一历史遗留问题。这就是说，符合公认会计原则不一定就达到了"公允性"。审计师所遵循的一般公认审计准则，只能是作为审计执业的最起码要求，不能被推断为审计师在具体审计环境下所必须做到的一切工作。即使能够证明审计是按照公认审计准则实施的，也不能借此确认审计师具有善良的信念和意图，也不能以此必然地或自动地构成辩护的全面理由。

从以上对公允的几种理解和解释可以看出，公允这一概念并没有正式、权威的定义。但是一般可以认为，在判断报告主体的财务报告是否符合公允这一标准时，是以财务报表的编制是否采用符合公认会计原则（在我国即适用的会计准则和相关会计制度）的会计政策，是否真正反映了报告主体的财务状况和经营成果。

应该说明的是，审计界所持的上述观点并未得到司法界的认可。大量司法判例表明，法院判决并不以是否符合公认会计原则为衡量的标准，而依然维护纠错查弊是审计师责任的观念。

事实上，审计界在公允性概念上的困惑，一方面是因为会计、审计上的公允本身就是一个主观判断的结果，没有一个客观的标准。这本身与会计准则的可选择性以及会计处理的灵活性是相关的。对于同一个事项和交易，不同的处理者、不同的时间和空间都可能产生不同的结果。因此，当审计师进行审计时，就报告主体的财务报告是否公允地表达了该主体的财务状况和经营成果发表意见时，在很大程度上依赖于审计师主观上的职业判断。另一方面，审计师不愿意接受更高标准的公允性界定（如法律界的观点），是由于社会经济环境的多变性，以及会计师事务所及审计师是需要盈利的经营实体这一现状，使得审计师只能在其成本能够得以弥补的情况下，提供审计服务。

财务报表是否"公允反映"是一个主要的审计目标，也是审计报告中一个关键的措辞，虽然备受争议，却是审计职业界长时间精心选择的结果。它表明，审计师认定的公允表达仅仅是一个"合理保证"，它与财务报表自身的公允表达并不能达到100%的一致。过分夸大审计的功能，不仅会给审计师带来额外的风险，审计报告本身也不会具有可信性。

5.4.3 合理保证

合理保证是一个与积累必要的证据相关的概念，它要求审计师通过不断修正的、系统的执业过程，获取充分、适当的证据，对鉴证对象信息整体提出结论，提供一种高水平但非百分之百的保证。

审计业务是一种合理保证的鉴证业务，提供的保证水平低于绝对保证。由于下列因素的存在，将审计风险降至零几乎是不可能的，也不符合成本效益原则：

（1）选择性测试方法的运用。审计师要在合理的时间内以合理的成本完成鉴证任务，通常只能采用选取特定项目和抽样等选择性测试的方法对被鉴证单位的信息进行检查。选取特定项目实施鉴证程序的结果不能推断至总体；抽样也可能产生误差，在采用这两种方法的情况下，都不能百分之百地保证鉴证对象信息不存在重大错报。

（2）内部控制的固有局限性。例如，决策时的人为判断可能出现错误，或由于人为失误而导致内部控制失效；内部控制可能由于两个或更多的人员进行串通或管理层凌驾于内部控制之上，而使内部控制被规避。小型企业拥有的员工通常较少，限制了其职责分离的程度，业主凌驾于内部控制之上的可能性更大。

（3）大多数证据是说服性而非结论性的。证据的性质决定了审计师依靠的并非是完全可靠的证据。不同类型的证据，其可靠程度存在差异，即使是可靠程度最高的证据也有其自身的缺陷。例如，对应收账款进行函证，虽然提供的证据相对比较可靠，但受到被询证者是否认真对待询证函、是否能够保持独立性和客观性、是否熟悉所函证事项等诸多因素的影响。尽管审计师在设计询证函时要考虑这些因素，但是很难能百分之百地保证函证结果的可靠性。

（4）在获取和评价证据以及由此得出结论时涉及大量判断。在获取证据时，审计师可以选择获取何种类型和何种来源的证据；获取证据之后，审计师要依据职业判断，对其充分性和适当性进行评价；最后依据证据得出结论时，更是离不开审计师的职业判断。

（5）在某些情况下鉴证对象具有特殊性。例如，鉴证对象是矿产资源的储量、艺术品的价值、计算机软件开发的进度等。

5.4.4　沟通

独立审计是受托进行，需要对投资者以及社会各个方面负责的一种有偿服务。这种工作性质决定了它与被审计单位以及社会公众之间的广泛接触和联系。将"沟通"的概念放在"传输"这一总概念下面，意在强调审计师与社会公众之间的交流，这有助于引导公众正确使用审计报告并减少审计期望差距。但是，沟通的对象却不仅限于此，它还包括审计师与被审计单位董事会以及管理层之间的信息传递，这是形成真实与公允的审计报告的基础。

1）与社会公众的沟通

这里的社会公众主要是指被审计单位的股东。通常，他们会通过阅读公司年报来了解公司财务状况和经营成果方面的信息。

审计报告的作用在于提升财务报表的可信赖程度，而不是对其正确性进行绝对的保证。但是，大多数的社会公众出于自身利益最大化、损失最小化的考虑，总是希望审计师能够揭示出被审计单位所有重大或非重大的错误和舞弊，并将其推定为审计师的责任。这种期望差距的存在，使得公众在其利益受损时，往往会诉诸法律或其他形式来追究审计师的责任。因此，审计师有必要与社会公众之间进行有效沟通，提高公众对审计功能的认识。这不仅可以保护审计师，避免诉讼"爆炸"，同时也有助于消除公众对已审计财务报表的过分信赖，减少投资风险，切实保护投资者利益。

通常，审计师可能会被邀请出席公司股东大会，并就其审计情况、公司财务政策、会计处理方法等事项向股东通报，这是与股东进行有效沟通的一个好机会。在沟通过程中，审计师还可以通过与股东的交流在一定程度上验证管理层的陈述是否真实、可靠，从而为审计报告的公允性提供佐证。

2）与被审计单位治理层的沟通

审计师应当与治理层建立有效的沟通。这种双向沟通十分重要，这有助于：

（1）注册会计师和治理层了解与审计相关事项的背景，并建立建设性的工作关系，在建立这种关系时，注册会计师需要保持独立性和客观性；

（2）注册会计师向治理层获取与审计相关的信息，例如，治理层可以帮助注册会计师了解被审计单位及其环境，确定审计证据的适当来源，以及提供有关具体交易或事项的信息；

（3）治理层履行其对财务报告过程的监督责任，从而降低财务报表重大错报风险。

审计师应当与治理层沟通下列事项：

（1）注册会计师应当与治理层沟通注册会计师与财务报表审计相关的责任。

（2）注册会计师应当与治理层沟通计划的审计范围和时间安排的总体情况，包括识别出的特别风险。

（3）注册会计师应当与治理层沟通审计中发现的下列事项：

①注册会计师对被审计单位会计实务（包括会计政策、会计估计和财务报表披露）重大方面的质量的看法。在适当的情况下，注册会计师应当向治理层解释为何某项在适用的财务报告编制基础下可以接受的重大会计实务，并不一定最适合被审计单位的具体情况。

②审计工作中遇到的重大困难。

③已与管理层讨论或需要书面沟通的审计中出现的重大事项，以及注册会计师要求提供的书面声明，除非治理层全部成员参与管理被审计单位。

④影响审计报告形式和内容的情形（如有）。

⑤审计中出现的、根据职业判断认为与监督财务报告过程相关的所有其他重大事项。

【相关链接5-9】

沟通关键审计事项

注册会计师应当就下列事项与治理层沟通：

（一）注册会计师确定的关键审计事项；

（二）根据被审计单位和审计业务的具体事实和情况，注册会计师确定不存在需要在审计报告中沟通的关键审计事项（如适用）。

沟通关键审计事项，旨在通过提高已执行审计工作的透明度增加审计报告的沟通价值。沟通关键审计事项能够为财务报表预期使用者提供额外的信息，以帮助其了解注册会计师根据职业判断认为对本期财务报表审计最为重要的事项。沟通关键审计事项还能够帮助财务报表预期使用者了解被审计单位，以及已审计财务报表中涉及重大管理层判断的领域。

在审计报告中沟通关键审计事项，还能够为财务报表预期使用者就与被审计单位、已审计财务报表或已执行审计工作相关的事项进一步与管理层和治理层沟通提供基础。

【相关链接5-10】

治理层、管理层及治理模式

治理层，是指对被审计单位战略方向以及管理层履行经营管理责任负有监督责任的人员或组织。治理层的责任包括对财务报告过程的监督。在某些被审计单位，治理层可能包括管理层成员。管理层，是指对被审计单位经营活动的执行负有管理责任的人员。在某些被审计单位，管理层包括部分或全部的治理层成员。

公司治理模式可以分为以下几种：

1. 以英美两国为代表的单层董事会模式。这两个国家公司治理的构架是：股东大会选择董事会，董事会结构中独立董事的数量足以对执行董事起到制衡作用，并由董事会聘任经理层，在董事会下再设置包括审计委员会在内的各专门委员会。

2. 以法德等国为代表的双层董事会模式。这种模式下由股东大会和工会选举产生监督董事会（也称监事会），然后由监事会提名组成管理董事会，并对其进行监督。监督董事会对股东大会负责，审计委员会是监事会下的一个专门委员会，并直接对监事会负责，专门负责公司财务报告过程的监督。

3. 以日本为代表的二元单层董事会模式。日本不在董事会下设立审计委员会，而是同时设立监事会和董事会。在这种模式下，股东大会同时选择监事会和董事会，监事会、董事会同时对股东大会负责，监事会行使对董事会和经理层的监督职能，董事会负责执行职能。董事会和监事会之间没有隶属关系，两者分立，各自行使监督和经营的职能，具有平行的地位。

3）与被审计单位管理层的沟通

注册会计师有责任与治理层沟通相关事项，管理层也有责任就治理层关心的事项与治理层进行沟通，但注册会计师的沟通并不减轻管理层的这种责任。同样，管理层与治理层就应当由注册会计师沟通的事项进行的沟通，也不减轻注册会计师沟通这些事项的责任。但是，管理层就这些事项进行的沟通可能会影响注册会计师与治理层沟通的形式或时间安排。

为了确定审计的前提条件是否存在，注册会计师应当：

（1）确定管理层在编制财务报表时采用的财务报告编制基础是否是可接受的；

（2）就管理层认可并理解其责任与管理层达成一致意见。

如果审计的前提条件不存在，注册会计师应当就此与管理层沟通。如果管理层或治理层在拟议的审计业务约定条款中对审计工作的范围施加限制，以致注册会计师认为这种限制将导致其对财务报表发表无法表示意见，注册会计师不应将该项业务作为审计业务予以承接，除非法律法规另有规定。注册会计师应当就审计业务约定条款与管理层或治理层（如适用）达成一致意见，将达成一致意见的审计业务约定条款记录于审计业务约定书或其他适当形式的书面协议中。

●5.5 执行

该部分的基本概念有四个：应有的职业关注、职业怀疑态度、审计测试、审计判断。我们在此只简要介绍前三个概念，考虑到质量控制关系到审计职业的生命以及它在审计执业过程中的重要地位，我们将在第3编中单列一章进行讨论。

5.5.1 应有的职业关注

1）应有的职业关注的含义

应有的职业关注是审计执业过程中的一个基本概念，是审计准则和司法判决中的常用词，其含义似乎不言自明。但实际上，至今对其还存在着许多模糊的认识。

应有的职业关注的概念最早来源于法律领域，英国"Cooleyon Tort"一案法官在判案时作出解释，判决认为，应有的职业关注的法律含义包括三个方面：①拥有与其提供的服务相适应的技能；②小心谨慎地运用其技能；③保证忠诚和公正。在审计领域，1895年英格兰"London and General Bank"一案最早开始追究审计师责任，而对应有的职业关注的解释最早也是法庭的特权。

虽然对审计职业界应有的职业关注的解释最早源自法庭，但随后，由于法庭判决常常超越职业界的能力，不同地区法庭判决不一致导致职业界无所适从，以及审计技术方法的复杂化使得法庭力不从心等原因，对审计应有的职业关注的解释也逐渐从法庭转向了职业界。在职业界看来，应有的职业关注包括两部分内容：一是对人的标准，要求审计师确立慎重的实务家的观念；二是对事的标准，即指明审计师在不同情况下进行审计工作时所应关注的重点。

慎重的实务家的具体标准包括：

（1）拥有该职业所需要的一般知识并能与职业保持同步发展；

（2）能作出相当于审计平均水平的判断；

（3）在人格方面代表但不超越社会一般水平。

慎重执业的具体标准包括：

（1）熟悉被审查的客户，包括该客户的经营方式、行业环境、同业竞争；

（2）检查客户的内部控制制度；

（3）获得与客户的财务会计问题相关的资料；

（4）对异常事项和不熟悉的情况作出积极反映；

（5）设法排除对重要舞弊和差错所持的合理怀疑；

（6）认识到检查其助手工作的重要性。

2）应有的职业关注与审计责任

审计应有的职业关注概念的诞生最早与法律责任联系在一起，法律界也是从法律责任的角度来理解这一概念的，即审计师是否应承担法律责任，承担何种法律责任。

一般认为，审计师的法律责任包括过失责任、违约责任和欺诈责任，其中违约责任指合同一方或双方未能达到合同规定的要求，欺诈责任指以故意坑害或欺骗他人为目的的错误行为。上述两种法律责任在司法判决中一般不易引起争执，而对过失责任的判决却是一个相当主观的问题，因为问题的焦点是对应有的职业关注的遵循程度。可见，法律责任的界定很大程度上是与审计师保持应有的职业关注程度的不同而引起的过失紧密相关的。

审计师因未保持应有的职业关注而引起的过失，根据程序和情节可分为：一般过失、重大过失和推定欺诈。"一般过失"是指审计师在执业过程中缺乏合理的关注，即未能严格按照审计准则的要求从事工作；"重大过失"是指审计师在执业过程中缺乏"最起码的关注"，即在审计工作中未能遵守审计准则的最低要求；"推定欺诈"是指虽无故意欺骗或坑害他人的动机，但却存在极端或异常的过失，如审计师未遵守大多数公认审计准则，没有合理的依据就相信财务报表的表述是真实、公允的。另外，法律用语中还存在着"共同过失"，即对他人的过失，受害方未能保持合理的谨慎因而蒙受损失。

需要指出的一点是，审计师过失责任涉及的对象经历了一个由简单到复杂的演变过程，即由早期的仅对客户负责，发展为目前包括客户、可合理预见的第三者和应预见到的其他利害关系者。审计的责任对象不断增加，应有的职业关注的内容也就随着不断扩大。

5.5.2　职业怀疑态度

职业怀疑态度要求审计师以质疑的思维方式评价所获取证据的有效性，并对相互矛盾的证据，以及引起对文件记录或责任方提供的信息的可靠性产生怀疑的证据保持警觉。

职业怀疑态度代表的是审计师执业时的一种精神状态，它有助于降低审计师在执业过程中可能遇到的风险。这些风险通常包括：忽略了可疑的情况；在决定证据搜集程序的性质、时间和范围时使用了不恰当的假设；对证据进行了不恰当的评价等。

职业怀疑态度并不要求审计师假设责任方是不诚信的，但是审计师也不能假设责任方的诚信就毫无疑问。职业怀疑态度要求审计师凭证据"说话"。

职业怀疑态度意味着，在进行询问和实施其他程序时，审计师不能因轻信管理层和治理层的诚信而满足于说服力不够的证据。相应地，为得出鉴证结论，审计师不应使用责任方声明代替应当获取充分、适当的证据。

职业怀疑态度要求，审计师不应将鉴证业务过程中发现的舞弊视为孤立发生的事项。审计师还应当考虑，发现的错报是否表明在某一特定领域存在舞弊导致的更高的重大错报风险。

职业怀疑态度要求，如果从不同来源获取的证据或获取的不同性质的证据不一致，可能表明某项证据不可靠，因此审计师应当追加必要的程序。

职业怀疑态度要求，如果责任方的某项声明与其他证据相矛盾，审计师应当调查这种情况。必要时，审计师应重新考虑责任方作出的其他声明的可靠性。

2017 年 5 月，国际会计师职业道德准则理事会（IESBA）发布《职业怀疑与职业判断相关的应用指南》征求意见稿。该应用指南首次将 IESBA 职业道德守则中的重要概念相互联系起来，并阐明这些概念如何在实务中运用，其中包括：遵循职业道德守则中的基本原则是如何帮助审计鉴证人员在审计、审阅和其他鉴证业务中保持职业怀疑的，以及在应用守则概念框架进行职业判断时，对已知的事实和情况获取充分了解的重要性。

【相关链接5-11】

《中国注册会计师职业判断指南》

为了倡导注册会计师强化职业判断意识，指导其更好地运用职业判断，提高职业判断能力和质量，中国注册会计师协会于2015年3月26日发布《中国注册会计师职业判断指南》。

职业判断是会计职业的精髓，高质量的职业判断，对于提高会计信息质量，树立注册会计师专业权威，更好地促进经济增长和维护公众利益，具有十分重要的意义。《中国注册会计师职业判断指南》对职业判断的概念和必要性、注册会计师运用职业判断的主要领域、职业判断的决策过程、影响职业判断质量的因素等进行了阐述和讨论，并为如何做好职业判断、提高职业判断能力提供了参考和建议。

审计实务中可能阻碍注册会计师保持职业怀疑的情形包括：

1. 审计环境中的某些情况可能会引发动机和压力，阻碍注册会计师恰当保持职业怀疑，从而使无意识的偏见占上风。例如，建立或保持长期审计业务关系，避免与管理层产生重大冲突，在被审计单位发布财务报表期限之前出具审计报告，应被审计单位的要求出具无保留意见的审计报告，达到被审计单位的高满意度，降低审计成本，或搭售其他服务等，这些动机和压力均有可能阻碍注册会计师保持职业怀疑。

2. 随着审计业务关系的延续，注册会计师可能对管理层产生不恰当的信任，导致其同意被审计单位作出不恰当的会计处理。在某些情况下，注册会计师可能会迫于压力，避免与管理层产生分歧或对管理层造成不良后果，而未能履行其保护公众利益的责任。

3. 其他情况也可能妨碍注册会计师恰当保持职业怀疑。例如，审计的时间安排和工作量要求可能对项目合伙人和其他项目组成员造成压力，促使他们过快完成审计业务，导致他们仅获取容易取得的审计证据而非相关可靠的审计证据，获取并不充分的审计证据，或过分倚重能够证实财务报表认定的证据而没有充分考虑反面证据。

5.5.3 审计测试

审计测试是审计师为达到审计目的，采用一定的方法对被审项目的部分内容进行试验，以获取审计证据，判断被审项目是否可以接受的一种审计程序。任何一项审计过程都是由一系列的测试组成的，它已成为审计工作的核心。

在审计职业历史发展过程中，审计测试的演进与审计模式的改变密切相关。不同的审计模式下，审计测试的种类也不同。例如，在制度基础审计模式下，审计测试包括符合性测试和实质性程序两种，而在风险导向审计模式下，审计测试除进行实质性程序外，由于测试目的的变化，一般将符合性测试改为控制测试。

下面简要介绍风险导向审计模式下的两种审计测试。

（1）控制测试

控制测试，是指为评价内部控制在防止或发现并纠正认定层次的重大错报方面的运行有效性而设计的审计程序。

控制测试并非在任何情况下都需要实施。当存在下列情形之一时，审计师应当实施控制测试：①在评估认定层次重大错报风险时，预期控制的运行是有效的，即在确定实质性程序的性质、时间和范围时，注册会计师拟信赖控制运行的有效性；②仅实施实质性程序不足以提供认定层次充分、适当的审计证据。

控制测试与了解内部控制的目的不同，但两者采用审计程序的类型通常相同，包括询问、观察、检查和重新执行。

询问本身并不足以测试控制运行的有效性，审计师应当将询问与其他审计程序结合使用以获取有关控制运行有效性的审计证据。观察提供的证据仅限于观察发生的时点，本身也不足以测试控制运行的有效性；将询问与检查或重新执行结合使用，通常能够比仅实施询问和观察获取更高的保证。例如，被审计单位针对处理收到的邮政汇款单设计和执行了相关的内部控制，审计师通过询问和观察程序往往不足以测试此类控制的运行有效性，还需要检查能够证明此类控制在所审计期间的其他时段有效运行的文件和凭证，以获取充分、适当的审计证据。

（2）实质性程序

实质性程序，是指为发现认定层次的重大错报而设计的审计程序。

由于注册会计师对重大错报风险的评估是一种判断，可能无法充分识别所有的重大错报风险，并且由于内部控制存在固有局限性，无论评估的重大错报风险结果如何，注册会计师都应当针对所有重大的各类交易、账户余额、列报实施实质性程序。

实质性程序包括下列两种基本类型：一是细节测试；二是实质性分析程序。细节测试是对各类交易、账户余额、列报的具体细节进行测试，目的在于直接识别财务报表认定是否存在错报。实质性分析程序从技术特征上讲仍然是分析程序，主要是通过研究数据间关系评价信息，只是将该技术方法用作实质性程序，即用以识别各类交易、账户余额、列报及相关认定是否存在错报。

在实际工作中，控制测试与实质性程序分属两个不同的审计阶段，但为提高效率，二者也常常同时进行。例如，控制测试所涉及的凭证审查和重做通常被用于检查金额错误和不合法行为而进行的交易测试。

5.5.4　审计判断

【相关链接5-12】

一般决策过程

一般决策过程是由五个步骤构成的：

第一步，定义决策问题。在进行决策时，首先必须确定所关注的决策问题。例如，投资者是否应该购买某公司的股票？公司是否应该引入新的产品系列？公司是应向供应商购买某种零件，还是应自己生产？

第二步，确定备选方案。在将决策问题具体化之后，必须确定备选方案。有时，在确定决策问题以后，确定备选方案相当简单（例如，有的决策问题的答案要么是肯定的，要么是否定的；有时，决策问题存在多种备选方案，确定其中一种备选方案就相对复杂。

第三步，识别和取得与决策问题相关的信息。这些信息可能是关于每一备选方案的潜在成本和收益，也可能是有助于评估伴随某一具体方案的各种不同结果发生的可能性。收集信息的过程可能会耽误一些时间，但这是恰当的决策所必不可少的。

第四步，按可利用的信息评价备选方案。

第五步，选择最佳方案。决策者必须从备选方案中选取一个最佳方案并采取恰当的行动。

审计判断是审计师为了实现审计目标，根据其专业知识和经验，通过识别和比较审计事项和自身行为后所作出的估计、断定和选择。它是审计执业过程中的一个重要因素，判断结果的正确与否直接关系到审计结论的正确性和会计信息使用者的决策。

在审计实务当中，尽管有审计准则可供遵循，但审计判断依然贯穿了执业过程的各个环节。例如，确定重要的审计目标、确定重要性水平和评估重大错报风险、评价内部控制的有效性、选择实质性程序、评价证据的适当性以及评价被审计单位是否遵循企业会计准则和会计制度等等。

1）两种不同的审计判断模式

审计判断模式是审计师进行判断的标准式样，是审计师描述判断过程或进行判断时遵循的基本范式。一般认为，审计判断模式有两种：决策过程模式和信息加工模式。

（1）审计判断的决策过程模式

该模式把审计判断过程看作一个决策过程。西方的审计判断理论研究者大多持这种观点，他们要么把审计判断研究归入行为决策理论，要么以决策理论作为审计判断研究的基础。在该模式中，审计判断过程被归纳为六个方面：

①确定审计判断的问题和目标

这是审计判断的起点。判断的问题是事项或是行为。例如，对某一财务报表项目重要性水平的确定，对具体审计程序的选择等等。判断的目标依所判断问题的不同而不同，但总体目标是财务报表公允与否。

②确定审计判断的标准

审计判断的标准依判断内容的不同而不同。对于事项判断，常见的标准包括各种财经法规、会计准则、会计制度等。对于行为判断，其标准一般是审计准则、职业道德准则等。此外还有一些不太明确的标准，例如，对未来不确定事项的判断，采用的标准是对未来事项的预测值或估计值；对审计程序运用的判断则以其期望效用为标准。

③搜集相关的资料

搜集资料是形成审计判断的基础。对不同形式的判断来说，需要搜集的资料以及其在审计判断中所起的具体作用是不同的。对选择性的判断，需要搜集与所判断问题的各种可能结果有关的资料；对未来事项的判断，需要搜集那些有利于对未来事项作出正确估计的资料，包括有关的现实资料和未来可能情况的资料；对过去和已有事实的判断或者说是合规性判断，需要搜集的资料则是审计证据。

需要特别指出的是，对于选择性判断，此阶段结束后进入第四阶段；对于合规性的审计判断和对未来事项的判断，在取得充分、适当的审计证据后则可直接进入第五阶段。

④发现并评估可能的方案

对选择性的判断来说，审计师搜集资料的目的是选择行动方案，这就需要对它们进行评估。评估时，既要考虑审计方案能否获得高质量的审计判断，同时还要考虑实施该方案的成本。

⑤比较标准和证据或方案

此阶段的主要工作是把确定的标准与已经取得的反映判断事项的审计证据相比较，确定判断事项与标准的相符程度。对于选择性的判断，则需要比较不同的选择方案，进行序列衡量。

⑥形成审计判断

在第五阶段工作的基础上，对于合规性判断，作出肯定或否定形式的判断；对于选择性的判断，则要选出最佳方案。

（2）审计判断的信息加工模式

以审计师为判断系统的中心，把他作为信息加工者来研究审计判断，得出的模式称为信息加工模式或主体模式，此模式的具体内容如下：

①审计判断的任务和环境

任何审计判断都起因于一定的任务环境，只有当审计师面临一定的审计任务时才会出现作出判断的需要，也只有在一定的任务环境下审计师才有可能在事件的刺激下作出判断。

②审计师的信息加工系统

审计师头脑中的信息加工系统由信息输入、信息加工和信息输出组成。信息的输入来自于审计师对审计任务及其环境信息的知觉。当审计师面临特定的判断任务时，首先要对任务本身及有关的信息进行了解，获得与此相关的信息。信息输入结束后便要进行信息加工。可以认为信息加工过程是审计师捕捉线索，并将其与储存在长期记忆中的相关知识联系起来，或进行模式识别，把感觉的信息与长期记忆中的有关信息进行比较，并决定它与哪个长期记忆中的项目有着最佳匹配的过程。把识别的结果传递出来，就是信息输出。

③行为和结果

作出判断后，审计师需要根据判断的结果，采取进一步的行动。审计师的行动必然会引起一定的后果，这就是结果。结果将会反馈给审计师和环境，并对审计师和环境产生影响。

2）审计判断的重点环节

审计师进行执业过程中所需作出的专业判断主要包括以下几方面：

（1）确定重要性水平

重要性是决定审计风险以及检查范围、程序的直接依据之一。确定审计重要性水平是审计专业判断所涉及的一个重要领域。对重要性的判断离不开特定的环境，不同的企业重要性水平不同，同一企业在不同时期的重要性水平也不同。

（2）确定审计风险

对于客观存在的审计风险，审计师必须保持职业谨慎，运用专业判断，对风险的各个要素进行全面评估，确定可接受的审计风险水平。例如，如果评估结果表明重大错报风险水平较高，审计师就必须扩大审计范围，将检查风险尽量降低，以便使总体审计风险降低到可接受水平。反之，如果被审计单位内部控制行之有效，重大错报风险水平较低，审计师即使冒着较高的检查风险，但总体审计风险仍然较低。

（3）判断企业内部控制的可靠性

内部控制能够及时提供企业内部差错和舞弊行为的专门分析资料，因此，在审计测试过程中确定内控系统的可靠性是极为重要的一环，也是审计专业判断的重要内容。对内部控制可靠性的判断，必须建立在对内部控制制度的设计和实施情况充分了解的基础上。

（4）审计证据的搜集与评价

获取哪些审计证据、如何获取、证据评价等内容都离不开审计判断。而审计证据的质量如何，在很大程度上取决于审计师的专业判断水平。审计师在判断证据充分性与适当性的时候主要考虑的因素包括：重要性水平、重大错报风险等。

（5）审计程序的选择

在执业过程中，审计师必须根据被审计单位的业务性质和具体情况，选择最适当的审计程序，以提高审计效率和效果。在这一过程中，审计判断起着重要作用。

（6）对分析程序的评价

审计师实施分析程序的目的有三个方面：一是用作风险评估程序，以了解被审计单位及其环境；二是当使用分析程序比细节测试能更有效地将认定层次的检查风险降至可接受的水平时，分析程序可以用作实质性程序；三是在审计结束或临近结束时对财务报表进行总体复核。但是，这种方法的有效性在很大程度上取决于审计师的专业判断能力。

（7）审计意见类型的选择

《中国注册会计师审计准则第1501号——审计报告》明确了在什么情况下应表示何种审计意见，然而，从目前的规定来看，保留意见、否定意见和无法表示意见的区别仅在于程度不同，在实际操作中必须依靠审计师的专业判断来完成。

（8）对舞弊风险因素的判断

审计师对舞弊风险因素意识的缺乏经常是引起审计失败的原因。如果审计师能够了解重要的舞弊风险因素并能引起职业怀疑，然后利用专业判断综合而不是孤立地考虑这些风险因素，将会在很大程度上减少未能查出舞弊的风险。

［总结与结论］

本章我们主要讨论了审计基本概念体系。它不仅是构建审计理论结构的基石，同时也是指导审计实践的路标。本章构建的审计基本概念体系包括四大类，共15个具体概念，分别是：可信性（独立性、胜任能力、职业道德）、过程（标准、审计证据、重要性、审计风险）、传输（审计报告、真实与公允、合理保证、沟通）、执行（应有的职业关注、职业怀疑态度、审计测试、审计判断）。本章对这些概念进行了详细的说明。

[练习题]

★ 讨论题

某审计师在对甲公司进行审计时，发现该公司内部控制存在严重缺陷。在这种情况下，审计师能否依赖下列证据？为什么？

(1) 发料汇总表；

(2) 监督客户存货盘点的盘存表；

(3) 律师声明书；

(4) 对行业成本变化趋势的分析；

(5) 电脑打印的应收账款明细表。

★ 案例分析题

1. 某会计师事务所审计师张龙、杜萍于2017年2月10日对ABC公司2016年度财务报表进行审计并于2月23日完成了外勤工作。他们在审计调查过程中发现下列情况：

(1) ABC公司应审计师要求对2016年度应调整的应收账款600万元进行了调整，但对审计师提出应予调整的其他应收款5万元拒绝进行调整。

(2) ABC公司对原材料的计价以前一直采用加权平均法，但在2016年1月1日改用先进先出法，该项更改已在报表附注中作出了说明。

(3) ABC公司2016年12月31日的流动负债高于资产总额43万元，2016年度亏损216万元。但已在报表附注中作出了说明以及拟采取的改善措施。

根据上述情况，请帮助张龙、杜萍选择该出具何种类型的审计报告，并陈述相关理由。

2. 吴健是A公司的一名财务人员，同时利用业余时间兼任B公司的记账工作。最近，吴健通过了CPA考试并调到嘉华会计师事务所工作。在此之前，他已经帮B公司编制了2017年的财务报表。B公司聘请了嘉华会计师事务所担任本公司2017年度的审计师，并提出能否让吴健承担相应的审计工作，理由是吴健对B公司的情况比较熟悉，可缩短审计时间，且收费也可以适当打折。请问：

(1) 嘉华会计师事务所能否委派吴健承担对B公司的审计工作？为什么？

(2) 若委派吴健承担对B公司的审计工作，他是否应该完成必要的审计程序而不论他是否熟悉B公司的情况？

3. 某公司2016年12月31日的应收票据余额为40 400万元。由于该等应收票据系由收回原撤销交易的预付账款所形成，该公司仅能提供与该等交易相关的合同、付款凭据及银行（商业）承兑汇票，审计师无法实施恰当的审计程序，以获取充分、适当的审计证据证明该等交易的真实性及期末应收票据的可收回性。

请问：审计师应该出具什么类型的审计报告？

★ 补充阅读材料

1. 张建军. 审计概念体系研究 [M]. 北京：中国财政经济出版社，1997.

2. 徐政旦，等. 审计研究前沿 [M]. 上海：上海财经大学出版社，2002.

3. 格雷，曼森. 审计流程：原理、实践与案例 [M]. 吕兆德，等，译. 北京：中信出版社，2003.

第 2 编

风险导向审计

第 6 章

企业内部控制与风险管理

[学习目标]

1.掌握内部控制的含义；

2.理解企业风险管理的含义与目标；

3.熟悉内部控制的构成要素；

4.熟悉企业风险管理框架的构成要素；

5.了解与审计相关的控制以及内部控制的局限性；

6.了解企业内部控制与风险管理的关系。

企业风险管理框架为现代风险导向审计提供了一个分析和评价企业风险的标准和依据；而内部控制是企业风险管理的一个组成部分，企业风险管理整合框架超越了企业内部控制整合框架。因此，全面了解企业内部控制和风险管理相关内容是我们理解两者关系的前提，也是我们学习掌握风险导向审计的必要基础。

● 6.1　内部控制

内部控制，是指为了合理保证实现被审计单位的目标，即财务报告的可靠性、经营的效率和效果以及对法律法规的遵守，由治理层、管理层和其他人员设计、实施和维护的过程。"控制"是指内部控制要素的一个或多个方面。从责任主体来看，设计和实施内部控制的责任主体是治理层、管理层和其他人员，也就是说，组织中的每一个人都对内部控制负有责任。由于固有的局限性，内部控制为上述三类目标提供的是合理保证，而不是绝对保证。实现内部控制目标的手段是设计和执行控制政策和程序。

6.1.1　内部控制的构成要素

内部控制主要包括控制环境、风险评估过程、信息系统与沟通、控制活动、对控制的监督五个要素。

【相关链接6-1】

COSO的内部控制框架

1985年，美国五个职业团体（美国会计学会、美国注册会计师协会、财务总监协会、内部审计师协会、管理会计师协会）联合发起设立了一个民间组织——COSO（The Committee of Sponsoring Organization of the Treadway Commission）。COSO成立的主要动机是资助"财务报表舞弊研究全国委员会"，该委员会负责研究财务报表舞弊的因素，并向公众公司、会计师事务所、证监会及其他监督机构提供建议。由于COSO首任主席名为James S. Treadway，所以COSO委员会也被称为Treadway委员会。

1992年，Treadway委员会经过多年研究，针对公司行政总裁、其他高级执行官、董事、立法部门和监管部门的内部控制进行高度概括，发布了《内部控制——整合框架》（Internal Control-Integrated Framework），即通称的COSO报告。该报告第一部分是概述；第二部分是定义框架，完整定义了内部控制，描述其构成要素，为公司管理层、董事会和其他人员提供评价内部控制有效性的准则；第三部分是向外部各方报告，是为那些已经或准备公开披露其对编制财务报表进行内部控制的企业提供指导的补充文件；第四部分是评价工具，提供用以评价内部控制系统的有用材料。

1）控制环境

控制环境包括治理职能和管理职能，以及治理层和管理层对内部控制及其重要性的态度、认识和措施。控制环境设定了被审计单位的内部控制基调，影响员工对内部控制的认识和态度。良好的控制环境是实施有效内部控制的基础。

控制环境主要包括以下要素：

（1）对诚信和道德价值观念的沟通与落实

诚信和道德价值观念是控制环境的重要组成部分，影响到重要业务流程的设计和运行。内部控制的有效性直接依赖于负责创建、管理和监控内部控制的人员的诚信和道德价值观念。被审计单位是否存在道德行为准则，以及这些准则如何在被审计单位内部沟通和得到落实，决定了是否能产生诚信和道德的行为。对诚信和道德价值观念的沟通与落实既包括管理层如何处理不诚实、非法或不道德行为，也包括在被审计单位内部，通过行为规范以及高层管理人员的身体力行，对诚信和道德价值观念的营造和保持。

（2）对胜任能力的重视

胜任能力是指具备完成某一职位的工作所应有的知识和能力。管理层对胜任能力的重视包括对于特定工作所需的胜任能力水平的设定，以及对达到该水平所必需的知识和能力的要求。审计师应当考虑主要管理人员和其他相关人员是否能够胜任承担的工作和职责。例如，财会人员是否对编报财务报表所适用的会计准则和相关会计制度有足够的了解并能正确运用。

（3）治理层的参与程度

被审计单位的控制环境在很大程度上受治理层的影响。治理层的职责应在被审计单位的章程和政策中予以规定。董事会通常通过其自身的活动，并在审计委员会或类似机构的支持下，监督被审计单位的财务报告政策和程序。因此，董事会、审计委员会或类似机构应关注被审计单位的财务报告，并监督被审计单位的会计政策以及内部、外部的审计工作和结果。治理层的职责还包括监督用于复核内部控制有效性的政策和程序设计是否合理、执行是否有效。

治理层对控制环境影响的要素有：治理层相对于管理层的独立性、成员的经验和品德、对被审计单位业务活动的参与程度、治理层行为的适当性、治理层所获得的信息、管理层对治理层所提出问题的追踪程度，以及治理层与内部审计人员和审计师的联系程度。例如，如果审计师与审计委员会有定期的联系，则管理层会更愿意定期向审计委员会和董事会汇报情况。因此，审计委员会和董事会可以对被审计单位的重大情况有更多知情权。

（4）管理层的理念和经营风格

管理层负责企业运作的管理以及经营策略和程序的制定、执行与监督。控制环境的每个方面在很大程度上都受管理层采取的措施和作出决策的影响，或在某些情况下受管理层不采取某些措施或不作出某种决策的影响。在有效的控制环境中，管理层的理念和经营风格可以创造一种积极的氛围，促进业务流程和内部控制的有效运行，同时创造一个减少错报发生可能性的环境。在管理层以一个或少数几个人为主时，管理层的理念和经营风格对内部控制的影响尤为突出。管理层的理念包括管理层对内部控制的理念。管理层对内部控制的理念是指管理层对内部控制以及对具体控制实施环境的重视程度。管理层对内部控制的重视，将有助于控制的有效执行，并减少特定控制被忽视或被规避的可能性。控制理念反映在管理层制定的政策、程序及所采取的措施中，而不是反映在形式上。因此，要使控制理念成为控制环境的一个重要特质，管理层必须告知员工内部控制的重要性。同时，只有建立适当的管理层控制机制，控制理念才能产生预期的效果。衡量管理层对内部控制重视程度的重要标准，是管理层收到有关内部控制弱点及违规事件的报告时作出何种反应。管理层及时地下达纠弊措施，表明他们对内部控制的重视，也有利于加强企业内部的控制意识。

（5）组织结构

被审计单位的组织结构为计划、运作、控制及监督经营活动提供了一个整体框架，它明确规定一个组织内部各部门和工作人员的权限和责任。建立合理的组织结构，有助于建立良好的内部控制环境。通过集权或分权决策，可在不同部门间进行适当的职责划分、建立适当层次的报告体系。企业的组织结构包括：确定组织单位的性质和形式，确认相关的管理职能和报告关系，为每个组织单位制定内部划分责任权限的办法。被审计单位组织结构的合理性在一定程度上取决于被审计单位的规模和经营活动的性质。

（6）职权与责任的分配

责任授权和划分的方法影响到责任如何被传达、如何被理解以及员工在执行业务时责任感的强弱。它包括指派进行经营活动的权利与责任以及建立沟通渠道和设立授权的方式等。它关系到个人和团队遇到问题时解决问题的主动性，也关系到各个员工行使权利的上限、企业的某些政策和关键员工需要具备的知识和经验，以及企业应配置给员工的资源等。如果管理层明确地建立了授权和分配责任方法并使其深入人心，就可大大增强整个组织的控制意识。比如，企业应当就业务操作、各种利益矛盾、有关人员的行为规范等方面下发书面的文件，在书面文件里还应明确特定的责任、报告关系和有关限制。

（7）人力资源政策与实务

人力资源政策与实务涉及招聘、培训、考核、晋升和薪酬等方面。政策与程序（包括内部控制）的有效性，通常取决于执行人。因此，被审计单位员工的能力与诚信是控制环境中不可缺少的因素。反过来，被审计单位是否有能力招聘并保留一定数量既有能力又有责任心的员工在很大程度上也取决于其人事政策与实务。例如，如果招聘录用标准要求录用最合适的员工，同时强调员工的学历、经验、诚信和道德，这表明被审计单位希望录用有能力并值得信赖的人员。有关培训方面的政策显示员工应达到的工作表现和业绩水准。通过定期考核的晋升政策表明被审计单位希望具备相应资格的人员承担更多的职责。

2）风险评估过程

被审计单位的风险评估过程包括识别与财务报告相关的经营风险，以及针对这些风险采取的措施。风险评估要对与按照公认会计原则编制的财务报表有关的风险进行确认、分析和管理，要考虑可能发生的外部和内部事件以及对管理层在财务报表中的认定有影响的记录处理、汇总、报告的环境。导致风险发生和变化的环境一般包括招收新的员工、高速增长、新技术、新产品或新作业、信息系统的变化和公司重组。企业也必须设立可辨认、分析和管理相关风险的机制，以了解自身所面临的风险，并适时加以处理。现代社会是一个充满激烈竞争的社会，每一个企业都面临着成功的挑战和失败的风险，对风险的管理成为现代企业管理的主要内容之一。风险影响着每个企业的生存和发展，也影响其在行业中的竞争力以及在市场上的声誉和形象。管理层必须密切注意各层次的风险，并采取必要的管理措施。对财务报表审计来说，主要关注的风险评估过程，包括识别与财务报告相关的经营风险以及针对这些风险所采取的措施。

3）信息系统与沟通

信息系统与沟通包括：①与财务报告相关的信息系统，包括用以生成、记录、处理和报告交易、事项和情况，对相关资产、负债和所有者权益履行经营管理责任的程序和记录。②被审计单位如何沟通与财务报告相关的人员的角色和职责以及与财务报告相关的重大事项。

一个良好的信息与沟通系统可以使企业及时掌握营运状况和组织中发生的各种情况，可以及时地为企业的员工提供履行职责所需的各种信息，从而使企业的经营和管理顺畅地进行下去。企业在一定的时间内要以一定的形式确定、搜集和交换信息，从而使员工能够行使责任。一个组织的信息系统是指为了确认、汇总、分析、分类、记录以及报告公司交易和相关事件与情况，并保持对相关资产和负债的受托责任而建立的方法和记录。信息与沟通系统围绕在控制活动的周围，这些系统使企业内部的员工能取得他们在执行、管理和控制企业经营过程中所需的信息，并交换这些信息。

一个良好的信息系统应能生成包括经营情况、财务和法规遵循情况等信息，这些信息对企业的经营与管理是十分有帮助的。这些信息不仅仅是内部信息，也包括外部事件、活动，同时这些信息还必须在企业内部进行由上至下、由下至上的广泛的传递。首先，所有员工必须从高层主管那里获得清楚的信息，使员工清楚自己在内部控制体系中扮演的角色，同时也清楚自己与其他员工之间的关系。其次，员工必须将他们在实践工作中获得的信息汇报给高层主管，这样也就形成一个自下而上的信息传递流程。由于高层主管不直接参加一线工作，所以他们乐于获取员工关于工作实践的信息，他们将这些信息综合起来，及时解决问题。企业当中自上而下、自下而上的信息传递系统能够使企业及时发现内部控制系统中的薄弱环节，并及时进行改进。

4）控制活动

控制活动是指有助于确保管理层的指令得以执行的政策和程序，包括与授权、业绩评价、信息处理、实物控制和职责分离等相关的活动。企业必须制定控制政策和程序，并予以执行，以帮助管理阶层保证其控制目标的实现。控制活动存在于整个公司内，并出现于各管理阶层及功能组织中。

（1）授权

审计师应当了解与授权有关的控制活动，包括一般授权和特别授权。授权的目的在于保证交易在管理层授权范围内进行。一般授权是指管理层制定的要求组织内部遵守的普遍适用于某类交易或活动的政策。特别授权是指管理层针对特定类别的交易或活动逐一设置的授权，如重大资本支出和股票发行等。特别授权也可能用于超过一般授权限制的常规交易。例如，同意因某些特别原因对某个不符合一般信用条件的客户赊销商品。

（2）业绩评价

审计师应当了解与业绩评价有关的控制活动，主要包括被审计单位分析评价实际业绩与预算（或预测与前期业绩）的差异，综合分析财务数据与经营数据的内在关系，将内部数据与外部信息来源相比较，评价职能部门、分支机构或项目活动的业绩（如银行客户信贷经理复核各分行、地区和各种贷款类型的审批和收回），以及对发现的异常差异或关系采取必要的调查与纠正措施。

通过调查非预期的结果和非正常的趋势，管理层可以识别可能影响经营目标实现的情形。管理层对业绩信息的使用（如将这些信息用于经营决策，还是同时用于对财务报告系统报告的非预期结果进行追踪），决定了业绩指标的分析是只用于经营目的，还是同时用于财务报告目的。

（3）信息处理

审计师应当了解与信息处理有关的控制活动，包括信息技术的一般控制和应用控制。

被审计单位通常执行各种措施，检查各种类型信息处理环境下的交易的准确性、完整性和授权。信息处理控制可以是人工的、自动化的，或是基于自动流程的人工控制。信息处理控制分为两类，即信息技术的一般控制和应用控制。

信息技术一般控制是指与多个应用系统有关的政策和程序，有助于保证信息系统持续恰当地运行（包括信息的完整性和数据的安全性），支持应用控制作用的有效发挥，通常包括数据中心和网络运行控制，系统软件的购置、修改及维护控制，接触或访问权限控制，应用系统的购置、开发及维护控制。例如，程序改变的控制、限制接触程序和数据的控制、与新版应用软件包实施有关的控制等都属于信息系统一般控制。

信息技术应用控制是指主要在业务流程层次运行的人工或自动化程序，与用于生成、记录、处理、报告交易或其他财务数据的程序相关，通常包括检查数据计算的准确性，审核账户和试算平衡表，设置对输入数据和数字序号的自动检查，以及对例外报告进行人工干预。

（4）实物控制

审计师应当了解实物控制，主要包括对资产和记录采取适当的安全保护措施，对访问计算机程序和数据文件设置授权，以及定期盘点并将盘点记录与会计记录相核对。例如，现金、有价证券和存货的定期盘点控制。实物控制的效果影响资产的安全，从而对财务报表的可靠性及审计产生影响。

（5）职责分离

审计师应当了解职责分离，主要包括了解被审计单位如何将交易授权、交易记录以及资产保管等职责分配给不同员工，以防范同一员工在履行多项职责时可能发生的舞弊或错误。当信息技术在信息系统中运用时，职责分离可以通过设置安全控制来实现。

5）对控制的监督

对控制的监督是指被审计单位评价内部控制在一段时间内运行有效性的过程，该过程包括及时评价控制的设计和运行，以及根据情况的变化采取必要的纠正措施。例如，管理层对是否定期编制银行存款余额调节表进行复核，内部审计人员评价销售人员是否遵守公司关于销售合同条款的政策，法律部门定期监控公司的道德规范和商务行为准则是否得以遵循等。监督对控制的持续有效运行十分重要。假如没有对银行存款余额调节表是否得到及时和准确的编制进行监督，该项控制可能无法得到持续的执行。

对控制的监督主要包括两个方面：

一是管理控制方法。管理层通常运用预算和其他财务报告来监督工作的进行，由于管理层对工作比较熟悉，所以这种管理控制方法是内部控制的一个重要因素。管理层可以在预算、标准成本、历史情况的基础上定期将记录的交易和余额同预期的结果相比较来提高控制水平。

二是内部审计。内部审计是企业自我独立评价的一种活动，是管理层用来监督会计系统和相关控制程序的手段，内部审计可通过协助管理层监管其他控制政策和程序的有效性，来促成好的控制环境的建立。内部审计师可以对管理层的指令进行专门的询问或经常复核经营业务以促进效率的提高。此外，内部审计师还能为改进内部控制制度提供建设性的意见。内部审计的有效性与其权限、人员的资格以及可使用的资源密切相关。内部审计人员必须独立于被审计部门，并且必须直接向董事会或审计委员会报告。

在了解和评价内部控制时，采用的具体分析框架及控制要素的分类可能并不唯一，重要的是控制能否实现控制目标。审计师可以使用不同的框架和术语描述内部控制的不同方面，但必须涵盖上述内部控制五个要素所涉及的各个方面。无论对内部控制要素如何进行分类，审计师都应当重点考虑被审计单位某项控制，是否能够以及如何防止或发现并纠正各类交易、账户余额、列报存在的重大错报。小型被审计单位通常采用非正式和简单的内部控制实现其目标，参与日常经营管理的业主可能承担多项职能，内部控制要素没有得到清晰区分，审计师应当综合考虑小型被审计单位内部控制要素能否实现其目标。

6.1.2　与审计相关的控制

内部控制的目标既包括财务报告的可靠性，也包括经营的效率和效果以及对法律法规的遵守，审计师考虑的并非是被审计单位整体的内部控制，而只是与财务报表审计相关的内部控制，即与审计相关的控制。与审计相关的控制包括被审计单位为实现财务报告可靠性目标设计和实施的控制。审计师应当运用职业判断，考虑一项控制单独或连同其他控制是否与评估重大错报风险以及针对评估的风险设计和实施进一步审计程序有关。在运用职业判断时，审计师应当考虑下列因素：

（1）审计师确定的重要性水平；

（2）被审计单位的性质；

（3）被审计单位的规模；

（4）被审计单位经营的多样性和复杂性；

（5）法律法规和监管要求；

（6）作为内部控制组成部分的系统的性质和复杂性。

此外，如果在设计和实施进一步审计程序时拟利用被审计单位内部生成的信息，审计师应当考虑用以保证该信息完整性和准确性的控制可能与审计相关。

如果用以保证经营效率、效果的控制以及对法律法规遵守的控制与实施审计程序时评价或使用的数据相关，审计师应当考虑这些控制可能与审计相关。

用以保护资产的内部控制可能包括与实现财务报告可靠性和经营效率、效果目标相关的控制。审计师在了解保护资产的内部控制各项要素时，可仅考虑其中与财务报告可靠性目标相关的控制。

6.1.3　对内部控制了解的深度

对内部控制了解的深度，是指在了解被审计单位及其环境时对内部控制了解的程度。包括评价控制的设计，并确定其是否得到执行。

1）评价控制的设计

审计师在了解内部控制时，应当评价控制的设计，并确定其是否得到执行。评价控制的设计是指考虑一项控制单独或连同其他控制是否能够有效防止或发现并纠正重大错报。控制得到执行是指某项控制存在且被审计单位正在使用。设计不当的控制可能表明内部控制存在重大缺陷，审计师在确定是否考虑控制得到执行时，应当首先考虑控制的设计。

2）评价控制设计的风险评估程序

审计师通常实施下列风险评估程序，以获取有关控制设计和执行的审计证据：

（1）询问被审计单位的人员；

（2）观察特定控制的运用；

（3）检查文件和报告；

（4）追踪交易在财务报告信息系统中的处理过程（穿行测试）。

需要注意的是，询问本身并不足以评价控制的设计以及确定其是否得到执行，审计师应当将询问与其他风险评估程序结合使用。

对于自动化控制来说，除非存在某些可以使控制得到一贯运行的自动化控制，审计师对控制的了解并不能够代替对控制运行有效性的测试。

6.1.4　内部控制的人工和自动化成分

大多数被审计单位为了编制财务报告和实现经营目的而使用信息技术。然而，即使信息技术得到广泛使用，人工因素仍然会存在于这些系统之中。内部控制可能既包括人工成分又包括自动化成分，在风险评估以及设计和实施进一步审计程序时，审计师应当考虑内部控制的人工和自动化特征及其影响。

1）内部控制自动化成分的优势和风险因素

信息技术通常在下列方面提高被审计单位内部控制的效率和效果：

（1）在处理大量的交易或数据时，一贯运用事先确定的业务规则，并进行复杂运算；

（2）提高信息的及时性、可获得性及准确性；

（3）有助于对信息的深入分析；

（4）加强对被审计单位政策和程序执行情况的监督；

（5）降低控制被规避的风险；

（6）通过对操作系统、应用程序系统和数据库系统实施安全控制，提高不相容职务分离的有效性。

但是，信息技术也可能对内部控制产生特定风险，审计师应当从下列方面了解信息技术对内部控制产生的特定风险：

（1）系统或程序未能正确处理数据，或处理了不正确的数据，或两种情况同时存在；

（2）在未得到授权的情况下访问数据，可能导致数据的毁损或对数据不恰当的修改，包括记录未经授权或不存在的交易，或不正确地记录了交易；

（3）信息技术人员可能获得超越其履行职责以外的数据访问权限，破坏了系统应有的职责分工；

（4）未经授权改变主文档的数据；

（5）未经授权改变系统或程序；

（6）未能对系统或程序作出必要的修改；

（7）不恰当的人为干预；

（8）数据丢失的风险或不能访问所需要的数据。

内部控制风险的程度和性质受被审计单位信息系统的性质和特征的影响。因此，在了解内部控制时，审计师应当考虑被审计单位是否通过建立有效的控制以恰当应对由于使用信息技术系统或人工系统而产生的风险。

2）内部控制人工成分的优势和风险因素

尽管信息自动化内部控制有一定的优势，但内部控制的人工成分在处理下列需要主观判断或酌情处理的情形时可能更为适当：

（1）存在大额、异常或偶发的交易；

（2）存在难以定义、防范或预见的错误；

（3）为应对情况的变化，需要对现有的自动化控制进行调整；

（4）监督自动化控制的有效性。

由于人工控制由人执行，受人为因素的影响较大，所以也产生了特定风险。审计师应当从下列方面了解人工控制产生的特定风险：

（1）人工控制可能更容易被规避、忽视或凌驾；

（2）人工控制可能不具有一贯性；

（3）人工控制可能更容易产生简单错误或失误。

相对于自动化控制，人工控制的可靠性较差，审计师应当考虑人工控制在下列情形中可能是不适当的：

（1）存在大量或重复发生的交易；

（2）事先可预见的错误能够通过自动化控制得以防范或发现；

（3）控制活动可得到适当设计和自动化处理。

6.1.5　内部控制的局限性

内部控制存在固有局限性，无论如何设计和执行，只能对财务报告的可靠性提供合理的保证。内部控制存在的固有局限性主要包括：

（1）在决策时人为判断可能出现错误和由于人为失误而导致内部控制失效。例如，被审计单位信息技术工作人员没有完全理解系统如何处理销售交易，为使系统能够处理新型产品的销售，可能错误地对系统进行更改；或者对系统的更改是正确的，但是程序员没能把更改转化为正确的程序代码。

（2）可能由于两个或更多的人员进行串通或管理层凌驾于内部控制之上而被规避。例如，管理层可能与客户签订背后协议，对标准的销售合同作出变动，从而导致收入确认发生错误。再如，软件中的编辑控制旨在发现和报告超过赊销信用额度的交易，但这一控制可能被逾越或规避。

此外，小型被审计单位拥有的员工通常较少，限制了其职责分离的程度。业主凌驾于内部控制之上的可能性较大，审计师应当考虑一些关键领域是否存在有效的内部控制，包括考虑小型被审计单位总体的控制环境，特别是业主对于内部控制及其重要性的态度、认识和措施。

● 6.2　企业风险管理

6.2.1　企业风险管理的内涵

根据 COSO 于 2004 年 9 月发布的《企业风险管理——整合框架》，企业风险管理是组织的董事会、管理层和其他职员实施的一个过程，它应用于战略制定并贯穿整个企业，用来识别可能影响组织的潜在事项，并把风险控制在组织的风险偏好之内，为实现组织的目标提供合理保证。

企业风险管理的这个定义反映了以下几个基本理念：

（1）企业风险管理是一个过程，它持续地流动于主体之内

企业风险管理并不是静止的，而是弥漫于一个主体各种活动的持续的或反复的相互影响的过程。这些活动渗透和潜藏于管理层经营企业的方式之中。这些企业风险管理机制与主体的经营活动交织在一起，为了基本经营原因而存在。当这些机制被构建到主体的基本机构之中，并成为企业核心要件的一部分时，企业风险管理就会更加有效。通过建立企业

风险管理，一个主体能够直接影响其实施战略和实现使命的能力。

（2）企业风险管理由组织中各个层级人员来实施

企业风险管理由一个主体的董事会、管理层和其他人员实施。它是通过一个组织中的人、通过他们的言行来完成的。人制定主体的使命、战略和目标，并使企业风险管理机制得以落实。同样，企业风险管理也会影响人的行动。企业风险管理认识到人们并不总是始终如一地理解、沟通和行动。每个人都会给工作场所带来一个独特的背景和技术能力，他们有着不同的需要和偏好。一个组织中的人包括董事会、管理层和其他人员。尽管董事主要是提供监督，但他们也提供指导、审批战略和特定的交易与政策。因此，董事会是企业风险管理的一个重要的要素。

（3）企业风险管理应用于战略制定

一个主体设定其使命或愿景，并制定战略目标，战略目标是协调和支撑其使命或愿景的高层次的目的。主体为了实现其战略目标而制定战略。它还设定其所希望实现的相关目标，上至战略，下至主体的业务单元、分部和流程。企业风险管理应用于战略制定之中，此时管理层考虑与备选战略相关的风险。

（4）企业风险管理贯穿于企业，在各个层级和单元中应用，还包括采取主体层级的风险组合观

在应用企业风险管理时，主体应该考虑其全部活动。企业风险管理考虑组织的各个层级的活动，从诸如战略规划和资源配置等企业层次的活动到诸如市场营销和人力资源等业务单元的活动，再到诸如生产和新客户信用评价等经营流程。企业风险管理还应用于特殊项目和目前在主体的层级和组织结构图中还没有一个明确位置的新的活动。

企业风险管理要求主体对风险采取组合的观念。这可能要求负责一个业务单元、职能部门、流程或其他活动的每一名管理人员对各自的活动形成一个风险评估。这种评估可能是定量的，也可能是定性的。由高层管理者采用复合的观念看待组织中的所有层级，以便确定该主体的整体风险组合是否与它的风险容量相称。

（5）企业风险管理旨在识别一旦发生将会影响主体的潜在事项，并把风险管理控制在风险容量以内

风险容量是一个主体在追求价值的过程中所愿意承受的广泛意义的风险的数量。它反映了主体的风险管理理念，进而影响主体的文化和经营风格。许多主体采用诸如高、中或低之类的分类定性地考虑风险容量，而其他主体则采用定量的方法，反映和平衡增长、报酬和风险目标。具有较高风险容量的公司可能愿意把它的大部分资本配置到诸如新兴市场等高风险领域。反过来，具有低风险容量的公司可能会仅仅投资于成熟的、稳定的市场，以便限制其短期的巨额资本损失风险。风险容量与一个主体的战略直接相关，它在战略制定过程中予以考虑，因为不同的战略会使主体面临不同的风险。企业风险管理可以帮助管理层选择一个将期望的价值创造与主体的风险容量相协调的战略。风险容量指导资源配置，管理层通过考虑主体的风险容量和业务单元为实现投入资源的期望报酬而制定的计划，把资源配置到业务单元和活动之中。管理层考虑风险容量，使其与组织、人员和流程相适应，并设计必要的基本结构以便有效地应对和监控风险。

（6）企业风险管理能够向管理层和董事会提供合理保证

设计和运行良好的企业风险管理能够为管理层和董事会提供关于主体目标实现的合理

保证。合理保证并不意味着企业风险管理经常会失败。许多因素独自或一起加剧了合理保证的概念。满足多重目标的风险应对措施的累积影响，以及内部控制多重目的的性质，降低了主体可能不能实现其目标的风险。而且，正常的日常经营活动和组织中各个层级人员职责的发挥，都是以实现主体的目标为目的的。即使是有效的企业风险管理也会经历失败。合理保证并不是绝对保证。

（7）企业风险管理力求实现一个或多个不同类型但相互交叉的目标——它只是实现结果的一种手段，并不是结果本身

在既定使命的背景下，管理层制定战略目标，选择战略，并制定贯穿于企业之中的、与战略相协调和相关联的其他目标。企业风险管理的目标主要分成四类：

①战略——与高层次的目的相关，协调并支撑主体的目标；

②经营——与利用主体资源的有效性和效率相关；

③报告——与主体报告的可靠性相关；

④合规——与主体符合适用的法律和法规相关。

企业风险管理可望为实现与报告的可靠性、符合法律和法规相关的目标提供合理保证。这些类型的目标的实现处于主体的控制范围之内，并且目标能否实现取决于主体的相关活动完成的好坏。但是，战略目标与经营目标的实现并不总是处在主体的控制范围之内。企业风险管理不能防止糟糕的判断或决策，或可能导致一项经营业务不能实现经营目标的外部事项。但是，它的确能够增加管理层作出更好决策的可能性。针对这些目标，企业风险管理能够合理保证管理层和负有监督职责的董事会及时地认识到主体朝着实现目标前进的程度。

6.2.2　企业风险管理的内容

企业风险管理使管理层能够有效地处理不确定性以及相关的风险和机会，从而提高主体创造价值的能力。当管理层制定战略和目标，去追求增长和报酬目的以及其与相关的风险之间的最优平衡，并且为了实现主体的目标而高效率和有效地配置资源时，价值得以最大化。企业风险管理包括：

（1）协调风险容量与战略

管理层首先要在评价备选的战略中考虑主体的风险容量，然后在设定与选定的战略相协调的目标中，以及在构建管理相关风险的机制中，也要考虑主体的风险容量。

（2）增进风险应对决策

企业风险管理为识别和在备选的风险应对策略——风险回避、降低、分担和承受——之间进行选择提供了严格精确性。

（3）减少经营意外和损失

主体增强了识别潜在的事项、评估风险和加以应对的能力，从而降低意外发生的可能性和相关的成本或损失。

（4）识别和管理贯穿于企业的风险

每一个主体都面临着影响组织的不同部分的无数风险。管理层不仅需要管理个别风险，还需要了解相互关联的影响。

（5）提供对多重风险的整体应对策略

经营过程带来许多固有的风险，而企业风险管理能够为管理这些风险提供整体解决

方案。

（6）抓住机会

通过考虑潜在事项的各个方面，而不仅仅只是风险，管理层就能识别代表机会的事项。

（7）改善资本调配

获取关于风险的有分量的信息，可以使管理层有效地评估总体资本需求，并改进资本配置。

企业风险管理固有的这些能力，能帮助管理层实现主体的业绩和盈利目标，并防止资源的损失。企业风险管理有助于确保有效的报告。它还有助于确保主体符合法律法规，避免破坏声誉和附带后果。总之，企业风险管理有助于主体到达它想去的地方，并避免在途中出现差错和意外。

6.2.3　企业风险管理的构成要素

企业风险管理包括八个相互关联的构成要素。它们来自管理层经营企业的方式，并与管理过程整合在一起。这些构成要素是内部环境、目标设定、事项识别、风险评估、风险应对、控制活动、信息与沟通、监控。

1）内部环境

内部环境包含组织的基调，它影响组织中人员的风险意识，是企业风险管理其他构成要素的基础，为其他要素提供约束和结构。内部环境因素包括主体的风险管理理念，风险容量，董事会的监督，主体中人员的诚信、道德价值观，胜任能力，以及管理层分配权力和职责、组织和开发其员工的方式。一个主体内部环境的重要性和它对企业风险管理的其他构成要素所能产生的正面或负面影响，怎么强调都不过分。一个无效的内部环境的影响很广泛，可能会导致财务损失，玷污公众形象，甚至造成经营失败。

（1）风险管理理念

一个主体的风险管理理念是一整套共同的信念和态度，它决定着该主体在做任何事情（从战略制定和实施到日常的活动）时应如何考虑风险。风险管理理念反映了主体的价值观，影响它的文化和经营风格，并且决定如何应用企业风险管理的构成要素，包括如何识别风险，承担哪些风险，以及如何管理这些风险。当风险管理理念被很好地确立和理解，并且为员工所信奉时，主体就能有效地识别和管理风险。否则，企业风险管理理念在各个业务单元、职能机构或部门中的应用就可能出现不可接受的不平衡状态。但是，即使一个主体的理念被很好地确立，在它的各个单元之间仍然会存在文化上的差别，从而导致风险管理理念应用方面的差异。一些单元的管理者可能准备承担更大的风险，而其他的则更为保守。

企业的风险管理理念实质上反映在管理层在经营该主体的过程中所做的每一件事情上。它可以从政策表述、口头和书面的沟通以及决策中反映出来。无论管理层是强调书面的政策、行为准则、业绩指标和例外报告，还是主要通过与关键的管理者面对面的接触来实现信息更充分的经营，至关重要的是管理层不仅要通过口头，还要通过日常的行动来强化理念。

（2）风险容量

风险容量是一个主体在追求价值的过程中所愿意承担的广泛意义上的风险数量。它反映了企业的风险管理理念，进而影响主体的文化和经营风格。风险容量在战略制定的过程中加以考虑，来自一项战略的期望报酬应该与主体的风险容量相协调。不同的战略会使主体面临不同程度的风险，应用于战略制定过程的企业风险管理帮助管理层选择一个与主体的风险容量相一致的战略。主体运用类似高、中或低等类别，从质的角度考虑风险容量，或者运用数量化的方法，来反映和平衡增长、报酬和风险方面的目标。

（3）董事会

一个主体的董事会是内部环境的关键部分，它对内部环境的要素有着重大影响。董事会对于管理层的独立性、其成员的经验和才干、对活动参与和审查的程度，以及其行为的适当性都起着重要的作用。其他因素包括提出有关战略、计划和业绩方面的疑难问题和与管理层进行商讨的程度，以及董事会或审计委员会与内部和外部审计师的交流。

有效的董事会能确保管理层保持有效的风险管理。尽管一家企业在过去可能没有遭受损失、没有暴露出明显的重大风险，董事会也不能天真地认定带有严重负面影响的事项"在这里不会发生"，而是应该认识到，尽管一家公司可能有合理的战略、胜任的员工、合理的经营流程和可靠的技术，但是它和所有的主体一样，对于风险而言都很脆弱，因此也需要有效运行的风险管理。

（4）诚信与道德价值观

主体的战略和目标以及它们得以实施的方式建立在偏好、价值判断和管理风格的基础之上。管理层的诚信和对道德价值观的承诺影响这些转化为行为准则的偏好和判断。因为一个主体的良好声誉是如此有价值，所以行为的准则应该不仅仅只是遵循法律。经营良好的企业的管理者越来越接受这样的观点，那就是道德是值得的，道德行为就是良好的经营。管理层的诚信是一个主体活动的所有方面的道德行为的先决条件。企业风险管理的有效性不可能脱离那些创造、管理和监督主体活动的人的诚信和道德价值观。诚信和道德价值观是一个主体内部环境的关键要素，它影响着企业风险管理其他构成要素的设计、管理和监控。

树立道德价值观通常很困难，因为需要考虑多个方面的利益。管理层的价值观必须平衡企业、员工、供应商、客户、竞争者和公众的利益。平衡这些利益可能是复杂而令人沮丧的，因为利益通常是互相矛盾的。道德行为和管理层的诚信是公司文化的副产品，公司文化包含道德和行为准则以及它们的沟通和强化方式。正式的政策指明了董事会和管理层希望发生的情况。公司文化决定着实际发生的情况，以及哪些规则被遵循、扭曲或忽视了。高级管理层——从 CEO 开始——在确定公司文化方面起着关键作用。作为主体中的居于支配地位的人员，CEO 往往确定了道德基调。

（5）胜任能力

胜任能力反映实现规定的任务所需要的知识和技能。管理层通过在主体的战略和目标与它们的执行和实现计划之间进行权衡，来决定这些任务应该完成到什么程度。管理层应明确特定岗位的胜任能力水平，并把这些水平转换成所需的知识和技能。而这些必要的知识和技能可能又取决于个人的智力、培训和经验。在开发知识和技能水平的过程中所考虑的因素包括一个具体岗位所运用判断的性质和程度。通常会在监督的范围和所需的胜任能力水平之间作出权衡。

（6）组织结构

一个主体的组织结构提供了计划、执行、控制和监督其活动的框架。相关的组织结构包括确定权力与责任的关键界区，以及确立恰当的报告途径。不管采取什么样的结构，主体的组织方式都应该确保有效的企业风险管理，并进行活动以便实现其目标。

（7）权力和责任的分配

权力和责任的分配涉及个人和团队被授权并鼓励发挥主动性去指出问题和解决问题的程度，以及对他们的权力的限制。它包括确立报告关系和授权规则，以及描述恰当经营活动的政策，关键人员的知识和经验和为履行职责而赋予的资源。内部环境极大地受到个人对他们将要承担责任的认识程度的影响。对于首席执行官而言也是如此，他在董事会的监督下对主体内部的所有活动负有终极责任。

（8）人力资源政策

包括雇佣、定位、培训、评价、咨询、晋升、付酬和采取补偿措施在内的人力资源业务向员工传达着有关诚信、道德行为和胜任能力等期望水平方面的信息。培训政策能够通过对未来职能与责任的沟通，以及包含诸如培训学校和研习班、模拟案例研究和扮演角色练习等活动，来加强业绩和行为的期望水平。根据定期业绩评价所进行的调换与晋升，反映了主体对于提升合格员工的承诺。包括分红激励在内的竞争性的报酬计划能够起到鼓励和强化突出业绩的作用——尽管奖金制度应该严格并应对其进行有效的控制，以避免对报告结果的不实呈报产生不当的诱惑。惩戒行动所传递的信息则是对期望行为的偏离将不会得到宽恕。

2）目标设定

目标是设定在战略层次上的，它为经营、报告和合规目标奠定了基础。每一个主体都面临着来自内部和外部的一系列风险，确定目标是有效的事项识别、风险评估和风险应对的前提。目标与主体的风险容量相协调，后者决定了主体的风险容限水平。

（1）战略目标

战略目标是高层次的目标，它与主体的使命或愿景相协调，并支持后者。战略目标反映了管理层就主体如何努力为它的利益相关者创造价值所作出的选择。在考虑实现战略目标的备选方式时，管理层要识别与一系列战略选择相关联的风险，并考虑它们的影响。

（2）相关目标

相对于主体的所有活动而言，制定支持选定的战略并与之相协调的正确的目标是成功的关键。通过首先关注战略目标和战略，主体可能建立主体层次上的相关目标，它们的实现将会创造和保持价值。主体层次的目标与更多的具体目标相关联和整合，这些具体目标贯穿于整个组织，细化为针对诸如销售、生产和工程设计等各项活动和基础职能机构所确立的次级目标。尽管不同主体的目标各不相同，但是大致上可以分成以下几类：

①经营目标

经营目标关系到主体经营的有效性和效率。它们包括相关的次级经营目标，其目的在于在推动主体实现其终极目标的过程中增进经营的有效性和效率。经营目标需要反映主体运作所处的特定的经营、行业和经济环境。管理层必须确保这些目标反映了现实和市场需求，并且以有利于进行有意义的业绩计量的方式表达出来。一套与次级目标相关联的清晰的经营目标，对成功至关重要的。经营目标为引导所配置的资源提供了一个焦点，如果一个主体的经营目标不清晰或者构想不完善，它的资源可能会被误导。

②报告目标

这些目标与报告的可靠性有关。它们包括内部和外部报告，可能涉及财务和非财务信息。可靠的报告为管理层提供适合其既定目的的准确而完整的信息。它支持管理层的决策和对主体活动和业绩的监控。

③合规目标

主体从事活动必须符合相关的法律和法规，通常还必须采取具体措施。这些要求可能涉及市场、定价、税收、环境、员工福利和国际贸易。适用的法律和法规确定了最低的行为准则，主体将其纳入合规目标之中。

（3）目标的实现

有效的企业风险管理为主体的报告目标得以实现提供合理保证。同样，必须合理保证合规目标的实现。报告和合规目标的实现更多是在主体的控制范围之内。也就是说，一旦确定了目标，主体对其从事满足目标所需要的活动的能力具有控制力。

针对经营的企业风险管理主要专注于确定贯穿于整个组织的目标和目的的一致性，识别关键成功因素和风险，评估风险并作出合理应对，实施恰当的风险应对措施并建立必要的控制，以及及时报告业绩和期望。对于战略和经营目标，企业风险管理能够合理保证管理层和履行监督职责的董事会及时地知悉主体实现这些目标的程度。

（4）选定的目标

作为企业风险管理的一部分，管理层不仅要选择目标并考虑它们如何支持主体的使命，而且要确保它们与主体的风险容量相协调。不协调会导致不能承受足够的风险以实现目标，或者与之相反，承受了太多的风险。有效的企业风险管理并不是指明管理层应该选择什么目标，而是管理层应当制定程序来使战略目标与主体的使命相协调，并且确保所选择的战略和相关的目标与主体的风险容量相一致。

（5）风险容量

管理层在董事会的监督下所确定的风险容量是战略制定的指向标。应用在战略制定过程中的企业风险管理能帮助管理层选择一个与它的风险容量相一致的战略。如果与一个战略相关的风险与该主体的风险容量不一致，这个战略就需要修改。主体的风险容量反映在主体的战略之中，进而指导资源配置。管理层在考虑主体的风险容量和各个业务单元的战略计划的基础上，在业务单元之间配置资源，以使投入的资源产生一个理想的报酬。管理层试图使组织、人员、流程与基础结构相协调，以便促成成功的战略实施，并确保主体保持在它的风险容量之内。

（6）风险容限

风险容限是相对于目标的实现而言所能接受的偏离程度。风险容限能够被计量，而且通常作为相关的目标最好采用相同的单位进行计量。在确定风险容限的过程中，管理层要考虑相关目标的相对重要性，并使风险容限与风险容量相协调。在风险容限之内经营能够就主体保持在它的风险容量之内向管理层提供更大的保证，进而就主体将会实现其目标提供更高程度的信心。

3）风险识别

管理层要识别将会对主体产生影响的潜在事项，并确定它们是否代表机会，或者是否会对主体成功地实施战略和实现目标的能力产生负面影响。带来负面影响的事项代表风险，要求管理层予以评估和应对；带来正面影响的事项代表机会，管理层可以将其反馈到战略和目标设定过程之中。在对事项进行识别时，管理层要在组织的全部范围内考虑一系列可能带来风险和机会的内部和外部因素。

（1）事项

事项是影响战略实施或目标实现的从内部或外部所发生的事故或事件。事项可能带来正面或负面影响，或者两者兼有。在事项识别阶段，管理层只考虑来自外部和内部资源的一系列潜在事项，而没有对它们的影响是正面的还是负面的作必要的关注。管理层按照这种方法识别的不仅仅是具有负面影响的潜在事项，还包括那些代表着应该追逐的机会的事项。

（2）影响因素

无数的外部和内部因素驱动着影响战略实施和目标实现的事项。作为企业风险管理的一部分，管理层认识到了解这些外部和内部因素以及由此可能产生的事项的类型的重要性。

外部因素一般包括：

①与经济有关的因素。类似的事项包括价格变动、资本的可获得性，或者竞争性准入的较低障碍，它们会导致更高或更低的资本成本以及新的竞争者。

②自然环境因素。类似的事项包括洪水、火灾或地震等自然灾害，它们会导致厂场或建筑物的损失或者人力资本的损失。

③政治因素。类似的事项包括采用新的政治议程、政府官员选举，以及新的法律和法规，它们会导致诸如对国外市场的新的开放或限制接近，或者更高或更低的税收。

④社会因素。类似的事项包括人口统计、社会习俗、家庭结构、对工作/生活的优先考虑的变化，以及恐怖主义活动，它们会导致对产品或服务需求的变化、新的购买场所和人力资源问题，以及生产中断。

⑤技术因素。类似的事项包括电子商务的新方式，它会导致数据可取得性的提高、基础设施成本的降低，以及对以技术为基础的服务的需求增加。

内部因素一般包括：

①基础设施。类似的事项包括增加用于防护性维护和呼叫中心（call center）支持的资本配置，减少设备的停工待料期，以及提高客户满意度。

②人员。类似的事项包括工作场所的意外事件、欺诈行为以及劳动合同到期，它们会导致失去可利用的人员、货币性或者声誉性的损失以及生产中断。

③流程。类似的事项包括没有适当变更管理条规的流程修改、流程执行错误以及对外包的客户送达服务缺乏充分的监督，它们会导致丢失市场份额、低效率以及客户的不满和丢失重复性的业务。

④技术。类似的事项包括增加资源以应对批量变动、违反保安措施以及潜在的系统停滞，它们会导致订货减少、欺诈性的交易以及不能持续经营业务。

识别影响事项的外部和内部因素对于有效的事项识别是很有用的。一旦确定了起主要作用的因素，管理层就能够考虑它们的重要性，并且集中关注那些能够影响目标实现的事项。

（3）事项识别技术

主体的事项识别方法可能包含各种技术的组合，以及支持性的工具。事项识别技术既关注过去，也着眼于将来。关注过去事项和趋势的技术考虑诸如支付错误、商品价格变动以及浪费时间的事故等问题。着眼于未来风险暴露的技术则考虑诸如人口统计的变化、新的市场情况以及竞争者的行动等问题。事项识别的深度、广度、时机和范围因主体而异。管理层选择符合其风险管理理念的技术，并确保主体形成所需的事项识别能力以及拥有支持工具。总之，事项识别技术需要强有力，因为它是构成风险评估和风险应对要素的基础。

（4）事项的相互依赖性

事项通常并不是孤立发生的。一个事项可能引发另一个事项，事项也可能会同时发生。在事项识别的过程中，管理层应该明白事项彼此之间的关系。通过评估这种关系，可以确定风险管理活动最好指向哪儿。

（5）事项类别

将潜在的事项归入不同的类别可能很有用。通过在主体内横向地和在业务单元内纵向地将事项汇总，管理层形成对事项之间关系的了解，从而获取更多的信息作为风险评估的依据。通过归集类似的事项，管理层能够更好地辨别机会和风险。事项分类还能使管理层得以考虑其事项识别工作的完整性。

（6）区分风险与机会

事项，如果它们发生，可能具有负面影响、正面影响，或者二者兼有。具有负面影响的事项代表风险，它需要管理层的评估和应对。相应的，风险是一个事项将会发生并对目标的实现产生负面影响的可能性。具有正面影响的事项代表机会，或者抵消风险的负面影响。机会是一个事项将会发生并对实现目标和创造价值产生正面影响的可能性。代表机会的事项被反馈到管理层的战略或目标制定过程中，以便规划行动去抓住机会。抵消风险的负面影响的事项在管理层的风险评估和应对中予以考虑。

4）风险评估

风险评估要求主体能够考虑潜在事项影响目标实现的程度。管理层应从两个角度（可能性和影响）对事项进行评估，并且通常采用定性和定量相结合的方法。应该个别或分类考察整个主体中潜在事项的正面和负面影响。以固有风险和剩余风险的形式对风险进行评估。

（1）风险评估的背景

外部和内部因素影响会发生什么事项以及事项将影响主体目标的程度。在风险评估过程中，管理层在决定主体风险特征的问题（例如主体的规模、经营的复杂性以及对其活动进行管制的程度）的背景下，考虑与主体及其活动相关的潜在未来事项的组合。在评估风险时，管理层考虑预期事项和非预期事项。许多事项是常规性的和重复性的，并且已经在管理层的计划和经营预算中提到，而其他的事项则是非预期的。管理层评估可能对主体有重大影响的非预期事项以及预期事项的风险。

（2）固有风险和剩余风险

管理层既考虑固有风险，也考虑剩余风险。固有风险是管理层在没有采取任何措施来改变风险的可能性或影响的情况下给企业带来的风险。剩余风险是在管理层的风险应对之后所残余的风险。一旦风险应对已经就绪，管理层接下来就要考虑剩余风险。

（3）评估可能性和影响

对潜在事项的不确定性可以从可能性和影响两个方面进行评价。可能性表示一个给定事项将会发生的概率，而影响则代表它的后果。

（4）数据来源

对风险的可能性和影响的估计值通常利用来自过去的可观察事项的数据来确定，它提供了一个比完全主观的估计值更加客观的依据。根据一个主体自己的经验内部生成的数据可能会反映较少的个人主观偏见，并提供比来自外部渠道的数据更好的结果。但是，即使在内部生成的数据是主要输入的地方，外部数据作为一个印证或者对于增进分析可能很有用，当利用过去的事项来对未来进行预测时也应该保持谨慎，因为影响事项的因素可能随着时间的推移而发生变化。

（5）视角

管理人员通常对不确定性作出主观判断，在这么做时他们应该认识到固有局限。心理学研究表明不同能力的决策者，包括经营管理人员，都对他们的估计能力过度自信，而且没有认识到实际存在的不确定性的数量。研究表明人们存在显著的"过度自信偏差"，从而导致其所应用的估计数量或可能性存在不恰当的狭义自信差距。这种在估计不确定性中过度自信的倾向可以通过有效地利用内部和外部生成的经验性数据来得以最小化。如果缺乏这些数据，对这种偏差的敏锐察觉能够帮助降低过度自信的影响。

（6）评估技术

一个主体的风险评估方法包含定性和定量技术的结合。在不要求他们进行定量化的地方，或者在定量评估所需的充分可靠数据实际上无法取得或者获取和分析数据不具有成本效益性时，管理层通常采用定性的评估技术。定量技术能带来更高的精确度，通常应用在更加复杂和深奥的活动中，以便对定性技术进行补充。

定量评估技术一般需要更高程度的努力和严密，有时采用数学模型定量技术程度依赖于支持性数据和假设的质量，并且与有着已知历史和允许作出可靠预测的风险暴露程度相关。

（7）事项之间的关系

如果潜在的事项并不相关，管理层就应对它们分别进行评估。但是当事项之间存在相互关联，或者事项结合或相互影响产生显著的可能性或影响时，管理层就要把它们放在一起来评估。尽管单个事项的影响可能很轻微，但是事项的次序或组合的影响可能更大。如果风险可能会影响多个业务单元，管理层可以将它们归入共同的事项类别中。首先，管理层可以分单元逐个考虑，然后再从整个主体的范围把它们放在一起加以考虑。事项的性质以及它们是否相关联可能会影响所采用的评估技术。关注风险的可能性和影响之间的相互关系是管理层的一项重要责任。有效的企业风险管理不仅要求企业针对固有风险进行风险评估，还要求其与接下来的风险应对相结合。

5）风险应对

在评估了相关的风险之后，管理层就要确定如何应对。应对策略包括风险回避、降低、分担和承受。在考虑应对的过程中，管理层评估风险的可能性和影响的后果，以及成本效益，选择能够使剩余风险处于期望的风险容限以内的应对策略。管理层识别所有可能存在的机会，从主体范围或组合的角度去认识风险，以确定总体剩余风险是否在主体的风险容量之内。

（1）风险应对的类型

风险应对可以分为以下几种类型：

①回避。退出会产生风险的活动。风险回避可能包括退出一条产品线、拒绝向一个新的地区市场拓展，或者卖掉一个分部。

【相关链接6-2】

风险回避

2003 年，大连华泰用品有限公司突然增加了进货金额，同时出现回款不及时的现象。其供应商澳大利亚 AFV 公司即委托华夏信用集团对其进行信用调查，发现大连华泰用品有限公司虽然是合法存在的法人实体，但长期经营混乱，通过对该公司的相关财务资料进行分析发现企业的偿债能力很弱，与其开展业务存在很大的经营风险。据此，澳大利亚 AFV 公司立即终止了与大连华泰用品有限公司的合作，避免承担可能带来更大损失的风险。

②降低。采取措施降低风险的可能性或影响，或者同时降低两者。它几乎涉及各种日常的经营决策。

③分担。通过转移来降低风险的可能性或影响，或者分担一部分风险。常见的技术包括购买保险产品、从事保值交易或外包一项业务活动。

④承受。不采取任何措施去干预风险的可能性或影响。

回避应对策略意味着所确定的应对方案都不能把风险的影响和可能性降低到一个可接受的水平。降低和分担应对策略把剩余风险降低到与期望的风险容量相协调的水平，而承受应对策略则表明固有风险已经在风险容限之内。

在确定风险应对的过程中，管理层应该考虑下列事项：

①潜在应对策略对风险的可能性和影响的效果——以及哪个应对方案与主体的风险容限相协调。

②潜在应对策略的成本与效益。

③除了应对具体的风险之外，实现主体目标可能的机会。

对于重大风险，主体通常从一系列应对方案中考虑潜在的应对策略。它使应对策略选择更具深度，并且对"现状"提出了挑战。

（2）评价可能的风险应对

分析固有风险和评价应对策略的目的在于使剩余风险水平与主体的风险容限相协调。通常，某些应对策略中的任何一个都将带来与风险容限相一致的剩余风险，而有时应对策略的组合能带来最佳的效果。相反，有时一个应对策略能够影响多重风险，在这种情况下管理层可以决定不需要再采取其他的措施来处理某个特定的风险。

①评价对风险可能性和影响作出反应的效果。在评价应对方案的过程中，管理层同时考虑对风险可能性和影响作出反应的效果，认识到一个应对策略可能会对可能性和影响产生不同的效果。在分析应对策略的过程中，管理层可以考虑过去的事项和趋势，以及潜在

的未来情景。在评价备选的应对策略时，管理层通常要利用与衡量相关目标相同的或适合的计量单位。

②主体必须考虑备选的风险应对方案的相关成本与效益。对实施风险应对所做的成本与效益计量的精确度水平各不相同。一般说来，对风险应对所发生的成本进行计量比较容易，在很多情况下可以将成本非常精确地予以量化。通常考虑与开展一项应对策略相关的所有直接成本，以及可以实际计量的间接成本。一些主体还将与使用资源相关的机会成本也纳入考虑。

效益一方通常涉及更多的主观评价。在许多情况下，一项风险应对的效益可以在与实现相关目标有关的效益的背景下予以评价。在考虑成本效益关系时，把风险看作是相互关联的有助于管理层汇集主体的风险降低和风险分担应对策略。

③在考虑风险应对时也可以识别机会。风险应对所考虑的内容不应该仅仅限于降低已经识别出来的风险，还应该考虑给主体带来的新的机会。当现有的风险应对方案正在到达其有效性的极限时，以及进一步的改进可能只能对风险的影响或可能性带来些许细微的变化时，这种机会可能会显现出来。

（3）选择应对策略

在评价了备选风险应对的效果之后，管理层决定如何管理风险，选择一个旨在使风险的可能性和影响处于风险容限之内的应对策略或者应对策略组合。应对策略并不是必须达到最低数量的剩余风险，但是如果一个风险应对策略会导致剩余风险超过风险容限，管理层就要对该应对策略进行相应的反思和修改，或者，在特定的情形下，重新考虑既定的风险容限。因此，平衡风险与风险容限可能涉及一个反复的过程。一旦管理层选择了一个应对策略，它就可能需要制定一个实施计划来执行该应对策略。实施计划的一个关键问题是确定控制活动以确保风险应对策略得以实施。管理层应认识到，总是会存在一定程度的剩余风险，这不仅是因为资源是有限的，还因为所有的活动都有未来的不确定性和局限。

（4）风险组合观

企业风险管理要求从整个主体范围或组合的角度去考虑风险。管理层通常采取的方法是首先从各个业务单元、部门或职能机构的角度去考虑风险，让负有责任的管理人员对本单元的风险进行复合性的评估，以反映该单元与其目标和风险容限相关的剩余风险。

通过对各个单元风险的了解，一个企业的高级管理层能够很好地采取组合观来确定主体的剩余风险和与其目标相关的总体风险容量是否相称。不同单元的风险可能处于各该单元的风险容限之内，但是放到一起以后，风险可能会超过该主体作为一个整体的风险容限，在这种情况下需要附加的或另外的风险应对以便使风险处于主体的风险容量之内。相反，主体范围内的风险可能会自然地相互抵消。如果从组合的角度看待风险，管理层就可以考虑它是否处于既定的风险容量之内。更进一步地说，它能够重新评价它所愿意承担的风险的性质和类型。在组合观显示风险显著低于主体的风险容限的情况下，管理层可以决定鼓励各个业务单元的管理人员去承受目标领域的更大的风险，以便努力增进主体的整体增长和报酬。

风险组合观可以用多种方式来描述。组合观可以通过关注各个业务单元的主要风险或事项类别，或者该公司作为一个整体的风险，运用类似风险调整资本或风险资本等标准来获取。在计量通过盈利、增长以及有时与已配置的和可利用的资本相关的其他业绩指标表述目标上的风险时，这种复合性指标尤其有用。这种组合观指标能够为在业务单元之间重新配置资本和修改战略方向提供有用的信息。

6）控制活动

控制活动是有助于保证管理者的风险反应方案得到正确执行的相关政策和程序。控制活动贯穿于组织之中，存在于各个层面和各个业务部门。控制活动包括一系列不同种类的活动，例如批准、授权、核查、调节、经营业绩复核、资产安全以及职责分离。

（1）与风险应对相结合

选定了风险应对之后，管理层就要确定用来帮助确保这些风险应对得以适当地和及时地实施所需的控制活动。在选择控制活动的过程中，管理层要考虑控制活动是如何彼此关联的。在一些情况下，一项单独的控制活动可以实现多项风险应对。在另一些情况下，一项风险应对则需要多项控制活动。此外，管理层可能会发现现有的控制活动足以确保新的风险应对得以有效执行。尽管控制活动一般是用来确保风险应对得以恰当实施的，但是对于特定的目标而言，控制活动本身就是风险应对。对控制活动的选择或复核应该包含对它们与风险应对和相关目标的相关性和恰当性的考虑。这可以通过单独考虑控制活动的适当性来完成，也可以通过在考虑风险应对和相关控制活动两者的情况下来完成。

（2）控制活动的类型

控制活动的类型有许多不同的表述，包括预防性的、侦查性的、人工的、计算机的以及管理控制。控制活动还可以根据特定的控制目标来进行分类。通常所采用的控制活动主要包括高层复核、直接的职能或活动管理、信息处理、实物控制、业绩指标、职责分离。通常执行一个控制组合来进行相关的风险应对。

（3）政策和程序

控制活动一般包括两个要素：确定应该制定什么样的政策，以及实现政策的程序。在很多时候，政策是口头沟通的。如果政策是一项长期持续而且可以充分理解的惯例，以及在沟通渠道包括很少的几个管理阶层而且对员工有密切互动和监督的较小的组织中，不成文的政策也很有效。但是不管是否成文，政策都必须得到仔细的、有意识的和一贯的执行。

（4）对信息系统的控制

出于对信息系统在经营企业和满足报告和合规目标方面的普遍依赖，需要对重要的系统进行控制。可以采用两个广义的信息系统类别。第一个是总体控制，它适用于许多并非全部是应用系统的情形，并且有助于确保它们持续、适当地运行。第二个是应用控制，它在应用软件中包含计算机化的步骤，以便对处理过程进行控制。总体控制和应用控制在必要的时候可以和人工实施的控制结合起来，共同起作用以确保信息的完整性、准确性和有效性。

①总体控制

总体控制包括对信息技术管理、信息技术基础结构、安全管理和软件获取、开发和维护的控制。它们适用于所有的系统，从主机到客户服务器再到桌面和手提电脑环境。

②应用控制

应用控制直接关注数据获取和处理的完整性、准确性、授权和有效性。它们有助于确保在需要时能获取或生成数据。利用支持性的应用，界面错误能够迅速被察觉。应用控制的一个重要目标是防止错误进入系统，以及在错误发生时予以察觉和矫正。为了做到这些，应用控制通常包括计算机化的编辑检查，包括格式、存在性、合理性以及在开发的过程中植入应用之内的其他数据检查。如果设计恰当，它们就能够提供对进入系统的数据的控制。

（5）企业的特殊性

因为每个主体都有它自己的一套目标和执行方法，所以风险应对和相关的控制活动就会存在差别。即便两个主体有着同样的目标，并且在应该如何实现目标方面作出了类似的决策，它们的控制活动可能也有区别。每个主体由不同的人员进行管理，他们运用个人的判断来影响控制。此外，控制反映着一个主体经营所处的环境和行业，以及它的组织的规模和复杂性，它的活动的性质和范围，它的历史和它的文化。

7）信息与沟通

信息系统利用内部生成的数据和来自外部渠道的信息，为管理风险和作出与目标相关的知情的决策提供信息。有效的沟通会表现为信息在组织中向下、平行和向上的流动。全体员工从高级管理层那里接收到明确的信息：必须认真担负起企业风险管理的责任。员工了解自己在企业风险管理中的职责，以及个人的活动与其他人员的工作之间的联系。他们必须具有向上沟通重要信息的方法。员工与外部，例如客户、供应商，监管者和股东之间也要进行有效的沟通。每个企业都要识别和获取与管理该主体相关的、涉及外部和内部事项与活动的、广泛的信息。这些信息可以保证将员工能履行其风险管理等职责的形式和时机传递给员工。

（1）信息

一个组织中的各个层级都需要信息，以便识别、评估和应对风险，以及从其他方面去经营主体和实现其目标。那些来自内部和外部来源的经营信息，包括财务的和非财务的，与多个经营目标相关。可靠的财务信息对于计划、预算、定价、评价卖主的业绩、评估合营企业和联盟以及一系列其他的管理活动而言是十分重要的。管理层的一项挑战是处理和提炼大量的数据以形成可资行动的信息。这项挑战可以通过建立一套信息系统基础结构来取得、处理和报告相关信息的方式予以解决。

①战略和整合系统

一个组织的信息系统构造必须足够灵活和敏捷，以便与相关联的外部方面有效地整合起来。信息系统构造的设计和技术的取得是主体战略的重要方面，与技术有关的选择对于实现目标可能是至关重要的。与技术选择和执行有关的决策取决于许多因素，包括组织的目的、市场需求和竞争的需要。信息系统对于有效的企业风险管理十分重要，同时风险管理技术也有助于作出技术决策。设计和利用信息系统的目的是支持经营战略。随着经营需要的变化和技术为战略优势创造新的机会，这项功能变得至关重要。在一些情况下，技术的变革降低了在先前配置中所获得的优势，从而催生了新的战略方向。

②与经营相结合

信息系统通常与经营的诸多方面充分结合。网络和基于网络的系统很普遍，许多公司都建立了企业整体的信息系统。这些应用有助于获得以前被职能机构或部门所截留的信息，使它可以用于广泛的管理用途。交易被实时地记录和跟踪，使管理人员能够即刻更有效地获得财务和经营信息以便控制经营活动。为了支持有效的企业风险管理，主体获取和利用历史的和现在的数据。历史数据使主体能够对照任务、计划和期望来追踪实际的业绩。它们提供了有关在不同的条件下主体应该如何表现的认识，以使得管理层能够识别相互关系和趋势，并预测未来的业绩。历史数据还能够针对那些提请管理层注意的潜在事项及早地发出警告。

③信息的深度和及时性

信息基础结构以与主体的需要相一致的时机和深度来获取信息，以便识别、评估和应对风险，并保持在它的风险容限之内。信息流动的及时性需要与主体的内部和外部环境的变动率保持一致。信息基础结构加工原始数据转换成相应的信息，以帮助员工履行他们的企业风险管理和其他职责。信息以可资行动的、易于使用的方式和时机予以提供，并与所界定的责任相关联。

④信息质量

随着对复杂信息系统和数据驱动的自动化决策系统和程序的依赖性与日俱增，数据的可靠性至关重要。不准确的数据可能会导致未曾识别的风险或拙劣的评估和糟糕的管理决策。信息的质量包括：内容是否恰当，即信息是否处于正确的详细程度？信息是否及时，即需要时是否有信息？信息是否是当前的，即是不是最新可利用的信息？信息是否准确，即数据是否正确？信息是否易于取得，即需要的人是否容易取得信息？为了提高数据的质量，主体要建立整个企业范围的数据管理程序，包括相关信息的获取、保持和分配。如果没有这些程序，信息系统可能无法提供管理层和其他人员所需要的信息。

（2）沟通

沟通是信息系统中内生的。信息系统必须把信息提供给恰当的人员，以便他们能够履行他们的经营、报告和合规职责。但是沟通必须发生在广泛的范围，以便处理期望、个人和集团的职责以及其他的重要事项。

①内部沟通

管理层应提供具体的和定向的沟通以强调行为期望和员工的职责，具体包括对主体的风险管理理念和方法的清楚的表述，以及明确的授权。有关流程和程序的沟通应该与期望的文化相协调，并支撑后者。沟通应该有效地传达：有效的企业风险管理的重要性和相关性；主体的目标；主体的风险容量和风险容限；一套通用的风险语言；员工在实现和支持企业风险管理的构成要素中的职能与责任。所有的员工，尤其是那些有着重要的经营或财务管理职责的人，需要从高层管理者那里接收一条清楚的信息：企业风险管理必须严格推行。这条信息的清楚性和它的沟通方式的有效性都很重要。其中最为关键的沟通渠道位于高层管理者和董事会之间。管理层必须让董事会了解最新的业绩、风险和企业风险管理的运行情况，以及其他的相关事项或问题。沟通越好，董事会就越能有效地履行其监督职责——在关键问题上为管理层充当一个能发表意见的董事会，监控管理层的活动，并提供建议、劝告和指导。同样，董事会也应该沟通它对管理层的信息需求，并提供反馈和指导。

②外部沟通

不仅在主体的内部需要恰当的沟通，与外部之间也是如此。通过畅通的外部沟通渠道，客户和供应商能够提供有关产品或服务的设计与质量的十分重要的信息，从而使一个公司能够关注变化中的客户需求或偏好。管理层应该迅速认识到这些情况的含义，并且调查和采取必要的矫正措施，关注它们对财务报告和合规以及经营目标的影响。管理层对与外部方面沟通的承诺，不管是公开的、随机的和密切追踪的，还是其他的，也能在整个组织中传递信息。

③沟通的方式

沟通可以采取类似政策手册、备忘录、电子邮件、公告板通知、网络发布和录像带消息等方式。当消息在大型集会、小型会议或一对一会谈中以口头的形式传达时，发音的腔调和肢体语言强调了所说的内容。管理层与员工打交道的方式能强有力地传达消息。管理人员应该记住用行动说话胜过语言，他们的行动又受到主体的历史和文化的影响，得益于过去对他们的指导人员如何处理类似情况的观察。

【实例6-1】

济南铁路局：信息混乱　车毁人亡

2008年4月28日凌晨4时48分，山东胶济铁路王村段限速80公里/小时处，时速达131公里的北京—青岛T195次列车，第9~17号车厢突然脱轨，侵入了并行的另一条铁轨，和正常运行的对开5034次列车相撞，造成71人死亡、416人受伤。

事故线路是一条呈"S"形临时线路，超速被认为是这起事故的直接原因，但超速的背后是信息传递混乱。事发前几天，济南铁路局曾发文限速，但又迅速取消限速。行经此段的列车限速规定一个月内竟数次更改，而且令不畅通，规章制度形同虚设，最终导致了中国铁路史上的重大惨祸之一。

事情的前因与后果

列车本应被限制在80公里/小时，何以跑出131公里/小时的速度？人们通常会理解为列车司机的疏漏所致，然而调查证明其原因极为复杂，在众多应负责任的环节中，司机因素成为最不重要的一环。

事发后铁道部一份内部通报详细罗列了事故的经过，并点出了相关责任各方。从通报中或可看出，本有至少三次机会可避免灾祸发生，然而，由于相关人员的失职，信息滞漏，机会一次次错失，导致惨祸发生。

4月23日，济南铁路局印发154号文件，规定4天后（即4月28日）0时开始，该地段限速80公里/小时。但如此重要的文件，济南铁路局只在局域网上发布，对外局及相关单位却以普通信件的方式传递，而且把北京机务段作为抄送单位，故未引起北京机务段的重视。3天后（4月26日），济南铁路局又发出4158号调度命令，要求取消多处限速，其中包括事故发生地段的限速。

根据规定，在列车运行中唯一对车速起决定性作用的是调度命令。也就是说，即使没有收到154号限速文，只要济南铁路局及时发布限速调度命令，悲剧仍可避免。

通常的做法是，济南铁路局发出限速调度命令，T195所属的北京机务段接到后，应将相关限速数据输入IC卡，然后插入列车上的"黑匣子"（列车运行监控记录装置）。这样就可对列车进行自动控制，若司机疏忽或其他原因未执行限速命令，列车也会自动制动减速或停车。但此次，北京机务段并没有将限速令输入IC卡。

4月28日午夜1时多，机会再次来临。路过王村的2245次列车发现，现场临时限速标志是"80"，与运行监控器数据"不限"不符，随即向济南铁路局反映。济南铁路局在4时2分补发出4444号调度命令：在K293+780~K290+784之间，限速80公里/小时。

按常规，此调度命令通知到铁路站点后，由值班人员用无线对讲机通知司机。两者的通话会录音，并记入列车的"黑匣子"。但致命的是，4444 号调度命令却被车站值班人员漏发。而王村站值班员对最新临时限速命令，又未与 T195 次列车司机进行确认，也未认真执行车机联控。信息停滞，使 T195 次列车司机没有收到这条救命命令。

此时只剩下最后一道防线：依靠 T195 司机的肉眼观察，先发现 80 公里/小时限速牌，然后对列车限速。但事实证明，最后的救命稻草是如此薄弱。凌晨四点半正是司机最为疲惫之时，他显然没有注意到一闪而过的限速牌。

就这样，众多机会均被不可思议地一一错失，最终晚点的 T195 次列车，为了列车正点到达目的地，便加快速度使列车如一匹脱缰的烈马，飙出了 131 公里/小时的速度，即刻倾覆。

颇令人不解的是，事故发生后，临时线路处的限时速度指示牌由"80"字样改为"45"字样。

导致风险事故的原因

事后国家安监总局局长王君说：这次事故充分暴露了一些铁路运营企业安全生产认识不到位、领导不到位、责任不到位、隐患排查不到位和监督管理不到位的严重问题，反映了基层安全意识薄弱、信息滞漏失误、现场管理存在严重漏洞。假如在事故发生前的任一信息按规定能够及时正确地传达到列车司机，司机采取及时有效措施，就可避免该风险事故的发生。可见，信息滞漏不畅是造成事故的主要原因，操作人员责任不到位是造成事故的源头，领导风险意识薄弱是导致风险产生的根源。

8）监控

对企业风险管理的监控，即随时对其构成要素的存在和运行进行评估。这可以通过持续的监控活动、个别评估或者两者的结合来完成。持续监控发生在管理活动的正常进程中。个别评估的范围和频率主要取决于对风险的评估和持续监控措施的有效性。企业风险管理的缺陷应向上报告，严重的问题报告给高层管理者和董事会。

（1）持续的监控活动

在正常的经营过程中，许多活动可以起到监控企业风险管理有效性的作用。它们来自定期的管理活动，可能包括差异分析、对来自不同渠道的信息的比较，以及应对非预期的突发事件。持续监控活动一般由直线式的经营管理人员或职能式的辅助管理人员来执行，以便对他们所接收的信息的含义予以深入考虑。通过关注关系、矛盾或其他的相应含义，他们提出问题并追查必要的其他员工以确定是否需要矫正或采取其他措施。持续监控活动应与经营过程中的政策所要求执行的活动区分开来。

（2）个别评估

尽管持续监控程序通常对企业风险管理的其他要素有效性提供重要反馈，但是，有时采取一种新的思路直接关注企业风险管理的有效性可能是很有用的。它也能提供一个考察持续监控程序持续有效性的机会。

①范围和频率

企业风险管理评价的范围和频率各不相同，取决于风险的重大性以及风险应对和管理风险过程中相关控制的重要性。优先程度较高的风险领域和应对往往更应该经常被评价。评价的范围还将取决于战略目标、经营目标、报告目标，以及合规目标。

②评估主体

评估通常采取自我评估的形式，负责一个特定单元或职能机构的人员决定针对他们活动的企业风险管理的有效性。他亲自评估与战略选择和高层次目标以及内部环境要素相关的风险管理活动，而负责该分部各项经营活动的人员评估与他们的职责范围有关的企业风险管理构成要素的有效性。直线式管理人员关注经营目标和合规目标，而分部的管理人员则关注报告目标。高层管理者结合公司其他分部的评估，来考虑该分部的评估情况。

③评价过程

评价企业风险管理是在它自身活动之中的一个过程。尽管方法或技术各不相同，但是应该利用其中固有的特定基础，把一套规范引入这个过程之中。评价者必须了解主体的每一项活动以及所强调的企业风险管理的每一个构成要素。评价者必须确定系统实际上运行得怎么样。评估者分析企业风险管理过程的设计，以及所执行测试的结果。这种分析要以管理层针对每个构成要素所制定的标准为背景来进行，其最终目的在于确定该过程是否为相关的既定目标的实现提供了合理保证。

④评估方法

可以使用一系列的评价方法和工具，包括核对清单、调查问卷和流程图技术。作为评估方法的一部分，一些公司将它们的企业风险管理方法与其他主体的风险管理方法相比较，或者以其他主体的企业风险管理方法作为标杆。

⑤文档记录

一个主体企业风险管理文档的范围因主体的规模、复杂性和类似因素而异。较大的组织通常有书面的政策手册、正式的组织结构图、书面的职位描述、操作指示、信息系统流程图以及诸如此类的东西。较小的主体一般文档也相对较少。企业风险管理的许多方面是非正式的和不成文的，但仍然正常地执行并且十分有效。对这些活动要以与备有证明文件的活动相同的方式进行测试。企业风险管理没有记入文档的事实，并不表明它们是无效的或者不能对它们进行评估。但是，适当水平的文档通常可以使评估更具成效和效率。

（3）报告缺陷

一个主体企业风险管理的缺陷可能会从多个来源表现出来，包括主体的持续监控过程、个别评估和外部团体。缺陷是企业风险管理中值得注意的一种情况，它可能表示察觉到的、潜在的或实际的缺点，或者强化企业风险管理以便提高主体目标实现的可能性的机会。

①信息来源

有关企业风险管理缺陷的最佳信息来源之一是企业风险管理自身。一个企业的持续监控活动，包括管理活动和对员工的日常监督，能够产生来自那些直接参与主体活动的人的认识。这些认识被实时地取得，它们能够提供对缺陷的快速认定。缺陷的另一来源是对企业风险管理的个别评估。由管理层、内部审计师或其他职能机构执行的评估能够突显需要改进的领域。外部方面经常提供有关主体企业风险管理运行的重要信息。它们包括客户、卖主和其他与主体做生意的人、外部审计师以及监管者。

②报告内容

所有已经识别的影响一个主体制定和执行其战略以及设定和实现其目标能力的企业风险管理缺陷，都必须报告给那些被安排采取必要措施的人。所要沟通的问题的性质会因个人处理权力以及监督者的监督活动而异。在考虑需要沟通什么时，有必要看看所发现问题的影响。关键在于不仅要报告特定的交易或事项，而且要重新评估潜在的过失所属的程序。除了缺陷以外，所识别的提高主体目标实现可能性的机会也应该报告。

③报告给谁

在经营活动过程中产生的信息通常通过正常的渠道报告给直接上级。他们会顺次在组织中向上或横向沟通，以便信息最终到达能够采取行动的人员那里。另外，还应当存在其他的沟通渠道，以便报告类似非法或不当行径等敏感信息。企业风险管理的缺陷通常不仅应该报告给负责所涉及的职能或活动的人员，还应该报告给该人员至少一个层级的管理层。这个较高层级的管理层为采取矫正措施提供所需的支持或监督，并且要与组织中的其活动可能会受到影响的其他人员进行沟通。如果发现的问题超出了组织边界，报告就应该相应超出，并且直接呈交给足够高的层级，以确保采取适当的措施。

④报告指引

给适当的团体提供所需的有关企业风险管理缺陷的信息至关重要。企业应该制定规程，以便确定一个特定的层级为了有效地作出决策需要什么信息。这些规程反映了一般的规则，管理人员应该收到那些影响其职责范围之内的人员的行动或行为的信息，以及实现特定目标所需的信息。高层管理人员应该知悉影响他们的风险管理单元和控制缺陷。从组织结构中越往下走，管理人员就应该越详细地知晓他们单元中的缺陷。上级为下级规定报告规程。具体的程度各不相同，通常，层级越低就越详细。如果报告规程规定得太细致可能会制约有效的报告，但是如果具有足够的灵活性，它们就能改善报告。

● 6.3　企业内部控制与风险管理的关系

内部控制被涵盖在企业风险管理之内，是其不可分割的一部分。企业风险管理比内部控制更广泛，拓展和细化了内部控制以便形成一个更全面关注风险的概念提炼。二者在以下方面存在差异：

（1）目标

内部控制明确了三类目标——经营、财务报告和合规。企业风险管理明确了三个类似的目标类别——经营、报告和合规。内部控制框架中的报告被定义为与公开财务报表的可靠性有关。在企业风险管理框架中，报告被大大地拓展为主体所编制的所有报告，遍及对内报告和对外报告。它们包括管理层内部使用的报告，以及那些发布给外部方面的报告，包括监管申报材料和给其他利益相关者的报告，并且范围从财务报表拓展为不仅包含财务信息，还包含非财务信息。

企业风险管理增加了另一类目标，即战略目标，它处于比其他目标更高的层次。战略目标来自一个主体的使命或愿景，因而经营、报告和合规目标必须与其相协调。企业风险管理应用在战略制定以及朝着实现其他三类目标迈进的过程中。

企业风险管理框架引入了风险容量和风险容限的概念。风险容量是一个主体在追求其使命（愿景）的过程中所愿意承受的广泛意义上的风险数量。它在战略制定和相关目标的选择中起到指向标的作用。风险容限是相对于目标的实现而言所能接受的偏离程度。在确定风险容限的过程中，管理层考虑相关目标的重要性，并使风险容限与风险容量相协调。

（2）组合观

内部控制框架中没有预期到的一个概念是风险的组合观。除了在分别考虑实现主体目标的过程中应关注风险之外，还有必要从"组合"的角度考虑复合风险。

（3）构成要素

通过更多地关注风险，企业风险管理框架拓展了内部控制框架的风险评估要素，提出了四个构成要素：内部环境（它在内部控制中是先决条件）、事项识别、风险评估和风险应对。

①内部环境。企业风险管理包括了一个主体的风险管理理念，它是决定一个主体如何考虑风险、反映其价值观并影响其文化和经营风格的一系列共同的信念和态度。如前所述，本框架包含了一个主体的风险容量这个概念，它由更具体的风险容限所支撑。

②事项识别。企业风险管理和内部控制都承认风险发生在主体的各个层次上，并且来源于许多内部和外部因素。而且，两个框架都以对目标实现的潜在影响为背景来考虑风险识别。企业风险管理讨论潜在事项的概念，将事项定义为影响战略执行或目标实现的从内部或外部所发生的事故或事件。有着正面影响的潜在事项代表机会，而那些有着负面影响的则代表风险。企业风险管理涉及运用那些既考虑过去和新生的趋势，也考虑是什么引发了该事项的技术的组合来识别潜在的事项。

③风险评估。尽管内部控制和企业风险管理框架都要求从一个给定的风险将发生的可能性和它的潜在影响的角度来评估风险，但是企业风险管理框架建议通过一个更敏锐的视角来观察风险评估。要从固有风险和剩余风险的角度，最好采用与围绕该风险相关目标而构建的计量单位相同的单位来表述风险。时间范围应该与主体的战略和目标相一致，而且如果可能的话，应该与可观测的数据相一致。企业风险管理框架还要求关注相互关联的风险，它反映了一个单独的事项会怎样产生多重风险。

企业风险管理包含了管理层树立主体层次的组合观的需要。负责业务单元、职能机构、流程或其他活动的管理人员建立了对该单位风险的复合评估，主体层次的管理层就能够从"组合"的角度考虑风险。

④风险应对。企业风险管理框架确定了四类风险应对：回避、降低、分担和承受。作为企业风险管理的一部分，管理层从这些类别中考虑潜在的应对，并以达到与主体的风险容限相协调的剩余风险水平为目的来考虑这些应对策略。个别或整体地考虑了对风险的应对之后，管理层要考虑整个主体范围内风险应对的累计效果。

（4）控制活动

两个框架都引入了控制活动以确保管理层的风险应对得以实施。企业风险管理框架明确指出，在某些情况下控制活动本身也起到了风险应对的作用。

（5）信息与沟通

企业风险管理框架拓展了内部控制的信息与沟通要素，强调对来自过去、现在和潜在的未来事项的数据的关注。历史性数据使主体得以对照目标、计划和期望来追踪实际的业绩，并提供关于主体在不同的条件下在过去期间的表现方面的认识。现在的数据提供重要的补充信息，而有关潜在的未来事项的数据和基本要素使信息分析更加完善。内部控制框架中有关在正常的报告途径之外的其他沟通渠道存在性的讨论，在企业风险管理框架中更受强调，后者指出有效的风险管理需要这种渠道。

【实例 6-2】

澳柯玛的盲目多元化

2006 年 4 月，"科龙事件"刚刚尘埃落定，澳柯玛也走到了悬崖边缘。

以资金链断裂为主因，以上市公司起诉集团为导火索，澳柯玛在其发展的第 16 个年头遭遇了重大挫折。经营不善、主营业务走弱、新兴产业尚处发展期、国家宏观调控和紧缩银根、资金链断裂，内因外因迫使澳柯玛危机终于全面爆发。但追根究底，澳柯玛集团问题的根源还是其内因。澳柯玛集团出现的问题，除了占用上市公司巨额资金，还有投资决策失误造成的损失以及企业效益下滑等问题。业界对于澳柯玛集团出现一系列问题的原因已基本形成共识：偏离主营业务、盲目多元化投资，尤其是彻底的非相关多元化投资。毫无疑问，澳柯玛陷入困境的最根本原因就是其多元化投资战略的失控：①投资决策失误，过度多元化分散企业资源；②内部整合不力，集团企业内控机制作用缺失。

纵观澳柯玛集团的发展历程，可以说，其所暴露出来的问题也是大多数中国企业内部控制和风险管理的共性问题。

首先，缺乏良好的内部控制环境。具体表现为：法人治理机构不健全，内部控制的外部约束较弱；公司治理中责任不到位；高层缺乏自主控制意识，没有形成重视风险的控制文化；缺乏绩效考核对内部控制和风险管理的引导机制等。

其次，缺乏内部控制方法论。具体表现为：缺乏理论指导，仅以最佳实践为参考，注重对事件本身的控制，而忽视对责任人的行为尤其是高管层行为的控制；没有完善的行权、职责、反馈和改进规范；把内控看成一套制度而不是过程，缺乏动态理论。

最后，经验式管理。具体表现为：对管理的有效性和制度的适当性缺乏评价标准；制度拟订部门从自身利益考虑，造成跨部门流程断裂或交叉；对重要的职责划分有较大的随意性，重权力划分，轻责任归属；缺乏系统的风险评估方法和工具；缺乏定期反馈和修正机制。

[总结与结论]

自从制度基础审计产生以来，内部控制就成为审计的基础。而内部控制自身也经历了一个曲折的发展历程，由最初的内部牵制到内部控制制度下的会计控制和管理控制，到内部控制结构，乃至 COSO 的内部控制整合框架。COSO 内部控制整合框架指出，内部控制是被审计单位为了合理保证财务报告的可靠性、经营的效率和效果以及对法律法规的遵守，由治理层、管理层和其他人员设计、执行的政策和程序。很长一段时间以来，审计实务都是以 COSO 的内部控制整合框架作为审计过程中评价和测试内部控制的基础。2004 年，COSO 在内部控制整合框架的基础上发布了《企业风险管理——整合框架》。该框架指出，企业风险管理是组织的董事会、管理层和其他职员实施的一个过程，它应用于战略制定并贯穿于整个企业，用来识别可能影响组织的潜在事项，并把风险控制在组织的风险偏好之内，为实现组织的目标提供合理保证。企业风险管理包括内部控制，内部控制是企业风险管理的一个组成部分。从总体上来看，企业风险管理整合框架超越了企业内部控制整合框架，同时，企业风险管理框架为风险导向审计提供了一个分析和评价企业风险的标准和依据。

[练习题]

★讨论题

1.审计师是否应当关注企业的风险管理活动?

2.审计师在财务报表审计中应当如何应用 COSO 的企业风险管理整合框架来评价和分析企业的风险管理活动?

★案例分析题

安然（Enron）公司与安达信会计公司

安达信自安然公司成立伊始就为它进行审计，已经审计了整整16年。除了单纯的审计外，安达信还提供内部审计和咨询服务。2001年11月，安然公司重新公布了1997—2000年的年度财务报表，结果与以往相比，累积利润减少了5.91亿美元，而债务却增加了6.28亿美元。该公司称，原因在于公司在股权交易中，公司发行股权换取了应收票据。这些应收票据在公司的账本上记录为资产，发行的股票记录为股东权益。按照会计原理，在没有收到现金前不能记录权益的增加，而安达信却这样做了。

在国会的一次听证会上，安达信的首席执行官布鲁迪诺承认，他的公司犯了一个判断错误，但是他同时指出，安然公司并未提供有关这笔股权交易的信息，而且安达信曾经警告过安然公司的审计委员会，该公司存在"可能的非法行为"。安然公司对此进行了反驳，称其不仅发现和汇报了有关信息，而且安达信在同一时刻还参与了所有主要财务票据的审计程序。如果安达信真的提出过什么建议，作为一家专业的会计师事务所，它是很难对存在的问题避而不谈的。美国证券交易委员会（SEC）正在调查安达信在安然的审计工作，同时也在提出针对安达信的诉讼。但是已经有观察家质疑，在目前这种情况下，安达信能否过关。2001年，证券交易委员会对安达信曾罚款700万美元，因为它在处理一家废品管理公司的账务中所使用的结算方法误导了投资者。安达信还曾因为替一家即将破产的公司做假账，被罚了1.1亿美元。

作为安然的财务审计公司，安达信因涉嫌为安然提供不实的审计意见而接受了美国证券交易委员会（SEC）的调查。而2002年1月10日，安达信发表简短声明，首次承认曾经毁坏过一些关于安然的重要文件，这些被毁资料包括电子文本、书信和文档文件。在10日发布的简短声明中，安达信承认公司雇员在近几个月中曾经"丢失或删除了关于安然公司的大量文件"，但具体数目仍不清楚。消息一经传出，美国业界纷纷表示震惊。许多专家对安达信的说法表示了怀疑：会计师一向以善于保存各种记录而著称，怎么可能销毁文件。

2002年1月，负责调查安然公司破产案件的美国国会专门小组把注意力集中到安达信公司2001年10月12日的一份管理备忘录，以查实安达信公司有关部门是否根据备忘录的要求，销毁了安然公司重要审计资料。据美国《时代》周刊2002年1月13日披露，安达信公司的"备忘录事件"就发生在安然公司宣布2001年第3季度亏损6.18亿美元的前4天。当时，安达信公司曾命令负责审计安然公司账务的雇员销毁有关审计材料，并不断督促员工进行这项工作，直到安达信公司于 2001 年 11 月 8 日收到美国证券交易委员会的传票。

美国国会能源和商务委员会发言人 2002 年 1 月 15 日称，因为涉嫌销毁安然公司账目而被安达信解雇的主审计师戴维·邓肯即将接受国会调查委员会的审讯。作为安然的财务审计公司，安达信已经将邓肯解雇，同时被解雇的还有其在休斯敦办公室的 4 名审计合伙人。美国国会能源和商务委员会发言人约翰逊说："坦白地说，他现在被解雇了，他可能更愿意合作了。现在他向委员会交出了 6 盒个人档案和记录，现在我们正在调查这些材料。"安达信称，邓肯在 2001 年 10 月 23 日得知证券交易委员会向安达信索要安然公司的账目做调查之用，于是他立即删除了数千封电子邮件，并且销毁了很多文件。安达信称，他们将解雇所有参与销毁安然账目的员工。

就在安达信承认销毁文件后的第 3 天，即 2002 年 1 月 17 日，时任美国证券交易委员会主席的哈维·皮特就表示：会计行业的监管机制充满漏洞，现在已经到了急需改革、重建信用的时候了；SEC 正在酝酿一个计划，即设立一个独立的监督机构来对整个会计业进行监督，而不是继续让会计业实行同行监督。此外，SEC 正在评估是否需要吊销所有会计师事务所进行的非审计业务执照。一旦这个政策出台，整个审计业近 40% 的收入将不复存在，"五大"事务所上百亿美元的收入将大大缩水。

国会也开始了会计界立法的活动。在安达信承认销毁文件不到 10 天，也就是 2002 年 1 月 23 日，国会马萨诸塞州第七选区的民主党众议员爱德华·马基提出了"会计员责任法"，该法案要求会计师事务所将审计期间的所有材料保持 4 年，并对故意损毁文件的审计员提出刑事诉讼，最多可以判处 10 年徒刑；该法案还要求改革在证券诈骗中的责任标准，以保证投资者的利益，会计师事务所要因自己的"造假"行为付出更大的代价。

2002 年 6 月 15 日上午，美国休斯敦城一个联邦陪审团裁定，曾是美国五大会计师事务所的安达信会计师事务所在销毁安然公司文件一案中的妨碍司法罪成立，从而使这家美国著名会计公司面临倒闭的危险。由 12 人组成的陪审团认为，安达信公司故意销毁安然公司的审计文件，试图逃避美国证券交易委员会的调查。这一裁决虽然没有出乎人们的预料，但仍然引起了美国各家媒体的极大关注。几小时后，美国证券交易委员会发表声明说，安达信"自愿"于 8 月底结束对上市公司的审计业务。《纽约时报》评价说，这实际上是宣告安达信"89 年的生命结束了"！

问题：

(1) 在财务报表审计中，审计师应当如何识别和评价企业的风险管理活动？

(2) 企业的风险管理活动如何影响审计风险？

★补充阅读材料

1. 陈毓圭. 关于风险导向审计方法由来与发展的认识 [J]. 中国注册会计师，2004（4）.

2. 胡春元. 风险基础审计 [M]. 大连：东北财经大学出版社，2001.

3. 卡迈克尔. 审计概念与方法 [M]. 刘明辉，译. 大连：东北财经大学出版社，1999.

4. 阿伦斯，等. 审计学——整合方法研究 [M]. 石爱中，等，译. 北京：中国审计出版社，2001.

5.刘明辉. 审计 [M]. 大连：东北财经大学出版社，2003.

6.格雷，曼森. 审计流程：原理、实践与案例 [M]. 吕兆德，等，译.北京：中信出版社，2003.

7.中国注册会计师协会. 中国注册会计师审计准则第1211号——通过了解被审计单位及其环境识别和评估重大错报风险，2010.

8.COSO. Enterprise Risk Management-Integrated Framework.2004.

9.IAASB. ISA 315, Identifying and Assessing the Risks of Material Misstatement through Understanding the Entity and Its Environment.

第 7 章

风险导向审计概述

[学习目标]

1. 掌握审计模式的演进过程；
2. 了解风险导向审计产生的背景与原因；
3. 掌握风险导向审计的特点。

● 7.1 审计模式的演进

审计模式是审计导向性目标、范围和方法等要素的组合，它规定了如何分配审计资源、如何控制审计风险、如何规划审计程序、如何搜集审计证据，如何形成审计结论等问题。审计环境的不断变化和审计理论水平的不断提高，促进了审计模式和方法的不断发展和完善。一般认为，审计模式和方法的演进经历了账项基础审计、内控导向审计、传统风险导向审计、现代风险导向审计几个阶段。

7.1.1 账项基础审计

账项基础审计（accounting number based audit approach）存在于 19 世纪中叶到 20 世纪 40 年代。在这一时期，英国的法律规定了所有股份有限公司和银行必须聘请审计师审计，致使英国独立审计得到了迅速发展，并对当时欧、美及日本等国产生了重要影响，而且，英国的审计模式在当时占据着主导地位。早期的英国独立审计没有成套的方法和理论，只是根据查错纠弊的目的，以公司的账簿和凭证作为审查的出发点，对会计账簿记录进行逐笔审查，检查各项分录的有效性和准确性，以及账簿的加总和过账是否正确，总账与明细账是否一致，以获取审计证据，达到查错纠弊的审计目的。因此，该种审计模式又被称为详细审计。详细审计阶段独立审计已经由任意审计转为法定审计；审计对象是会计账簿；审计目的是以查错纠弊、保护企业资产的安全和完整为主；审计报告的使用人也主要为公司的股东。详细审计阶段是审计发展的第一阶段，在审计史上占据着十分重要的地位，详细审计中的精华方法一直沿用至今。

详细审计本身存在一定的局限性。具体表现在以下两个方面：一方面，账项基础审计是在当时被审计单位规模较小、业务较少、账目数量不多以及审计技术和方法不发达的特定审计环境下产生的。由于审计师可以花费适当的时间对被审计单位的账簿记录进行详细审查，所以，在一定程度上和一定的时期内可以实现查错纠弊的审计目标。另一方面，以现代审计环境的视角来看，账项基础审计不对内部控制的存在及有效性进行了解和测试，虽然可以对缺乏内部控制或内部控制极度混乱的企业高效率地开展工作，验证有关凭证的真实性和合法性。但是，围绕账表事项进行详细审查，既费力，又耗时，且无法验证账项、交易的完整性，使得审计师不能保证发现未发生的重大舞弊，很难得出可靠的审计意见，审计结论存在很大隐患。

所以，在经历一段时期之后，随着企业规模的日渐增大和审计范围的不断扩大，对被审计单位的账目记录进行详细审查的成本越来越高，客观上要求对账项基础审计进行改进。独立审计开始转向以会计报表为基础进行抽查；审计方式由顺查法改为逆查法，即先通过审查资产负债表有关项目，再有针对性地抽取凭证进行详细检查。在此阶段，抽查的数量很大，但由于采取判断抽样为主，审计师仍难以有效地揭示企业会计报表中可能存在的重大错弊。

7.1.2 内控导向审计

内控导向审计（internal control oriented auditing）存在于 20 世纪 40 年代到 20 世纪 70 年代这一期间。20 世纪 40 年代以后，随着社会和经济的发展，企业规模不断扩大，业务急剧增加，会计账目越来越多。企业为了管理的需要，开始建立内部控制制度。会计报表的外部使用者越来越关注企业的经营管理活动，特别希望审计师全面了解企业的内部控制情况，审计目标逐渐从查错纠弊发展到对会计报表发表意见。早期的账项基础审计模式在日益复杂的经济环境面前显得越来越不可行，过多的人工成本降低了审计师的边际收益率。1938 年的美国麦克森·罗宾斯公司倒闭事件，成为审计史上最大的案件，该事件不仅削弱了公众对审计师的信任，也暴露出审计方法和程序方面存在的弊端。为了保证审计质量，提高审计效率，审计职业界必须寻找更为可靠的、更有效的审计方法。

经过长期的审计实践，审计师发现企业内部控制制度与企业会计信息的质量具有很大的相关性。如果内部控制制度健全有效，会计报表发生错误和舞弊的可能性就小，会计信息的质量就较高，从而，审计测试的范围就可以相应缩小；反之，就必须扩大审计测试的范围，抽查更多的样本。因此，为了顺应审计环境的要求，提高审计效率、降低审计成本、保证审计质量，账项基础审计发展为内控导向审计。内控导向审计要求审计师对委托单位的内部控制制度进行全面了解和评价，评估审计风险，制订审计计划，确定审计实施的范围和重点，规划实质性测试的性质、时间和范围，在此基础上进行实质性测试，获取充分、适当的审计证据，从而提出合理的审计意见。

与账项基础审计相比，内控导向审计在制订审计计划时，不仅考虑审计的时间资源和人力资源，还考虑内部控制制度的健全和有效性。通过了解和评价被审计单位的内部控制制度，发现其薄弱之处，有重点、有目标地进行审计。内控导向审计注重剖析产生财务报表结果的各个过程和原因，减少了直接对凭证、账表进行检查和验证的时间和精力，改变了以往的详细审计方法，使得抽样审计有了一定的基础。这不但调整了工作重点，保证了审计质量，还提高了审计工作的效率，节约了审计时间和费用。但是，内控导向审计也存在一些不足之处：第一，有时进行控制测试并不能减轻实质性测试的工作量，工作效率并不能得到有效提高；第二，内部控制的评价存在很强的主观性和随意性，容易产生偏差，对审计规划产生不良影响；第三，运用内控导向审计模式很难有效地规避三类审计风险——错报、舞弊和经营失败；第四，使用范围受限制，当被审计单位内部控制制度不健全或者内部控制制度设置健全但执行不好时，就不宜采用内控导向审计模式。

7.1.3　传统风险导向审计

在经历了账项基础审计和内控导向审计之后，审计模式和方法进入了传统风险导向审计阶段。审计风险既受到企业固有风险因素（如管理人员的品行和能力、行业所处环境、业务性质、容易产生错报的财务报表项目、容易受到损失或被挪用的资产等导致的风险）的影响，又受到内部控制风险因素（如账户余额或各类交易存在错报，内部控制未能防止、发现或纠正的风险）的影响。同时，其还会受到审计师实施审计程序未能发现账户余额或各类交易存在错报风险的影响。因此，审计师仅以内部控制测试为基础实施抽样审计就很难将审计风险降至可接受的水平，抽取样本量的大小也很难说服政府监管部门和社会公众。为了从理论和实践上解决制度基础审计存在的缺陷，审计职业界很快开发出了审计风险模型，我们称之为传统的审计风险模型：

审计风险=固有风险×控制风险×检查风险

在审计风险模型中，检查风险是由会计师事务所风险管理策略确定的，谨慎行事的会计师事务所往往将其确定为较低水平。固有风险和控制风险则与企业有关，审计师可以通过了解企业及其环境以及评价内部控制，对两者作出评价，在此基础上确定检查风险，并设计和实施实质性程序，以将审计风险控制在会计师事务所确定的水平。审计风险模型的出现，从理论上既解决了审计师以制度为基础采用抽样审计的随意性问题，又解决了审计资源的分配问题，即要求审计师将审计资源分配到最容易导致财务报表出现重大错报的领域。从国外文献看，早在1983年，美国审计准则委员会就把这一审计思想写入了审计准则公告第47号，要求审计师在充分评估固有风险和控制风险的基础上确定检查风险，最终将审计风险控制在可接受的水平。同时，还要求将重要性原则与审计风险模型一同运用，以降低审计风险，并明确审计师应当承担的责任。从方法论的角度讲，审计师以传统的审计风险模型为基础进行的审计可称为风险导向审计方法（risk oriented audit approach），一般称为传统风险导向审计。

传统风险导向审计与内控导向审计的比较见表7-1。

传统风险导向审计主要是通过对财务报表固有风险和控制风险的定量评估，从而确定检查风险，进而确定实质性测试的性质、时间和范围。这使得传统的风险导向审计在审计范围和审计技术的操作性方面均存在缺陷。从审计范围方面看，传统的风险导向审计认为审计师通过对管理层关于财务报表账户层面各个不同认定的审计，就可以自下而上的为审计师对整个会计报表发表意见提供充分、适当的证据。而根据系统论的观点，如果相互联系的个体组成一个系统，系统往往会表现出突变行为，系统总体特征就会与假如个体之间相互独立时表现的特征有本质的区别。所以，审计师应当以整体的系统观点，结合、简化、

表7-1 　　　　　　　　　　　传统风险导向审计与内控导向审计的比较

审计模式 比较内容	传统风险导向审计	内控导向审计
对审计风险考虑的内容和范围	会计系统和程序中存在的风险，控制环境中的风险因素，企业经营面临的外部风险	固有风险、控制风险和检查风险，但没有考虑控制环境中存在的风险
确定重点审计领域的依据	对风险的评估结果	内部控制制度
程序	先分析固有风险和检查风险，确定报表项目影响因素，从而确定实质性测试的性质、时间和范围	先对内部控制制度进行评估，再确定实质性测试的性质、时间和范围
审计重点	审计风险的分析与评估	内部控制制度的分析与评估
对内部控制的运用	内部控制整体框架	内部控制的一部分内容
对审计风险的处理	审计风险评估贯穿于整个审计过程	在抽取样本进行实质性测试时考虑控制风险和检查风险
确认和测试的重点	管理部门为降低经营风险而采取的方法和行为	控制活动，通过测试内部控制，提出有关建议
报告的重点	风险降低的充分性、有效性	内部控制的充分性、有效性
审计结果	提出恰当的降低风险的建议	建议提出新的或改进的控制制度
对被审计单位的影响	在对企业进行全面评价的基础上，确定审计重点，提出的建议直接针对被审计单位的主要问题	建议加强内部控制或增加新内部控制，建议增加的控制点多，有阻碍正常程序运转的可能
审计的方法	既了解会计系统、内部控制制度和程序，又考虑内部控制环境和企业经营环境中存在的风险	没有充分重视和运用分析性测试，只了解内部控制的局部，如会计系统、内部控制制度和程序

分析、综合，并进行适当的平衡，才能够对被审计单位取得深入的了解。从审计技术的可操作性来看，对风险模型中的固有风险和控制风险在理论上可以作出区分。但是，固有风险和控制风险都受企业内外部环境的影响，两者之间也相互影响，所以，在实践中很难作出区分。而且，大部分审计程序都是多重目的的，都对财务报表是否存在重大错报有信息含量，也很难确定一项审计程序是为固有风险提供了审计证据，还是为控制风险提供了证据。此外，传统风险导向审计采用的自下而上的审计思路：一方面，在审计资源分配上经常是面面俱到，难以突出重点，造成审计资源的浪费；另一方面，审计师只关注企业的内部控制，很难发现上下串通的蓄意造假。

7.1.4 现代风险导向审计

20世纪80年代以后，世界经济急剧变化，科学技术日新月异，各种文化相互渗透，市场竞争日益激烈，人类开始迈入较为成熟的信息社会和知识经济时代。在这种情况下，企业与其所面临的多样的、急剧变化的内外部环境的联系日益增强，内外部经营风险很快就会转化为财务报表错报的风险。这种环境的快速变化使审计师逐渐认识到被审计单位并不是一个孤立的主体，它是整个社会的一个有机组成部分。如果将被审计单位隔离于其所处的广阔经济网络，审计师就不能有效地了解被审计单位的交易及其整体绩效和财务状况。

按照传统风险导向审计方法，审计师是否实施审计程序，何时实施以及在多大范围内实施，完全取决于对检查风险的评估。审计师在运用传统风险导向审计方法时，通常难以对固有风险作出准确评估，往往将固有风险简单地确定为高水平，转而将审计资源投向控制测试（如果必要）和实质性测试。由于忽略对固有风险的评估，审计师往往不注重从宏观层面上了解企业及其环境（如行业状况、监管环境及目前影响企业的其他因素；企业的性质，包括产权结构、组织结构、经营、筹资和投资；企业的目标、战略以及可能导致财务报表重大错报的相关经营风险；对企业财务业绩的衡量和评价）；而仅从较低层面上评估风险，容易犯"只见树木，不见森林"的错误。也就是说，传统风险导向审计方法注重对账户余额和交易层次风险的评估。但企业是整个社会经济生活网络中的一个细胞，其所处的经济环境、行业状况、经营目标、战略和风险都将最终对财务报表产生重大影响。如果审计师不深入考虑财务报表背后的东西，就不能对财务报表项目余额得出一个合理的期望。而且，当企业管理层串通舞弊时，内部控制是失效的。如果审计师不把审计视角扩展到内部控制以外，就很容易被蒙蔽和欺骗，不能发现由于内部控制失效所导致的财务报表存在的重大错报和舞弊行为。因此，随着企业财务欺诈案的不断出现，国外一些会计师事务所在20世纪90年代对传统风险导向审计方法进行了改进。改进后的风险导向审计方法具有以下特征：一是注重对被审计单位生存能力和经营计划进行分析，从宏观上把握审计面临的风险；二是注重运用分析性程序，以识别可能存在的重大错报风险；三是在评价内部控制有效的情况下，减少对接近预期值的账户余额进行测试，注重对例外项目进行详细审计；四是扩大了审计证据的内涵。审计师形成审计结论所依据的证据不仅包括实施控制测试和实质性程序获取的证据，还包括了解企业及其环境获取的证据。最终，实务界和学术界通过共同努力，终于形成了现代风险导向审计（以下简称风险导向审计）。

【相关链接7-1】

现代风险导向审计的战略思维

现代风险导向审计的战略思维如图7-1所示。

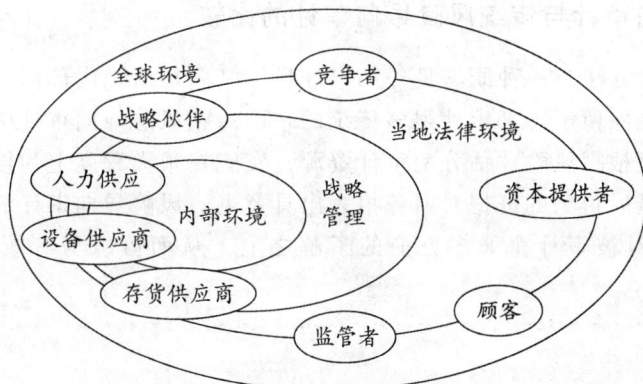

图7-1　现代风险导向审计的战略思维

● 7.2　风险导向审计概述

7.2.1　风险导向审计的总体特点

与以往的账项基础审计、内控导向审计以及传统风险导向审计相比，风险导向审计具有以下特征：

（1）责任前移，重心前移。账项基础审计的重心在详细检查，因而是滞后的；制度基础审计的重心移到控制风险，向前迈进了一步；风险导向审计则将重心再次前移，因为现代公司治理的缺陷以及管理舞弊是风险的集中来源，以固有风险为主要内容的重大错报风险就变成了"牛鼻子"，由于固有风险并不是孤立的，与企业的战略目标、经营环境、公司治理结构及内部控制等紧密相关，故以"重大错报风险"涵盖包括固有风险在内的诸多因素，便成为风险导向审计的核心。

（2）风险导向审计从系统论和战略管理理论出发，从战略风险入手，通过经营环境—经营产品—经营模式—剩余风险分析的基本思路，克服了内控导向审计简化主义的认知模式，在源头上和宏观上判断和发现财务报表存在的重大错报。将环境变量引入审计风险模型的同时，也意味着现代审计确立了战略审计观。

（3）突出分析程序的作用。尽管传统审计方法中涉及询问、检查、观察、穿行测试等多种搜集证据的手段，但分析程序的作用并没有得到应有的重视。如果说内控导向审计主要是财务信息分析，则风险导向审计扩展到非财务信息的分析；在审计实务的三个阶段均突出了分析程序的作用。

（4）风险导向审计的目标是消除财务报表的重大错报，增强财务报表的可信性。为达到此目标，审计师应当假定会计报表整体是不可信的，从而保持全方位的职业怀疑态度，在审计过程中把质疑排除。如果说内控导向审计主要靠标准化表格等工具计划和实施审计工作，风险导向审计则主张个性化的审计程序，如出其不意的盘点等。总之，额外的、追加的或进一步的审计程序往往比常规审计程序更有效。

7.2.2 风险导向审计与传统风险导向审计的比较

风险导向审计方法是一种既满足外部审计目标又满足组织内部保证目标的创新性的有力工具，但它也保留了外部审计很多传统的东西。在风险导向审计中，审计师还采用审计风险模型，还根据风险评估分配审计资源，实施在很大程度上为传统审计师所熟悉的程序，并根据最后得到的证据对财务报表出具意见。风险导向审计的创新在于：审计师的预期建立在对被审计企业多方面的了解之上，从而可以为有效的审计程序提供基础。

【相关链接7-2】

传统风险导向审计方法与BMP审计方法的比较

表7-2比较了传统风险导向审计方法与BMP（business measurement process）审计方法。传统风险导向审计方法假定会计和审计知识在形成审计判断时起着主要的作用，而不强调了解企业经营的作用。BMP审计方法反映了系统思考的观点：为了有效地审计认定，审计师必须理解客户的整个经营环境，从经营知识框架（这个广阔的背景为这部分注入了新的含义）的角度解释重大交易的作用。

表7-2	传统风险导向审计方法与BMP审计方法的比较
传统风险导向审计方法	BMP审计方法
交易导向 基于这样一种理念：可以通过检查部分来评估整体	**整体导向** 基于这样一种信念：更加广阔的背景为审计认定注入了新的含义
集中在信息报告过程 通过了解所报告信息之间的相互关系，能够形成一个可靠的绩效预期模型	**集中在经营过程** 假定经营战略的目标是通过流程来实现的，因此，一个可靠的预期模型必须建立在复核经营过程和流程指标的基础上
会计与审计的专门知识 依赖于对审计程序和会计准则的深入了解，主要是使证实者能够核实一致性，发现反常情况	**经营的专门知识** 认为广泛地了解主体以及其环境非常有助于审计者核实一致性，发现反常情况
离散系统 把系统理解为相互分离的，可以被独立工作的个人进行复核	**网络** 把组织理解为动态的网络，它的系统不能被分离地检查
审计风险 基于这样一种信念：财务报表的意见的出具可以与客户经营风险的评价无关	**经营风险** 认为财务报表的意见不可避免地与更加广泛地评价客户的经营风险联系在一起

　　风险导向审计方法是对传统风险导向审计方法的改进，两者本质的区别在于审计理念和审计技术方法的不同。与传统风险导向审计方法相比，风险导向审计方法获取审计证据的领域更广，但在执行审计工作时仍然保留了许多传统做法，例如，运用审计风险模型，按照风险评估基础分配审计资源，实施审计程序，依据获取的审计证据对财务报表形成意见；只不过后者将审计学、系统理论和经营战略结合起来，更加重视企业面临的风险。传统风险导向审计方法通过综合评估固有风险和控制风险以确定实质性测试的性质、时间和范围，由于固有风险难以评估，审计的起点往往为企业的内部控制（如果没有必要测试内部控制，审计的起点则为财务报表项目）；风险导向审计方法通过综合评估经营控制风险以确定实质性测试的性质、时间和范围，审计起点为企业的经营战略及业务流程。如果企业的业务流程不重要或风险控制很有效，则将实质性测试集中在例外事项上。

　　风险导向审计方法的优点是，便于审计师全面掌握企业可能存在的重大风险，有利于节省审计成本，克服因缺乏全面性的观点而导致的审计风险。但是，该方法也对审计职业界提出一定的挑战：一是会计师事务所必须建立功能强大的数据库，以满足审计师了解企业的战略、流程、风险评估、业绩衡量和持续改进的需要；二是审计师（至少对审计项目承担责任的审计师）应当是复合型的人才，有能力判断企业是否具有生存能力和合理的经营计划；三是由于实施的实质性程序有限，当内部控制存在缺陷而审计师没有发现或测试内部控制不充分时，审计师承担的审计风险就大大增加。此外，由于审计准则的滞后性，风险导向审计方法的一些做法与审计准则有时会存在较大的差异。

[总结与结论]

　　审计模式是审计导向性目标、范围和方法等要素的组合，它规定了如何分配审计资源、如何控制审计风险、如何规划审计程序、如何搜集审计证据、如何形成审计结论等问题。审计环境的不断变化和审计理论水平的不断提高，促进了审计模式和方法的不断发展和完善。截至目前，一般认为，审计模式和方法的演进经历了账项基础审计、内控导向审计、传统风险导向审计、现代风险导向审计等几个阶段。每一种审计模式都是特定历史条件下，当时社会经济发展状况与审计理论水平综合作用的产物，都是适应了当时的审计环境而产生的，都起到了一定的作用。风险导向审计是目前相对较新的一种审计模式。与传统风险导向审计相比，它站在战略系统的广阔视角，更加注重对被审计企业的战略、经营以及风险的分析，要求综合地对被审计企业应用分析性程序，以保证审计结论的可靠性。

[练习题]

★ 讨论题

　　1.账项基础审计、内控导向审计与传统风险导向审计之间有什么区别和联系？它们各自适用的审计环境有什么不同？

　　2.传统风险导向审计有什么优缺点？相比之下，风险导向审计有什么优势？风险导向审计模式能替代传统风险导向审计模式吗？

★ 案例分析题

　　在《21世纪经济报道》2002年9月2日中有一篇文章题为"40名注册会计师被抓　中国会计业重组势在必行"（作者：胡锰）。下面的资料是摘自该文章的部分内容：

40名注册会计师在押

　　"中天勤事务所负责审计银广夏的一名注册会计师，现在还关在贺兰山下的看守所里。"上海一位资深会计专家谈起会计业内的风风雨雨，颇多感慨，"前段时间我了解到，他的头发也剃掉了，就穿着双布鞋，在里面的杂货店卖卖东西、算算账"。在轰动一时的银广夏造假案中，银广夏虚构巨额利润7.45亿元，深圳中天勤会计师事务所及其签字注册会计师却为其出具了严重失实的审计报告，该所刘加荣等三人案发后被移送司法机关法办。中国注册会计师协会（简称中注协）的一位高层透露，在中天勤事件后，国内各地已经有40余名注册会计师，因为假账、核资等事件而被羁押甚至批捕。

　　据中注协统计，在2001年里，还有110多家会计师事务所和120多名注册会计师受到了行政处罚，100多家事务所和600多名注册会计师受到了限期整改、通报批评、强制培训等处理。中注协这位高层进一步透露，除中天勤外，目前涉案的事务所还包括沈阳华伦会计师事务所、深圳华鹏会计师事务所、山东乾聚会计师事务所等一批颇具规模的大所——正是这些大所，一度被认为是国内注册会计师行业的中坚力量。

　　沈阳华伦曾审计了蓝田股份、黎明股份两家问题公司，其中黎明股份为达到上市的目的，虚增主营业务收入 37%，虚增利润 166%；深圳华鹏则审计了麦科特，进行同步审计和资产评估，编造有关合同、协议、法律文件和政府批文，并倒签日期，欺骗政府部门，骗取发行资格，导致所内 4 人被刑事拘留，2 人取保候审，另外此案还涉及资产评估师、麦科特公司员工等共 24 人。

注册会计师"人人喊打"

"还没听说过哪个国家有类似的事——一下有这么多会计师被捉拿。"上海会计业专业人士表示了忧虑。一个典型个案是山东乾聚会计师事务所，该所是烟台唯一一家具备证券期货业务资质的事务所，但此番也在"东方电子假账案"中落马。负责该项审计的原审计三部经理、注册会计师刘学伟已经被批捕。该所一位管理人员表示，关于乾聚事务所和该名会计师应当承担的责任，有关部门仍在认定，在结论出来之前，事务所不会发表任何观点。

注会业界一些有影响力的专家则认为，相关审计师应对东方电子集团和上市公司之间的关联关系作出风险提示，以及对有关原始凭证和函证的可靠性作出核查等。有熟知内情的会计师告诉记者，无论是中注协还是山东注协，对此都有自己的独特看法。这位知情人士称，如果注册会计师没有被确实查明与客户串通作弊，就不轻易撤销会计师事务所，更不能动辄将会计师抓去坐牢。

上海国家会计学院副院长薛云奎教授认为，东方电子案中，上市公司并非简单地虚构利润，而是将一部分炒股票所得的投资收益和其他收入作为主营业务收入入账，由于有真金白银流入，同时还提供假合同、假发票，因而其作假手段更具"创新性"和"欺骗性"，在这样的情况下，注册会计师的审计难度比较高。

在会计业界以强硬态度著称的复旦大学教授李若山，一直建议要以"严刑峻法"规范审计市场。但对于东方电子案，他认为，乾聚事务所"情有可原"。李若山分析说："现在的情况是，缺乏有效的监督和惩罚机制。"在银广夏案发后，银广夏市值从 70 亿元跌至 4 亿元，而中天勤作为年收入 6 000 万元的会计师事务所，在留下 200 万元注册资本金承担责任后，其他人分光钱财四散而走。

会计业"原罪"

李若山认为会计业注定是一个非常"无奈"的行业，永远都只是局限性非常突出的事后描述，对许多商业行为的认定，只能落在模棱两可之间。"会计中有大量的灰色地带。"李若山援引美国注册舞弊审计师协会的"三角形理论"说，做假账有三个条件：压力、机会和借口。"只要有商业活动，假账丑闻永远无法消除，假账的高峰期将会周期性地出现。"李还表示，会计业另有更本质的"原罪"，即会计业务的购买者和消费者之间的错位。会计业务的购买者是上市公司，而消费者则是上市公司的投资者。"美国的上市公司特别设置了审计委员会，但依然无法化解其中的本质矛盾。"相比之下，另外的独立职业如律师、医生等，都毫不例外遵循着"谁花钱，为谁办事"的市场经济原则，"但会计师这么做就有独立性的根本冲突"。而会计业另一种有代表性的说法是："审计不是保险，我们只是尽量提供更好的商业环境。"两个月前，德勤国际全球首席执行官 Copeland 就在上海如此强调。

收买成本

2001 年，一项由北京国家会计学院主导的对国内 168 名会计师事务所所长或主任会计师的调查表明，在导致注册会计师面临重大风险的深层次原因方面，有88%的被调查者认为执业环境恶劣，77%的被调查者认为事务所之间无序竞争过于激烈，55%的被调查者认为注册会计师能力较差。

时至今日，有多名参与调查的专业人士向记者表示，中国注会业的情况目前并无显著改变。2001年，全国共有4 500余家会计师事务所，注册会计师近6万名，平均每家会计师事务所仅有12名注册会计师，每年约135万元的业务收入。具有证券期货从业资格的事务所是国内规模最大的一类事务所，但截止到2000年年底，每家事务所平均仅有14家上市公司客户。排名全国10位之外的68家事务所平均不到10家客户。由于市场恶性竞争激烈，各事务所的盈利能力遭受严峻挑战。中注协监管部一份文件称，事务所审计收费低到不合理的程度，"有的资产达几十亿元的企业，审计收费只有2万~3万元，自然无法保证审计质量"。

曾被各事务所寄予厚望的上市公司也在捂紧腰包。如2002年年初，贵州天一会计师事务所审计上市公司力源液压（600765）仅获得6万余元审计收入，力源液压董秘舒代游向记者表示，该公司规模小，因而审计费用低。去年力源液压全年加权会计费用仅为8万元。与此形成对照的是，毕马威审计中国石化（600028）2001年年报，获得6 400余万元的审计收入。

考虑到原"五大"（现为"四大"）国际会计师事务所切走了相当大一块蛋糕，国内所中平均每名注册会计师以及相关助理人员的总收入也就在每年七八万元左右。"再扣除营业费用后，净收入非常少；大量会计师事务所的生存状态非常不好，这意味着很多注册会计师实际上很容易被很小的经济利益打动和收买。"

国际会计业界普遍认为，由小会计师事务所审计大公司客户，将不可避免地导致审计独立性受损，如果由小会计师事务所从单一客户所取得审计费达到其总收入的5%，则其发表的审计意见的独立性便会受到质疑。对于内地大量年收入不过二三十万元的小所而言，几乎每个客户都是其重要的衣食父母。

问题：

（1）结合上述审计环境，分析不同的审计环境对审计模式的选择有什么不同的影响。

（2）结合上述审计环境，分析不同的审计模式对审计质量、审计风险的影响。

（3）我国的注册会计师审计应当如何选择审计模式？

★补充阅读材料

1.刘明辉. 独立审计准则研究［M］. 大连：东北财经大学出版社，1997.

2.卡迈克尔. 审计概念与方法［M］. 刘明辉，译.大连：东北财经大学出版社，1999.

3.阿伦斯，等. 审计学——整合方法研究［M］. 石爱中，等，译.北京：中国审计出版社，2001.

4.胡春元. 风险基础审计［M］. 大连：东北财经大学出版社，2001.

5.刘明辉. 审计［M］. 大连：东北财经大学出版社，2003.

6.徐政旦，等. 审计研究前沿［M］. 上海：上海财经大学出版社，2002.

第 8 章

风险导向审计的基本原理

[学习目标]

1. 掌握审计风险模型的含义；
2. 掌握风险评价的战略系统视角；
3. 掌握风险导向审计的风险评估计量程序；
4. 掌握风险导向审计的分析程序。

● 8.1　审计风险模型

风险导向审计产生并经过了一定程度的发展之后，美国注册会计师协会（AICPA）于1983年提出了审计风险模型：审计风险=固有风险×控制风险×检查风险。在审计过程中，审计师以此模型为指导，解决交易类别、账户余额、披露和其他具体认定层次的错报，发现经济交易和事项本身的性质和复杂程度造成的错报，发现企业管理层由于本身的认知和技术水平造成的错报，以及企业管理层局部和个别人员舞弊和造假造成的错报，最终，审计师将审计风险控制在可以接受的水平。但是，正如前文所述，由于传统风险导向审计固有的缺陷，它在发现企业高层串通舞弊、虚构交易等方面不够有效。随之兴起的风险导向审计是以被审计单位的战略经营风险分析为导向进行审计的，它依据战略管理理论和系统论，整合了传统风险导向审计模型中的固有风险和控制风险，把由于企业的整体经营风险所带来的重大错报风险作为审计风险的一个重要构成要素进行评估。2003年10月，国际审计与鉴证准则理事会（IAASB）发布了一系列新的审计风险准则，要求审计师在审计过程中更深入地进行风险评估，并对审计风险模型作出重大改动。

1）审计风险模型

ISA 200准则《财务报表审计的目标和一般原则》明确指出，被审计单位面临各种各样的经营风险，在财务报表审计中，审计师并不是要关注所有的风险，而是只需关心与财务报表有关的风险。审计风险是指财务报表存在重大错报而审计师发表不恰当审计意见的可能性，而不包括审计师错误地认为财务报表含有重大错报的风险。重大错报风险是指会计报表在审计前存在重大错报的可能性。检查风险是指某一认定存在错报，该错报单独或连同其他错报是重大的，但审计师没有发现的可能性。修改后的审计风险模型为：

审计风险=重大错报风险×检查风险

其中，重大错报风险（risk of material misstatement）包括两个层次：认定层次（assertion level）和财务报表整体层次（overall financial statement level）。

（1）认定层次风险

认定层次风险指交易类别、账户余额、披露和其他相关具体认定层次的风险，包括传统的固有风险和控制风险。认定层次的错报主要指经济交易的事项本身的性质和复杂程度发生的错报，企业管理层由于本身的认识和技术水平造成的错报，以及企业管理层和个别人员舞弊和造假造成的错报。

（2）财务报表整体层次风险

财务报表整体层次风险主要指战略经营风险（简称战略风险）。把战略风险融入现代审计模型，可建立一个更全面的审计风险分析框架。

从战略风险的定义来看，战略风险是审计风险的一个高层次构成要素，是财务报表整体不能反映企业实际经营情况的风险。这种风险源自于企业客观的经营风险或企业高层串通舞弊、虚构交易。传统审计风险模型解决的是企业的交易和事项在本身真实的基础上，怎样发现财务报表存在的错报，将审计重点放在各类交易和账户余额层次，而不从宏观层面考虑财务报表可能存在的重大错报风险，这很可能只发现企业小的错误，却忽略大的问题；现代审计风险模型解决的是企业经营过程中管理层串通舞弊、虚构交易或事项而导致财务报表存在错报怎样进行审计的问题。

从审计战略来看，现代审计风险模型是在系统论和战略管理理论基础上的重大创新。从战略角度入手，通过经营环境—经营产品—经营模式—剩余风险分析的基本思路，可将财务报表错报风险从战略上与企业的经营环境、经营模式紧密联系起来，从而在源头上和宏观上分析和发现财务报表错报，把握审计风险。而将环境变量引入模型的同时，也将审计引入并创立了战略审计观。

从审计的方法程序来看，现代审计风险模型注重运用分析程序，既包括财务数据分析，也包括非财务数据的分析；且分析工具多样化，如战略分析、绩效分析等。例如，毕马威国际（KPMG）为应用现代审计风险模型的理念与方法，研究制定了经营风险计量程序（business measurement process，BMP），专门分析企业在复杂的市场环境和产业环境下的经营情况，以确定关键经营风险如何影响财务结果。BMP提供了一个审查影响财务信息和非财务信息流的分析框架。

从审计的目标来看，现代审计是为了消除财务报表的重大错报，增强财务报表的可信性。为达到此目标，审计师应当假定会计报表整体是不可信的，从而引进全方位的职业怀疑态度，在审计过程中把质疑——排除。ISA 200的现代审计风险模型就充分体现了这种观念。

2）审计风险模型的应用

运用现代审计风险模型执行审计，一是将审计的视角从会计系统扩展到更广泛的经营管理领域；二是确定重大错报风险的水平与分布；三是优化配置审计资源，避免在某些领域审计过度或不足。其应用程序如下：

（1）确定总体审计风险概率

审计风险可按其发生的可能性大小分为基本确定、很可能、可能和极小可能。可能性一般按概率来进行表述，如极小可能的概率为大于 0 但小于或等于 5%。

社会公众对审计师的期望值很高，独立审计存在的价值就在于消除财务报表的错误和不确定性；缩小或消除社会公众合理的期望差距（Tom Lee，1993）。独立性原则的要旨是使审计师免于利益冲突，从而奠定正直与客观的执业基础，但独立性最终体现在审计师独立承担审计风险责任方面，因而降低审计风险是审计师的"灵魂"。审计风险就是审计失败的可能性，它只能控制在极小可能程度以下，用数学概率表示应不超过 5%。一般来说，社会公众认为这个比率应低于 5%，审计保证水平为 95%。

（2）分析战略风险

在确定了总体审计风险概率应该控制在 5% 以下之后，应全面分析战略风险。以企业的经营模式为核心，以自上而下和自下而上相结合的方式了解企业的内外部经营环境、经营产品，并在此基础上分析确定企业经营有效性和财务报表的关键认定是否合理、合法。国际审计准则列举了 28 种可能暗示存在舞弊风险的环境和事项（IAASB，2003）。

分析战略风险一般从以下方面入手：

①分析经营环境。主要分析客户主营产品所处的经济环境和技术环境，了解客户产品生命周期阶段、竞争对手情况如何、未来发展前景如何。

②分析经营产品。对客户的主营产品进行分析，了解客户的产品是什么；其经济价值和使用价值如何；盈利情况如何；与同行业或类似行业比较其利润率是否合理；如无同行业比较，与社会一般平均利润率相比，是否有其存在的合理性。

③分析经营模式。分析客户经营模式就是分析其产品的供、产、销过程是如何组织实施的；其业务流程的各个环节是什么；重要购买商与客户的实质关系；客户是否严重依赖少数或某些重要购买商；重要供应商与客户的实质关系；客户是否严重依赖少数或某些重要供应商；是否存在既是客户购买商又是供应商的单位（有无存在自卖自买的可能）。

通过上述分析研究，建立战略风险评估决策框架，对企业经营的有效性作出判断，对财务报表层次的整体认定进行预计并与管理层报告的结果进行比较，从而对管理层在相关经营模式和业务流程下的整体认定是否恰当进行职业判断，对企业是否存在从生产经营发生交易和事项的开始就串通舞弊、虚构交易和事项以粉饰报表作出职业判断。

战略风险的存在意味着对财务报表的整体否定。评估战略风险是审计师自始至终要考虑的问题。尤其在项目的前期调查期间，如果判断得当、评估准确，不仅可以克服缺乏全面性的观点而导致的审计风险，而且有利于节省审计成本。如分析得出战略风险发生的可能性为可能、很可能或基本确定，也就是其战略风险概率大于 5%，则此项目不能承接；如已在审计过程中，可在没有发生大量审计成本的情况下及早退出项目，以避免由于战略风险带来的审计失败；如果该项目战略风险概率小于等于 5%，则该项目初步可接受，再在此基础上进行全面深入审计，其失败的可能性必然可大大降低。

（3）分配剩余审计风险

评估完战略风险概率后，可按照传统的方法分析认定层次的风险概率，两者结合起来考虑就是重大错报风险概率。最后根据确定的总体审计风险概率和评估的重大错报风险概率，得出关于剩余审计风险也就是检查风险的概率，据此确定实质性测试的性质和范围，即可将审计风险降低到满意程度。

● 8.2　风险评价的战略系统视角

　　系统是一个集合，其各组成部分相互影响以作为一个整体发挥一定的职能。系统的行为取决于它的整体结构、在任何时点其组成部分联系的强度以及这些联系随时间变化的方式和程度。从系统的角度来看，世界是由联系和联合构成的。系统方法不是通过基本组成部分以了解更大系统的特性，而是强调组织的基本原则——各组成部分如何相互联系和协调成为一个统一的整体。所以，审计师应当从战略系统的视角评价客户的经营风险与审计风险。

　　1）企业是一个综合的活系统

　　与其他有生命的系统相似，一个商业组织是一个普通目的的超机体，它的生产能力、盈利能力、适应能力以及最终的生存取决于其内部作用和相互作用——组成组织自身的经营流程之间以及组织与外部经济主体之间的结构耦合与共生联合。

　　企业经营风险包括由于外部和内部因素、压力以及企业要承担的影响而导致企业经营目标不能实现的风险，以及与企业生存和盈利能力相关的风险。它从系统的观点可以看作是组织战略和经营流程与其外部环境之间联系的强度，也就是说，任何可能弱化组织与其外部环境联系的外部和内部力量都形成经营风险。风险影响到每一企业的生存能力；影响到企业在其行业内的成功竞争；影响到保持其财务力量和积极的公共形象；影响到保持其产品、服务和员工的全面质量。

　　与细胞膜、人类中枢神经系统等开放系统相似，组织在自身形成了介入外部力量与组织行为之间的复杂调节过程。在更高的水平，这些调节过程更加独立和自发，对组织与其环境的相互作用更具有决定性（例如，最近的向员工授权的趋势）。组织在整体上表现出了新生的行为，也就是说，如果它的组件是相互独立的，它的行为会非常不同于预期的行为方式。新出现的行为是内部调节过程的外部行为表现。它表示一个科层组织，具有较高层的指导，并约束较低层的行为。正是对较低层成员的约束才产生了较高层的新行为。如果这种约束不存在，那么较低层的成员就会如同它们是独立的那样运作，而且，那将不会有新的行为，从而也就没有了更大系统的特征。组织内在的复杂水平是系统结构的一个特征，它受到以下因素的影响：单个组成单元的数量；组织科层中不同层级的数量；实施经营活动的不同经营流程的数量；所有这些组成单元之间以及这些组成单元与外部经济主体之间联系的数量和强度。

【相关链接8-1】

Beer的系统构成要素科层结构

　　Stafford Beer把大脑、国民经济和公司等结构归入他称之为"超级复杂"的一个类别。在其名为《公司的大脑：组织的管理控制论》一书中，Beer模拟人类神经系统，提出所有生存系统的五层科层构成单元。图8-1列示了Beer科层理论的一个简化版本。我们增加了右边的列，以描述我们对构成人类神经系统的科层的经营模拟。

系统层次	物理模拟	职能	商业模拟
系统1	器官，肌肉	行为	经营流程
系统2	脊髓	信号处理和传递	信息系统
系统3	脑桥 / 骨髓	自律控制	经营流程内嵌的控制
系统4	间脑 / 神经中枢	监督系统及其环境；感觉；激起系统3和系统5	风险管理流程
系统5	皮质	策略形成	战略管理流程

图 8-1　Beer 科层理论图示

根据 Beer 的观点，每一个能生存的系统都是这样一个五个子系统的科层组织。此外，复杂的可生存系统是由具有这种五层结构的可生存子系统构成的。为了能够生存，一个公司的各个部门应当以这种方式组织起来。整个公司，作为一组相互联系的部门，也应当具有这样类型的结构。经济体系的一个可以生存的部分也应当具有这样的结构。自然而然，整个国民经济，要想生存，也应当用类似的方式组织起来。从国民经济的高度来看，在层级上，单独一个公司或地区运行在系统1、系统2和系统3的层级上。它自己的高层级系统4和5可以视为更高聚合系统自律过程的一部分。

应用 KPMG 的 BMP，审计师分析五个系统层级（经营模拟）中的每一个，并将这些分析与其他有关客户环境的分析整合，形成它的整体系统决策框架，以评价财务报表认定的正确性。

2）战略系统视角

审计师获取对客户经营和行业的了解、考虑客户经营风险和评价审计风险所持的观点或思维导向（也就是视角本身）会影响他的审计判断和行为。财务报表以及为了生成财务报表而制定的会计原则是为了对客户的系统动态（相互作用构成了一个广义的经济系统，为了财务报告而把客户组织放在其核心）提供一个正确的描述。如果外部审计师没有看到这样一个事实：审计实际上是评价构成这个广泛经济系统的相互关系和相互影响的实力，那么，他就会冒这样的风险：对客户财务报表的正确性得出错误的结论。从一定意义上说，被审计的内容实际上是这个更加广泛的系统。

因此，为了实施财务报表审计，审计师要对客户的经营和行业获得适当水平的了解，审计师应当把注意力指向客户的系统动态：它在其环境中的战略定位；影响其已实现绩效水平的意外行为；它与外部经济主体的联系或结构耦合的强度；共生联盟的性质和影响；具体的相互关系以及亏空与其绩效的内部流程的相互作用；广大经济网络中其他领域中发生的、可能会威胁到客户战略和市场定位的生存力的变化。这些系统特性决定了客户的战略能力和性能，它们可以提高组织的价值以及促进该价值的长期变化。

传统的外部审计师也把他的注意力指向许多这样的联系，如追踪行业趋势、确认应收款项、审核与测试关联方交易等程序都是用来处理客户与其外部环境之间各种联系的强度的。但是，他们并没有能够有效地把广泛经济系统作为一个整合的整体来考虑。审计师需要建立一套工作流程，更加注重发展有关企业的相互联系的强度、联系变化的速度与大小、公司战略的生命力等内容的知识，形成支持上述内容的证据。

【相关链接8-2】

把企业视为一个复杂的相互关系网

图8-2描述了一个企业，它是一个广阔的复杂经济网络所内含的相互关联的复杂网络。图8-2的视图就是审计师从战略系统视角所看到的景象。构成这个广阔经济网络的许多相互关联的实力反映了组织创造价值以及产生维持成长所需要的现金流的能力的限度。必要地了解这些联系的强度可以提供一个依据，以形成关于客户战略以及其绩效实现水平的质量和创造力的预期。

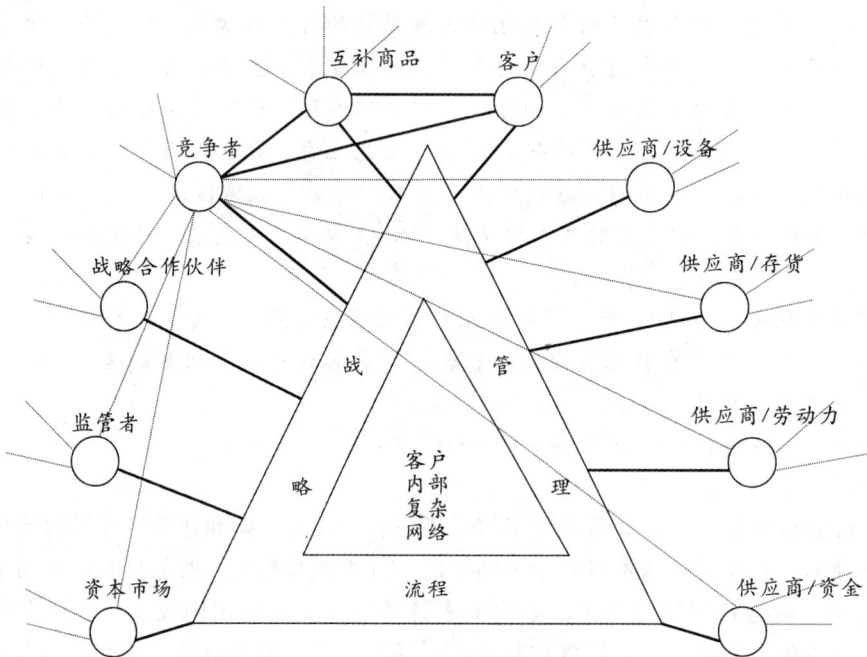

图8-2 企业关系网图示

3) 战略系统视角与传统的交易视角的比较

在传统上，审计师从交易的视角来评价审计风险并测试重大的会计交易。但是，交易视角把评价框定在一个狭窄或有限的视野内。交易视角不是把审计师的注意力集中在交易周围的广阔商业背景以及交易在该背景下的作用，而是更狭隘地集中到作为独立事项的交易上，因此，这就增加了审计师误解它们的背景、意义或目的的风险。此外，应用交易导向的观点，会产生这样一种相关倾向：过度地关注处理交易的会计技巧，而没有充分地关注它的经济背景。狭隘地集中在会计技巧上会把审计师的注意力从重点考虑交易在企业战略目标实现过程中的作用上转移出来。

通过交易视角形成预期会抑制审计师了解经济调整发生的程度和速度的能力。一个更加广阔的战略系统视角将会把审计师的注意力更直接地集中到广阔的经济系统的适应性行为上，这就可以提高审计师对所报告收益合理性的怀疑水平，从而形成更加正确的预期。

在风险导向审计中，审计师应当了解客户经营环境的系统特征，包括企业内部经营流程相互作用的性质和有效性以及企业外部环境。这种审计包括两个相互补充的焦点：整体焦点，了解和评价客户战略系统的动态；简化主义焦点，包括以企业较大系统背景下的相关知识为基础评价它的详细交易。组织的系统视角要求审计师考虑其非常广阔的经营环境，把对其组成部分（如经营活动、经营流程、单个的会计交易）的性质的推断建立在一个对这个广阔战略背景的全面了解之上。

● 8.3　风险导向审计的了解获取框架

为了有效地评价客户创造价值和产生现金流的能力，审计师应当逐步全面了解客户在价值链中的定位和在特定环境中创造和保持竞争优势的能力。对此，KPMG 提出了一个对被审计企业获取全面了解的框架：

（1）了解客户的战略优势。客户创造价值的计划是什么？其适当的市场领域是什么？使它比其竞争者更适合占领这些领域的优势是什么？

（2）了解威胁客户目标实现的风险。哪些因素会阻止客户创造目标价值？什么力量正在挑战客户的竞争优势？其风险管理、战略管理、信息管理的有效性如何？

（3）了解关键流程和实现战略优势所需要的相关能力。客户创造目标价值必须具有什么能力和流程优势？威胁流程目标实现的经营风险是什么？其流程目标和战略目标完全一致吗？流程控制在控制流程风险方面的有效性如何？

（4）计量和比较流程业绩。是否存在证据表明，预期的价值真正地实现了？或者说，从战略目标的角度来看，与竞争相比，流程实际执行得如何？有多少超过正常水平的利润是因为实现了战略优势和相关流程的效率获得的？

（5）应用客户经营模式、流程分析、关键绩效指标和经营风险结构来记录对客户创造价值和产生未来现金流能力的了解。创建一个综合的经营知识决策框架，作为一个战略系统视角，通过这个视角来作出有关管理层认定的专业判断。

（6）应用综合经营知识决策框架形成整体财务报表中所包含的主要认定的预期值。

（7）比较报告的财务结果和预期值，并规划追加的审计测试工作来处理预期值和报告结果之间的差异。

交易的适当记录、非日常交易会计和会计估计假设的适当性、所记录资产的价值、客户持续经营的能力、管理层欺诈的可能性，对这些事项的专业判断都应当建立在对企业综合了解的基础之上，也就是它创造价值的方式和竞争优势的持续性。如果缺少这样一个综合决策框架，那么将无法知道专业判断何时以及多大程度上被误导。

● 8.4　BMP：风险导向审计的风险评估计量程序

毕马威（KPMG）的经营风险计量程序（BMP）是典型的风险导向审计，以下将主要以 BMP 为例，阐述风险导向审计的基本理论。

8.4.1 BMP概述

1）BMP的构成要素

在BMP下，审计师把风险评价的焦点从交易风险导向转向客户战略经营风险导向。BMP指导着审计师了解获取的重点、范围和深度，支持审计师得出有关客户经营结果和财务状况的预期。构成BMP的方法和程序都是基于经营监督和计量的5个要素：战略分析、经营流程分析、风险评估、经营计量、持续改进。这5个要素以及它们之间的相互关系如图8-3所示。

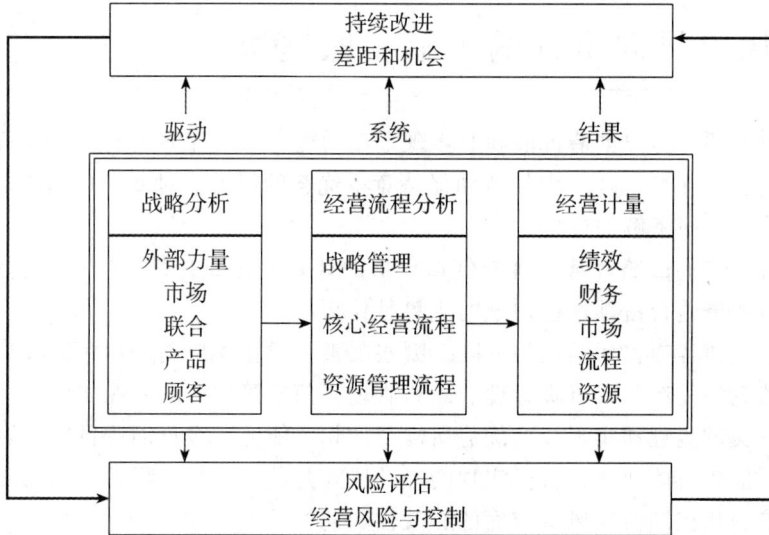

图8-3　BMP的构成要素

在战略分析中，审计师要分析客户经营所在的行业，分析客户在其行业内获取持续竞争优势的战略，分析对战略的成功实施造成威胁的经营风险以及客户对这些风险的反应。在战略分析中，审计师对下列事项作出判断：客户是否具有占领当前市场领域的优势？外部力量是否对这些领域造成了威胁？根据客户的战略定位来看，会计选择是否适当？

在经营流程分析中，审计师分析客户组织的关键经营流程，作为一种对构成每一流程的作业流、流程之间以及流程与个人和主体外的组织之间如何发生相互联系以及那些决定了这些相互联系强度的能力和竞争优势逐步获得广泛了解的手段。在经营流程分析中，审计师识别重大的流程风险，逐步了解它们是如何被控制的。审计师采用流程绩效的计量方法来识别客户流程与表现出相同流程优势的直接竞争者的类似流程之间的差距。而且，审计师要获得对用来管理组织关键经营流程绩效的重要计量方式的了解，并考虑这些计量方式在何种程度上可以用来作为确定性证据，来支持其对财务报表认定的预期。

【相关链接8-3】

流程再造

在20世纪90年代，存在着这样的一股潮流：如果企业要获得"流程优势"，就要重新设计其核心经营流程和外包其非核心流程。传统上，管理一直集中在经营投入和产出，把核心经营流程的实施留给了低层次的操作人员。今天，我们看到了向流程驱动竞争的转变，从而，高层管理者把他们的注意力转向创造流程优势。与有生命的自然界类似，获得流程优势的组织能够生存下来并获得发展，反之，停止于较低水平流程绩效的组织就面临着灭亡的危险。

在风险评估中，审计师要了解客户的风险管理流程，以及客户在多大程度上监督了那些对整体经营目标和经营流程目标的实现造成威胁的风险。管理控制的主要目标就是确保风险监督和控制活动与整体战略目标完全一致。充分的风险管理过程包括战略层面和经营流程层面的一些子流程，一个有效的管理控制过程要整合和协调发生在两个层面上的监督和控制活动。战略经营风险威胁着企业整体经营战略（如它与其环境的相关性强度）的成功实现，而流程经营风险威胁着具体流程目标的实现。审计师了解了管理层识别和控制经营风险的流程以及管理层有关经营风险的认知、假设和判断后，它要评价经营风险对客户经营和审计方法的意义。特别要注意风险管理过程的充分性，包括要考虑被管理层识别出来的这些经营风险是否完整，经营风险是否按重要性进行了适当排序，现有的控制措施是否把风险降低到了一个可以接受的水平，会计选择和财务披露是否适当地反映了未控制的风险。

在经营计量中，审计师要计量对经营有最大影响的流程和变量，也要分析过去的和类似组织的相关绩效计量（财务的和非财务的）。交易基础的审计程序，经过应用支持以战略系统视角形成预期的综合客户经营模型的调整之后，可以用于非常规交易和非常规、高度判断性的会计估计。计算机辅助审计技术也可以用于常规交易总体，以过滤掉那些本质上与众不同的交易。如果相关的财务和非财务计量不一致，主要财务报表认定与审计师对组织战略系统动态（包括对战略和流程绩效的计量）的了解不一致，就应当规划追加的审计测试工作。

在持续改进阶段，审计师要用标准的目标计量方法和表现出一致流程优势的竞争者的计量方法来实施和报告流程绩效和财务绩效偏差分析。此外，审计师识别和报告那些如果改进就能实现客户所追求的"流程优势"的流程领域。这些新型的诊断性经营保证服务是BMP审计的天然副产品，为客户组织提供了额外的收益。

2）BMP的经营模型

审计师用"客户经营模型"来组织和整合所搜集的有关客户经营和行业的信息。这个经营模型是一个工具，它有助于审计师逐步获得对客户经营设计与管理的有效性和它所面临的主要绩效问题的了解，以更好地评估审计风险。如果完成后，这个客户经营模式是一个战略系统决策框架，它描述了经营主体内实施的各项相关的活动、影响到主体的外部力量、与主体外部的其他组织和个人的商业关系，如图8-4所示。

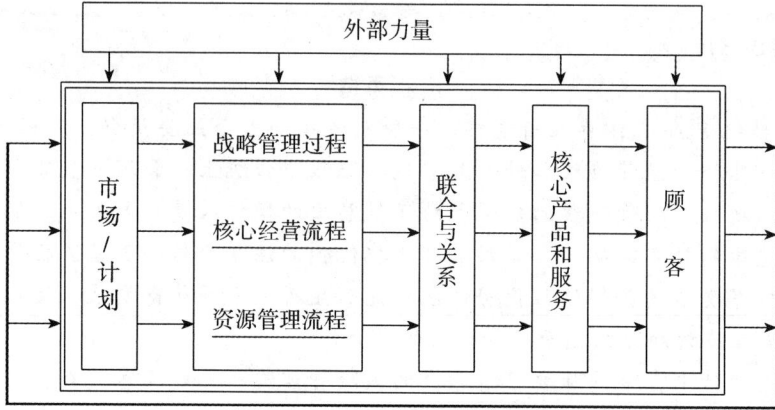

图8-4　客户经营模型的框架

客户经营模型主要由八个要素构成：

①外部力量——来自于主体外部的那些威胁到企业经营目标实现的政治、经济、社会和技术因素、压力和力量。

②市场/计划——企业选择进行经营的领域，以及设施的设计和选址。

③战略管理过程——一个实现以下任务的过程：制定主体的任务；确定主体的经营目标；识别对经营目标的实现造成威胁的经营风险；建立经营风险管理过程；监督经营目标实现的进展。

④核心经营流程——一个开发、生产、营销和分配企业的产品和服务的流程。这一流程不一定要遵循传统的组织或职能线，但是，反映了相关经营活动的关联性。

⑤资源管理流程——获取、开发，并将资源分配到核心经营活动的流程。

⑥联合与关系——企业建立联系，以实现经营目标，拓展经营机会，降低或转移经营风险。

⑦核心产品和服务——企业供给市场的商品。

⑧顾客——购买企业产品的个人和组织。

此外，应用客户经营模型来组织和整合客户经营和行业信息有助于确保审计师适当考虑重大的客户经营风险以及它们可能对审计风险产生的影响。经营计量和监督要素以及相关分析程序代表着审计师为了完成这个完整的经营模型模板所实施的了解客户经营和行业信息的活动。在实施这些分析程序的过程中，审计师为了最终的目标工作：整合其所获得的有关一个生存系统五个层次要素的了解，以洞察客户系统的动态以及战略和环境之间的相关性。审计师可以应用思维过程（mental process）或更正式的经营模拟和系统思考工具，或两种工具的结合，来组织有关客户战略系统动态的思考。审计师用来在思维上吸收所获知识的过程对每一个客户和每一个审计师来说是唯一的，因此，不能也不应当简化为高度结构化的形式，如模板、核对表或者数学模型。

8.4.2　战略分析

战略系统视角把审计师的注意力集中在管理者是否为重塑行为模式设计了有效的战略。战略分析的目的是为审计师提供对客户组织经营所在广阔环境的深入了解，使其把注意力集中在组织的战略定位和重定位的潜力。这里既包括客户组织的行业环境，也包括全球环境。审计师对客户在行业领域内获得持续竞争优势的战略的了解也包括在内。同时，威胁这个战略的经营风险应当连同客户对这些风险的反应一起识别。

作为战略分析的一部分，审计师要获得或更新对客户组织历史、其管理层的经营战略和目标、客户组织面临的经营风险、管理层计划的对这些经营风险的反应以及管理层已经实施的经营流程等内容的了解。战略分析不但要重点关注已识别的经营风险与管理层的反应之间的关系，还要重点关注经营战略和辅助经营流程之间的关系。

在战略分析中，审计师会首先获取一般行业知识，包括那些可以从行业协会、期刊等渠道获得的信息。接着，应考虑获取该行业结构的有关信息，包括它的市场分割、构成该行业的各种组织的动态变动、该行业的企业面临的主要经营问题以及重大的行业风险。KPMG 开发了（并且依据合理的可行性而更新）"行业分割经营模型"，它包含了上面提到的信息。

审计师通过调整行业分割经营模型来反映客户特定的市场定位和特征，构建了客户与其环境的八要素经营模型。客户经营是复杂多样的，因此，分割经营模型（SBM）只是了解客户的一个起点。确定的是，一般行业分割经营模型（ISBM）不能反映客户所有的特征，而且，这种差异非常重要。

在战略分析的最后，审计师要了解客户对环境作出反应所设定的"指导性过程"，考虑以下问题：

①广阔的经济环境与客户所竞争的行业分割领域之间的关系；

②客户在其行业分割领域的定位与角色；

③客户当前定位所面临的威胁；

④客户选择的细分市场的需要与需求；

⑤客户与其竞争者在每一领域内的总体生产能力；

⑥管理层对于如何比其竞争者更好地满足市场需求的远见；

⑦管理层实现远见的具体战略和计划。

而且，审计师通过对以下问题的审核，会获得对客户如何管理经营活动以及其战略和环境力量范围之间是否"适合"的了解：

①客户的战略管理过程；

②正式的战略计划；

③客户监督出现的或变动的外部威胁所进行的"环境扫描"的方法；

④客户在组织内部沟通战略的方法以及这种沟通的清晰性；

⑤客户监督与战略目标相关的整体绩效所用的方法和措施。

此外，最重要的是，审计师要通过处理下列类似问题来考虑客户的战略和战略管理过程对审计的意义：

①客户的经营战略与战略经营风险对主要的会计选择和财务报表披露来说有什么意义？

②会计估计与评价是否反映了重大的经营风险？

③在经营流程或交易层面，客户的战略风险将会如何影响追加的审计工作？

8.4.3　经营流程分析

经营流程分析是用来向审计师提供在审计前期识别的主要经营流程的深入了解的。通过这种分析，审计师了解了客户组织如何创造价值。特别是，要对每一个关键核心流程进行深入分析，识别重要的流程目标、与这些目标相关的经营风险、所建立的用来降低风险的控制以及风险与控制对财务报表的意义。同时，检查每一重要资源管理流程的同一重点内容。在经营流程分析中，审计师既要识别相关的财务报表账户余额，又要识别那些看起来呈现显著错报风险的交易的类别（如常规与非常规交易和会计估计）。

经营流程分析采取了价值链方法来分析客户在国内和全球经营中相互关联的活动。它与 W. Edward Deming 关于经营流程和整体质量管理在监督这些流程的价值方面所起的作用的观点是一致的。核心经营流程代表着企业面向客户的主要的活动。它是那些创造顾客视角的价值的核心经营流程的成功联合和实施。在经营流程分析中，审计师要认识到客户经营活动具有功能交叉的性质。此外，他们还要认识到，并不是所有的流程内和跨流程的活动都是连续的，而且，流程之间存在重要的联系。

图 8-5 列示了审计师用来分析客户的核心经营流程和重要资源管理流程所使用的流程分析模板。这个模板是一个框架，它指导着审计师用八因素方法搜集和整合经营流程的有关信息：流程目标、投入、作业、产出、系统、交易分类、威胁目标的风险、绩效差的其他症状。

流程目标　流程的目标是一个说明，它定义了流程在实现主体经营目标的过程中所发挥的关键作用
投入　流程的投入指的是完成流程中的作业所需要的要素、材料、资源或信息
作业　作业指的是那些一起生产产品的流程的行动或子流程

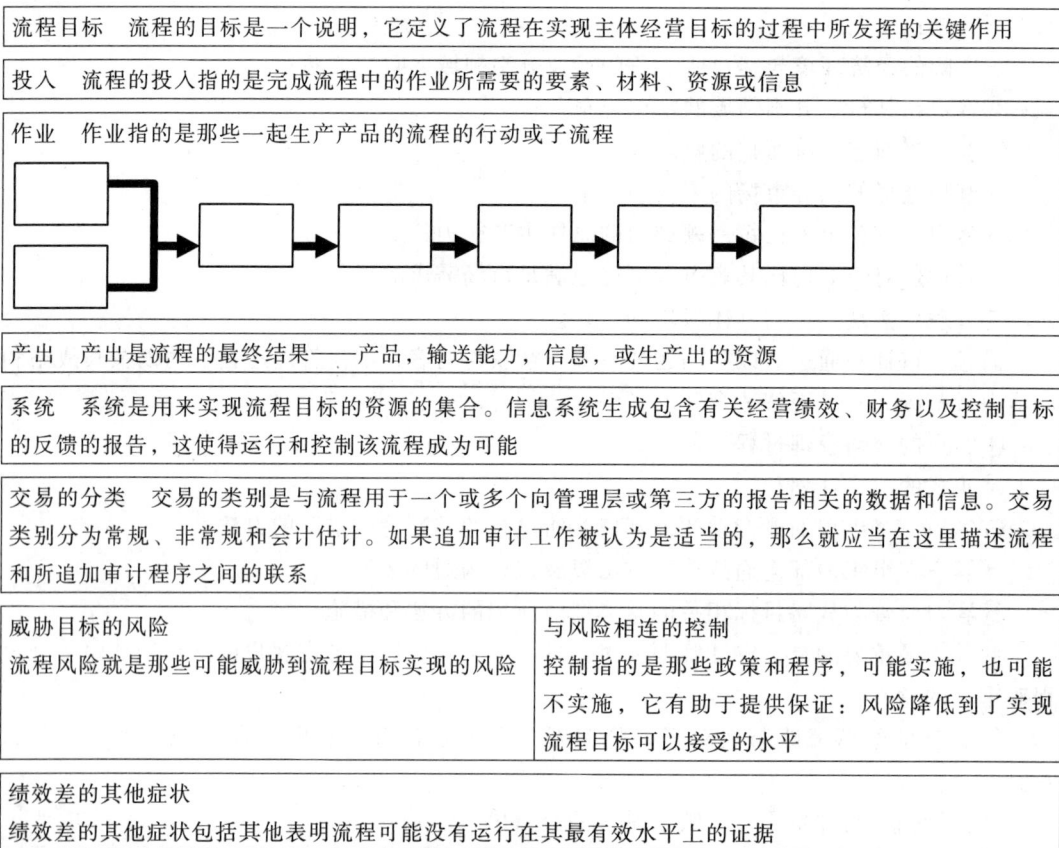

产出　产出是流程的最终结果——产品，输送能力，信息，或生产出的资源
系统　系统是用来实现流程目标的资源的集合。信息系统生成包含有关经营绩效、财务以及控制目标的反馈的报告，这使得运行和控制该流程成为可能
交易的分类　交易的类别是与流程用于一个或多个向管理层或第三方的报告相关的数据和信息。交易类别分为常规、非常规和会计估计。如果追加审计工作被认为是适当的，那么就应当在这里描述流程和所追加审计程序之间的联系

威胁目标的风险 流程风险就是那些可能威胁到流程目标实现的风险	与风险相连的控制 控制指的是那些政策和程序，可能实施，也可能不实施，它有助于提供保证：风险降低到了实现流程目标可以接受的水平

绩效差的其他症状 绩效差的其他症状包括其他表明流程可能没有运行在其最有效水平上的证据

图 8-5　流程分析模板

在经营流程分析结束时，审计师要更新他对下列问题的了解：（1）客户如何创造价值；（2）客户是否进行了有效的调整，以使经营流程作业与经营战略一致；（3）对客户经营目标的实现构成威胁的重大流程风险是什么；（4）流程在控制重大战略与流程风险以识别经营流程作业和相应的经营风险与控制的财务报表审计含义的有效性如何。这些关于客户经营的详细的、更新的了解为审计师逐步形成对客户经营结果和财务状况的预期提供了一个依据。

8.4.4 风险评估

1）新的经营风险控制模式

风险评估是 BMP 审计过程中的一个持续进行的过程。在战略分析和经营流程分析中，审计师审核了客户建立的用来识别和管理战略与流程风险的历程与程序。

很多年来，企业用了各种各样的实践来控制风险。但是，在很多组织内，控制是一个被误解和误用的概念。在很多情况下，控制通常表示僵硬和刻板的预算、看起来没完没了的管理报告要求，以及不堪重负而又通常不相关的沿着组织层级上下流动的信息。迅速变动的市场、公司层级的扁平化，以及在当地层次扩展授权范围的需求使得误解和误用控制的成本越来越高。面对这种趋势，管理者重新思考了控制的基本定义，以及应当如何识别和降低经营风险。

很明显，一个主要的经营风险就是编制和向投资者、债权人以及员工发布误导性的财务报表和其他信息，因此，组织要继续投入大量的资源来监督这种风险，而且，审计师的职业风险也会通过了解经营风险对财务报表及相关披露的意义而继续降低，但是，实现控制的方法和机制将会有所不同。

传统经营风险控制模式与新经营风险控制模式的比较，见表 8-1。

表 8-1　　　　　传统经营风险控制模式与新经营风险控制模式的比较

旧范式	新范式
风险评估定期发生	风险评估是一个持续的过程
会计、库房与内部审计负责识别风险和管理控制	经营风险识别与控制管理是组织中所有成员的责任
分离——每一职能独立运作	相关——经营风险评估与控制要集中并与高层监督相协调
控制集中在财务风险的规避	控制集中在不能接受的经营风险的规避，紧接着就是管理其他不能接受的经营风险，把它们降低到可以接受的水平
经营风险控制措施（如果建立了）通常没有得到高一层管理者的完全支持，或者没有在公司内得到充分沟通	正式的经营风险控制措施由管理层和董事会批准，并在公司内得到充分沟通
检查和发现经营风险，然后针对来源作出反应	预测和防止经营风险，并持续监督经营风险控制
无效的员工是经营风险的主要来源	无效的流程是经营风险的主要来源

由于审计师在控制方面的知识得到了认可，所以，他们可以影响组织内演变的控制政策，认可控制范式的转变。更重要的是，审计师关于控制的思考必须发展，如授权会逐渐

模糊权力的界限以及日益扁平化的组织为职责分离提供的机会越来越少。审计师的传统控制观念，如职责与职能分离、支出的适当授权、资产的接触控制、交易的适当记录等，"定义了保护资产与确保信息完整性的程序性检测和制衡"，但必须承认，它只是当时组织控制综合体（mosaic）的一个方面。控制综合体的其他要素包括诊断控制系统、信念系统、边界系统和激励。诊断控制系统认为授权需要变动受控对象。传统上，投入和流程已经受到了控制。但是，缺少这些控制，被授权的下属要对绩效负责，并且，诊断控制系统要计量和监督这些绩效。同样，要求获得有效授权的个人承担风险，并对这种风险承担行为以及实现更高的绩效提供相当的回报。这些回报，货币形式的或非货币形式的（如公开表扬与赞誉）都是在与组织愿景一致的、切实的绩效基础上给予的。

发展中的组织控制结构包括战略控制过程、管理控制过程和经营流程控制过程：

①战略控制——这些程序是用来评价环境风险变化对经营的影响、规划经营风险控制战略，并协调组织与这些战略一致的。

②管理控制——这些程序驱动着贯穿组织的经营风险评估与控制。

③流程控制——这些程序是用来持续地评估经营流程没有实现其预定目标的风险的。信息处理/技术风险内含于流程风险，如果流程中所用的信息技术没有像预期那样运行，或损害了所生成信息的可用性、安全性、完整性、相关性和可信性，它就会发生。

2）BMP的风险评估活动

在审核客户风险管理程序的过程中，审计师要逐步了解管理层对经营风险（既包括战略经营风险，也包括经营流程风险）的认知，并评价管理层评估这些风险的潜在影响所基于的假设的合理性。这些基本的假设可以看作是发生概率假设与影响大小假设的联合。而且，审计师利用在战略和经营过程分析中获得的其他信息来对范围作出判断，即管理层是否考虑了所有的重大经营风险。此外，审计师要用这些信息来判断战略和过程风险未被控制的程度，即确定剩余风险的水平。

下一步，审计师根据相关的具体财务报表认定对风险进行分类，进一步整合剩余经营风险的有关信息。此外，他会考虑这些类别的风险之间可能的相互作用，并形成有关它们在财务报表中如何表述的预期。这种整合的知识，加上经营计量，为审计师提供了对财务报表所包含的认定进行诊断的基础，并且指导他对形成有关认定正确性意见所应当获取的追加审计证据的类型和内容进行战术规划。

在审计结束时，审计师将会形成一个客户组织的经营风险框架。在这个经营风险框架内，剩余经营风险被分为战略风险和过程风险。而且，经营风险框架内风险之间的相互影响得到了识别，而且，风险分类和识别的风险与相关的财务报表认定是交叉匹配的。审计师将会用经营风险框架来帮助他对调整后的财务报表进行最后的审核。

8.4.5 经营计量

与风险评估类似，经营计量在审计过程中也是持续实施的。审计师计量那些看来对客户组织有较大影响的经营过程和变量，并分析不同时期以及类似组织的相关主要绩效计量（财务的和非财务的）。而且，审计师要根据它们对相关财务报表认定的影响评价客户的收入确认实务，以及客户所报出收益的质量。这些计量和评价要结合审计师对剩余经营风险的了解，并记录在客户经营模型中。

　　更新的客户经营模型以及审计师为了更好地了解客户战略系统的动态而实施的思维或更正式的模拟，为形成对客户的整体绩效实现水平以及具体账户余额和交易分类所包含认定的预期提供了一个可以证明的依据。而且，如果其预期与管理层的财务报表认定存在重大的不同，更新后的客户经营模型为审计师提供了诊断症状、形成和测试关于意外偏差的原因的有关假设所需要的信息。

　　为了评价收益的质量，审计师要考虑三个方面的因素：（1）所报告收益的准确性——较保守的会计实务会产生较高质量的收益；（2）收益的整体持久性——将来保持当前报告的收益水平的能力；（3）客户报出的收益与现金流的相关性——客户收益与现金流的相关性越强，收益的质量越高。这些因素依次与下面的一个或多个要素有关：收益表要素的稳定性，资产的可收回性，资本的保值、增值。

　　审计师采用的一个方法是分析客户的会计实务，并与一般的行业实务比较。这种比较会使那些与行业标准不同的实务凸显出来，从而会提示提高了的风险。那些不一定不适当但是提示了提高了的风险的可能收益管理实务包括：印象管理——通过基于报告短期而不是长期收益能力的选择影响其他人的认知；收益平滑——管理报告的收益增长；其他收益管理活动——如不是为了其他经营目的而是围绕会计收益影响签订合同和构建活动（如财务）。审计师要寻找的线索的类型列示在表 8-2 中。

表 8-2 　　　　　　　　　　　　　　　　收益质量指标

因素	较高收益质量的指标	较低收益质量的指标
应计项目与其他会计估计	年与年之间是一致的	因为以前应计收益的变动而经常调整
会计变动	减少收益，而且很少发生	增加收益，而且经常发生
收益确认	反映了基本的现金流	在现金流之前很久就发生了
披露水平	高	低

　　在经营计量过程中，审计师也会用主要绩效指标（KPIs）以及客户经营模型中所包含的综合知识来评价企业的整体绩效和主要经营流程。KPIs 是由企业或审计师搜集的持续的或定期的、财务的或非财务的量化计量方法，管理层和审计师用来评估企业在已确定的经营目标方面的绩效。流程层面的 KPIs 集中在流程绩效的三个方面：周期、流程质量、流程成本。更具体地说，管理层会用下面的一种或多种 KPIs 来监督和控制流程绩效：

①浪费，重做以及其他流程无效的指标；

②流程中积压的工作；

③客户反应时间；

④工作在子流程和部门之间再循环的次数；

⑤记录错误的数量；

⑥客户满意率；

⑦路线错误的数量；

⑧增值处理时间；

⑨信息处理错误。

KPIs没有因为财务报表认定而产生偏见，它是通过可靠的渠道获得的，可以提供证据来支持审计师的意见。KPIs可以为被具体经营流程处理的经营风险得到了有效控制这一事项提供证据，而且，可以用作实质性测试来获取有关账户余额或交易类别层面上的具体认定的证据。比如，对一个零售商客户来说，一个衡量"订单履行周期"的KPI可以提供这样的证据：与订单履行过程（如客户不满意会导致销售额的大幅度下降）有关的经营风险正得到有效的控制。当然，在这种情况下，审计师对收益质量的信任度也会得到提高。此外，这个KPI可以帮助审计师形成下列事项的预期：期末存货、本期的总销售额、销售成本，以及年末销售的会计确认是否得到了适当的截止。

在审计结束时，审计师将会建立起一个完全整合的客户经营模型，它包含了审计师通过应用BMP计量要素以及通过思维或更正式的经营模拟过程搜集到的所有信息。他将会以完善后的模型为基础，对调整后的财务报表进行最后的审核，对客户持续经营的能力进行最后的评估。而且，客户经营模型将会为审计师提供一个基础，审计师可以以此向管理层提供客户在经营、财务报告以及控制目标与目的方面所实现水平的附加保证。

8.4.6 持续改进

一个企业组织通过持续地循环一个过程来控制和改进它的经营绩效与生产潜能，这个过程包括计量和报告绩效反馈，创新，实施新的、改进后的技术与组织设计。很长时间以来，适应性行为的速度提高了，因为组织以及它们开放所对的更广阔的系统变得更加相关，更加复杂，从而更加敏捷。

图8-6用反馈循环图描述了一个组织的适应性过程。如图8-6所示，起初，组织选定了使命，确定了经营战略。接着，它确定了经营目标，实施了组织设计与相关的经营控制，引导了经营活动，计量并报告了经营结果。然后，实际结果要与组织战略规划中明确规定的预期结果进行比较。对观察到的差距的了解，整合对环境变化的了解，可以引发组织的了解以及新技术的创新与实施。组织通过持续基础上的环形运动而循环，通过作出适度的、短期的经营变动而对日复一日的经营反馈作出反应，以一种更加基础和谨慎的方式反馈系统整体的绩效和系统整体的风险。典型的反应包括经营战略的重新定位，重新设计经营流程，这样才能与新的远见和经营目标一致。

作为一个开放的系统，组织的行为也会通过与外部的相互作用引起外部环境的变化。比如，客户的口味和偏好受新产品介绍的影响，受组织实施影响产品质量和价格的新技术的影响，也受服务质量和成本的影响。而且，资本供应者根据从组织获得的反馈以及其他关于经济环境的反馈来调整他们的战略和行为，这些反馈改变了他们关于可选择投资机会的排列顺序。正如图8-6所示，外部审计师的传统角色一直是向资本供应者和监管者提供有关企业财务报表内所包含认定的合法性的保证。而且，在管理建议书中，审计师都会提供一些独立但有限的反馈，涉及企业的信息管理过程，特别是为建议书的外部使用者提供的财务信息的有效性。在这种身份上，外部审计师在广泛的反馈与控制的经济整体系统里发挥了重要的作用，但是在组织内部的反馈与控制过程中发挥了较小的作用。

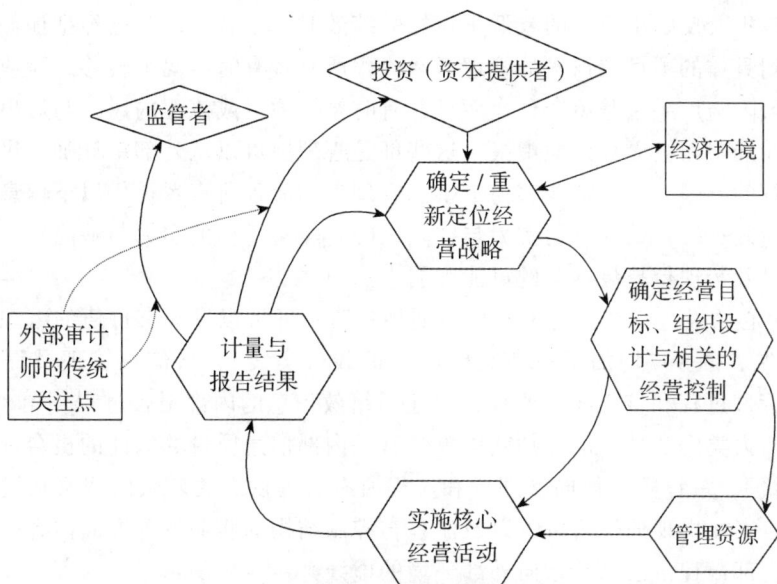

图8-6 组织持续调整过程的反馈循环

形成对客户的经营和行业的深入了解之后，审计师就不但能在较大经济系统的反馈过程中起到颇有价值的作用，也能在组织内部的反馈过程中发挥有价值的作用。图8-7描述了这些新的反馈作用和保证机会。审计师所获取的有关外部力量和宏观经济趋势、组织的战略与流程风险、战略管理的质量与效率、核心经营与资源管理过程的全面了解，结合他所搜集的主要流程绩效指标，使得审计师可以以审计副产品的形式向组织的董事会、上层管理者、经营流程的所有者提供有价值的独立反馈。

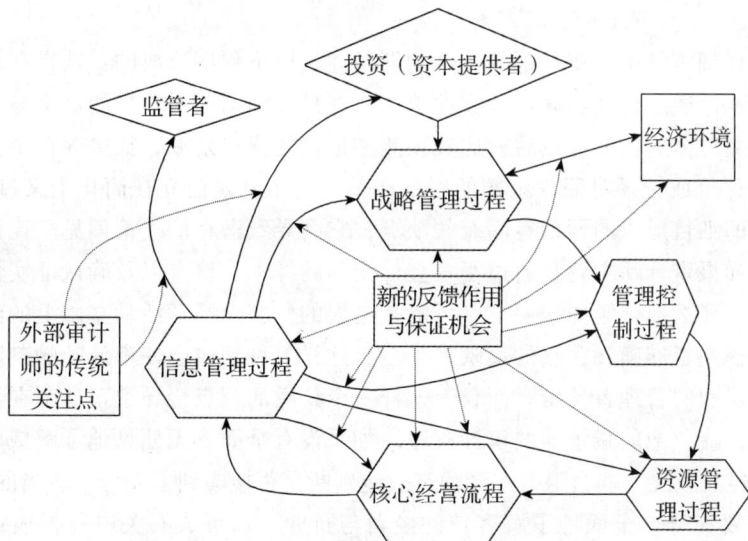

图8-7 来自BMP的新的反馈作用和保证机会

同样，一个组织通过自我反应过程形成的形象也会带有重大的偏见。这种偏见是无意识的通过组织的内部协调过程，以及组成单元之间以及组成单元与外部经济主体的压力产生的。比如，用来激发和调整管理者和员工行为的激励与回报也会导致谎报重要的反馈，尤其是当不谎报会反映出负面的或低于目标的绩效时。或者，那些已经把他们的名誉和过去的能力投到具体的项目或技术的管理者和流程所有者有时会竭力转移风险或通过谎报与项目有关的风险与后果来避免变动。而且，有时候，项目或流程的风险与后果因为人类信息处理的内在局限而被无意识地虚报。这些都是管理层可以从外部审计师提供的独立反馈与保证中获益的原因。审计师能够为董事、管理者和流程所有者提供以下信息：（1）企业整体层次的绩效；（2）结构上的实力与缺陷；（3）经营过程的实力与缺陷；（4）它现在的战略定位，以及与现行趋势有关的可能脆弱点。

图8-7中心的虚线箭头指向了多种可能性，审计师可以发挥有价值的组织内反馈或保证作用。首先，图8-7增加了三条组织内反馈线（实线），从信息管理过程到管理控制过程、资源管理过程和核心经营流程，描述了绩效信息的内部报告过程。图8-7进一步区分了审计的两大类副产品：审计师获得提供有关内部信息质量的保证的机会（指向组织内反馈线的虚线）；审计师获得向管理者和流程所有者提供有关剩余的战略和过程风险、主要绩效指标、正在出现的经营风险以及流程与控制结构的脆弱点等方面内容的辅助反馈的机会（指向内部流程自己以及指向外部环境的虚线）。

● 8.5 风险导向审计的分析程序与证据的获取

风险导向审计主要包括以下三个环节：形成有关经营绩效与财务状况的预期，比较预期与财务报表所包含的认定，评价重大的差异。应当通过把来自于可靠来源的信息整合成与支撑管理层在财务报表中所作呈报的企业行为有关的专门知识来形成预期。预期不应当过度地受到正在被审计的认定的影响。否则，无论其是否是合法的，审计结论都会偏向接受这项认定。

在传统的详细审计中，审计师的一些预期是通过以下程序形成的：选择一个会计交易的随机或判断样本；通过检查与确认证实性单证、观察、询问或重算来测试交易；把调整的样本数额作为预测总体的依据。然后，比较预测和记录的账户余额，如果存在重大的差异，就会导致进一步评价或记录对账户余额的一次调整。由于其是建立在简化主义过程的基础上，依据交易样本的细目形成的预期有固有的缺点，它会导致潜在的决策偏见。比如，在交易的详细审计中，如果审计师主要是通过复核会计交易的样本、检查以及确认证实性单证来获得对经营的了解，那么他会倾向于假定（可能是错误的）客户经营活动基础上的经济状况在这些会计交易中得到了准确和完整的反映。当然，这样一种倾向会使审计师的判断偏向于支持接受企业整体层次的管理者认定。而且，这样一个狭隘的观点会导致审计师在搜集到充分数量的证据之前，疏忽地削减了他的审计程序。如果没有全面、无偏见地了解威胁客户经营活动的那些固有经营风险，就会阻碍审计师有效地判断是否搜集到了充分、适当的证据事项。

审计师需要充分、全面地了解客户的经营与行业，以形成有关财务报表认定的正确预期，以及当认定和预期不一致时，提供某种会提高审计师职业怀疑的洞察力。审计师把他的调查仅限于嵌在客户会计系统内的信息处理控制，却企图确定客户经营风险得到控制的程度，这是不可能的。如果不在这个系统的外面看，审计师很难了解他是否对所有相关经营风险给予了应有的考虑，处理了所有经营活动，并计量了它们。而且，审计师如果要有效地判断会计估计和估价是否反映了未受控制的经营风险的适当水平，必须在会计系统的外面注意风险的实际来源以及用来控制它们的程序。

图 8-8 表示了战略系统经营模拟与经营流程导向分析性程序、客户的主要经营活动、相关固有经营风险、经营流程和审计风险之间的关系。如图 8-8 左边远一点的地方所示，组织的经营活动展现了固有经营风险，如果这些经营风险没有受到控制，就会较大程度地影响审计风险。经营控制内嵌在客户的经营流程中，以把这些经营风险降低到可以接受的水平。审计师应用综合的战略导向和经营流程导向的分析程序体系来形成可以为他对财务报表认定的预期提供支持的证据。这些程序也把审计师的注意力引向那些特定的交易和账户余额，使其有正当的理由联合应用战略系统测试方法与传统的简化主义测试方法来对这些特定的交易和账户余额进行进一步的测试。图 8-8 列示了可以应用这些分析性程序的五个总括类别的客户经营活动。这些活动与相关的经营流程是：

①经营战略——战略管理流程要确定经营战略，监督战略风险的环境，以及当有充分理由时重新定位战略。

②经营目标与组织设计——管理控制流程确定并控制经营目标，设计组织实施经营战略的管理和运作结构；由于其与组织战略相关，风险监督与管理控制内嵌于核心经营与资源管理流程以监督和控制流程绩效。

③核心经营活动——核心经营流程实施核心经营活动。

④资源管理活动——资源管理流程管理企业使用的人力、实物与财务资源。

⑤信息管理——信息管理流程捕捉并对内对外报告所有经营活动的结果以及与组织战略和流程绩效有关的经营风险的信息。

图 8-8 展示的五个相应的分析程序（战略分析、经营模拟与道德流程评估、核心经营流程分析、资源管理流程分析、信息管理流程分析）加上流程的经营计量（KPIs）与企业整体绩效的结合，就构成了根植于战略系统视角的分析程序的总体。

从本质上来说，分析程序是综合的，需要充分地了解经营活动以及其他基本经济现象。图 8-9 提供了一个战略系统分析程序的概要。图 8-9 表明，像 BMP 那样以战略系统的视角审计组织，需要整合和吸收组织经营与所在行业的知识，以从整体系统的角度形成预期，审计师要用流程分析与经营计量来创造出客户绩效与财务状况的整体系统框架。如图 8-9 所示，如果以战略系统的视角审计一个组织的财务报表，审计师要加强对客户经营战略和相关行业与市场领域的了解，识别威胁这些战略取得成功的外部力量。应用这种知识，他要识别驱动组织实施其战略以及与环境相互作用的关键能力与相关的经营流程。

接着，审计师要识别每一主要经营流程的关键子流程，研究这些子流程，以获得对它们的目标、投入、活动、产出与支持系统的了解。他应用这些了解识别经营流程风险（威胁流程目标实现的风险），并建立一个决策框架来评价有充分依据的地方的经营控制。在每一子流程，他也会评价信息风险——与组织的信息需要相关的风险，包括它的财务报告以及其他遵守法规的报告需要，它的其他主要流程和子流程的高效果、高效率绩效的信息需要。把信息风险评价作为一个决策框架，审计师可以评价信息处理控制，并在有充分依据的地方测试特定控制。而且，在子流程分析中，审计师要评价作业、子流程、核心经营流程与经营战略的一致性，以了解内部活动和流程目标是否与经营战略完全协调一致。对每一关键经营流程来说，剩余风险都与财务报表认定（与战略绩效有关的认定和账户余额或交易类别层次上的单元认定，进一步分为常规交易、非常规交易或会计估计）相关。

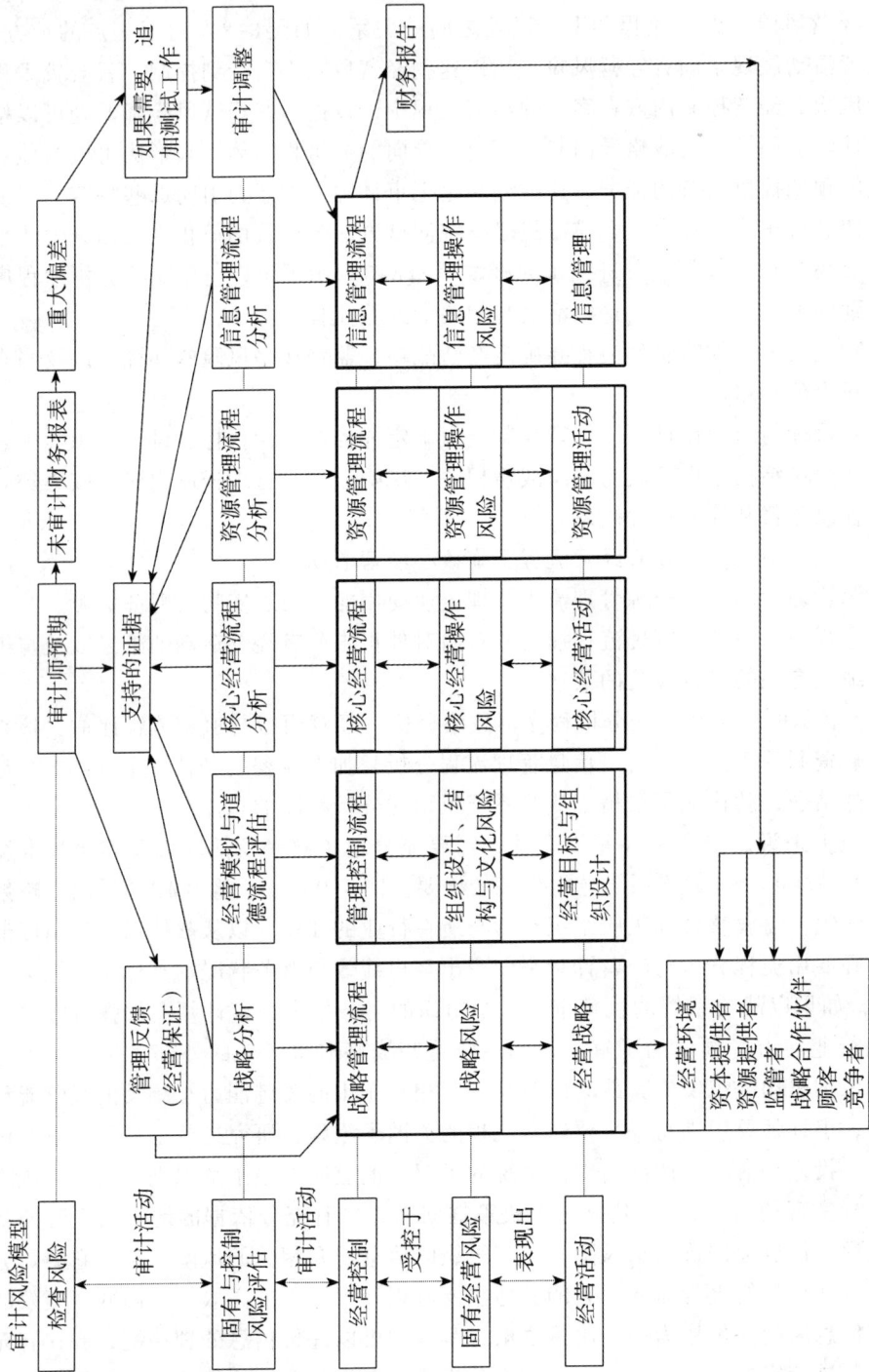

图 8-8 综合经营流程导向分析程序

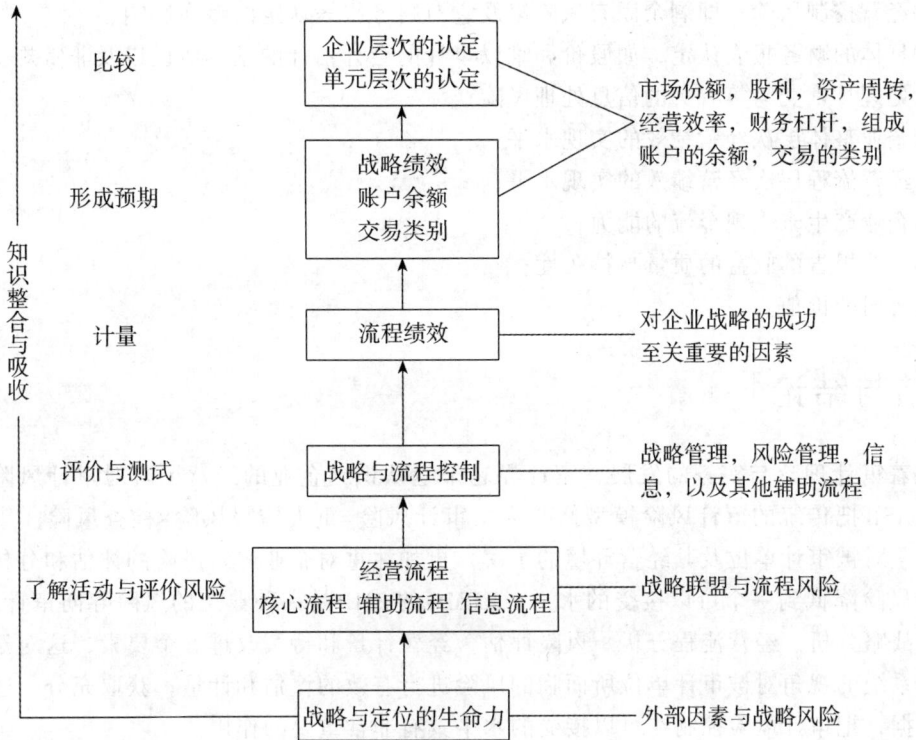

图 8-9 战略系统分析程序

然后，审计师用他对那些对客户战略的实施至关重要的能力和流程的了解，识别和计量流程的 KPIs。一旦对每一关键经营流程都用这种方式进行分析，把每一流程的剩余风险与关键绩效指标以及其他有关经营知识联系起来，审计师就可以结合财务报表认定，对每一认定的合法性形成完整的意见。对每一认定来说，审计师都要评价这种有关作业、风险、控制与流程绩效的联合知识，以识别潜在的不一致。企业整体层次的关键绩效指标（如组成股票回报树（ROW-tree）的各个比率）、账户余额与比率趋势以及一般规模的财务报表要联合财务流程、风险、控制与 KPI 信息来计量和解释。企业整体层次的 KPIs 也用它们与组织经营战略的一致性以及对企业战略的成功造成威胁的外部力量的可能影响来评价。

通过应用战略系统导向的分析程序以及有关的知识吸收过程，审计师搜集、分析和整合了可靠的、独立的、变成了专门知识的信息。而这种专门知识使得审计师能够对财务报表认定的适当性得出正确、适当的结论。这种专门知识的大部分来源于会计和财务领域之外，它比会计职能内的来源更独立和可靠，而会计职能传统上是审计询问的对象。

应用包含战略系统基础的了解获取框架的综合分析程序，结合对其他欺诈风险因素的评价，应当可以提高审计师发现和诊断与管理层舞弊有关的异常现象。而且，通过使审计师能够形成自己的有关异常财务报表趋势和变动的推断，而不是仅仅依赖于管理层的解释，一个全面的经营知识决策框架可以在适当的时候起到提高审计师职业怀疑水平的作用。

总之，通过它们内在的测验编制的正确性，战略系统基础的分析程序提供了下列事项的证据：

①内在经营风险以及在缺乏充分控制时对财务报表认定的潜在影响；

②经营控制风险，即剩余固有风险以及它对财务报表认定的潜在影响；

③具体的财务报表认定，如股价和难以审计的会计估计的基本假设以及非常规交易；

④处理日常交易等有关的信息处理风险；

⑤企业整体层次经营绩效的实现水平；

⑥经营流程层次经营绩效的实现水平；

⑦企业产生未来现金流的能力；

⑧企业报告的收益的质量与持久性；

⑨公司的价值。

[总结与结论]

随着审计理论与实务的发展，审计界越来越认识到企业的经营风险对审计风险的影响，IAASB把传统的审计风险模型修改为：审计风险=重大错报风险×检查风险。审计师更加注重对被审计单位及其经营环境的了解，更加注重对企业经营风险的评估和分析，以把审计风险降低到一个可以接受的水平。KPMG的BMP是一种典型的风险导向审计方法，它包括战略分析、经营流程分析、风险评估、经营计量和持续改进五个要素，这对于通过战略、系统的视角对被审计单位所面临的风险进行有效的评估和计量，获取充分、适当的审计证据，把审计风险控制在可以接受的水平具有非常重要的作用。

[练习题]

★ 简答题

修改后的审计风险模型包含哪些内容？它与传统的风险导向审计相比有什么不同？

★ 案例分析题

2003年4月在"中国会计视野"网站上有一篇文章，题为"风险导向审计是'五大'审计失败的重要原因？"（作者：飞草）。2004年4月ICXO.com（世界经理人网站）发布了该文章，下面的资料摘自ICXO.com提供的部分内容：

【ICXO.com编者按】专家对美国系列财务丑闻背后的审计失败得出一个结论，认为风险导向审计是导致五大审计失败的一个重要原因。本文以银广夏、东方电子一条龙造假为例，驳斥了这种错误观点，认为只有风险导向审计才能有效地发现客户存在的经营风险和舞弊风险，从而实施个性化的审计程序以发现客户存在的重大错报。仅有实质性测试程序是远远不够的，风险导向审计不是用来偷工减料的，但它有利于降低审计成本，而这种降低审计成本是在提高审计质量的前提下取得的。

引言　风险导向审计导致五大偷工减料

最近看到国内最好的审计专家黄世忠、陈建明合写的一篇文章，题目是"美国财务舞弊症结探究"，文章认为，导致"五大"审计失败的一个重要原因是与"五大"审计模式的改变有关。该文称，自20世纪90年代以来，"五大"特别是安达信的审计模式已经由制度基础模式逐步发展成为风险审计模式，这种审计模式的嬗变，实质上是审计历史上的一次重大革命，它改变的不仅仅是审计方法，更重要的是改变了传统的审计理念，并有可能使审计由一门高尚职业（其精髓由专业判断和公众责任组成）沦为一种唯利是图的生意（其核心是风险与报酬的权衡与抉择）。在民事赔偿机制不健全或赔偿风险可以转嫁（如职业保险）的环境下，风险导向审计可能诱导不信守职业道德的审计师为了节约审计成本而不惜牺牲审计质量，从而把会计师事务所变成专门对公司经营失败承担保险责任的保险公司，审计公费变成了保险费用。这样的理念，同高尚职业的基本要求相去甚远。

文章还认为，事实上，从安然、世界通信、莱得艾德、施乐公司等的财务舞弊案看，其舞弊手段不见得总是十分高明，有些手段（如施乐公司按虚构的毛利率调节各子公司的销售成本，莱得艾德公司通过编造没有任何原始凭证支持的会计分录调节利润）甚至比我国少数上市公司（如银广夏与ST黎明）所采用的手段更笨，如果"五大"严格按照审计准则的要求，实施比较详细的实质性测试程序，是应当能够发现并及时制止这些财务舞弊的。

银广夏事件发生后，国内会计职业界反思审计失败的同时，呼吁推行风险导向审计模式，以降低审计风险；而美国安然事件发生后，人们开始怀疑风险导向审计模式，认为风险导向审计模式导致审计偷工减料，从而增加审计风险。要不要风险导向审计，是摆在我国会计职业界面前一个非常迫切的问题，不管是支持者还是反对者，都承认风险导向审计是审计历史上的一次重大革命，风险导向审计与制度基础审计在审计思路上存在很大不同。

一、仅有实质性测试程序是远远不够的

银广夏、东方电子的舞弊是管理舞弊，这两起管理舞弊案件与证券市场上其他重大财务丑闻一样，公司最高管理层（如董事长、总经理）事先知情甚至亲自策划，在这种情况下，账项基础审计部分失灵，因为账项基础审计实质上是完全依赖实质性测试程序，实质性测试包括交易测试和余额测试，交易测试主要是测试"原始凭证与记账凭证是否相符、账务处理是否正确"，"一条龙造假"一般能做到证证相符、账务处理正确，所以此时交易的实质性测试失效，但余额测试并不一定失效。如果公司在虚增收入的同时虚增资产，则在对资产余额的实质性测试过程中，可能会发现造假线索或证据，如存货高估、应收账款虚增；如果虚增收入时没有虚增资产，则余额的实质性测试也失灵。就此角度，通过余额的实质性测试，可以侦查出银广夏造假，但无法查出东方电子造假，因为银广夏有大量的资产是虚构的，而东方电子实质是将投资收益洗成主营业务收益。

在"一条龙造假"的情况下，制度基础审计也部分失灵，制度基础审计与账项基础审计相比，多了"了解内部控制"及"控制测试"两道程序，与账项基础审计相比，制度基础审计重视对内控薄弱环节相关业务的实质性测试，它的理念是"内控薄弱环节地带可能存在更多的重大错报"。但实际上，一条龙造假往往是管理层策划、执行，绕过内控。如果是员工舞弊，内控导向的实质性测试可能是有效率的，而对管理层舞弊往往可能是无效的。

在风险导向审计模式下，是以风险决定实质性测试，这种风险更强调的是固有风险，当然也考虑控制风险，这种风险导向的审计模式，有以下做法区别于前述审计模式：

（1）审计目标集中在发现重大错弊，要求审计师自始而终保持专业怀疑；在专业胜任上，需要更多的专业判断。

（2）深入了解企业及其环境，从不同渠道了解企业所处的行业及同行情况，对企业作深入的研究，发现其潜在的经营风险及财务风险，并评估财务报表发生重大错报的风险。

（3）以风险评估决定审计程序的性质、时间和范围，如果评估企业发生重大错报的风险很高，则需要特别审计程序。

（4）以风险评估决定审计证据的质量及数量：风险评估得越高，所需要审计证据的证明力就越强，数量也越多。

风险导向审计下，同样的科目所需要的审计证据也是不一样的，如银行存款，如果余额较少，分析性复核比较正常，现金收支的内控比较健全、有效，则只需核实企业提供的银行对账单、银行存款余额调节表，可以要求企业代会计师发送银行询证函；如果银行存款余额较大，分析性复核发现波动较大，截止测试发现在结账日前有巨额的进账，这时要对银行存款进行重点测试：除了要求企业提供12月对账单及银行存款余额调节表，还要求提供1—11月的对账单及银行存款余额调节表；询证时，要派人跟随，监控询证过程；对巨额的进账单，要通过电话等方式进一步核实进账单的真伪。也就是说，如果发现某个交易、账户或财务报表存在较大的重大错报风险的可能性时，会计师要作出积极反映，一方面降低现在证据的证明力，另一方面扩大取证范围，取得更有证明力的证据。有几种渠道，一是向权威或独立的第三方取证，如海关、银行、税务、外管、工商以及行业协会、资信公司、评级公司等；二是向其他内部部门取证，印证已有证据的可靠性，如通过向生产部门得到生产统计资料证明当前的产量是正确的；三是委托专家、律师作背景调查和专业调查。

以银广夏、东方电子为例，风险导向审计模式下的审计程序是：

（1）了解银广夏、东方电子的企业及其所处环境，包括其所处的经济环境及行业环境，搜集同类上市公司信息，了解企业的组织结构、经营情况、内部控制、重大事项等。

（2）研究银广夏及东方电子，利用搜集到的财务信息及非财务信息，对银广夏、东方电子的经营战略进行分析，分析其竞争力；进行其主导产品的市场定位分析；进行供应链分析；研究银广夏、东方电子的毛利率为何会远远高于同类上市公司，在毛利率高的同时为何还能保持高速增长形象。

（3）研究主要产品的成本结构，对其主营收入进行重点测试，对银广夏重点海外客户德国诚信公司要通过资信调查公司调查其资信情况（高风险的科目要采取特别的审计程序），取得银广夏出口海关统计数据；通过电话方式询问东方电子主要客户合同和回款的真实性。

总之，由于造假的一条龙，即使是采取了"详细审计"交易的实质性测试方法，也无法查出造假。在现实中，针对一些主要是以现金结算、顾客又不索取发票的收入，如饭店营业收入，只有测试其内控是否健全、有效，才能对其收入的真实性、完整性发表看法。在当前的IT环境下，大量的单据是由电脑自动生成的，这种情况下，单据之间本来就已是证证相符，就像电脑账下去验证总账与明细账是否相符已没有多大意义，这时，去验证证证是否相符也没有多大意义。这种情况下，核实经济业务是否真实更多依赖于风险评估下的特别审计程序，如果发现业务异常，则只能采取扩大取证方式取得更有力的证据证明业务是真实的，除此以外，别无他法。仅仅依赖实质性测试，一方面不能查出余额真实的造假，另一方面由于余额测试的不谨慎或难以执行（客户篡改询证函回函、询证函无法回函）等，一旦余额测试不能直接进行，则只能改为"替代性测试程序"也就是"交易的实质性测试"，可想而知，这时一条龙造假是查不出来的。正是基于这种一条龙造假的管理舞弊，国际上已全面进入风险导向审计时代，尤其是安然事件发生后，审计就是要跳出账簿，跳出内控，根据现代财务舞弊特点，进入以查找管理层舞弊为核心的风险导向审计模式已是历史潮流，不可抵挡。

......

问题：

（1）结合上述实例，分析审计失败是由风险导向审计本身造成的，还是因为没有很好地实施风险导向审计造成的。

（2）结合上述实例，分析风险导向审计的优缺点。应当如何改进和完善？

★补充阅读材料

1.张连起，丁勇. 现代审计风险模型分析探讨［J］. 中国注册会计师，2004（10）.

2.刘明辉. 独立审计学［M］. 2版.大连：东北财经大学出版社，2002.

3.IAASB. ISA 200，Objective and General Principles Governing an Audit of Financial Statements.

4.IAASB. ISA 315，Identifying and Assessing the Risks of Material Misstatement through Understanding the Entity and Its Environment.

5.IAASB. ISA 330， The Auditor's Procedures in Response to Assessed Risks.

6.IAASB. ISA 500R， Audit Evidence.

7.BELL T，MARRS F，SOLOMON I， et al. Auditing organizations through a strategic-systems lens［R］. KPMG，1997.

8.DONNELLY，et al. Cases in strategic-systems auditing［R］. KPMG，2002.

第9章

风险导向审计的实施：
风险评估

[学习目标]

1.掌握了解被审计单位及其环境的风险评估程序；

2.掌握了解被审计单位及其环境的内容；

3.掌握重大错报风险的评估以及重大错报风险的类别；

4.了解与管理层和治理层的沟通。

在第6章中，我们介绍了企业风险管理框架和内部控制相关知识，在第7章中，我们阐明了风险导向审计的由来，在第8章中，我们论述了风险导向审计的基本原理，上述章节为我们学习风险导向审计的具体实施提供了必要的知识准备。在本章和第10章中，我们将介绍有关风险导向审计的具体实施。

在风险导向审计的计划阶段，审计师要制订具体审计计划，而具体审计计划首要的内容就是：为了充分识别和评估财务报表重大错报风险，审计师应当实施的风险评估程序的性质、时间和范围。审计师在实施进一步审计程序之前实施的整个风险评估过程是从了解被审计单位及其环境开始的，要通过风险评估程序了解被审计单位所在行业状况、法律环境与监管环境以及其他外部因素、被审计单位的性质、被审计单位对会计政策的选择和运用、被审计单位的目标和战略以及相关经营风险、被审计单位财务业绩的衡量和评价和被审计单位的内部控制，然后识别和评估财务报表层次和认定层次的重大错报风险。了解被审计单位及其环境为对确定和判断重要性水平、判定会计政策是否恰当、识别需要特别考虑的领域、确定实施分析程序时所使用的预期值、设计和实施进一步审计程序以及评价审计证据的充分性和适当性作出职业判断提供重要基础。

> **【相关链接9-1】**
>
> ### 谨慎处理上市公司审计风险
>
> 2017年4月，中注协以"业绩连续多年处于盈亏平衡点的上市公司年报审计风

险防范"为主题，书面约谈了部分会计师事务所，就事务所承接的 2016 年年报审计业务可能存在的风险进行提示。

中注协指出，一些上市公司主营业务连续多年盈利欠佳，经常借助并购重组、出售资产、政府补助、减免债务等方式使业绩处于微利状态，存在较高的审计风险。中注协提示事务所重点关注以下事项：

一是关注管理层舞弊风险。注册会计师要始终保持高度的职业怀疑，注意结合公司经营层面发生的重大变化，设计、实施有针对性的审计程序，充分识别和恰当应对因管理层舞弊可能导致的财务报表重大错报风险。

二是关注收入、成本和费用的真实性及完整性。注册会计师应重点关注收入确认方式、确认时点是否有悖于公司的业务经营模式，是否符合企业会计准则的相关规定；同时，关注成本和费用是否存在低估或跨期入账等情况，合理运用分析性程序和截止性测试，对当期成本、费用的完整性获取充分、必要的审计证据。

三是关注资产减值计提的合理性。注册会计师应关注减值准备能否公允反映公司资产状况，尤其应关注企业合并形成的商誉、应收业绩补偿所形成金融资产的减值测试，关注与资产减值相关的重要会计估计和会计判断的依据，以及相关会计处理是否合理并充分披露，防范公司利用减值准备人为调节利润的风险。

四是关注重大非常规交易及关联方交易。注册会计师应关注临近会计期末发生的大额销售、复杂股权交易、资产置换、债务重组等非常规交易的交易价格是否公允，相应现金流入、流出是否真实，相关信息披露是否充分。尤其应关注关联方之间的非常规交易是否具有商业实质，是否存在利益输送迹象，同时还应关注重大关联方交易的会计处理是否恰当，以及对本期及以后年度财务报表可能产生的影响。

五是关注持续经营能力。注册会计师应关注公司正在采取或拟采取的持续经营改善措施，关注关联方或者第三方提供或保持财务支持的情况，以及担保、诉讼或索赔事项对持续经营的影响，合理判定被审计单位的持续经营能力以及对审计意见可能产生的影响。

● 9.1 风险评估程序

根据《中国注册会计师审计准则第 1211 号——通过了解被审计单位及其环境识别和评估重大错报风险》，风险评估程序，是指注册会计师为了解被审计单位及其环境，以识别和评估财务报表层次和认定层次的重大错报风险（无论错报是由舞弊还是由错误导致）而实施的审计程序。注册会计师应当实施风险评估程序，为识别和评估财务报表层次和认定层次的重大错报风险提供基础。但是，风险评估程序本身并不能为形成审计意见提供充分、适当的审计证据。风险评估程序应当包括：（1）询问管理层以及被审计单位内部其他人员；（2）分析程序；（3）观察和检查。除此之外，注册会计师可以根据需要实施其他审计程序。

9.1.1 询问被审计单位管理层和内部其他相关人员

询问被审计单位管理层和内部其他相关人员是审计师了解被审计单位及其环境的一个重要信息来源。一般情况下，审计师可以考虑向管理层和财务负责人询问下列事项：

（1）管理层所关注的主要问题。如新的竞争对手、主要客户和供应商的流失、新的税收法规的实施以及经营目标或战略的变化等。

（2）被审计单位的财务状况和最近的经营成果、现金流量。

（3）可能影响财务报告的交易和事项，或者目前发生的重大会计处理问题。如重大的购并事宜等。

（4）被审计单位发生的其他重要变化。如所有权结构、组织结构的变化，以及内部控制的变化等。

审计师除了询问管理层和对财务报告负有责任的人员获取大部分信息之外，还应当考虑询问内部审计人员、采购人员、生产人员、销售人员等其他人员，并考虑询问不同级别的员工，以从不同的视角获取对识别重大错报风险有用的信息。

被审计单位不同层级的人所接触和掌握的信息不同，审计师应当从有助于识别和评估重大错报风险的角度考虑选择不同的询问对象。一般而言，询问治理层，有助于审计师理解财务报表编制的环境；询问内部审计人员，有助于审计师了解其针对被审计单位内部控制设计和运行有效性而实施的工作，以及管理层对内部审计发现的问题是否采取适当的行动；询问参与生成、处理或记录复杂或异常交易的员工，有助于审计师评估被审计单位选择和运用某项会计政策的适当性；询问内部法律顾问，有助于审计师了解有关诉讼、法律法规的遵循情况，影响被审计单位的舞弊或涉嫌舞弊，产品保证和售后责任，与业务合作伙伴的安排（如合营企业），以及合同条款的含义；询问营销或销售人员，有助于审计师了解被审计单位的营销策略及其变化、销售趋势或与其客户的合同安排；询问采购人员和生产人员，有助于审计师了解被审计单位的原材料采购和产品生产等情况；询问仓库人员，有助于审计师了解原材料、产成品等存货的进出、保管和盘点等情况。

9.1.2 分析程序

分析程序，是指注册会计师通过分析不同财务数据之间以及财务数据与非财务数据之间的内在关系，对财务信息作出评价。分析程序还包括在必要时对识别出的、与其他相关信息不一致或与预期值差异重大的波动或关系进行调查。分析程序可用作风险评估程序和实质性程序，也可用来对财务报表进行总体复核。审计师实施分析程序有助于识别异常的交易或事项，以及对财务报表和审计产生影响的金额、比率和趋势。

运用分析程序的一个基本前提是数据之间存在某种关系，并且有理由预计这些关系将继续存在。分析程序也包括将公司财务报表的本期数与上期数、预算数以及同行业标准之间进行的比较。在实施分析程序时，审计师应当预期可能存在的合理关系，并与被审计单位记录的金额、依据记录金额计算的比率或趋势相比较；如果发现异常或未预期到的关系，审计师应当在识别重大错报风险时考虑这些比较结果。

【相关链接9-2】

运用分析程序案例

A审计师在审计B公司2017年度利润表的过程中发现，B公司主要生产和销售的C产品2016年度的销售成本率为45%，2017年度的销售成本率为46%，但通过对原材料采购的了解和审计，A审计师发现2017年度C产品主要原材料的价格相对于2016年度增长了50%，而与C产品生产和销售相关的人工费用、销售费用、税金及C产品市场销售价格并没有什么变化，A审计师初步判断，C产品的销售成本可能存在重大错报。

分析程序可以用来确定公司财务信息之间的关系，这些财务信息通常被用来证实根据公司的历史数据所作出的预测，如毛利率。分析程序也可以用来确定财务信息与相关非财务信息之间的关系，如工资费用与员工人数之间的关系。常用的分析程序包括趋势分析、比例分析、统计和数据挖掘分析以及合理性测试。

如果使用了高度汇总的数据，实施分析程序的结果可能仅初步显示财务报表存在重大错报风险，审计师应当将分析结果连同识别重大错报风险时获取的其他信息一并考虑。也就是说，为了确定重大错报风险的真正来源，审计师应当针对数据汇总的每一来源实施更为详细的分析程序。

9.1.3　观察和检查

观察和检查程序可以印证对管理层和其他相关人员的询问结果，并可提供有关被审计单位及其环境的信息，审计师应当实施下列观察和检查程序：

（1）观察被审计单位的生产经营活动。例如，通过观察被审计单位人员正在从事的生产活动和内部控制活动，可以增加审计师对被审计单位人员如何进行生产经营活动及实施内部控制的了解。

（2）检查文件、记录和内部控制手册。例如，检查被审计单位的章程，与其他单位签订的合同、协议，股东大会、董事会会议、高级管理层会议的会议记录或纪要，各业务流程操作指引和内部控制手册，各种会计资料、内部凭证和单据等。

（3）阅读由管理层和治理层编制的报告。例如，阅读被审计单位年度和中期财务报告、管理层的讨论和分析资料、经营计划和战略、对重要经营环节和外部因素的评价、被审计单位内部管理报告以及其他特殊目的报告（如新投资项目的可行性分析报告）。

（4）实地察看被审计单位的生产经营场所和设备。通过现场访问和实地察看被审计单位的生产经营场所和设备，可以帮助审计师了解被审计单位的性质及其经营活动。

（5）追踪交易在财务报告信息系统中的处理过程（穿行测试）。通过追踪某笔或某几笔交易在业务流程中如何生成、记录、处理和报告，以及相关内部控制如何执行，审计师可以确定被审计单位的交易流程和内部控制是否与之前通过其他程序所获得的了解一致，并确定内部控制是否得到执行。

9.1.4 其他审计程序和信息来源

（1）其他审计程序

除了采用询问、分析程序、观察和检查程序从被审计单位内部获得信息以外，如果根据职业判断认为从被审计单位外部获取的信息有助于识别重大错报风险，审计师应当实施其他审计程序以获取这些信息。例如，询问被审计单位聘请的外部法律顾问、专业评估师、投资顾问和财务顾问等；阅读外部的信息，如证券分析师、银行、评级机构出具的有关被审计单位及其所处行业的经济或市场环境等状况的报告，贸易与经济方面的期刊，法规或金融出版物，以及政府部门或民间组织发布的行业报告和统计数据等。

（2）其他信息来源

在承接新的审计业务或保持既有审计业务的时候，审计师都会对被审计单位及其环境有一个初步的了解，以确定是否承接该业务，所以，审计师在实施风险评估程序时应当考虑在这个过程中获取的信息，以及向被审计单位提供其他服务所获得的经验是否有助于识别重大错报风险。当然，对于连续审计业务，如果拟利用在以前期间获取的信息，审计师应当确定被审计单位及其环境是否已发生变化，以及该变化是否可能影响以前期间获取的信息在本期审计中的相关性。例如，审计师前期已经了解了内部控制的设计和执行情况，但被审计单位及其环境可能在本期发生变化，导致内部控制也相应发生变化。在这种情况下，审计师需要实施询问和其他适当的审计程序（如穿行测试），以确定该变化是否可能影响此类信息在本期审计中的相关性。

审计师还可以考虑通过向被审计单位提供其他服务（如执行中期财务报表审阅业务）所获得的经验是否有助于识别重大错报风险。

审计师一般会从行业状况、法律环境等外部因素、被审计单位的性质等方面了解被审计单位及其环境，审计师无须在了解每个方面时都实施以上所有的风险评估程序。但在对被审计单位及其环境获取了解的整个过程中，审计师通常会综合实施上述风险评估程序。

● 9.2　了解被审计单位及其环境

审计师应当了解被审计单位及其环境，以充分识别和评估财务报表重大错报风险，设计和实施进一步审计程序。

9.2.1 了解被审计单位及其环境的目的和性质

了解被审计单位及其环境是必要程序，特别是为审计师在下列关键环节作出职业判断提供重要基础：

（1）确定重要性水平，并随着审计工作的进程评估对重要性水平的判断是否仍然适当；

（2）考虑会计政策的选择和运用是否恰当，以及财务报表的列报是否适当；

（3）识别需要特别考虑的领域，包括关联方交易、管理层运用持续经营假设的合理性，或交易是否具有合理的商业目的等；

（4）确定在实施分析程序时所使用的预期值；

（5）设计和实施进一步审计程序，以将审计风险降至可接受的低水平；

（6）评价所获取审计证据的充分性和适当性。

从了解的内容来看，审计师应当从下列方面了解被审计单位及其环境：

（1）行业状况、法律环境与监管环境以及其他外部因素；

（2）被审计单位的性质；

（3）被审计单位对会计政策的选择和运用；

（4）被审计单位的目标、战略以及相关经营风险；

（5）被审计单位财务业绩的衡量和评价；

（6）被审计单位的内部控制。

在针对上述各项内容确定风险评估程序的性质、时间和范围时，审计师应当考虑审计业务的具体情况和相关审计经验，并识别上述各项内容与以前期间相比发生的重大变化。

了解被审计单位及其环境是一个连续和动态地搜集、更新与分析信息的过程，贯穿于整个审计过程的始终。审计师应当运用职业判断确定需要了解被审计单位及其环境的程度。

9.2.2　了解行业状况、法律环境与监管环境以及其他外部因素

被审计单位所处的行业状况、法律环境与监管环境以及其他外部因素可能会对被审计单位的经营活动乃至财务报表产生影响，审计师应当对这些外部因素进行了解。

1）了解的具体内容

（1）行业状况

了解行业状况有助于审计师识别与被审计单位所处行业有关的重大错报风险。审计师应当了解被审计单位的行业状况，主要包括：

①所处行业的市场供求与竞争；

②生产经营的季节性和周期性；

③产品生产技术的变化；

④能源供应与成本；

⑤行业的关键指标和统计数据。

【相关链接9-3】

海外上市公司面临的主要风险

近年来，一些上市公司尤其是建筑施工、工程机械、化工、通信设备类上市公司的海外业务比重逐年提高，其年报审计风险较高。会计师事务所应当关注以下事项：

一是海外业务收入。注册会计师应将海外业务收入作为高风险领域，设计和实施有针对性的审计程序，有效应对管理层高估海外业务收入的风险，尤其应注意识别海外关联方交易。

二是重大海外并购交易。注册会计师应关注公司海外并购交易的商业实质和相关业绩承诺，全面检查相关协议条款、定价依据以及可能涉及的关联方交易，尤其应关注交易价格的公允性、商誉确认的合理性，以及以前年度并购交易产生的商誉是否存在减值迹象。

三是集团财务报表审计。注册会计师应了解和评估海外企业的业务范围和性质，从金额和性质两方面识别集团财务报表重要组成部分和不同组成部分的重大错报风险，制定合理的集团审计策略，统筹委派具有足够专业胜任能力的项目组成员；在审计过程中，集团项目组应与境外业务项目组保持密切沟通，及时复核并评价其审计工作的适当性和充分性，以及对审计意见可能产生的影响。

四是充分利用专家工作。注册会计师应当对上市公司海外经营主体适用的会计、审计、税务等相关法律法规与境内存在的差异，以及海外业务相关的外币金融工具公允价值计量、重大非常规交易等审计领域，考虑利用专家工作。注册会计师应根据准则要求，评价专家的胜任能力、专业素质和客观性，关注专家工作结果的相关性、合理性，以及与其他审计证据的一致性。

（2）法律环境及监管环境

由于相关法规或监管要求可能对被审计单位经营活动有重大影响，如不遵守将导致停业等严重后果，或者规定了被审计单位的责任和义务，或决定了被审计单位需要遵循的行业惯例和核算要求，所以，审计师应当了解被审计单位所处的法律环境及监管环境。了解的主要内容包括：

①适用的会计准则、会计制度和行业特定惯例；

②对经营活动产生重大影响的法律法规及监管活动；

③对开展业务产生重大影响的政府政策，包括货币、财政、税收和贸易等政策；

④与被审计单位所处行业和所从事经营活动相关的环保要求。

（3）其他外部因素

除了被审计单位所处的行业状况、法律环境和监管环境外，其他外部因素也可能对被审计单位的财务报告产生影响。审计师还应当了解影响被审计单位经营活动的其他外部因素，这些因素主要包括：

①宏观经济的景气度；

②利率和资金供求状况；

③通货膨胀水平及币值变动；

④国际经济环境和汇率变动。

（4）了解的重点和程度

审计师应当考虑被审计单位所处行业的业务性质或监管程度是否可能导致特定的重大错报风险，考虑项目组是否配备了具有相关知识和经验的成员。

2）实施的风险评估程序

针对被审计单位的行业状况、法律环境与监管环境以及其他外部因素，审计师可以考虑运用以下风险评估程序获得了解。

（1）查阅以前年度的审计工作底稿

对于连续审计业务，以前年度的工作底稿，包括审计计划备忘录、审计总结备忘录等，有助于审计师了解与特定经营活动和行业相关的一些因素。审计师应根据本年度发生的变化，在适当时对其予以更新并用于本年度的审计工作中。

（2）询问被审计单位管理层和员工

通过询问被审计单位管理层其权责范围内涉及的重要外部因素及其对被审计单位产生的影响，审计师可以对管理层作出的重大决策及采取的行动有进一步的了解。通过询问负责市场和销售的人员所处行业的市场供求和竞争情况，可以增强或更新审计师对被审计单位所处环境的了解。

对于连续审计业务，审计师询问的重点通常是以前年度了解到的情况是否在本期发生了变化。审计师对最新动态的关注应当贯穿于整个审计过程中。

（3）查阅内部与外部的信息资料

内部信息资料主要包括中期财务报告（包括管理层的讨论和分析）、管理报告、其他特殊目的报告，以及股东大会、董事会会议、高级管理层会议的会议记录或纪要。外部信息资料包括外部顾问、代理机构、证券分析师等编制的关于被审计单位及其所处行业的报告、政府部门或民间行业组织发布的行业报告、宏观经济统计数据、行业统计数据，以及贸易和商业杂志等信息资料。

（4）与项目组成员或熟悉被审计单位所处行业的其他人员讨论

与项目组成员特别是经验较多的人员进行讨论，有助于审计师获知和利用他人积累的有关被审计单位经营活动以及行业状况的经验与知识。与会计师事务所内熟悉被审计单位所处行业的其他人员讨论，也有助于审计师深入、快捷地了解当前行业面临的外部因素与重大事项及其对被审计单位的影响。

【相关链接9-4】

项目组内部的讨论

项目组内部的讨论在整个财务报表审计的各个阶段都非常必要。

1.讨论的目标

项目组内部的讨论为项目组成员提供了交流信息和分享见解的机会。项目组通过讨论，可以使成员更好地了解在各自负责的领域中，由于舞弊或者错误导致财务报表重大错报的可能性，并了解各自实施审计程序的结果如何影响审计的其他方面，包括对确定进一步审计程序的性质、时间和范围的影响。

2.讨论的内容

项目组应当讨论被审计单位面临的经营风险、财务报表容易发生错报的领域以及发生错报的方式，特别是由于舞弊导致重大错报的可能性。

讨论的内容和范围受项目组成员的职位、经验和所需的信息的影响。

3.参与讨论的人员

注册会计师应当运用职业判断确定需要参与讨论的成员。项目组的关键成员应当参与讨论，如果项目组需要拥有信息技术或者其他特殊技能的专家，这些专家也应当参与讨论。

4.讨论的时间和方式

项目组应当根据审计的具体情况，在整个审计过程中持续交换有关财务报表发生重大错报可能性的信息。

（5）分析程序

分析程序是审计师在了解被审计单位及其环境时运用的重要程序之一。在许多情况下，运用分析程序可以帮助审计师评价被审计单位在行业中的经营状况和竞争环境。

①将被审计单位的关键业绩指标与同行业平均数据或同行业中规模相近的其他单位的数据相比较，可以了解被审计单位在市场中的相对表现，并识别存在重大错报风险的迹象；

②利用从外部获取的市场份额变化趋势信息，可以识别被审计单位竞争能力的重大变化；

③按业务分部或地区分部分类计算的销售额和毛利变动趋势，可以揭示经营业绩随时间推移而发生的变化，将这一业绩与以前年度比较，可以获得对经营业绩变动趋势的了解。

9.2.3　了解被审计单位的性质

了解被审计单位的性质有助于审计师理解预期在财务报表中反映的各类交易、账户余额和列报。审计师应当主要从下列方面了解被审计单位的性质：（1）所有权结构；（2）治理结构；（3）组织结构；（4）经营活动；（5）投资活动；（6）筹资活动。

1）了解的具体内容

（1）所有权结构

审计师应当了解所有权结构以及所有者与其他人员或单位之间的关系，考虑关联方关系是否已经得到识别，以及关联方交易是否得到恰当核算。

（2）治理结构

良好的治理结构可以对被审计单位的经营和财务运作实施有效的监督，从而降低财务报表发生重大错报的风险。审计师应当了解被审计单位的治理结构，考虑治理层是否能够在独立于管理层的情况下对被审计单位事务（包括财务报告）作出客观判断。

（3）组织结构

审计师应当了解被审计单位的组织结构，考虑复杂组织结构可能导致的重大错报风险，包括财务报表合并、商誉摊销和减值、长期股权投资核算以及特殊目的实体核算等问题。

（4）经营活动

了解被审计单位经营活动有助于审计师识别预期将在财务报表中反映的主要交易类别、重要账户余额和列报。审计师应当了解被审计单位的经营活动，主要包括：

①主营业务的性质；

②与生产产品或提供劳务相关的市场信息；

③业务的开展情况；

④联盟、合营与外包情况；

⑤从事电子商务的情况；

⑥地区与行业分布；

⑦生产设施、仓库的地理位置及办公地点；

⑧关键客户；

⑨重要供应商；

⑩劳动用工情况；

⑪研究与开发活动及其支出；

⑫关联方交易。

（5）投资活动

了解被审计单位的投资活动有助于审计师关注被审计单位在经营策略和方向上的重大变化。审计师应当了解被审计单位的投资活动，主要包括：

①近期拟实施或已实施的并购活动与资产处置情况；

②证券投资、委托贷款的发生与处置；

③资本性投资活动，包括固定资产和无形资产投资，近期发生或计划发生的变动，以及重大的资本承诺等；

④不纳入合并范围的投资。

（6）筹资活动

了解被审计单位的筹资活动有助于审计师评估被审计单位在融资方面的压力，并进一步考虑被审计单位在可预见未来的持续经营能力。审计师应当了解被审计单位的筹资活动，主要包括：

①债务结构和相关条款，包括担保情况及表外融资；

②固定资产的融资租赁；

③关联方融资；

④实际受益股东；

⑤衍生金融工具的运用。

2）实施的风险评估程序

在了解被审计单位的性质时，除查阅以前年度的审计工作底稿、与项目组成员或其他有经验的人员和行业专家讨论、利用业务承接和续约过程中获取的信息外，审计师运用的风险评估程序还包括下列方面：

（1）询问被审计单位管理层和内部其他相关人员

审计师可以就被审计单位性质询问管理层、治理层及被审计单位担任不同职责的人员，以全面了解被审计单位的情况。

（2）查阅文件和报告

审计师可以查阅被审计单位的组织结构图，关联方清单，公司章程，对外签订的主要销售、采购、投资、债务合同等，以及被审计单位内部的管理报告、财务报告、生产经营情况分析、会议记录或纪要等，了解被审计单位的性质。

（3）实地察看被审计单位的主要生产经营场所

实地察看被审计单位的主要生产经营场所能增强审计师对被审计单位性质的了解。实地察看主要经营场所对于了解新承接的审计项目、收购了新业务的被审计单位和跨地区经营的被审计单位尤其重要。通过实地察看被审计单位的厂房和办公场所，审计师可以对被审计单位的布局、生产流程以及固定资产和存货的状况获得一定的了解。

（4）分析程序

审计师可以通过分析程序对财务数据之间以及财务数据与非财务数据之间的内在关系

进行研究和评价。例如，将被审计单位的财务信息与以前期间的可比数据、被审计单位的预算或审计师的预期数据进行比较，对重要财务比率进行分析，以了解被审计单位在经营活动、投资活动、筹资活动等各方面的情况及重大变化。

9.2.4 了解被审计单位对会计政策的选择和运用

审计师应当了解被审计单位对会计政策的选择和运用，是否符合适用的会计准则和相关会计制度，是否符合被审计单位的具体情况。

1）了解的具体内容

在了解被审计单位对会计政策的选择和运用是否适当时，审计师应当关注下列事项：

（1）重要项目的会计政策和行业惯例；

（2）重大和异常交易的会计处理方法；

（3）在新领域和缺乏权威性标准或共识的领域，采用重要会计政策产生的影响；

（4）会计政策的变更；

（5）被审计单位何时采用以及如何采用新颁布的会计准则和相关会计制度。

如果被审计单位变更了重要的会计政策，审计师应当考虑会计政策变更的原因及其适当性，以确定：①会计政策的变更是否符合法律、行政法规或者适用的会计准则和相关会计制度的规定；②会计政策的变更能否提供更可靠、更相关的会计信息；③会计政策的变更是否得到了恰当披露。

此外，审计师应当考虑，被审计单位是否按照适用的会计准则和相关会计制度的规定恰当地进行了列报，并披露了重要事项。

2）实施的风险评估程序

在了解被审计单位对会计政策的选择和运用时，审计师实施的风险评估程序包括：查阅以前年度的审计工作底稿、询问被审计单位管理层和员工、查阅被审计单位的财务资料和内部报告（如会计手册和操作指引）等。审计师还可结合对被审计单位及其环境其他方面的了解，考虑被审计单位选用的会计政策是否符合其具体情况。

审计师应当重点关注被审计单位本期会计政策的选择和运用与前期相比发生的重大变化，包括对本期新发生的交易或事项选用的会计政策，对前期不重大而本期重大的交易或事项选用的会计政策，重要会计政策的变更以及新会计准则发布施行的影响等。

9.2.5 了解被审计单位的目标、战略以及相关经营风险

审计师应当了解被审计单位的目标和战略，以及可能导致财务报表重大错报的相关经营风险。

1）了解的具体内容

（1）目标、战略与经营风险

目标是企业经营活动的指针。企业管理层或治理层一般会根据企业经营面临的外部环境和内部各种因素，制定合理可行的经营目标。战略是企业管理层为实现经营目标采用的总体层面的策略和方法。为了实现某一既定的经营目标，企业可能有多个可行战略。随着外部环境的变化，企业会对目标和战略作出相应的调整。经营风险源于对被审计单位实现目标和战略产生不利影响的重大情况、事项、环境和行动，或源于不恰当的目标和战略。

不同的企业可能面临不同的经营风险，这取决于企业经营的性质、所处行业、外部监管环境、企业的规模和复杂程度。

审计师应当了解被审计单位是否存在与下列方面有关的目标和战略，并考虑相应的经营风险：

①行业发展，及其可能导致的被审计单位不具备足以应对行业变化的人力资源和业务专长等风险；

②开发新产品或提供新服务，及其可能导致的被审计单位产品责任增加等风险；

③业务扩张，及其可能导致的被审计单位对市场需求的估计不准确等风险；

④新颁布的会计法规，及其可能导致的被审计单位执行法规不当或不完整，或会计处理成本增加等风险；

⑤监管要求，及其可能导致的被审计单位法律责任增加等风险；

⑥本期及未来的融资条件，及其可能导致的被审计单位由于无法满足融资条件而失去融资机会等风险；

⑦信息技术的运用，及其可能导致的被审计单位信息系统与业务流程难以融合等风险。

多数经营风险最终都会产生财务后果，从而影响财务报表。审计师应当根据被审计单位的具体情况，考虑经营风险是否可能导致财务报表发生重大错报。

（2）被审计单位的风险评估过程

管理层通常会制定识别和应对经营风险的策略，审计师应当了解被审计单位的风险评估过程，这类风险评估过程是被审计单位内部控制的组成部分。

此外，小型被审计单位通常没有正式的计划和程序来确定其目标、战略并管理经营风险。审计师应当询问管理层或观察小型被审计单位如何应对这些事项，以获取了解，并评估重大错报风险。

2）实施的风险评估程序

审计师可通过与管理层沟通，以及查阅其经营规划和其他文件，获取对被审计单位目标和战略的了解。审计师还可以考虑通过询问不同的管理层成员，以进一步了解被审计单位目标和战略、政策和程序，以及管理层的需求、期望和关注的事项。审计师还可利用对被审计单位所处外部环境、行业状况以及被审计单位性质的了解，考虑被审计单位的战略是否与目标相适应，即考虑战略是否可以实现该目标以及它们之间的差距或不一致之处。审计师还应当考虑被审计单位的目标和战略是否与各项内部和外部因素相适应。

9.2.6　了解被审计单位财务业绩的衡量和评价

被审计单位内部或外部对财务业绩的衡量和评价可能对被审计单位管理层产生压力，调动其积极性促使其采取行动改善财务业绩或歪曲财务报表。因此，审计师应当了解被审计单位财务业绩的衡量和评价情况，考虑这种压力是否可能导致管理层采取行动，以至于增加财务报表发生重大错报的风险。

1）了解的具体内容

在了解被审计单位财务业绩衡量和评价情况时，审计师应当关注下列信息：

（1）关键业绩指标；

（2）业绩趋势；

（3）预测、预算和差异分析；

（4）管理层和员工业绩考核与激励性报酬政策；

（5）分部信息与不同层次部门的业绩报告；

（6）与竞争对手的业绩比较；

（7）外部机构提出的报告。

在了解这些信息时，审计师应当关注被审计单位内部财务业绩衡量所显示的未预期到的结果或趋势、管理层的调查结果和纠正措施，以及相关信息是否显示财务报表可能存在重大错报。如果拟利用被审计单位内部信息系统生成的财务业绩衡量指标，审计师应当考虑相关信息是否可靠，以及利用这些信息是否足以实现审计目标。

对于小型被审计单位来说，由于通常没有正式的财务业绩衡量和评价程序，管理层往往依据某些关键指标，作为评价财务业绩和采取适当行动的基础，审计师应当了解管理层使用的关键指标。

2）实施的风险评估程序

审计师通常通过询问被审计单位管理层，查阅被审计单位的内部报告和外部报告，以及实施分析程序，获得对被审计单位财务业绩的衡量和评价的了解。审计师还可以从管理层那里了解哪些业绩指标是其他关键利益拥有者关注的重点，以及管理层的内部业绩衡量标准如何受这些外部因素的影响。审计师应当考虑管理层的业绩指标是否与关键利益拥有者的预期相一致，并考虑不一致的情况或管理层应对外部压力的结果，及其对重大错报风险的影响。

● 9.3　了解被审计单位的内部控制

审计师应当了解与审计相关的内部控制以识别潜在错报的类型，考虑导致重大错报风险的因素，以及设计和实施进一步审计程序的性质、时间和范围。

【相关链接9-5】

内部控制与舞弊的关系

"财务报表舞弊案中内控重于一切"研究项目的最终报告显示，在被研究的公司中，有374家公司（约占总数的45%）被指控证券欺诈，受到股东起诉或被证券交易委员会（SEC）强制执行或两者并罚。在这些案件中，平均涉案人数为7名。这些人职位各异，包括首席执行官、财务总监、首席运营官、首席律师、董事会成员以及内部和外部审计师。

研究发现，在舞弊案中，董事会常常受到高管人员的施压，而董事会主席也往往由首席执行官兼任。William Black博士说："证券欺诈中更多的是合谋而绝不是独犯，在首席执行官兼任董事会主席的情形下，作为监管管理层的董事会，其独立性将大打折扣。当独立性缺失之时，欺诈必然产生。"

9.3.1　了解控制环境

审计师应当了解控制环境。控制环境包括治理职能和管理职能，以及治理层和管理层对内部控制及其重要性的态度、认识和措施。在评价控制环境的设计和实施情况时，审计师应当了解管理层在治理层的监督下，是否营造并保持了诚实守信和合乎道德的文化，以及是否建立了防止或发现并纠正舞弊和错误的恰当控制。

1）了解的内容

在评价控制环境的设计时，审计师应当考虑构成控制环境的以下各要素，以及这些要素如何纳入被审计单位的业务流程。

（1）对诚信和道德价值观念的沟通与落实

审计师在了解和评估被审计单位诚信和道德价值观念的沟通与落实时，考虑的主要因素一般包括：

①被审计单位是否有书面的行为规范并向所有员工传达；

②被审计单位的企业文化是否强调诚信和道德价值观念的重要性，如果违反，是否会受到惩罚；

③管理层是否身体力行，高级管理人员是否起表率作用；

④对违反有关政策和行为规范的情况，管理层是否采取适当的行动。

（2）对胜任能力的重视

审计师在就被审计单位对胜任能力的重视情况进行了解和评估时，考虑的主要因素一般包括：

①财会人员以及信息管理人员是否具备与被审计单位业务性质和复杂程度相称的足够的胜任能力和培训，在发生错误时，是否能够通过调整人员或系统来加以处理；

②管理层是否配备足够的财会人员以适应业务发展和有关方面的需要；

③财会人员是否具备理解和运用会计准则所需的技能。

（3）治理层的参与程度

审计师在对被审计单位治理层的参与程度进行了解和评估时，考虑的主要因素一般包括：

①董事会是否建立了审计委员会或类似机构；

②董事会、审计委员会或类似机构是否与内部审计人员以及审计师有联系和沟通，联系和沟通的性质以及频率是否与被审计单位的规模和业务复杂程度相匹配；

③董事会、审计委员会或类似机构的成员是否具备适当的经验和资历；

④董事会、审计委员会或类似机构是否独立于管理层；

⑤审计委员会或类似机构会议的数量和时间是否与被审计单位的规模和业务复杂程度相匹配；

⑥董事会、审计委员会或类似机构是否充分地参与了财务报告的编报过程；

⑦董事会、审计委员会或类似机构是否对经营风险的监控有足够的关注，进而影响被审计单位和管理层的风险评估进程（包括舞弊风险）；

⑧董事会成员是否有很高的流动性。

（4）管理层的理念和经营风格

审计师在了解和评估被审计单位管理层的理念和经营风格时，考虑的主要因素通常包括：

①管理层是否对内部控制，包括信息技术的控制，给予了适当的关注；

②管理层是否由一个或几个人所控制，而董事会、审计委员会或类似机构对其是否实施有效监督；

③管理层在承担和监控经营风险方面是风险偏好者还是风险规避者；

④管理层在选择会计政策和作出会计估计时是倾向于激进还是保守；

⑤管理层对于信息流程以及会计职能部门和人员是否给予了适当关注；

⑥对于重大的内部控制和会计事项，管理层是否征询审计师的意见，或者经常在这些方面与审计师存在不同意见。

（5）组织结构与职权和责任的分配

审计师在对被审计单位组织结构和职权与责任的分配进行了解和评估时，考虑的主要因素一般包括：

①在被审计单位内部是否有明确的职责划分，是否将业务授权、业务记录、资产保管和维护，以及业务执行的责任尽可能地分离；

②是否有适当的结构来划分数据的所有权；

③是否已针对授权交易建立适当的政策和程序。

（6）人力资源政策与实务

审计师在对被审计单位人力资源政策与实务进行了解和评估时，考虑的主要因素一般包括：

①被审计单位是否在招聘、培训、考核、晋升、薪酬、调动和辞退员工方面都有适当的政策和程序（特别是在会计、财务和信息系统方面）；

②是否有书面的员工岗位职责手册，或者在没有书面文件的情况下，对于工作职责和期望是否进行了适当的沟通和交流；

③人力资源政策与程序是否清晰，并且定期发布和更新；

④是否设定适当的程序对分散在各地区和海外的经营人员建立和沟通人力资源政策与程序。

2）控制环境的评估

在评价控制环境各个要素时，审计师应当考虑控制环境各个要素是否得到执行。因为管理层也许建立了一个合理的内部控制，但却未有效执行。在确定构成控制环境的要素是否得到执行时，审计师应当考虑将询问与观察和检查等风险评估程序结合运用以获取审计证据。通过询问管理层和员工，审计师可能了解管理层如何就业务规程和道德价值观念与员工进行沟通；通过观察和检查，审计师可以了解管理层是否建立了正式的行为守则，在日常工作中行为守则是否得到遵守，以及管理层如何处理违反行为守则的情况。

控制环境对重大错报风险的评估具有广泛影响，审计师应当考虑控制环境的总体优势是否为内部控制的其他要素提供了适当的基础，并且未被控制环境中存在的缺陷所削弱。而且，控制环境本身并不能防止或发现并纠正各类交易、账户余额、列报认定层次的重大错报，审计师在评估重大错报风险时应当将控制环境连同其他内部控制要素产生的影响一并考虑。

此外，在小型被审计单位，可能无法获取以文件形式存在的有关控制环境要素的审计证据，审计师应当重点了解管理层对内部控制设计的态度、认识和措施。

9.3.2　了解被审计单位的风险评估过程

风险评估过程的作用是识别、评估和管理影响其经营目标实现能力的各种风险。被审计单位的风险评估过程包括识别与财务报告相关的经营风险，以及针对这些风险采取的措施。审计师应当了解被审计单位的风险评估过程。如果管理层有效地评估和应对了风险，那么，审计师就可以因为控制风险较低而少收集一些审计证据。

1）风险的来源

公司的风险可能来自内部因素，也可能来自外部因素。从外部而言，技术发展会影响研究与开发的性质及时间，或导致采购方式的改变。顾客需求的变化会影响产品的开发、价格、保证及服务。新的法律法规会强迫经营者改变政策及战略。经济环境的改变会影响到财务、资本支出及扩张的决策。内部的风险因素包括：信息处理程序的崩溃，员工的素质及培训，管理层职责的改变，由于公司活动的性质及员工与资产接触而产生的不当机会，无效的审计委员会。

此外，某些情况会增加风险，这些情况包括：监管及经营环境的变化、新员工的加入、新信息系统或对原系统进行升级、业务快速发展、新技术、新生产型号、产品和业务活动、企业重组、发展海外经营、新的会计准则等。

2）识别经营风险

许多方法可以用来识别常规的经营风险。主要是识别高风险的活动，并对其进行排序。比如采取以下步骤：

（1）识别企业必要的资源，并确定哪种风险最大；

（2）识别可能产生的负债；

（3）查看以前有过的风险；

（4）考虑由于新的目标或外部因素引起的额外风险；

（5）在持续经营的基础上考虑挑战和机会，从而预测变化。

3）评价风险评估过程的设计与执行

在评价被审计单位风险评估过程的设计和执行时，审计师应当确定管理层如何识别与财务报告相关的经营风险，如何评估该风险的重要性，如何评估风险发生的可能性，以及如何采取措施管理这些风险。

审计师在对被审计单位整体层面的风险评估过程进行了解和评估时，考虑的主要因素可能包括：

（1）被审计单位是否已建立并沟通其整体目标，并辅以具体策略和业务流程层面的计划；

（2）被审计单位是否已建立风险评估过程，包括识别风险，估计风险的重大性，评估风险发生的可能性以及确定需要采取的应对措施；

（3）被审计单位是否已建立某种机制，识别和应对可能对被审计单位产生重大且普遍影响的变化，例如，在金融机构中建立资产负债管理委员会，在制造型企业中建立期货交易风险管理组；

（4）会计部门是否建立了某种流程，以识别会计准则的重大变化；

（5）当被审计单位业务操作发生变化并影响交易记录的流程时，是否存在沟通渠道以通知会计部门；

（6）风险管理部门是否建立了某种流程，以识别经营环境包括监管环境发生的重大变化。

审计师应当询问管理层识别出的经营风险，并考虑这些风险是否可能导致重大错报。在审计过程中，如果识别出管理层未能识别的重大错报风险，审计师应当考虑被审计单位的风险评估过程为何没有识别出这些风险，以及评估过程是否适合于具体环境。

此外，在小型被审计单位，管理层可能没有正式的风险评估过程，审计师应当与管理层讨论其如何识别经营风险以及如何应对这些风险。

9.3.3 了解信息系统与沟通

信息系统与沟通是收集与交换被审计单位执行、管理和控制业务活动所需信息的过程，包括收集和提供信息（特别是为履行内部控制岗位职责所需的信息）给适当的人员，使之能够履行职责。信息系统与沟通的质量直接影响到管理层对经营活动作出正确决策和编制可靠的财务报告的能力。审计师应当了解信息系统与沟通。

1）了解与财务报告相关的信息系统

（1）与财务报告相关的信息系统及其职能

与财务报告相关的信息系统，包括用以生成、记录、处理和报告交易、事项和情况，对相关资产、负债和所有者权益履行经营管理责任的程序和记录。交易可能通过人工或自动化程序生成。记录包括识别和收集与交易、事项有关的信息。处理包括编辑、核对、计量、估价、汇总和调节活动，可能由人工或自动化程序来执行。报告是指用电子或书面形式编制财务报告和其他信息，供被审计单位用于衡量和考核财务及其他方面的业绩。

与财务报告相关的信息系统应当与业务流程相适应。业务流程是指被审计单位开发、采购、生产、销售、发送产品和提供服务、保证遵守法律法规、记录信息等一系列活动。

与财务报告相关的信息系统所生成信息的质量，对管理层能否作出恰当的经营管理决策以及编制可靠的财务报告具有重大影响。与财务报告相关的信息系统通常包括下列职能：

①识别与记录所有的有效交易；

②及时详细地描述交易，以便在财务报告中对交易作出恰当分类；

③恰当计量交易，以便在财务报告中对交易的金额作出准确记录；

④恰当确定交易生成的会计期间；

⑤在财务报表中恰当列报交易。

（2）了解与财务报告相关的信息系统

审计师应当从下列方面了解与财务报告相关的信息系统：

①在被审计单位经营过程中，对财务报表具有重大影响的各类交易；

②在信息技术和人工系统中，对交易生成、记录、处理和报告的程序；

③与交易生成、记录、处理和报告有关的会计记录、支持性信息和财务报表中的特定项目；

④信息系统如何获取除各类交易之外的对财务报表具有重大影响的事项和情况的

信息；

⑤被审计单位编制财务报告的过程，包括作出的重大会计估计和披露。

审计师在对与财务报告相关的信息系统进行了解和评估时，一般主要考虑的问题包括：

①信息系统是否能够向管理层提供有关被审计单位业绩的报告，包括相关的外部和内部信息；

②向适当人员提供的信息是否充分、具体和及时，使之能够有效地履行职责；

③信息系统的开发及变更在多大程度上与被审计单位的战略计划相适应以及如何与被审计单位整体层面和业务流程层面的目标相适应；

④管理层是否提供适当的人力和财力以开发必需的信息系统；

⑤管理层是如何监督程序开发、变更和测试工作的；

⑥对于主要的数据中心，是否建立了重大灾难数据恢复计划。

在了解与财务报告相关的信息系统时，审计师应当特别关注由于管理层凌驾于账户记录控制之上，或规避控制行为而产生的重大错报风险，并考虑被审计单位如何纠正不正确的交易处理。自动化程序和控制可能降低了发生无意错误的风险，但是并没有消除个人凌驾于控制之上的风险。

2）与财务报告相关的沟通

与财务报告相关的沟通包括使员工了解各自在与财务报告有关的内部控制方面的角色和职责、员工之间的工作联系，以及向适当级别的管理层报告例外事项的方式。

从了解的内容来看，审计师应当了解被审计单位内部如何对财务报告的岗位职责，以及与财务报告相关的重大事项进行沟通。审计师还应当了解管理层与治理层（特别是审计委员会）之间的沟通，以及被审计单位与外部（包括与监管部门）的沟通。

审计师在对沟通进行了解和评估时，考虑的主要问题一般包括：

①管理层对于员工的职责和控制责任是否进行了有效沟通；

②对于可疑的不恰当事项和行为是否建立了沟通渠道；

③组织内部沟通的充分性是否能够使人员有效地履行职责；

④对于与客户、供应商、监管者和其他外部人士的沟通，管理层是否及时采取适当的进一步行动；

⑤被审计单位是否受到某些监管机构发布的监管要求的约束；

⑥外部人士如客户和供应商在多大程度上获知被审计单位的行为守则。

3）对小型被审计单位的考虑

在小型被审计单位，与财务报告相关的信息系统和沟通可能不如大型被审计单位正式和复杂。管理层可能会更多地参与日常经营管理活动和财务报告活动，不需要很多书面的政策和程序指引，也没有复杂的信息系统和会计流程。由于小型被审计单位的规模较小、报告层次较少，因此，小型被审计单位可能比大型被审计单位更容易实现有效的沟通。审计师应当考虑这种特征对评估重大错报风险的影响。

9.3.4 了解控制活动

控制活动是指有助于确保管理层的指令得以执行的政策和程序，包括与授权、业绩评价、信息处理、实物控制和职责分离等相关的活动。审计师应当了解控制活动，以适当评估认定层次的重大错报风险和针对评估的风险设计进一步审计程序。

1）了解与授权有关的控制活动

审计师应当了解与授权有关的控制活动，包括一般授权和特别授权。

一般授权是指管理层制定的要求组织内部遵守的普遍适用于某类交易或活动的政策。

特别授权是指管理层针对特定类别的交易或活动逐一设置的授权。

2）了解与业绩评价有关的控制活动

审计师应当了解与业绩评价有关的控制活动，主要包括被审计单位分析评价实际业绩与预算（或预测、前期业绩）的差异，综合分析财务数据与经营数据的内在关系，将内部数据与外部信息来源相比较，评价职能部门、分支机构或项目活动的业绩，以及对发现的异常差异或关系采取必要的调查与纠正措施。

3）了解与信息处理有关的控制活动

审计师应当了解与信息处理有关的控制活动，包括信息技术一般控制和应用控制。

信息技术一般控制是指与多个应用系统有关的政策和程序，有助于保证信息系统持续恰当地运行（包括信息的完整性和数据的安全性），支持应用控制作用的有效发挥，通常包括数据中心和网络运行控制，系统软件的购置、修改及维护控制，接触或访问权限控制，应用系统的购置、开发及维护控制。

信息技术应用控制是指主要在业务流程层次运行的人工或自动化程序，与用于生成、记录、处理、报告交易或其他财务数据的程序相关，通常包括检查数据计算准确性，审核账户和试算平衡表，设置对输入数据和数字序号的自动检查，以及对例外报告进行人工干预。

4）了解实物控制

审计师应当了解实物控制，主要包括了解对资产和记录采取适当的安全保护措施，对访问计算机程序和数据文件设置授权，以及定期盘点并将盘点记录与会计记录相核对。

实物控制的效果影响资产的安全，从而对财务报表的可靠性及审计产生影响。

5）了解职责分离

审计师应当了解职责分离，主要包括了解被审计单位如何将交易授权、交易记录以及资产保管等职责分配给不同员工，以防范同一员工在履行多项职责时可能发生的舞弊或错误。

在了解控制活动时，审计师应当重点考虑一项控制活动单独或连同其他控制活动，是否能够以及如何防止或发现并纠正各类交易、账户余额、列报存在的重大错报。审计师的工作主要是识别和了解针对重大错报可能发生领域的控制活动，审计师了解与每类重大交易、账户余额和披露及其认定相关的所有控制活动。所以，如果多项控制活动能够实现同一目标，审计师不必了解与该目标相关的每项控制活动。

在了解其他内部控制要素时，如果获取了控制活动是否存在的信息，审计师应当确定是否有必要进一步了解这些控制活动。

小型被审计单位通常难以实施适当的职责分离，审计师应当考虑小型被审计单位采取的控制活动能否有效实现控制目标。

6）了解和评估控制活动时应考虑的主要问题

在了解和评估控制活动时应考虑的主要问题一般包括：

①被审计单位的主要经营活动是否都有必要的控制政策和程序；

②管理层对预算、利润和其他财务和经营业绩方面是否都有清晰的目标，在被审计单位内部，是否对这些目标加以清晰的记录和沟通，并且积极地对其进行监控；

③是否存在计划和报告系统以识别与计划业绩的差异，并向适当层次的管理层报告该差异；

④是否由适当层次的管理层对差异进行调查，并及时采取适当的纠正措施；

⑤不同人员的职责应在何种程度上相分离，以降低舞弊和不当行为发生的风险；

⑥会计系统中的数据是否与实物资产定期核对；

⑦是否建立了适当的保护措施，以防止未经授权接触文件、记录和资产；

⑧是否控制对数据和程序的接触；

⑨是否存在信息安全职能部门负责监控信息安全政策和程序。

9.3.5 了解对控制的监督

对控制的监督是指被审计单位评价内部控制在一段时间内运行有效性的过程，该过程包括及时评价控制的设计和运行，以及根据情况的变化采取必要的纠正措施。审计师应当了解被审计单位对与财务报告相关的内部控制的监督活动，并了解如何采取纠正措施。

1）了解对控制的持续监督和专门评价活动

审计师应当了解被审计单位对控制的持续监督活动和专门的评价活动。通常情况下，被审计单位会通过持续的监督活动和专门的评价活动或两者相结合，来实现对控制的监督。

持续的监督活动通常贯穿于被审计单位的日常经营活动与常规管理工作中。被审计单位可能使用内部审计人员或具有类似职能的人员对内部控制的设计和执行进行专门的评价，以找出内部控制的优点和不足，并提出改进建议。被审计单位也可能利用与外部有关各方沟通或交流所获取的信息监督相关的控制活动。

2）了解对控制的持续监督和专门评价活动主要考虑的问题

审计师在对被审计单位整体层面的监督进行了解和评估时，主要考虑的问题一般包括：

①被审计单位是否定期评价内部控制；

②被审计单位人员在履行正常职责时，能够在多大程度上获得内部控制是否有效运行的证据；

③与外部的沟通能够在多大程度上证实内部产生的信息或者指出存在的问题；

④管理层是否会采纳内部审计人员和审计师有关内部控制的建议；

⑤管理层及时纠正控制运行偏差情况的报告的方法；

⑥管理层处理监管机构的报告及建议的方法；

⑦是否存在协助管理层监督内部控制的职能部门。

3）了解与监督活动相关的信息来源

用于监督活动的很多信息都由被审计单位的信息系统产生，这些信息可能会存在错报，从而导致管理层从监督活动中得出错误的结论。所以，审计师应当了解与被审计单位监督活动相关的信息来源，以及管理层认为信息具有可靠性的依据。如果拟利用被审计单位监督活动使用的信息（包括内部审计报告），审计师应当考虑该信息是否具有可靠的基础，是否足以实现审计目标。

此外，小型被审计单位通常没有正式的持续监督活动，且持续的监督活动与日常管理工作难以明确区分，业主往往通过其对经营活动的密切参与来识别财务数据中的重大差异和错报，并对控制活动采取纠正措施，审计师应当考虑业主对经营活动的密切参与能否有效实现其对控制的监督目标。

● 9.4　评估重大错报风险

9.4.1　识别和评估财务报表层次和认定层次的重大错报风险

了解被审计单位及其环境的目的之一就是评估重大错报风险。审计师应当识别和评估财务报表层次以及各类交易、账户余额、列报认定层次的重大错报风险，为设计和实施进一步审计程序提供基础。

1）识别和评估重大错报风险的审计程序

在识别和评估重大错报风险时，审计师应当实施下列审计程序：

①在了解被审计单位及其环境（包括与风险相关的控制）的整个过程中识别风险，并考虑财务报表中的各类交易、账户余额和披露。

审计师应当在了解被审计单位及其环境的整个过程中识别风险，并将识别的风险与各类交易、账户余额和列报相联系。例如，被审计单位因相关环境法规的实施需要更新设备，将导致对原有设备提取减值准备；宏观经济的低迷可能预示应收账款的回收存在问题；竞争者开发的新产品上市，可能导致被审计单位的主要产品在短期内过时，预示将出现存货跌价和长期资产（如固定资产等）的减值。

②评估识别出的风险，并评价其是否更广泛地与财务报表整体相关，进而潜在地影响多项认定。

某些重大错报风险可能与财务报表整体广泛相关，进而影响多项认定。例如，在经济不稳定的国家和地区开展业务、资产的流动性出现问题、重要客户流失、融资能力受到限制等，可能导致审计师对被审计单位的持续经营能力产生重大疑虑。又如，财务报表层次的重大错报风险很可能源于薄弱的控制环境。当管理层缺乏诚信或承受异常的压力可能引发舞弊风险时，这些风险与财务报表整体相关。

③在考虑拟测试的相关控制时，将识别出的风险与认定层次可能发生错报的领域相联系。

在评估重大错报风险时，审计师应当将所了解的控制与特定认定相联系。这是由于控制有助于防止或发现并纠正认定层次的重大错报。有效的控制会减少错报发生的可能性，而控制不当或缺乏控制，错报就会由可能变成现实。控制可能与某一认定直接相关，也可能与某一认定间接相关，关系越间接，控制对防止或发现并纠正认定错报的效果越小。

审计师应当将识别的风险与认定层次可能发生错报的领域相联系。例如，销售困难使产品的市场价格下降，可能导致年末存货成本高于其可变现净值而需要计提存货跌价准备，这显示存货的计价认定可能发生错报。

④考虑发生错报的可能性（包括发生多项错报的可能性），以及潜在错报的重大程度是否足以导致重大错报。

风险是否重大是指风险造成后果的严重程度。例如，在销售困难使产品的市场价格下降的情况下，除考虑产品市场价格下降因素外，审计师还应当考虑产品市场价格下降的幅度、该产品在被审计单位产品中的比重等，以确定识别的风险对财务报表的影响是否重大。假如，产品市场价格大幅下降，导致产品销售收入不能抵偿成本，毛利率为负，那么年末存货跌价问题严重，存货计价认定发生错报的风险重大；假如价格下降的产品在被审计单位销售收入中所占比例很小，被审计单位其他产品销售毛利率很高，尽管该产品的毛利率为负，但可能不会使年末存货发生重大跌价问题。

2）可能表明被审计单位存在重大错报风险的事项和情况

审计师应当关注下列可能表明被审计单位存在重大错报风险的事项和情况：

①在经济不稳定的国家或地区开展业务；

②在高度波动的市场开展业务；

③在严格、复杂的监管环境中开展业务；

④持续经营和资产流动性出现问题，包括重要客户流失；

⑤融资能力受到限制；

⑥行业环境发生变化；

⑦供应链发生变化；

⑧开发新产品或提供新服务，或进入新的业务领域；

⑨开辟新的经营场所；

⑩发生重大收购、重组或其他非经常性事项；

⑪拟出售分支机构或业务分部；

⑫复杂的联营或合资；

⑬运用表外融资、特殊目的实体以及其他复杂的融资协议；

⑭重大的关联方交易；

⑮缺乏具备胜任能力的会计人员；

⑯关键人员变动；

⑰内部控制薄弱；

⑱信息技术战略与经营战略不协调；

⑲信息技术环境发生变化；

⑳安装新的与财务报告有关的重大信息技术系统；

㉑经营活动或财务报告受到监管机构的调查；

㉒以往存在重大错报或本期期末出现重大会计调整；

㉓发生重大的非常规交易；

㉔按照管理层特定意图记录的交易；

㉕应用新颁布的会计准则或相关会计制度；

㉖会计计量过程复杂；

㉗事项或交易在计量时存在重大不确定性；

㉘存在未决诉讼、或有负债。

审计师应当充分关注可能表明被审计单位存在重大错报风险的上述事项和情况，并考虑由于上述事项和情况导致的风险是否重大，以及该风险导致财务报表发生重大错报的可能性。

3）两个层次的重大错报风险

在对重大错报风险进行识别和评估后，审计师应当确定，识别的重大错报风险是与特定的某类交易、账户余额、列报的认定相关，还是与财务报表整体广泛相关，进而影响多项认定。

某些重大错报风险可能与特定的各类交易、账户余额、列报的认定相关。例如，被审计单位存在复杂的联营或合资，这一事项表明长期股权投资账户的认定可能存在重大错报风险。又如，被审计单位存在重大的关联方交易，该事项表明关联方及关联方交易的披露认定可能存在重大错报风险。

某些重大错报风险可能与财务报表整体广泛相关，进而影响多项认定。例如，在经济不稳定的国家和地区开展业务、资产的流动性出现问题、重要客户流失、融资能力受到限制等，可能导致审计师对被审计单位的持续经营能力产生重大疑虑。又如，管理层缺乏诚信或承受异常的压力可能引发舞弊风险，这些风险与财务报表整体相关。

财务报表层次的重大错报风险很可能源于薄弱的控制环境。薄弱的控制环境带来的风险可能对财务报表产生广泛影响，难以限于某类交易、账户余额、列报，审计师应当采取总体应对措施。

在评估重大错报风险时，审计师应当将所了解的控制与特定认定相联系。这是由于控制有助于防止或发现并纠正认定层次的重大错报。在评估重大错报发生的可能性时，除了考虑可能的风险外，还要考虑控制对风险的抵消和遏制作用。有效的控制会减少错报发生的可能性，而控制不当或缺乏控制，错报就会由可能变成现实。控制可能与某一认定直接相关，也可能与某一认定间接相关，关系越间接，控制对防止或发现并纠正认定错报的效果就越小。

审计师可能识别出有助于防止或发现并纠正特定认定发生重大错报的控制。在确定这些控制是否能够实现上述目标时，审计师应当将控制活动和其他要素综合考虑。如将销售和收款的控制置于其所在的流程和系统中考虑，以确定其能否实现控制目标。

审计师应当考虑对识别的各类交易、账户余额和列报认定层次的重大错报风险予以汇总和评估，以确定进一步审计程序的性质、时间和范围。这可以通过评估认定层次的重大错报风险汇总表来完成。

【相关链接9-6】

认定层次的重大错报风险汇总表（见表9-1）

表9-1　　　　　　　　　　认定层次的重大错报风险汇总表

重大账户	认定	识别的重大错报风险	风险评估结果
列示重大账户，例如，应收账款	列示相关的认定，例如，存在、完整、计价或分摊等	汇总实施审计程序识别出的与该重大账户的某项认定相关的重大错报风险	评估该项认定的重大错报风险水平（应考虑控制设计是否合理，是否得到执行）

注：审计师也可以在该工作底稿中记录针对评估的认定层次重大错报风险，相应地制订审计方案。

4）对内部控制的了解对财务报表可审计性的影响

如果通过对内部控制的了解发现下列情况，并对财务报表局部或整体的可审计性产生疑问，审计师应当考虑出具保留意见或无法表示意见的审计报告：

①被审计单位会计记录的状况和可靠性存在重大问题，不能获取充分、适当的审计证据以发表无保留意见；

②对管理层的诚信存在严重疑虑。

必要时，审计师应当考虑解除业务约定。

9.4.2　需要特别考虑的重大错报风险

作为风险评估的一部分，审计师应当运用职业判断，确定识别的风险哪些是需要特别考虑的重大错报风险（简称特别风险）。

1）特别风险的判定

在确定哪些风险是特别风险时，审计师应当在考虑识别出的控制对相关风险的抵消效果前，根据风险的性质、潜在错报的重要程度（该风险是否可能导致多项错报）和发生的可能性，判断风险是否属于特别风险。在确定风险的性质时，审计师应当考虑下列事项：

①风险是否属于舞弊风险；

②风险是否与近期经济环境、会计处理方法和其他方面的重大变化有关；

③交易的复杂程度；

④风险是否涉及重大的关联方交易；

⑤财务信息计量的主观程度，特别是对不确定事项的计量存在较大区间；

⑥风险是否涉及异常或超出正常经营过程的重大交易。

日常的、不复杂的、常规处理的交易不太容易产生特别风险，特别风险通常与重大的非常规交易和判断事项有关。非常规交易是指由于金额或性质异常而不经常发生的交易。判断事项通常包括作出的会计估计。

由于在非常规交易中，管理层更多地介入会计处理、数据收集和处理涉及更多的人工成分、涉及复杂的计算或会计处理方法以及非常规交易的性质可能使被审计单位难以对由此产生的特别风险实施有效控制，所以，与重大非常规交易相关的特别风险可能导致更高的重大错报风险。

同样，对重大判断事项来说，一方面，对涉及会计估计、收入确认等方面的会计原则存在不同的理解；另一方面，所要求的判断可能是主观和复杂的，或需要对未来事项作出假设，所以，重大判断事项相关的特别风险可能导致更高的重大错报风险。

2）特别风险的处理

了解与特别风险相关的控制，有助于审计师制订有效的审计方案予以应对。对特别风险，审计师应当评价相关控制的设计情况，并确定其是否已经得到执行。由于与重大非常规交易或判断事项相关的风险很少受到日常控制的约束，所以，审计师应当了解被审计单位是否针对该特别风险设计和实施了控制。

如果管理层未能实施控制以恰当应对特别风险，审计师应当认为内部控制存在重大缺陷，并考虑其对风险评估的影响。在此情况下，审计师应当考虑就此类事项与治理层沟通。

9.4.3 仅通过实质性程序无法应对的重大错报风险

作为风险评估的一部分，如果认为仅通过实质性程序获取的审计证据无法将认定层次的重大错报风险降至可接受的低水平，审计师应当评价被审计单位针对这些风险设计的控制，并确定其执行情况。

在被审计单位对日常交易采用高度自动化处理的情况下，审计证据可能仅以电子形式存在，其充分性和适当性通常取决于自动化信息系统相关控制的有效性，审计师应当考虑仅通过实施实质性程序不能获取充分、适当审计证据的可能性。例如，某企业通过高度自动化的系统确定采购品种和数量，生成采购订单，并通过系统中设定的收货确认和付款条件进行付款。除了系统中的相关信息以外，该企业没有其他有关订单和收货的记录。在这种情况下，如果认为仅通过实质性程序不能获取充分、适当的审计证据，审计师应当考虑依赖的相关控制的有效性，并对其进行了解、评估和测试。

【相关链接9-7】

识别的重大错报风险汇总表

审计师可以编制表格来汇总识别的重大错报风险，判定它们的性质，见表9-2。

表9-2 识别的重大错报风险汇总表

识别的重大错报风险	对财务报表的影响	相关的交易类别、账户余额和列报认定	是否与财务报表整体广泛相关	是否属于特别风险	是否属于仅通过实质性程序无法应对的重大错报风险
记录识别的重大错报风险	描述对财务报表的影响和导致财务报表发生重大错报的可能性	列示相关的各类交易、账户余额、列报及其认定	考虑是否属于财务报表层次的重大错报风险	考虑是否属于特别风险	考虑是否属于仅通过实质性程序无法应对的重大错报风险

9.4.4 对风险评估的修正

审计师对认定层次重大错报风险的评估应以获取的审计证据为基础，并可能随着不断获取审计证据而作出相应的变化。例如，审计师对重大错报风险的评估可能基于预期控制运行有效这一判断，即相关控制可以防止或发现并纠正认定层次的重大错报。但在测试控制运行的有效性时，审计师获取的证据可能表明相关控制在被审计期间并未有效运行。同样，在实施实质性程序后，审计师可能发现错报的金额和频率比在风险评估时预计的金额和频率要高。

如果通过实施进一步审计程序获取的审计证据与初始评估重大错报风险时获取的审计证据相矛盾，审计师应当修正风险评估结果，并相应修改原计划实施的进一步审计程序。因此，评估重大错报风险与了解被审计单位及其环境一样，也是一个连续和动态地收集、更新与分析信息的过程，贯穿于整个审计过程的始终。

● 9.5   与治理层和管理层的沟通

审计师应当及时将值得关注的内部控制缺陷通报治理层和管理层。

审计师应当根据已执行的审计工作，确定是否识别出内部控制缺陷。如果识别出内部控制缺陷，审计师应当根据已执行的审计工作，确定该缺陷单独或连同其他缺陷是否构成值得关注的内部控制缺陷。

审计师应当以书面形式及时向治理层通报审计过程中识别出的值得关注的内部控制缺陷。审计师还应当及时向相应层级的管理层通报下列内部控制缺陷：①已向或拟向治理层通报的值得关注的内部控制缺陷，除非在具体情况下不适合直接向管理层通报；这一事项应当采用书面方式通报。②在审计过程中识别出的、其他方尚未向管理层通报而注册会计师根据职业判断认为足够重要从而值得管理层关注的内部控制其他缺陷。

值得关注的内部控制缺陷的书面沟通文件应当包括以下内容：①对缺陷的描述以及对其潜在影响的解释；②使治理层和管理层能够了解沟通背景的充分信息。

在向治理层和管理层提供信息时，注册会计师应当特别说明下列事项：①注册会计师执行审计工作的目的是对财务报表发表审计意见；②审计工作包括考虑与财务报表编制相关的内部控制，其目的是设计适合具体情况的审计程序，并非对内部控制的有效性发表意见（如果结合财务报表审计对内部控制的有效性发表意见，应当删除"并非对内部控制的有效性发表意见"的措辞）；③报告的事项仅限于注册会计师在审计过程中识别出的、认为足够重要从而值得向治理层报告的缺陷。

● 9.6   审计工作记录

1）记录的内容

审计师应当就下列内容形成审计工作记录：

（1）项目组对由于舞弊或错误导致财务报表发生重大错报的可能性进行的讨论，以及得出的重要结论；

（2）审计师对被审计单位及其环境各个方面的了解要点（包括对内部控制各项要素的了解要点）、信息来源以及实施的风险评估程序；

（3）审计师在财务报表层次和认定层次识别、评估出的重大错报风险；

（4）审计师识别出的特别风险和仅通过实质性程序无法应对的重大错报风险，以及对相关控制的评估。

2）记录的方式

审计师需要运用职业判断，确定对上述事项进行记录的方式。常见的记录方式包括文字叙述、问卷、核对表和流程图等。记录的形式和范围受被审计单位性质、规模、复杂程度、内部控制、被审计单位信息的可获得性以及审计过程中使用的具体审计方法和技术的影响。例如，被审计单位通过复杂的信息系统，生成、记录、处理和报告大量交易，审计师在了解该信息系统之后，可能采用的记录方式包括流程图、问卷或决策表。对于很少或不使用信息技术的信息系统，或者只处理少量交易（如长期借款）的信息系统，审计师仅以备忘录的形式对其进行记录就已足够。通常被审计单位经营活动越复杂，审计师实施审计程序的范围越广，审计工作记录也就越复杂。

［总结与结论］

本章主要包括三个方面的内容：第一，风险评估程序；第二，了解被审计单位及其环境；第三，评估重大错报风险。风险评估程序主要包括询问被审计单位管理层和内部其他相关人员、分析程序、观察和检查。了解被审计单位及其环境主要是应用风险评估程序了解被审计单位所在行业状况、法律环境与监管环境以及其他外部因素，被审计单位的性质，被审计单位对会计政策的选择和运用，被审计单位的目标、战略以及相关经营风险，被审计单位财务业绩的衡量和评价，被审计单位的内部控制六个方面的内容。其中，了解被审计单位的内部控制是从控制环境、风险评估过程、信息系统与沟通、控制活动、对控制的监督五个方面进行了解的。评估重大错报风险主要是在了解被审计单位及其环境的基础上识别和评估财务报表层次和认定层次的重大错报风险。了解被审计单位及其环境为对确定和判断重要性水平、判定会计政策是否恰当、识别需要特别考虑的领域、确定实施分析程序时所使用的预期值、设计和实施进一步审计程序以及评价审计证据的充分性和适当性作出职业判断提供重要基础。

［练习题］

★案例分析题

1. 根据《中国注册会计师审计准则第1211号——通过了解被审计单位及其环境识别和评估重大错报风险》，内部控制包括控制环境、风险评估过程、信息系统与沟通、控制活动、对控制的监督5个要素。根据COSO于1992年发布的《内部控制——整合框架》，内部控制包括控制环境、风险评估、信息与沟通、控制活动和监督5个要素。根据COSO于2004年发布的《企业风险管理——整合框架》，企业风险管理包括内部控制，企业风险管理包括内部环境、目标设定、事项识别、风险评估、风险应对、控制活动、信息与沟通和监督8个要素。

问题：

（1）试比较这三个框架的异同。

（2）审计师如何借鉴COSO的《企业风险管理——整合框架》来指导其风险评估工作？

2. 普利公司是一家从事制造业的民营企业，生产多种商品，在全国共有三个分公司。公司高管层具有良好的道德操守，但是该公司一直未能建立董事会和审计委员会，也不存在任何关于公司员工行为准则的相关文件，对于员工的奖罚大多依据其业绩状况。由于该公司未能设立内部审计部门，所以高管层一直通过聘请证信会计师事务所对分公司进行审核来进行控制。

李铭是上海分公司的总经理，上海分公司主要生产小型器具的多种标准零部件。李铭的薪酬在很大程度上取决于该分公司的盈利能力。上海分公司盈利能力的提高主要是通过降低生产成本来实现的，包括减少存货的控制程序。

2017 年新的竞争者进入了制造市场，并为争夺市场份额而大幅降价。针对竞争者的行为，普利公司加入了价格战以保持市场份额。李铭对此非常担忧，因为降低成本的空间极为有限，由此分公司增长和盈利能力将会受到影响，而如果上海分公司不能保持盈利能力，他的薪水和奖金将会减少。最终，李铭决定通过操纵存货以使该部门具备盈利能力，因为存货在资产负债表中所占数额较大。由于公司存货控制政策几乎为空白，李铭便将操纵存货视为解决因竞争对手降价而导致利润下降的捷径。一旦李铭能够坚持到最后，那么竞争者就会被迫提升价格，那么，他就将更正存货中的错报，使其对盈亏结果几乎没有影响。

要求：

（1）评价普利公司控制环境的优势和弱点。

（2）普利公司控制环境中的哪些因素有利于李铭操纵存货？

★补充阅读材料

1. 中国注册会计师协会. 中国注册会计师审计准则第 1211 号——通过了解被审计单位及其环境识别和评估重大错报风险.

2. 中国注册会计师协会. 中国注册会计师审计准则第 1101 号——注册会计师的总体目标和审计工作的基本要求.

3. 中国注册会计师协会. 中国注册会计师审计准则第 1231 号——针对评估的重大错报风险采取的应对措施.

4. IAASB. ISA 315, Identifying and Assessing the Risks of Material Misstatement through Understanding the Entity and Its Environment.

5. COSO. Enterprise Risk Management–Integrated Framework. 2004.

第10章

风险导向审计的实施：
风险应对

[学习目标]

1.掌握针对财务报表层次重大错报风险的总体应对措施；

2.掌握进一步审计程序的内涵、性质、时间和范围；

3.掌握控制测试的内涵、性质、时间和范围；

4.掌握实质性程序的内涵、性质、时间和范围；

5.掌握审计证据充分性和适当性的评价。

审计师在采用风险评估程序了解被审计单位及其环境，充分识别和评估了财务报表的重大错报风险之后，接下来要做的工作就是设计和实施进一步审计程序。审计师首先要针对评估的财务报表层次重大错报风险确定总体应对措施，并针对评估的认定层次重大错报风险设计和实施进一步审计程序，以将审计风险降至可接受的低水平。在确定总体应对措施以及设计和实施进一步审计程序的性质、时间和范围时，审计师应当运用职业判断。进一步审计程序包括控制测试和实质性程序，而实质性程序又包括细节测试和实质性分析程序。审计师在这一阶段的工作主要就是确定进一步审计程序的总体方案，设计控制测试和实质性程序，还包括评价列报的适当性和评价审计证据的充分性和适当性。

● 10.1 针对财务报表层次重大错报风险的总体应对措施

审计师应当了解被审计单位及其环境，以充分识别和评估财务报表的重大错报风险，设计和实施进一步审计程序。在评估重大错报风险时，审计师应当确定，识别的重大错报风险是与特定的某类交易、账户余额、列报的认定相关，还是与财务报表整体广泛相关，进而影响多项认定。如果重大错报风险是与财务报表整体相关，则属于财务报表层次的重大错报风险。

1) 财务报表层次重大错报风险的总体应对措施

审计师应当针对评估的财务报表层次重大错报风险确定下列总体应对措施：

（1）向项目组强调保持职业怀疑的必要性；

（2）指派更有经验或具有特殊技能的审计人员，或利用专家的工作；

（3）提供更多的督导；

（4）在选择进一步审计程序时，融入更多不可预见的因素；

（5）对拟实施审计程序的性质、时间安排和范围作出总体修改，如在期末而非期中实施实质性程序，或修改审计程序的性质以获取更具说服力的审计证据。

审计师对控制环境的了解影响其对财务报表层次重大错报风险的评估，从而影响所采取的总体应对措施。有效的控制环境可以使审计师增强对内部控制的信心和对被审计单位内部生成的审计证据的信赖程度。例如，如果内部控制有效，审计师可以在期中而非期末实施某些审计程序；如果控制环境存在缺陷，则产生相反的影响。

为应对无效的控制环境，审计师可以采取的措施包括：

（1）在期末而非期中实施更多的审计程序；

（2）通过实施实质性程序获取更广泛的审计证据；

（3）增加拟纳入审计范围的经营地点的数量。

2）评估的财务报表层次的重大错报风险及其总体应对措施对总体方案的影响

财务报表层次重大错报风险难以限于某类交易、账户余额、列报的特点，意味着此类风险可能对财务报表的多项认定产生广泛影响，并相应增加审计师对认定层次重大错报风险的评估难度。因此，审计师评估的财务报表层次重大错报风险以及采取的总体应对措施，对拟实施进一步审计程序的总体方案具有重大影响。

审计师针对认定层次重大错报风险拟实施的进一步审计程序的总体方案包括实质性方案和综合性方案。实质性方案是指审计师实施的进一步审计程序以实质性程序为主；综合性方案是指审计师在实施进一步审计程序时，将控制测试与实质性程序结合使用。当评估的财务报表层次重大错报风险属于高风险水平（并相应采取更强调审计程序不可预见性，重视调整审计程序的性质、时间和范围等总体应对措施）时，拟实施进一步审计程序的总体方案往往更倾向于实质性方案。反之，则采用综合性方案。

● 10.2　针对认定层次重大错报风险的进一步审计程序

审计师应当针对评估的认定层次重大错报风险设计和实施进一步审计程序，包括审计程序的性质、时间安排和范围。

10.2.1　审计程序的性质

1）审计程序的性质概述

审计程序的性质是指审计程序的目的和类型。审计程序的目的包括通过实施控制测试以确定内部控制运行的有效性，通过实施实质性程序以发现认定层次的重大错报。审计程序的类型包括检查、观察、询问、函证、重新计算、重新执行和分析程序。

不同的审计程序应对特定认定错报风险的效力不同。例如，对于与收入完整性认定相关的重大错报风险，控制测试通常更能有效应对；对于与收入发生认定相关的重大错报风险，实质性程序通常更能有效应对。所以，在应对评估的风险时，应合理确定审计程序的性质。

2）审计程序的性质的选择

审计师评估的风险可能影响拟实施的审计程序的类型及其综合运用。例如，当评估的风险较高时，审计师除检查文件外，还可能决定向交易对方函证合同条款的完整性。此外，对于与某些认定相关的错报风险，实施某些审计程序可能比其他审计程序更适当。例如，在测试收入时，对于与收入完整性认定相关的错报风险，控制测试可能最能有效应对；对于与收入发生认定相关的错报风险，实质性程序可能最能有效应对。

在确定审计程序的性质时，审计师需要考虑形成风险评估结果的依据。例如，对于某类交易，审计师可能判断即使在不考虑相关控制的情况下发生错报的风险仍较低，此时仅实施实质性分析程序就可以获取充分、适当的审计证据。如果审计师预期存在与此类交易相关的内部控制的情况下发生错报的风险较低，且拟基于这一评估的低风险设计实质性程序，则审计师需要实施控制测试。对于在被审计单位信息系统中进行日常处理和控制的、常规且不复杂的交易，这种情况可能出现。

10.2.2 审计程序的时间安排

1）审计程序的时间安排的定义

审计程序的时间安排是指审计师何时实施进一步审计程序，或审计证据适用的期间或时点。

2）审计程序的时间安排的选择

从理论上讲，审计师可以选择在期中或期末实施控制测试或实质性程序。当重大错报风险较高时，审计师应当考虑在期末或接近期末实施实质性程序；或采用不通知的方式（如在不通知的情况下对选取的经营地点实施审计程序），或在管理层不能预见的时间实施审计程序更有效。这在考虑应对舞弊风险时尤为相关。例如，如果识别出故意错报或操纵会计记录的风险，注册会计师可能认为将期中得出的结论延伸至期末而实施的审计程序是无效的。

虽然在期末实施审计程序在很多情况下非常必要，但审计师在期中实施审计程序也可以发挥积极的作用。在期末之前实施进一步审计程序，可能有助于审计师在审计工作初期识别重大事项，并在管理层的协助下及时解决这些事项；或针对这些事项制定有效的审计方案。

在确定何时实施审计程序时，审计师应当考虑下列因素：

（1）控制环境。良好的控制环境可以抵消在期中实施进一步审计程序的局限性，使审计师在确定实施进一步审计程序的时间时有更大的灵活度。

（2）何时能得到相关信息。例如，某些控制活动可能仅在期中（或期中以前）发生，而之后可能难以再被观察到。审计师如果希望获取相关信息，则需要考虑能够获取相关信息的时间。

（3）错报风险的性质。例如，被审计单位可能为了保证盈利目标的实现，而在会计期末以后伪造销售合同以虚增收入，此时审计师需要考虑在期末（即资产负债表日）这个特定时点获取被审计单位截至期末所能提供的所有销售合同及相关资料，以防范被审计单位在资产负债表日后伪造销售合同虚增收入的做法。

（4）审计证据适用的期间或时点。审计师应当根据需要获取的特定审计证据确定何时实施进一步审计程序。

虽然审计师在很多情况下可以根据具体情况选择实施进一步审计程序的时间，但也存在着一些限制选择的情况。某些审计程序只能在期末或期末以后实施，包括将财务报表与会计记录相核对，检查财务报表编制过程中所作出的会计调整等，以应对被审计单位可能在期末签订不适当的销售合同的风险，或交易在期末可能尚未完成的风险。

10.2.3　审计程序的范围

1）审计程序的范围的定义

审计程序的范围是指实施审计程序的数量，包括抽取的样本量，对某项控制活动的观察次数等。

2）确定进一步审计程序的范围

在确定审计程序的范围时，审计师应当考虑下列因素：

（1）确定的重要性水平。确定的重要性水平越低，审计师实施进一步审计程序的范围越广。

（2）评估的重大错报风险。评估的重大错报风险越高，对拟获取审计证据的相关性、可靠性的要求越高，因此审计师实施的进一步审计程序的范围也越广。

（3）计划获取的保证程度。计划获取的保证程度越高，对测试结果可靠性要求越高。计划获取的保证程度越高，审计师实施的进一步审计程序的范围越广。

如果需要通过实施多个审计程序实现某一目的，审计师需要分别考虑每个程序的范围。一般而言，审计程序的范围随着重大错报风险的增加而扩大。例如，在应对评估的由于舞弊导致的重大错报风险时，增加样本量或实施更详细的实质性分析程序可能是适当的。但是，只有当审计程序本身与特定风险相关时，扩大审计程序的范围才是有效的。

在考虑确定进一步审计程序的范围时，为了提高进一步审计程序的效率，审计师可以使用计算机辅助审计技术对电子化的交易和账户文档进行更广泛的测试，包括从主要电子文档中选取交易样本，或按照某一特征对交易进行分类，或对总体而非样本进行测试。

10.2.4　风险应对工作的记录

审计师应当就下列事项形成审计工作记录：

（1）对评估的财务报表层次重大错报风险采取的总体应对措施；

（2）实施审计程序的性质、时间安排和范围；

（3）实施的审计程序与评估的认定层次重大错报风险的联系；

（4）实施审计程序的结果。

如果拟利用在以前审计中获取的有关控制运行有效性的审计证据，审计师应当记录信赖这些控制的理由和结论。

● 10.3 控制测试

10.3.1 控制测试的内涵、设计和实施

1）控制测试的内涵

控制测试，是指用于评价内部控制在防止或发现并纠正认定层次重大错报方面的运行有效性的审计程序。

当存在下列情形之一时，审计师应当设计和实施控制测试，针对相关控制运行的有效性，获取充分、适当的审计证据：

（1）在评估认定层次重大错报风险时，预期控制的运行是有效的（即在确定实质性程序的性质、时间安排和范围时，注册会计师拟信赖控制运行的有效性）；

（2）仅实施实质性程序并不能够提供认定层次充分、适当的审计证据。

2）控制测试的设计和实施

只有认为控制设计合理、能够防止或发现并纠正认定层次的重大错报，审计师才实施控制测试。如果被审计单位在所审计期间内的不同时期使用了显著不同的控制，审计师要分别考虑不同时期的控制。

测试控制运行的有效性与了解控制和评价控制的设计及执行是不同的，但是所采用的审计程序的类型是相同的，因此，审计师可以决定在评价控制的设计以及确定其是否得到执行的同时测试控制运行的有效性，以提高审计效率。虽然某些风险评估程序并非专为控制测试设计，但可以提供有关控制运行有效性的审计证据，从而也能够作为控制测试。例如，审计师实施的风险评估程序可能包括：①询问管理层对预算的使用；②观察管理层对月度预算费用与实际费用的比较；③检查预算金额与实际金额之间的差异报告。通过实施这些审计程序，审计师可以了解被审计单位预算管理制度的设计及其是否得到执行，同时也可以获取关于这些制度在预防或发现费用的重大错报方面运行有效性的审计证据。

> **【相关链接10-1】**
>
> ### 双重目的测试
>
> 尽管控制测试和细节测试的目的不同，但审计师可以考虑针对同一交易同时实施控制测试和细节测试，以实现双重目的，这种做法称为双重目的测试。双重目的测试是通过分别考虑每个测试的目的而设计和评价的。例如，审计师可以通过检查某笔交易的发票这项程序实现以下两个目的：一是确定其是否经过适当的授权；二是获取关于该交易的发生、准确性等认定的审计证据。
>
> 在某些情况下，审计师可能发现仅通过实施有效的实质性程序无法获取认定层次的充分、适当的审计证据，例如，被审计单位采用信息技术处理业务，除信息系统中的信息外不生成或保留任何与业务相关的文件记录。在这种情况下，审计师需要对相关控制实施测试。

> **【相关链接 10-2】**
> **测试控制运行的有效性与确定控制是否得到执行**
>
> 　　测试控制运行的有效性与确定控制是否得到执行所需获取的审计证据是不同的。在实施风险评估程序以获取控制是否得到执行的审计证据时，审计师应当确定某项控制是否存在，被审计单位是否正在使用。在测试控制运行的有效性时，审计师应当从下列方面获取关于控制是否有效运行的审计证据：（1）控制在所审计期间的不同时点是如何运行的；（2）控制是否得到一贯执行；（3）控制由谁执行；（4）控制以何种方式运行。如果被审计单位在所审计期间内的不同时期使用了不同的控制，审计师应当考虑不同时期控制运行的有效性。
>
> 　　控制运行有效性强调的是控制能够在各个不同时点按照既定设计得以一贯执行。因此，在确定控制是否得以执行时，审计师只需抽取少量的交易进行检查或观察某几个时点。但在测试控制运行的有效性时，审计师需要抽取足够数量的交易进行检查或对多个不同时点进行观察。
>
> 　　测试控制运行的有效性与确定控制是否得到执行所需获取的审计证据虽然存在差异，但两者也有联系。为评价控制设计和确定控制是否得到执行而实施的某些风险评估程序尽管并非专为控制测试而设计，但可能提供有关控制运行有效性的审计证据，审计师可以考虑在评价控制设计和获取其得到执行的审计证据的同时测试控制运行有效性，以提高审计效率；同时审计师应当考虑这些审计证据是否足以实现控制测试的目的。

10.3.2　控制测试的性质

　　在设计和实施控制测试时，审计师应当：①将询问与其他审计程序结合使用，以获取有关控制运行有效性的审计证据；②确定拟测试的控制是否依赖其他控制（间接控制）。如果依赖其他控制，确定是否有必要获取支持这些间接控制有效运行的审计证据。

　　审计师获取的有关控制运行有效性的审计证据应当包括：①控制在所审计期间的相关时点是如何运行的；②控制是否得到一贯执行；③控制由谁或以何种方式执行。

　　询问本身并不足以测试控制运行的有效性，审计师应当将询问与其他审计程序结合使用，以获取有关控制运行有效性的审计证据。观察提供的证据仅限于观察发生的时点，本身也不足以测试控制运行的有效性；将询问与检查或重新执行结合使用，通常能够比仅实施询问和观察获取更高的保证。例如，被审计单位针对处理收到的邮政汇款单设计和执行了相关的内部控制，审计师通过询问和观察程序往往不足以测试此类控制的运行有效性，还需要检查能够证明此类控制在所审计期间的其他时段有效运行的文件和凭证，以获取充分、适当的审计证据。

　　在确定实施哪种程序以获取有关控制运行是否有效的审计证据时，注册会计师需要考虑特定控制的性质。例如，某些控制通过文件记录证明其运行的有效性，在这种情况下，注册会计师可能需要检查这些文件记录以获取控制运行有效的审计证据。而某些控制可能不存在文件记录，或文件记录与控制运行是否有效不相关。例如，控制环境中的某些要素（如职权和责任的分配），或某些由计算机实施的控制活动，可能不会留下运行记录。在这种情况下，注册会计师可能需要通过询问并结合其他审计程序（如观察）或借助计算机辅助审计技术，获取有关控制运行有效性的审计证据。

10.3.3 控制测试的时间安排

1）控制测试的时间安排概述

审计师应当测试其拟信赖的特定时点或整个期间的控制，为预期信赖程度提供恰当的依据。如果仅需要测试控制在特定时点运行的有效性（如对被审计单位期末存货盘点进行控制测试），注册会计师只需要获取该时点的审计证据。如果拟信赖控制在某一期间运行的有效性，注册会计师需要实施其他测试，以获取相关控制在该期间内的相关时点运行有效的审计证据。这种测试可能包括测试被审计单位对控制的监督。

控制测试的时间直接关系到通过控制测试获取的审计证据的时间问题。通过控制测试获取的审计证据的时间涉及两个问题：一个问题是证据什么时候获得和它可能被运用到审计期间的哪一部分；另一个问题是在本审计期间对以前期间控制设计和运行有效证据的依赖程度。所以，审计师应当根据控制测试的目的确定控制测试的时间，并确定拟信赖的相关控制的时点或期间。如果仅需要测试控制在特定时点的运行有效性，审计师只需要获取该时点的审计证据。如果需要获取控制在某一期间有效运行的审计证据，仅获取与时点相关的审计证据是不充分的，审计师应当辅以其他控制测试，包括测试被审计单位对控制的监督。

2）期中审计证据的考虑

审计师可能在期中实施进一步审计程序。对于控制测试，审计师在期中实施此类程序具有更积极的作用。但即使审计师已获取有关控制在期中运行有效性的审计证据，仍然需要考虑如何能够将控制在期中运行有效性的审计证据合理延伸至期末。因此，如果已获取有关控制在期中运行有效性的审计证据，并拟利用该证据，审计师应当实施下列审计程序：

（1）获取这些控制在剩余期间变化情况的审计证据

针对期中已获取过审计证据的控制，考察这些控制在剩余期间的变化情况，如果这些控制在剩余期间没有发生变化，审计师可能决定信赖期中获取的审计证据；如果这些控制在剩余期间发生了变化，审计师需要了解并测试控制的变化对期中审计证据的影响。

（2）确定针对剩余期间还需获取的补充审计证据

针对期中证据以外的、剩余期间的补充证据，审计师应当考虑下列因素：

①评估的认定层次重大错报风险的重大程度。评估的重大错报风险对财务报表的影响越大，审计师需要获取的剩余期间的补充证据越多。

②在期中测试的特定控制。例如，对自动化运行的控制，审计师更可能测试信息系统一般控制的运行有效性，以获取控制在剩余期间运行有效性的审计证据。

③在期中对有关控制运行有效性获取的审计证据的程度。如果审计师在期中对有关控制运行有效性获取的审计证据比较充分，可以考虑适当减少需要获取的剩余期间的补充

证据。

④剩余期间的长度。剩余期间越长，审计师需要获取的剩余期间的补充证据越多。

⑤在信赖控制的基础上拟减少进一步实质性程序的范围。审计师对相关控制的信赖程度越高，通常在信赖控制的基础上拟减少进一步实质性程序的范围就越大。在这种情况下，审计师需要获取的剩余期间的补充证据越多。

⑥控制环境。在审计师总体上拟信赖控制的前提下，控制环境越薄弱（或把握程度越低），审计师需要获取的剩余期间的补充证据越多。

被审计单位对控制的监督起到的是一种检验相关控制在所有相关时点是否都有效运行的作用。因此，除了上述的测试剩余期间控制的运行有效性，通过测试剩余期间控制的运行有效性或测试被审计单位对控制的监督，审计师可以获取补充审计证据，以便更有把握地将控制在期中运行有效性的审计证据延伸至期末。

3）利用以前审计获取的审计证据

在某些情况下，如果审计师实施了用以确定审计证据持续相关性的审计程序，以前审计获取的审计证据可以为本期提供相关审计证据。例如，在以前期间执行审计时，审计师可能确定被审计单位某项自动化控制能够发挥预期作用。那么在本期审计中，审计师可能需要获取审计证据以确定是否发生了影响该自动化控制持续有效发挥作用的变化。例如，审计师可以通过询问管理层或检查日志，确定哪些控制已经发生变化。通过考虑控制变化的证据，审计师可以增加或减少需要在本期获取的有关控制运行是否有效的审计证据。

（1）控制在本期发生变化

控制在本期发生变化可能影响以前审计获取的审计证据对本期审计的相关性，从而使审计师无法再继续信赖相关控制运行的有效性。例如，如果系统的变化仅使被审计单位从系统中获取新的报告，这种变化通常不影响以前审计所获取证据的相关性；但是，如果系统的变化引起数据累积或计算发生改变，这种变化可能影响以前审计所获取证据的相关性。

（2）控制在本期未发生变化

如果拟信赖的控制自上次测试后未发生变化，且不属于旨在减轻特别风险的控制，审计师需要运用职业判断确定是否在本期审计中测试其运行的有效性，以及本次测试与上次测试的时间间隔，但每三年至少对控制测试一次。

一般情况下，重大错报风险越高，或对控制的拟信赖程度越高，时间间隔（如有）就越短。下列因素可能缩短再次测试控制的时间间隔或导致完全不信赖以前审计获取的审计证据：①控制环境薄弱；②对控制的监督薄弱；③相关控制中的人工成分较多；④发生对控制运行产生重大影响的人事变动；⑤环境的变化表明需要对控制作出相应的变动；⑥信息技术一般控制薄弱。

如果审计师拟信赖以前审计已获取审计证据的多个控制，在每次审计中测试其中的某些控制可以为控制环境的持续有效性提供佐证信息。这些信息能够帮助注册会计师确定依赖以前审计获取的审计证据是否适当。

10.3.4 控制测试的范围

控制测试的范围主要是指某项控制活动的测试次数。审计师应当设计控制测试，以获取控制在整个拟信赖的期间有效运行的充分、适当的审计证据。

在确定某项控制的测试范围时，审计师通常考虑下列因素：

（1）在整个拟信赖的期间，被审计单位执行控制的频率。控制执行的频率越高，控制测试的范围越大。

（2）在所审计期间，审计师拟信赖控制运行有效性的时间长度。拟信赖控制运行有效性的时间长度不同，在该时间长度内发生的控制活动次数也不同。审计师需要根据拟信赖控制的时间长度确定控制测试的范围。拟信赖期间越长，控制测试的范围越大。

（3）拟获取的有关认定层次控制运行有效性的审计证据的相关性和可靠性。

（4）通过测试与认定相关的其他控制获取的审计证据的范围。针对同一认定，可能存在不同的控制。当针对其他控制获取审计证据的充分性和适当性较高时，测试该控制的范围可适当缩小。

（5）控制的预期偏差。预期偏差可以用控制未得到执行的预期次数占控制应当得到执行次数的比率加以衡量。考虑该因素是因为在考虑测试结果是否可以得出控制运行有效性的结论时，不可能只要出现任何控制执行偏差就认定控制运行无效，所以需要确定一个合理水平的预期偏差率。控制的预期偏差率越高，需要实施控制测试的范围越大。如果控制的预期偏差率过高，审计师应当考虑控制可能不足以将认定层次的重大错报风险降至可接受的低水平，从而针对某一认定实施的控制测试可能是无效的。

由于信息技术处理具有内在一贯性，审计师可能不需要扩大自动化控制的测试范围。除非程序（包括系统使用的表格、文档或其他永久性数据）发生变动，否则自动化控制会一贯运行。一旦确定某项自动化控制能够发挥预期作用（可在最初实施该控制的时点或其他时点确定），审计师就可能需要考虑实施测试以确定该控制是否持续有效运行。这些测试可能包括确定：①程序修改是否已经过适当的程序变动控制；②交易处理所用软件是否为授权批准版本；③其他相关的一般控制是否运行有效。这些测试还可能包括确定系统是否未发生变动。例如，当被审计单位使用软件包应用程序而没有对其进行修改或维护时，审计师可以检查信息系统安全管理记录，以获取在所审计期间不存在未经授权接触系统的审计证据。

● 10.4　实质性程序

10.4.1　实质性程序的含义和要求

实质性程序是指审计师针对评估的重大错报风险实施的直接用以发现认定层次重大错报的审计程序。实质性程序包括对各类交易、账户余额、列报的细节测试以及实质性分析程序。审计师应当针对评估的重大错报风险设计和实施实质性程序，以发现认定层次的重大错报。

由于审计师对重大错报风险的评估是一种判断，可能无法充分识别所有的重大错报风险，并且由于内部控制存在固有的局限性，无论评估的重大错报风险结果如何，审计师都应当针对所有重大的各类交易、账户余额、列报实施实质性程序。这一要求表明：①审计师对风险的评估是一种判断，因此可能无法识别所有重大错报风险；②内部控制存在固有限制，如管理层凌驾于控制之上。

10.4.2 实质性程序的性质和设计

1）实质性程序的性质

实质性程序的性质，是指实质性程序的类型及其组合。实质性程序的两种基本类型包括细节测试和实质性分析程序。细节测试是对各类交易、账户余额、列报的具体细节进行测试，目的在于直接识别财务报表认定是否存在错报。实质性分析程序从技术特征上仍然是分析程序，主要是通过研究数据间的关系来评价信息，即用以识别各类交易、账户余额、列报及相关认定是否存在错报。

2）实质性程序的设计

审计师应当根据各类交易、账户余额、列报的性质选择实质性程序的类型。细节测试和实质性分析程序的目的和技术手段存在一定差异。细节测试适用于对各类交易、账户余额、列报认定的测试，尤其是对存在或发生、计价认定的测试；对在一段时期内存在可预期关系的大量交易，审计师可以考虑实施实质性分析程序。

在设计细节测试时，审计师需要考虑风险和认定的性质。例如，在针对存在或发生认定设计细节测试时，审计师可能需要选择已经包含在财务报表金额中的项目，并获取相关审计证据；在针对完整性认定设计细节测试时，审计师可能需要选择应包含在财务报表金额中的项目，并调查这些项目是否确实包含在内。

在设计实质性分析程序时，审计师应当考虑下列因素：

（1）实质性分析程序对于特定认定的适用性；

（2）数据的可靠性；

（3）评价预期值的精确程度；

（4）已记录金额与预期值之间可接受的差异额。

3）考虑是否实施函证程序

当涉及与账户余额及其要素相关的认定时，通常使用函证程序，但不必局限于这些项目。例如，审计师可能对被审计单位与其他方签订的协议、合同或交易的条款实施函证，还可能实施函证程序以获取有关某些条件不存在的审计证据。例如，审计师可能专门实施函证程序，以证实不存在可能与收入截止认定相关的"背后协议"。

在应对评估的重大错报风险时，函证程序可能提供相关审计证据的其他情况包括：①银行存款、借款及与金融机构往来的其他重要信息；②应收账款余额和条款；③由第三方保管的存货；④由律师或金融机构保管或作为担保的产权证书；⑤由第三方保管的，或通过股票经纪人购买的但未于资产负债表日交付的投资；⑥欠款金额，包括偿还条款和限制性协议；⑦应付账款余额和条款。

尽管函证可以为某些认定提供相关审计证据，但对于其他一些认定，函证提供审计证据的相关性并不高。例如，函证针对应收账款余额的可回收性提供的审计证据比针对应收账款余额的存在认定提供的审计证据的相关性要低。

审计师可能认为，为某一目的而实施的函证程序可能能够提供关于其他事项的审计证据。例如，对银行存款余额进行函证时，通常还包括对与其他财务报表认定相关的信息进行函证。这种情况可能促使注册会计师作出实施函证程序的决策。

可能帮助审计师确定是否拟将函证程序作为实质性程序的因素包括：

（1）被询证者对函证事项的了解。如果被询证者对所函证的信息具有必要的了解，其提供的回复可靠性更高。

（2）预期被询证者回复询证函的能力或意愿。例如，在下列情况下，被询证者可能不会回复，也可能只是随意回复或可能试图限制对其回复的依赖程度：①被询证者可能不愿承担回复询证函的责任；②被询证者可能认为回复询证函成本太高或消耗太多时间；③被询证者可能对因回复询证函而可能承担的法律责任有所担心；④被询证者可能以不同币种核算交易；⑤回复询证函不是被询证者日常经营的重要部分。

（3）预期被询证者的客观性。如果被询证者是被审计单位的关联方，则其回复的可靠性会降低。

10.4.3　实质性程序的时间安排

1）一般要求

如果在期中实施了实质性程序，审计师应当针对剩余期间实施下列程序之一，以将期中测试得出的结论合理延伸至期末：①结合对剩余期间实施的控制测试，实施实质性程序；②如果认为对剩余期间拟实施的实质性程序是充分的，仅实施实质性程序。

如果期中检查出注册会计师在评估重大错报风险时未预期到的错报，审计师应当评价是否需要修改相关的风险评估结果以及针对剩余期间拟实施的实质性程序的性质、时间安排和范围。

在多数情况下，在以前审计中实施实质性程序获取的审计证据，通常对本期只有很弱的证据效力或没有证据效力。但是，也有例外。例如，由于证券化的结构未发生变化，以前审计中获得的与证券化结构有关的法律意见可能在本期仍适用。又如，以前审计通过实质性程序测试过的某项诉讼在本期没有任何实质性进展。在这些情况下，使用在以前审计的实质性程序中获取的审计证据可能是适当的，前提是该证据及其相关事项未发生重大变动，并且本期已实施用以确认是否具有持续相关性的审计程序。

2）利用期中获取的审计证据

在某些情况下，审计师可能认为在期中实施实质性程序，并将期末余额的相关信息与期中的可比信息进行比较和调节，对于实现下列目的是有效的：①识别显示异常的金额；②调查这些异常金额；③实施实质性分析程序或细节测试以测试剩余期间。

审计师在期中实施实质性程序而未在其后实施追加程序，将增加期末可能存在错报而未被发现的风险，并且该风险随着剩余期间的延长而增加。下列因素可能对是否在期中实施实质性程序产生影响：①控制环境和其他相关控制；②实施审计程序所需要的信息在期中之后的可获得性；③实质性程序的目的；④评估的重大错报风险；⑤特定类别的交易或账户余额以及相关认定的性质；⑥针对剩余期间，注册会计师能否通过实施适当的实质性程序或将实质性程序与控制测试相结合，降低期末可能存在错报而未被发现的风险。

下列因素可能对是否就期中至期末实施实质性分析程序产生影响：

（1）特定类别交易的期末累计发生额或期末账户余额在金额、相对重要性及构成方面能否被合理预期。

（2）被审计单位在期中对此类交易或账户余额进行分析和调整的程序及确保截止正确的程序是否恰当。

（3）与财务报告相关的信息系统能否提供关于期末账户余额和剩余期间的交易的充分信息，以足以调查下列事项：①重大的异常交易或会计分录（尤其在期末或接近期末发生的交易或会计记录）；②导致重大波动的其他原因或预期发生但未发生的波动；③特定类别的交易或账户余额在构成上的变动。

3）期中发现的错报

如果注册会计师由于在期中发现未预期的错报，而认为需要修改针对剩余期间拟实施实质性程序的性质、时间安排或范围，则此类修改可能包括在期末扩大期中已实施实质性程序的范围或重新实施这些实质性程序。

10.4.4 实质性程序的范围

由于审计师在评估重大错报风险时考虑了内部控制，如果对控制测试结果不满意，审计师可能需要扩大实质性程序的范围。然而，只有当审计程序本身与特定风险相关时，扩大审计程序的范围才是适当的。

在设计细节测试时，审计师除了从样本量的角度考虑测试范围外，还要考虑选样方法的有效性等因素。例如，从总体中选取大额或异常项目，而不是进行代表性抽样或分层抽样。

在设计实质性分析程序时，审计师应当确定已记录金额与预期值之间可接受的差异额。在确定该差异额时，审计师应当主要考虑各类交易、账户余额、列报及相关认定的重要性和计划的保证水平。实施分析程序可能发现偏差，但并非所有的偏差都值得展开进一步调查。如果可容忍或可接受的偏差（即预期偏差）越大，作为实质性分析程序进一步调查的范围就越小。

● 10.5 评价列报的适当性

对于财务报表的列报，审计师应当实施审计程序，以评价财务报表总体列报是否符合适用的会计准则和相关会计制度的规定。《企业会计准则第 30 号——财务报表列报》（2014 年修订）规范了财务报表的列报，提出了财务报表列报的一致性、可比性等总体要求，并就财务报表各组成部分（如资产负债表、利润表）的列报提出了具体要求。

在评价财务报表总体列报时，审计师需要考虑的因素包括单一财务报表的列报方式是否反映了财务信息的适当分类和描述，以及财务报表及其附注的形式、排列和内容，还包括所使用的术语、所提供的明细金额、报表项目的分类以及所列金额的依据等。

● 10.6 评价审计证据的充分性和适当性

1）一般要求

财务报表审计是一个累积和不断修正的过程。随着计划的审计程序的实施，获取的审计证据可能导致审计师修改其他已计划的审计程序的性质、时间安排或范围。审计师可能注意到一些信息与风险评估时依据的信息存在重大差异。例如：①审计师通过实施实质性程序发现的错报的程度，可能改变其对风险评估的判断，并可能显示存在值得关注的内部控制缺陷；②审计师可能发现会计记录存在差异或证据缺失或互相矛盾的情况；③在临近审计结束时实施的分析程序可能表明存在以前未识别的重大错报风险。在这种情况下，审计师可能需要根据更新后的所有或某类交易、账户余额或披露及相关认定的风险评估结果，重新评价计划的审计程序。

审计师不能将审计中发现的舞弊或错误视为孤立发生的事项。因此，在确定对重大错报风险的评估是否仍然适当时考虑发现的错报如何影响已评估的重大错报风险尤为重要。

2）形成审计意见时对审计证据的综合评价

在形成审计意见时，审计师应当从总体上评价是否已经获取充分、适当的审计证据，以将审计风险降至可接受的低水平。审计师应当考虑所有相关的审计证据，包括能够印证财务报表认定的审计证据和与之相矛盾的审计证据。

在评价审计证据的充分性和适当性时，审计师应当运用职业判断，考虑下列因素的影响：

（1）认定发生潜在错报的重要程度，以及潜在错报单独或连同其他潜在错报对财务报表产生重大影响的可能性；

（2）管理层应对和控制风险的有效性；

（3）在以前审计中获取的关于类似潜在错报的经验；

（4）实施审计程序的结果，包括审计程序是否识别出舞弊或错误的具体情形；

（5）可获得信息的来源和可靠性；

（6）审计证据的说服力；

（7）对被审计单位及其环境的了解。

如果对重大的财务报表认定没有获取充分、适当的审计证据，审计师应当尽可能获取进一步的审计证据。如果不能获取充分、适当的审计证据，审计师应当出具保留意见或无法表示意见的审计报告。

［总结与结论］

本章主要包括四个方面的内容：第一，针对财务报表层次重大错报风险的总体应对措施；第二，进一步审计程序的设计；第三，控制测试；第四，实质性程序的设计。针对财务报表层次重大错报风险的总体应对措施主要包括：向项目组强调在收集和评价审计证据过程中保持职业怀疑态度的必要性；分派更有经验或具有特殊技能的审计人员，或利用专家的工作；提供更多的督导；在选择进一步审计程序时，应当注意使某些程序不被管理层预见或事先了解；对拟实施审计程序的性质、时间和范围作出总体修改，从而确定进一步审计程序的总体方案。进一步审计程序的设计主要涉及进一步审计程序的性质、时间和范围。控制测试的设计主要涉及控制测试的性质、时间和范围。实质性程序的设计主要涉及实质性测试的性质、时间和范围。此外，还包括评价列报的适当性和评价审计证据的充分性和适当性。

［练习题］

★案例分析题

1.A 注册会计师在了解被审计单位某类交易内部控制之后对相关控制风险水平进行初步评估：

（1）在对一家房地产开发商的审计中，注册会计师认为该公司与应付账款相关的控制相当差。

（2）在对一家制造商的审计中，注册会计师认为该公司递延税款的会计控制良好。

（3）在对一家袋装食品制造商的审计中，注册会计师通过穿行测试后认为，该公司原材料的控制程序对防止重大错报提供一定程度的保证。

（4）在对一家银行的审计中，注册会计师认为该银行的对贷款损失管理的控制规定良好，但这些规定是否在有效执行，注册会计师不得而知。

要求：

（1）确定对上述各项 A 注册会计师是否应进行控制测试；

（2）如果认为应当进行控制测试，请确定其对审计计划的意义；

（3）如果通过控制测试，注册会计师发现内部控制是有效的，请你讨论其对审计计划的意义；

（4）如果通过控制测试，注册会计师发现内部控制是无效的，请你讨论其对审计计划的意义。

2.在财务报表审计中，控制测试是进一步审计程序的一种。控制测试的目的是评价控制是否有效运行。根据美国 SEC 和 PCAOB 2002 年以后发布的规则和准则，审计上市公司年度报表的审计师也要审计该公司的财务报告内部控制，并对财务报告内部控制的有效性出具审计意见。在内部控制的审计中，审计师也要了解和评价内部控制的设计，测试内部控制的有效性，而且，根据最新的发展趋势，财务报表审计与内部控制审计逐渐整合在一起。

问题：

（1）财务报表审计中的控制测试与内部控制审计中的控制测试有什么不同？

（2）如果内部控制审计成为强制性要求，如何将财务报表审计和内部控制审计整合在一起？

★ 补充阅读材料

1.中国注册会计师协会. 中国注册会计师审计准则第1211号——通过了解被审计单位及其环境识别和评估重大错报风险.

2.中国注册会计师协会. 中国注册会计师审计准则第1101号——注册会计师的总体目标和审计工作的基本要求.

3.中国注册会计师协会. 中国注册会计师审计准则第1231号——针对评估的重大错报风险采取的应对措施.

4.IAASB. ISA 315, Identifying and Assessing the Risks of Material Misstatement through Understanding the Entity and Its Environment.

第 3 编

审计失败与审计质量控制

第11章

审计期望差距

[学习目标]

1. 能够描述审计期望差距的特征，并能够判断和识别其构成要素；
2. 能够从不同角度解释审计期望差距各构成要素之所以存在的原因；
3. 了解职业界对缩小审计期望差距所做的努力，并能够说明减少审计期望差距的各种方法；
4. 能够解释为什么审计期望差距是永远也无法完全消除的。

本书曾在第1章介绍了审计期望差距的概念，在这一章我们将根据理论界的研究成果更加详细地讨论审计期望差距的构成要素、产生原因以及职业界的对策。

● 11.1 审计期望差距的概念与产生原因

11.1.1 审计期望差距的概念

1）学术界早期的研究

最早在文献中提出审计期望差距概念的是 Liggio（1974），他将期望差距定义为，"独立审计师和财务报表使用者"对审计业绩的期望水平的差异。他警告说，如果职业界不采取措施来缩小审计期望差距，会计职业将面临越来越多的诉讼和批评。Liggio认为20世纪60年代以来经济环境和社会环境的巨大变化使得审计期望差距逐渐成为一个重要问题，代表企业进行经营的公司管理层和帮助企业经营的会计职业界应当提高会计受托责任的水平。他认为30年代会计行业将其审计意见作为"注册的"，导致了会计职业界法律环境的恶化。因为使用"注册"或"注册的"一词意味着一种准确程度的保证，从而导致社会公众对会计职业界的期望程度提高，可事实上审计报告和准确程度毫不相关。

2）职业界的调查

在学术界提出期望差距概念以后，各国的会计职业界都展开了对审计期望差距的调查和研究，表11-1为世界各主要国家会计职业团体针对审计期望差距问题所做的调查及研究报告。这些调查研究表明各国的会计职业界对审计期望差距的存在已经有了广泛的认识，他们都认为应当采取紧急有效的行动来弥补该差距。

表 11-1　　　　　世界各主要发达国家会计职业团体针对审计期望差距的调查研究

国家	调查报告	内容或观点
美国	科恩委员会的调查报告（CAR，1978）	科恩委员会经过调查发现期望差距确实存在，但他们相信主要责任并不在财务报表的使用者方面
加拿大	麦克唐纳委员会《公众对审计的期望》（1988）	该委员会得出结论发现公众对于交托给审计师责任的范围知道的很少，公众中受到教育的多数人都认为他们对审计的期望和要求没有得到满足
英国	审计研究基金会（1989）	将期望差距作为主要的调查领域
澳大利亚	ASCPA 和 ICA（1994）	公布了一个研究结果，强调了和期望差距有关的问题
爱尔兰	爱尔兰注册会计师协会（1992）	发现有证据表明审计期望差距的存在，认为应当将其作为主要问题来看待

其中，最值得一提的是美国科恩委员会的报告。在美国著名的麦肯锡-罗宾斯案件发生以后的六十多年来，美国政府对公共会计师在审计中的作用进行了多次调查。部分是为了应对这些调查，部分是为了应对学术界对期望差距的研究，1978 年美国注册会计师协会（AICPA）授权科恩委员会进行调查并发布报告。科恩委员会发现在"公众期望和需要"与"审计师能够及应当合理完成"之间确实存在"期望差"。这反映了"公众对审计的期望和审计职业界选择的审计目标之间的差距"。但他们相信主要责任并不在财务报表的使用者方面，主要原因是会计职业界"未能跟上美国商业环境的变化，及时地进行改革"。该委员会发现财务报表使用者对审计师能力的预期一般都是合理的。不过许多使用者很明显地误解了鉴证职能的性质，特别是无保留意见所包含的含义。例如，一些使用者认为无保留意见就意味着被审计单位财务上是正确的，还有人觉得审计师不仅应当提供审计意见，还应该解释财务报表以帮助使用者评价是否向这个企业投资。最后，使用者期望审计师在履行鉴证职能时采取下列审计程序：深入企业的活动，参与对管理层的监督，发现非法行为及管理层的舞弊行为。科恩委员会得出结论认为审计师在这些领域内没有达到使用者的期望，他们认为减少期望差距的责任在于审计师和其他参与编制和报告财务报表的人。该委员会提出了许多颁布新准则或修改现有准则的建议。

此外，科恩委员会还对银行家、财务分析师以及个别投资者进行了调查，这一研究集中于被调查者对审计责任的看法以及他们对标准审计报告中技术性用语的理解，例如，"一般公认会计原则""符合一般公认会计原则，公允地表达了""根据一般公认审计准则进行审计"等。被调查者认为标准审计报告为他们在下列方面提供了中等到高程度的保证：所采用的会计政策能够使财务报表准确，存在恰当的内部控制系统并且运行有效，发现舞弊和非法行为。由于公众对"公允表达"有着这样错误的理解，科恩委员会认为应当对审计师的责任进行更清晰的描述，因此，他们建议从审计报告中删除"公允表达"这样的字眼。该建议受到了来自职业界的强烈抵制，因而最终没有被美国审计准则委员会（ASB）所采纳。

【相关链接11-1】

标准无保留意见审计报告

ABC股份有限公司全体股东：

一、审计意见

我们审计了ABC股份有限公司（以下简称ABC公司）财务报表，包括20×1年12月31日的资产负债表，20×1年度的利润表、现金流量表、股东权益变动表以及相关财务报表附注。

我们认为，后附的财务报表在所有重大方面按照企业会计准则的规定编制，公允反映了ABC公司20×1年12月31日的财务状况以及20×1年度的经营成果和现金流量。

二、形成审计意见的基础

我们按照中国注册会计师审计准则的规定执行了审计工作。审计报告的"注册会计师对财务报表审计的责任"部分进一步阐述了我们在这些准则下的责任。按照中国注册会计师职业道德守则，我们独立于ABC公司，并履行了职业道德方面的其他责任。我们相信，我们获取的审计证据是充分、适当的，为发表审计意见提供了基础。

三、关键审计事项

关键审计事项是我们根据职业判断，认为对本期财务报表审计最为重要的事项。这些事项的应对以对财务报表整体进行审计并形成审计意见为背景，我们不对这些事项单独发表意见。（略）

四、其他信息（略）

五、管理层和治理层对财务报表的责任

ABC公司管理层（以下简称管理层）负责按照企业会计准则的规定编制财务报表，使其实现公允反映，并设计、执行和维护必要的内部控制，以使财务报表不存在由于舞弊或错误导致的重大错报。（略）

六、注册会计师对财务报表审计的责任

我们的目标是对财务报表整体是否不存在由于舞弊或错误导致的重大错报获取合理保证，并出具包含审计意见的审计报告。合理保证是高水平的保证，但并不能保证按照审计准则执行的审计在某一重大错报存在时总能发现。（略）

（签字）（盖章）

3）审计期望差距的一般概念

目前被审计界普遍接受的概念是1993年澳洲学者Porter所提出的。她认为早期的审计期望差距定义过分狭隘，没有确认审计师未能达到准则要求的可能性。她强调了确认期望差距全部内容的重要性，并认为只有通过比较社会对审计的期望和审计师的实际业绩，才能找到差距的全部内容。但是审计师的实际业绩仍然是由公众来评价的，因此，全部期望差距可以看作是社会对审计的期望和审计师实际业绩的公众看法之间的差距，她将这种期望差距称为"审计期望-业绩差距（audit expectation-performance gap）"。根据这个概念，期望差可以由于社会期望的提高（有些可能是不合理的）或审计业绩的下降（审计未能遵守或被认为未能遵守法律和职业要求而导致的低于标准行为）而扩大。相反，降低社会期望或改善审计业绩都可以减少审计期望差异。Porter的这种定义对于研究审计期望差距的组成和降低方法非常有效，因此被大多数审计教科书所采用。

11.1.2　审计期望差距的分类

Porter认为总的审计期望差距通常可以划分为三个组成部分（如图11-1所示）。

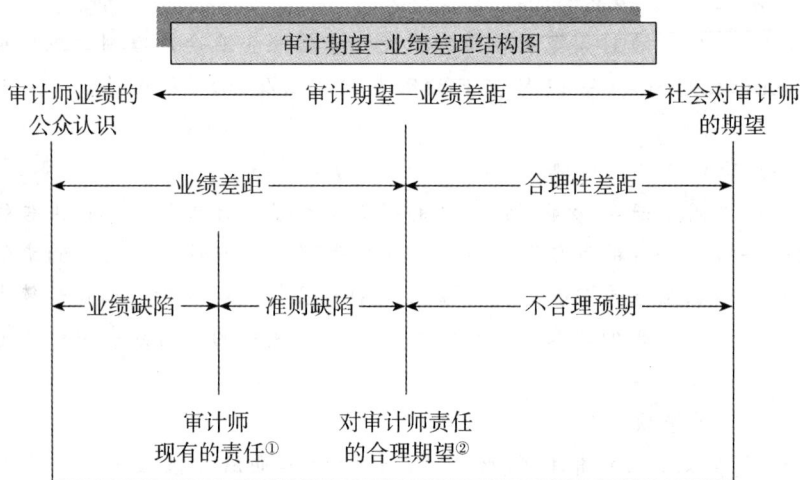

①由法律和职业准则所定义的责任。
②审计师执行这些责任是符合成本效益原则的。

图11-1　审计期望差距的结构（Porter，1993）

在Porter结构分析的基础上，1998年加拿大特许会计师协会下设的麦克唐纳委员会进一步细化了审计期望差的构成要素，他们的报告认为审计期望差可以分为四个部分：可能的准则与现在的准则的差距、现在的准则与现在的业绩之间的差距、公众对审计的期望与可能的准则之间的差距、现在的业绩与公众对业绩认识之间的差距。其中，前两个差距被认为是合理的期望差，有必要通过业绩上的改进加以缩小，后两个差距被认为是不合理的期望差，有必要进行进一步的沟通。这一分类确认了Porter没有确认的一部分业绩缺陷，即公众对审计师业绩的误解（如图11-2所示）。

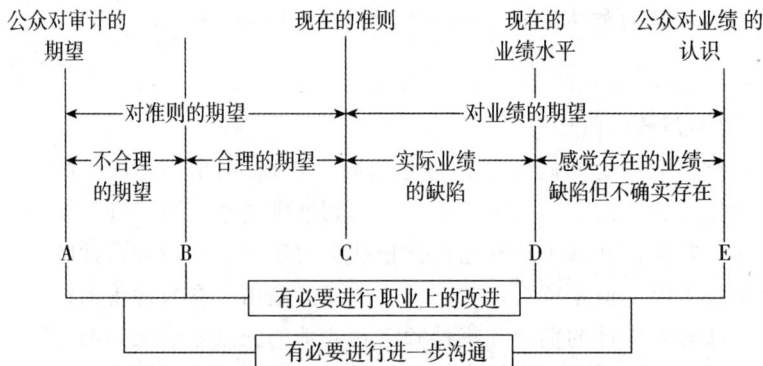

图11-2　麦克唐纳委员会对审计期望差距构成要素的分析

本书将按照Porter的定义进行介绍，她将审计期望差距分为两个组成部分：业绩差距和合理性差距。

1）业绩差距（performance gap）

大多数教材都将业绩差距定义为：社会对审计师承担责任的合理期望和社会对审计师实际完成任务的认识之间的差距。这一差距由两部分组成：

（1）审计业绩缺陷差距（deficient performance gap）

公众所认为的现行审计准则所规定的审计师职责不同于他们观察到的审计师对这些职责的实际履行程度，这二者之间的差距就是审计业绩缺陷差距。换句话来说，审计业绩缺陷就是审计师因未能遵循现行准则而导致的业绩存在缺陷，这里现行准则包括一般公认审计原则和质量控制准则。例如，现行审计准则规定审计师应当对应收账款进行函证，但审计师在执行审计的过程中并没有这么做，那么他的行为就被认为是存在缺陷的，因为他没有遵守职业审计准则的要求，这往往也将导致审计失败。审计师因没有遵守相关准则而导致的诉讼非常多，例如，从1987年到1997年间美国SEC申请强制执行判决的诉讼中，排名前十的审计公司中有两家就是因为没有提供足够的审计证据而被起诉，还有许多没有保持应有的职业关注。在中国，针对审计师的诉讼案例中，大多数都是由于审计行为存在缺陷而导致的。

【实例11-1】

康华农业审计失败

根据证监会行政处罚决定书〔2017〕55号，立信会计师事务所（以下简称立信所）为浙江步森服饰股份有限公司（以下简称步森股份）与广西康华农业股份有限公司（以下简称康华农业）重大资产重组出具康华农业2011年、2012年、2013年和2014年1月至4月（以下简称三年又一期）财务报表审计报告，在审计过程中未勤勉尽责，出具的审计报告存在虚假记载。具体事实如下：

1. 立信所审计未发现康华农业三年又一期财务报表错报总体情况

中国证券监督管理委员会《行政处罚决定书》（〔2016〕21号）认定，康华农业2011年、2012年、2013年和2014年1月至4月分别虚构对广西万里种业有限公司（以下简称万里种业）销售收入12 068 133元、12 008 957.8元、12 203 897元、9 579 332元；2012年、2013年分别虚构应收万里种业款项889 915元、776 000元；2012年、2013年虚构应收三亚金稻谷南繁种业有限公司（以下简称金稻谷）款项1 762 182元、2 007 900元。康华农业2011年虚增银行存款163 948 934.5元，2012年虚增银行存款309 704 967.33元，2013年虚增银行存款418 598 990.8元，2014年1月至4月虚增银行存款498 034 904.17元。

2. 立信所虚构核实函证对象收件地址的审计程序，未能发现康华农业销售收入、应收账款造假的事实

立信所在实施应收款项函证审计程序时，康华农业提供的万里种业、金稻谷收件地址与立信所网络查询的上述公司工商注册登记地址不一致，立信所按照康华农业提供的地址向上述公司寄发询证函，并在审计工作底稿记录"询证地址为该公司办公地址，走访时已核实，工商注册地与其不一致"。之后立信所收到上述客户确认康华农业账面应收账款余额、销售收入数额信息无误的回函。经查，立信所康华农业审计项目人员未走访过上述公

司。立信所的上述行为未遵守《中国注册会计师职业道德守则第1号——职业道德基本原则》规定的诚信、客观原则和《中国注册会计师审计准则第1312号——函证》第十四条的规定，导致未能发现康华农业三年又一期虚构对万里种业销售收入12 068 133元、12 008 957.8元、12 203 897元、9 579 332元；2012年、2013年虚构应收万里种业款项889 915元、776 000元；2012年、2013年虚构应收金稻谷款项1 762 182元、2 007 900元。

3.立信所未实施恰当的审计程序，未能发现康华农业银行存款造假的事实

立信所审计函证康华农业账面主要银行账户广西桂林漓江农村合作银行榕湖支行账户2011年、2012年、2013年末和2014年4月末银行存款金额时，银行回函确认的康华农业该账户2011年末银行存款金额与康华农业账面金额相差62 777 843.86元。对该不符事项，立信所核对康华农业账面金额与康华农业提供的银行对账单金额后，对康华农业账面金额予以了确认，未实施恰当的进一步审计程序。立信所上述行为违反了《中国注册会计师审计准则第1301号——审计证据》第十条等规定，导致未能发现康华农业2011年虚增银行存款163 948 934.5元，2012年虚增银行存款309 704 967.33元，2013年虚增银行存款418 598 990.8元，2014年1月至4月虚增银行存款498 034 904.17元。

4.其他情况

立信所审计工作底稿《与前任会计师的沟通记录》记载，2014年6月12日，立信所签字注册会计师王云成、肖常和就重大资产重组中康华农业三年又一期财务报表审计与康华农业前任致同会计师事务所（以下简称致同所）签字注册会计师邓某、李某琦，在致同所办公室进行了沟通。经核查，《与前任会计师的沟通记录》系补编，前后任注册会计师没有真正进行过沟通。立信所虚构了与康华农业前任注册会计师沟通的审计程序。立信所的上述行为违反了《中国注册会计师审计准则第1153号——前任注册会计师和后任注册会计师的沟通》第七条的规定。

（2）审计准则缺陷差距（deficient standard gap）

很多研究都表明，公众对审计师的许多期望都是合理的，然而多数国家的审计准则是由民间职业团体来制定的（例如，美国是由ASB制定，而我国的审计准则制定委员会基本也是由会计职业界人士组成），反映了职业界对审计责任的看法，并没有接受公众的这些合理期望。当公众和管制机构认为审计准则为公众公司审计提供了不恰当的指导时，准则就存在缺陷。在有缺陷的准则规范下，即使审计师的审计工作完全遵守了审计准则，也不能达到公众的合理期望要求，因此就导致了期望差距的产生。例如，过去审计准则要求审计师设计审计程序来查找重大的错误和非法行为，但这种关注的重点只在审计过程，而不是查找的结果。为了应对公众的批评，职业界对其职责进行了更明确的表达，将准则修改为：审计师有责任设计审计程序，为发现重大错误提供合理保证。尽管职业界对准则进行了这样的修订，但事实上并没有扩大审计师的职责范围，只是明确了审计责任。他们认为审计是用来保证财务报表符合一般公认会计原则，阻止和查找舞弊应该是管理层的责任，管理层应该对真实的财务报告承担法律责任。可见，职业界始终都不愿意积极地承担查找舞弊的责任，而将其作为审计财务报告公允性的一个附属产品，这使得社会对审计师职责的合理期望和现行会计审计准则、法律以及其他法规所定义的审计职责可能会不同，二者之间的差距即可以被定义为审计准则缺陷差距。

　　从长期来看，审计作为一个公众职业，必须不断地考虑公众对财务报告中所陈述的审计责任的看法，尽量缩小期望差距，这只能通过扩大服务范围、彻底改变自己对审计的认识才能做到。这种转变意味着要修改审计准则，增加审计程序来查找舞弊，对内部控制进行更多的审计和披露。这种改变会有很多好处，例如，可以提高审计质量、服务范围以及会计师事务所的收入，减少由于没有满足现有使用者要求而导致的审计责任。所以，审计期望差距或者社会对审计的期望，是推动审计准则不断修订的基础。

　　2）合理性差距（reasonableness gap）

　　合理性差距是社会对审计师的期望和对审计师合理期望之间的差距，也就是社会对审计师职责的不合理期望。由于历史、教育以及其他各方面的原因，公众对审计职业可能会有许多误解，例如，很多人都认为审计师也对编制提供财务报表承担责任；因为审计是一种保证业务（assurance service），公众认为保证业务就是要检查每笔交易，他们不理解"重要性"的概念，以为审计师会检查公司的每笔交易；公众还认为与某账户相关的无保留意见审计报告意味着该账目是"正确的"，而不是合理保证该账目表达了"真实公允的观点"；很多人都认为审计师如果怀疑董事参与欺诈和其他非法行为，就应该有责任首先向第三方报告等等。

　　公众对审计职业的过高期望是期望差距产生的一个重要原因。例如，Tweedie（1987）认为公众似乎要求：①一个防盗警戒系统（保护资产不受舞弊的侵害）；②一个雷达站（对未来破产的早期预警）；③一个保险箱网络（对财务健康的保险）；④一个独立的审计师（保证审计独立性）；⑤一致的沟通（能够理解审计报告）。他认为这些要求是对审计基本原则的误解。这里判断合理与否的标准应当是成本效益原则，也就是任何行为的成本都不应该超过其收益，如果审计收费不能弥补为满足某种期望而发生的审计成本，职业界就把这种期望看作是不合理期望。

【实例 11—2】

验资业务中的不合理期望

　　某地法院受理了一起该地一化工厂诉本地某贸易公司购销合同货款纠纷案，涉及审计师验资的诉讼。该化工厂与贸易公司在购销合同中约定，化工厂销售一批化学原料给贸易公司，货物交付 7 天内付款。合同签订后，化工厂依约履行，将货物送到贸易公司指定的仓库，而贸易公司却迟迟未付货款，化工厂遂将贸易公司告上法庭。在案件审理过程中发现，贸易公司为一新成立的公司，其注册资金 50 万元早已不知去向，根本没有支付货款的能力，于是化工厂便追加对该贸易公司进行验资的某会计师事务所为诉讼当事人，要求其承担连带赔偿责任。在该案件中，会计师事务所的两名资深审计师依据相关审计准则及独立审计实务公告对贸易公司注册资本的实收情况，包括出资者、出资金额、出资方式、出资比例、出资期限、出资币种、被审验单位组建和审批情况进行了审验，实施了检查、观察、监盘、查询及函证等审验程序，并依法出具了验资报告，由于其执业时严格遵循了专业标准的要求，保持了职业上应有的认真与谨慎，其本身并无过错，其出具的验资报告也并非虚假验资证明。根据财政部于 1999 年 7 月 12 日发布的《财政部关于明确注册会计师验资报告作用的通知》，验资报告应当合理地保证已验证的被审验单位注册资本的实收或变更情况，符合国家相关法规的规定和协议、合同、章程的要求，但不应被视为对被审验单位验资报告日后资本保全、偿债能力和持续经营能力等的保证。因此，委托人、被审验单位及其他第三者因使用验资报告不当所造成的后果，与注册会计师及其所在的会计师事务所无关。在本案中，实际上是贸易公司的出资人在验资以后才抽逃出资的，因此其应承担抽逃出资的责任，补交出资，交纳罚款，支付化工厂货款等，而不应当由无过错的会计师事务所来承担赔偿责任。因此，该化工厂对会计师事务所的诉讼，实际上是由于其曲解验资报告的作用而引起的，是对审计师的不合理期望。

11.1.3　审计期望差距的产生原因

审计期望差距的存在已经被各国的职业界和学术界所证明，但是其产生原因在不同类型国家是有所区别的，发达国家、新兴工业化国家、转轨经济国家等，尽管都存在一定程度的审计期望差距，但每个国家的审计实务和审计准则的发展程度不同，影响审计发展的外部环境也不同，各国期望差的产生原因或各种原因所占的分量是不同的。一个国家对期望差距所采用的弥补措施未必适合另外一个国家。因此，下面我们将从几个方面来分析审计期望差距的产生原因，并参考 Lin 和 Chen 的论文介绍我国期望差距产生的特殊原因。

1）审计期望差距产生原因的理论分析

在解释期望差距的产生方面有许多的理论，其中可以从以下几个方面来分析：

（1）历史分析

这一理论认为，审计期望差距是一个历史问题。19 世纪中期到 20 世纪初，美国的审计职业主要是为防止舞弊和故意的错误经营提供几乎绝对的保证。随着美国企业的成长和审计职业的发展，20 世纪初审计职业从为防止舞弊而检查所有交易转向决定财务报表的公允性。这种转变主要有两个原因：其一是企业经营业务量剧增（这使得查找舞弊变得非常困难），以及企业中股东的地位和作用日益重要；其二是公司的股东和其他的外部使用者团体日益依赖审计师去查核管理层所提供的信息，从而使得审计的主要目标转向对外部财务信息的鉴证。美国现在的审计实务已经和早期偏离得很远了，目前主要的审计目标在于检查财务报告的合理性。现在的审计准则非常强调"合理保证"的概念。从美国审计职业的历史发展可以发现，审计职业在产生初期的目标是查错防弊，在后来的发展中职业界改变了其目标，但是公众仍然认为审计师对查找报告舞弊负有责任，从而导致了期望差距的产生。

（2）公众的误解

审计职业界过去一直认为审计期望差距产生的主要原因是报表使用者或公众对审计有误解。换句话来说，期望差是因为公众对审计职能的期望过高而造成的。Penn、Scheon、Berland 联合会 2003 年进行的调查表明，公众始终认为审计师在防止舞弊方面应当负有责任，他们要求审计师担当"看门狗"的职责，但是审计师并不认为发现舞弊是其主要的职能。审计职业界更强调成本效益原则，审计准则所提到的合理保证的概念是假设任何行为的相关成本都不应该超过其收益，审计师认为查找舞弊的成本超出了公众公司所愿意支付的审计费用，因此，他们认为公众的这些期望是不合理的，查找舞弊不应当作为一般财务报表审计的范围。得克萨斯州 CPA 协会 2002—2003 年的主席 Stan Winters2003 年在《今日注册会计师》（Today's CPA）的专栏中写道，审计师经常将发现舞弊看作是一个可能的结果或附带的好处，而不是审计的主要目标。因此，职业界认为要缩小期望差距就应当教育公众，让他们理解独立审计的性质和局限性。

（3）职业界自身的问题

随着审计职业面临的风险越来越大，公众批评的声音不断提高，有学者指出，审计师也应当为没有能够满足使用者的期望而受到批评。他们认为审计师很久以来就被要求查找错误和舞弊。从很大程度上来说，职业界对查找舞弊责任的拒绝是导致期望差距产生的导火索。

Sikka（1998）认为 19 世纪的时候审计职业界为了获得市场，向投资者显示通过审计可以降低投资风险，从而巩固了其专家地位。但是在公众接受了这种观念以后，社会对审计的期望就提高了，为了保持其职业形象，职业界通过垄断该行业及自我管制来变换审计的含义，试图改变期望。因此，他认为审计期望差距是政府对会计行业最低管制和行业自律的结果，特别是职业界对自我利益的过度保护，更加扩大了期望差距。

（4）经济环境的变换

另外一个理论认为审计师的责任是"对公众政策的融合"，社会日益要求职业界以保护公众利益为目标，同时由于全球化竞争和大规模的企业重建，企业经营也变得日益复杂，普通投资者越来越依赖审计师监督和保证财务报告的可靠性。"期望差距"的产生主要是因为职业界没有能够对这些环境的变化作出反应。Power 认为，"期望差距"是理想审计和现实审计之间的距离。因此，和审计责任相关的期望差距主要是一个时间问题，审计师和职业界迟早要采取行动减少差距。

按照这一理论，随着经济环境发生改变，社会对审计的期望也发生改变，职业界对这些变化作出反应的速度决定了一定时期内审计期望差距的大小，审计期望差距始终都不同程度地存在。

（5）供需分析

如果将社会对审计师的期望划分为合理期望和不合理期望两个组成部分，那么，不合理的审计期望差源于信息不对称前提下公众对审计的过度需求，合理的审计期望差则源于审计的有效供给不足。审计结果的不可观测性导致社会公众作为审计需求者和审计职业界作为审计供给方之间存在着信息不对称，这种不对称导致了审计师与社会公众对风险的效用函数不同，必然会造成社会公众期望与可能的审计准则的偏差。同时信息的缺乏使得社会公众无法调整自己的认识和期望，造成公众对审计职业的过度期望。在理论上审计准则可能实现的水平与现有准则的差异，以及审计师未能遵循现有准则而导致的业绩缺陷共同构成了合理的审计期望差，这二者都是因为审计职业界和审计师受到审计供给变量制约导致供给不足（章立军，2003）。

2）中国审计期望差距产生的原因分析

中国对审计期望差距的研究比较晚，我们借鉴 Lin 和 Chen 的一篇实证论文来介绍中国的特殊情况。他们通过问卷调查证明了中国也存在对审计职能认识的"期望差距"，例如，在审计目标、审计查错防弊的责任以及审计师由于疏忽或审计失败而对第三方的责任等方面，审计职业界和审计受益人之间有着不同的看法。中国的审计师认为审计业务的主要目的是保证财务报表的公允表达，这和发达国家审计职业界流行的看法是一致的，但中国的审计受益人却认为审计业务还应当包括查找、发现和防止被审计企业的舞弊、低效以及非法行为。例如，许多审计受益人的问卷都认为审计师而非企业管理者，应当对查找舞弊、无效和非法活动承担主要责任，以保证会计记录的准确性、符合政府法规要求，并能够在审计报告中明确地披露舞弊、无效和非法行为。由于审计受益人所认为的审计目标非常广泛，因此，导致在中国存在着对审计职能认识的"期望差距"。

他们认为中国期望差距的产生符合"公共政策融合"理论。尽管中国的经济改革已经从计划经济走向了市场经济，但政府对企业经营的控制并未放松，由于国有经济的主导地位，中国审计受益人期望审计职业能够起到监督企业经营合法性和有效性的作用，保证企业符合政府法规或规章，这是很自然的事情。因此，可以得出结论认为中国审计实务目前仍然倾向于"合规性审计"。同时，过去在挂靠单位的保护伞下，中国审计师可以避免审计失败责任，但随着市场经济改革和企业经营复杂性的增加，目前审计师已经面临着很多的不确定性和风险。虽然对审计师的诉讼还远未达到类似西方国家"诉讼爆炸"的程度，但是，审计法律责任已经在日益增加，而且导致了更多的期望差距产生。

该篇文章的作者认为中国审计期望差距来源于两个方面：财务报告使用人不合理的期望和审计师不恰当的行为。首先，中国审计师的行为远远不能达到公众期望，目前中国审计服务的可信度受到了很大的怀疑，审计师在审计过程中很少能够发现重大的舞弊或非法行为，甚至中国审计师本身都对在执行审计业务时财务报表是否不存在重大舞弊和非法行为没有信心，所以审计实务必须得到改善才能弥补这一差距。其次，中国审计受益人也对审计师有着许多不合理的期望。一些人对审计目标的期望过高了。例如，他们期望审计师能够保证会计记录的"准确合法"，对财务报告的真实性和可靠性承担主要责任，防止客户在经营过程中的舞弊、无效和非法行为。这些期望存在着一些问题，过分的期望可能是由过去计划经济下对企业经营的僵化控制所导致的，然而审计师不是政府官员，他们提供的是鉴证服务，而不是代表政府行使监管职能。此外，由于成本限制，中国的审计师也不可能检查所有的交易或账目。因此，审计师在查找和防止舞弊方面行使的是有限的作用，中国审计职业界有必要教育公众，使他们理解独立审计的性质和局限性，尤其要让他们理解公共会计行业和政府审计之间的区别。

另外，卢相君（2003）认为审计期望差距的产生与注册会计师独立性的强弱有直接关系。赵丽芳（2007）认为受现实审计方法、审计技术和审计程序的限制，注册会计师在传统审计模式下无力发现并报告舞弊，导致审计期望差距不仅没有随社会发展而缩小，反而逐步扩大。刘圻（2008）认为审计期望差距源于四个层次上的程序非理性，即结构非理性、过程非理性、行为非理性以及认识非理性。刘明辉、何敬（2010）认为产生审计期望差距的一个重要原因是社会公众和审计师在认知本身上存在差异，并提出改进认知模式的措施包括：普及心理学知识、角色扮演、换位思考，以及借助媒体引导认知等。

● 11.2 审计期望差距的影响与解决对策

11.2.1 审计期望差距的影响

1）审计期望差距与审计目标的演变

审计期望差距是引起审计目标演变的动因。由于审计职业是一种公众职业，只有满足公众期望,这个职业才能生存下去。因此,审计职业界必须不断地研究公众期望,同时改善自身的技术,尽可能地满足公众需求。通过前文有关审计目标历史演变的分析,可以看出审计目标是随着社会期望而发生变化的。但是旧的需求满足了,新的需求就会产生。受到审计技术和审计成本的限制,审计职业永远不能完全满足公众期望,审计目标是审计职业在自身局限中尽量满足社会期望的一种平衡。

2)审计期望差距与审计法律责任

由于审计期望差距的存在,审计师无法达到公众的期望。审计准则往往不能成为法庭判决的依据,公众的声音可能比职业界的声音更会影响法官,为了保护弱小群体,法官甚至可能会根据"深口袋"理论来判决。因此,随着期望差距的扩大,审计职业界面临着越来越多的诉讼风险。有学者认为,审计期望差距实质上就是审计师法律责任的形成机理。由于社会期望是动态变化的,同时,职业界也在不断采取措施满足社会期望,因此,审计期望差距也是动态变化的。审计法律责任界定是在社会期望和职业界期望之间的一种协调和平衡。在社会期望和职业界期望中,社会期望是需求性的,是审计师为之奋斗的最终目标。随着公众对审计师行业了解的深入,公众期望会有缓慢下调的趋势。职业界期望是约束性的,随着审计技术的不断发展,以及公共会计行业抗风险能力的提高,这一期望有上升的趋势。这两种趋势使得审计期望差异有自发弥合的趋势。但是,这种趋势是一个缓慢的趋势,由于信息不对称问题总存在于被审计单位、审计师和委托者之间,审计期望差异不可能完全弥合。图11-3反映了审计期望差距与审计法律责任的关系。

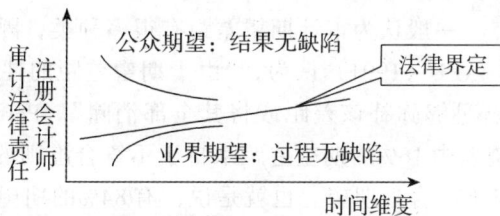

图11-3　审计期望差距与审计法律责任的关系

一般来说,公众期望与职业界期望有着不同的关注点。由于公众要依据审计结果作出有关判断与决策,故其关注审计结果,期望审计结果无缺陷;职业界由于注重动态质量控制,故其关注审计过程,期望审计过程无缺陷。公众总是期望审计报告能对会计信息的可信程度作出绝对保证,这是不现实的;职业界总是期望审计活动没有风险,审计师不承担法律责任,这也是不可能的。审计师的法律责任也同样体现出审计期望差异的这一性质,即构成审计法律责任关系的各方有着不同的考虑问题的角度,存在着不同的利益考虑。由于二者方向的相悖性,故都存在着不尽合理甚至"谬误"的成分或因素。根据国际会计师联合会1995年对其36个国家的47个成员组织(代表全球90%的审计师)的调查,以会计信息使用者为代表的公众与以审计师为代表的职业界之间的期望差异是造成诉讼泛滥的重要原因。在我国,审计期望差异自然也体现着上述特点并成为审计质量与责任纠纷的内因。

【相关链接11-2】

深口袋理论

所谓"深口袋理论"指的是在司法实践中，法庭较倾向于保护所谓的"弱小群体"，强调均衡损失。这是一种"非理性无限连带责任"的判例原则，即认为受伤害的一方可向有能力提供补偿的另一方提出诉讼而不问过错方为谁，谁最有能力承担经济赔偿，就由谁来承担责任。法庭在受理对审计师的诉讼时，由于很难分辨虚假会计信息责任，因此，往往根据"深口袋"理论，这种判例原则导致了审计职业风险的迅速增加。据调查，由于美国六大会计师事务所（目前已经是四大）有相当的经济赔偿能力，因此，在虚假会计信息的赔偿金额中承担了大部分责任，截至1995年底，美国六大会计师事务所总计面临300亿美元的索赔，这甚至超过了其资本总和的20倍。

11.2.2　审计期望差距的解决对策

要想消除期望差距，审计职业界需要重新考察审计的基本作用，并且要保证所有使用人的期望都是一致的。可是不同的审计报告使用者期望总是不一致的，而且报告使用人的认识水平、对审计的期望以及审计技术都在不断变化中，因此，审计期望差距不可能被完全消除，审计师也不可避免地会面临法律诉讼。Power指出，"审计师所知道的和社会所期望审计师能够知道的部分永远不会吻合"。这一论断说明，"期望差距"将成为审计师和公众之间持续争论的焦点。一般认为审计期望差距有很多种类，因此，必须同时使用许多手段才能解决这一问题。APB（1991）认为，"由于期望差距的性质，没有哪一种方式可以在任何一个时候单独就足够弥补该差距或将其全部消除"。Porter通过对新西兰利益团体的调查，发现总的期望差中16%的期望差距来自于不符合准则的行为，50%的差距来自于准则的缺陷，34%来自于不合理期望。也就是说，有84%的期望差是可以通过改善准则和增加与公众的沟通来解决的。尽管在不同国家这一数据可能会不同，但分别从这三个方面进行分析是一种有效的方法，下面我们就分别讨论针对审计期望差距的三个组成部分可采取的解决对策。

1）消除业绩缺陷差距

从前面的定义可以看出，审计期望差距中的业绩缺陷差距主要是因为审计质量低下，未能达到审计准则的要求，这种业绩缺陷往往会带来审计失败。总的来说，通过职业界自身努力和法律诉讼的压力来提高审计质量是缩小这部分审计期望差距的根本方法。

（1）法律手段

①诉讼

诉讼一直是减少审计师业绩缺陷所带来的期望差距的主要手段，未来这个手段仍然是受到损害的一方寻求救援的主要方法。我国有关会计信息责任的法律还不健全，因此，要加速相关立法。

②质量复核

尽管诉讼是一种有效手段，但却也是一种滞后的方法。当审计师被提起诉讼的时候，审计报告使用人的损失已经发生了。因此，要提高审计质量，还必须从日常的监管措施做起。多数发达国家的审计行业是采取自律形式的，但近些年系列会计丑闻不断出现，这种完全的行业自律形式受到了挑战。因此，近年来美国对会计行业进行了许多监管改革。美国注册会计师协会（AICPA）于1977年首次提出质量复核的建议。1988年该组织强制要求其成员会计公司必须经过定期的同业复核，而且要有实务监督程序。对于上市公司审计，迄今为止，这些程序已经受到公众监督委员会（Public Oversight Board，简称POB）25年的监管，而且成为这些CPA成员公司的日常活动。然而由于POB缺乏组织上和财务上的独立性，人们现在认为这些自我监督程序有缺陷，2002年POB被解散，美国议会命令成立公众公司会计监督委员会（PCAOB）对上市公司的审计工作进行定期检查，以决定其是否符合审计准则的要求。这些检查并不能替代AICPA要求的同业复核，而是在同业复核基础上增加的一道复核程序。未来上市公司审计将会同时受到PCAOB的复核以及AICPA质量控制准则的定期同业复核。

【相关链接11-3】

《萨班斯–奥克斯利法案》（SOX）的改革

美国在安然事件以后，迅速制定颁布了《萨班斯–奥克斯利法案》（SOX），它被看作是1933年《证券法》和1934年《证券交易法》以后对财务和审计方面进行的最大改革，这一改革几乎对财务报告制作程序的所有参与人都提出了新要求，包括对管理层、公司董事会成员、审计师以及管制机构等，这些要求包括：第一，公司管理者必须提供有关财务信息准确性以及产生财务信息的内部控制系统的恰当性的书面证明；第二，财务报告必须用"通俗的英语"来披露影响公司的财务交易的实质；第三，审计师对财务报告披露的公允性进行报告，同时要对同一个被审计公司管理层对内部控制评价的准确性进行鉴证。同时，《萨班斯–奥克斯利法案》还极大地增强了对上市公司审计的质量复核程序。

（2）职业界的措施

从行业内来看，应当通过改善审计质量和提高审计独立性来提高财务报告质量，从而缩小由于不恰当的行为导致的审计差距。其最直接的方法就是遵守审计准则、职业道德准则，尤其要关注审计师的胜任能力和职业独立性问题，提高审计技能以及对所有可能存在的重大非法行为保持应有的谨慎。在事务所内应建立质量控制制度，同时在行业内要实行同业复核，加强审计师队伍的后续教育。这样做不仅会提高审计师的工作质量，还可以在可能的范围内为发现所有错误提供最高水平的保证，从而尽可能地满足公众需求、降低审计风险。职业界采取的措施包括：

①查找舞弊

科恩委员会1978年指出，审计师应当运用职业技能来查找舞弊，并应当保持应有的关注。但会计职业界也强调审计职能不是发现所有的舞弊或检查所有的交易，而是要发现重要的舞弊。

②增加审计报告的内容——SAS 60

在审计报告中增加以下的说明：审计师和管理层各自的责任；解释审计是建立在测试

基础上的，这意味着不是全部审计，而是抽样审计；审计需要评估重要的估计和判断，对账户提出合理保证，设计审计程序以保证能发现重大的错误、舞弊以及其他非法行为。

③业务约定书——SAS 140

SAS 140界定了客户和审计师各自的责任，以减少或最小化任何误解。SAS 140建议审计师在接受约定前，应当对合同的条款、审计范围、相关法律法规以及审计费用等条款明确化。这包括一个专门的段落来强调法律规定、董事的责任和审计师的责任。

④董事责任的声明——SAS 600

SAS 600要求专门对董事责任提出声明，这使报表使用人能够清楚认识管理层和审计师各自的责任，不会对已经审计过的财务报告产生不现实的保证期望。

⑤公司治理

提高内部控制和内部审计的重要地位，审计委员会应对审计师的任命、解聘负责，审计委员会应当由董事会中的外部董事组成，他们对于监督财务报告程序和保证审计独立性具有特殊责任。由于外部董事的独立性，他们可以抵制董事会的压力，这种安排有利于减少董事和审计师之间的冲突，认识到审计责任的局限性，不要求审计师为企业提供非鉴证类服务。

⑥持续经营——SAS 130

公众最为关心的问题是表面上看起来健康经营的公司忽然倒闭，在这种时候往往会对审计师提出质疑，因为他们认为最近经审计的财务报告应当能够提供这些公司财务失败的一些征兆。可以从两个方面来解决这个问题，一方面要求董事在财务报告中申明其是否可以持续经营，另一方面也要指出为什么可以持续经营，其假设前提是什么。SAS 130要求审计师评价企业的持续经营能力，该准则要求审计师评价董事所建立持续经营的假设前提是否具有充分可靠的证据。如果董事无法通过这种评价，则审计师的意见就可能会建立在无证据表明企业可以持续经营的基础之上。

⑦内部控制

审计期望差距的产生主要是因为审计师无法发现舞弊。因此，应当鼓励审计职业界提高查找舞弊的侦察技术，并鼓励董事建立有效的内部控制来减少舞弊的发生。审计师的作用是帮助董事评价内部控制，并提高其有效性。

2）消除准则缺陷差距

（1）改善审计准则

对审计责任的争论对发达国家审计准则和实务产生了积极的影响，职业界通过对审计期望差距的研究，认识到他们有责任根据他人的期望、关注和批评来评价和改善审计准则，这有利于使审计师的责任和业绩更接近于公众期望。因此，美国等发达国家的职业团体尽管并不愿意将审计师的责任扩大到查找舞弊方面，但是在过去的二十多年也不断努力修订审计准则来满足日益变化的公众期望，下面介绍美国职业界对审计准则的研究和修订。

①对审计准则的研究

职业界对审计准则的研究不断深入，最明显的证据是有关审计师在财务报告中查找舞弊的问题。审计准则委员会（ASB）1988年发布的审计准则（SAS）53号是和查找舞弊有关的准则。起初ASB并不愿意使用"舞弊（fraud）"这个词，他们用更委婉一些的词

"不合法（irregularity）"来表述。SAS 53 号要求审计师通过设计某种特定的财务报表审计程序，为发现重大错误和非法活动提供合理保证。

1997 年 ASB 对 SAS 53 号进行了修订，修订以后的准则为 SAS 82 号，在该准则中第一次使用"舞弊"来定义故意的财务报表误述。此外，它还将舞弊划分为两类——欺骗性的财务报告和侵占资产。ASB 提出了审计师的一个特定责任是在每次业务中评价舞弊风险，根据过去的经验对目前可能会发生舞弊的地方进行标注，并且无论这些风险是否存在都要设计一些可能执行的程序。

改善审计准则的最重要的研究之一是审计有效性专门小组（Panel on Audit Effectiveness）所进行的。该专门小组是 1998 年被公共监督委员会（POB）任命组建的，他们考察了现行的审计模型，并在 2000 年发表了其研究结论。专门小组得出结论认为现行的审计模型需要更新和改善。在其最终报告里，专门小组对如何改善审计业绩提出了 200 多条建议，例如，修改现行审计准则，或用一些更加具体和权威的指南来代替审计准则，以便于审计师遵守；要求审计师在年度审计和季度财务信息复核中执行一些额外的法律性程序；增加审计工作底稿中所要求的最低档案数量标准；增加与收入确认相关的审计程序以及审计估计和判断的程序。

在该专门小组及其他人的研究成果基础上，2002 年有关舞弊的准则被修订为 SAS 99 号。新准则增加的要求包括：第一，要求审计业务约定的签约双方在舞弊的可能性问题上进行必要的和持续的讨论；第二，辨认并评估特定舞弊风险；第三，针对管理层超越内部控制的可能性设计特定的审计程序；第四，由于收入系统是大多数舞弊发生的起源，因此应作为审计的重点；第五，更加强调要保持职业怀疑态度。SAS 82 和 99 号都提出了一些特定方法，然而这两个准则都没有在 SAS 53 号的基础上增加任何的审计师在侦察舞弊方面的责任。

②期望差距审计准则

和期望差距密切相关的审计准则，是美国 20 世纪 80 年代发布的"期望差距准则"。在麦肯锡-罗宾斯案件发生以后的 60 多年来美国政府对审计师的作用进行了许多调查，其中影响比较广泛的调查包括 Senator Lee Metcalf（70 年代）、Representative John Moss（70 年代）、Representative John Dingell（80 和 90 年代）、U.S. General Accounting Office（GAO）（90 年代）。议会对审计职业的各种各样调查引发了美国注册会计师协会（AICPA）进行多年的研究，1988 年 AICPA 认可了期望差距中所存在的准则缺陷，并试图通过颁布新的准则来解决这一问题，他们连续发布了第 53 号到 61 号 9 个准则，这 9 个准则合起来被称为"期望差距准则"。所谓的"期望差距准则"为如何在审计中辨认、调查和报告潜在的舞弊和非法行为提供了更多具体和详细的指南，从而帮助审计师为查找和报告舞弊提供"合理保证"。AICPA 在 1993 年还发起召开了一个会议来评估这些准则的有效性。在这次会议上讨论了这些期望差距准则的进展和会计准则委员会（Accounting Standard Board，简称 ASB）未来面对的问题。这次大会得出结论认为未来对期望差距准则的研究是"非常必要的"。AICPA 和 GAO 都认为在查找舞弊方面仍然存在期望差距，然而他们并没有提供任何实证证据。审计职业界在整个 20 世纪 90 年代都持续进行着对于审计准则质量的研究，在此期间 ASB 一直在寻求改善审计准则的方法，希望能够使之达到公众期望的要求。职业界试图通过在审计准则中清楚地阐述审计师的责任，并且在审计程序中有所体现，从而达到减少审计风险的效果。

【相关链接11-4】

基于新审计准则视角的审计期望差距研究

美国审计准则委员会于1988年连续公布了9份说明书，通称为"期望差距审计准则"，对审计期望差距进行规范。目前我国虽没有制定专门的期望差距准则，但2006年出台的《中国注册会计师审计准则第1141号——财务报表审计中对舞弊的考虑》《中国注册会计师审计准则第1151号——与治理层的沟通》《中国注册会计师审计准则第1211号——了解被审计单位及其环境并评估重大错报风险》《中国注册会计师审计准则第1341号——管理层声明》等都体现了进一步缩小审计期望差距的目的。2006年发布的审计准则给注册会计师行业带来了多层次的全新的变化，也进一步提升了注册会计师的专业胜任能力。2010年11月1日财政部发布了修订后的38项中国注册会计师执业准则，自2012年1月1日起施行。新审计准则的制定不仅提高了准则理解和执行的一致性，而且全面、彻底体现了风险导向审计的基本要求，增强了识别舞弊风险的针对性和有效性。其中，《中国注册会计师审计准则第1141号——财务报表审计中与舞弊相关的责任》《中国注册会计师审计准则第1151号——与治理层的沟通》《中国注册会计师审计准则第1152号——向治理层和管理层通报内部控制缺陷》《中国注册会计师审计准则第1211号——通过了解被审计单位及其环境识别和评估重大错报风险》《中国注册会计师审计准则第1341号——书面声明》等均有效缩小了社会公众对行业认知的期望差距。2016年12月23日财政部发布了修订后的12项中国注册会计师执业准则，自2018年1月1日起施行。其中，修订后的《中国注册会计师审计准则第1151号——与治理层的沟通》《中国注册会计师审计准则第1341号——书面声明》等有利于进一步缩小社会公众对行业认知的期望差距。

中国注册会计师审计准则中缩小审计期望差距的具体表现如下：

（一）财务报表审计中与舞弊相关的责任研究表明公众对揭露重大的欺诈、舞弊和非法行为的要求较为强烈

舞弊是一个非常宽泛的法律概念，公众对舞弊的法律认识很容易产生偏差。2006年发布的《中国注册会计师审计准则第1141号——财务报表审计中对舞弊的考虑》要求注册会计师关注导致财务报表发生重大错报的舞弊行为；2010年新修订的《中国注册会计师审计准则第1141号——财务报表审计中与舞弊相关的责任》进一步对注册会计师进行了针对性指导，要求注册会计师合理运用职业判断，按照风险导向审计的要求，识别、评估和应对这些领域的舞弊风险，其中，第五条指出被审计单位治理层和管理层对防止或发现舞弊负有主要责任，第六条指出注册会计师有责任对财务报表整体是否不存在由于舞弊或错误导致的重大错报获取合理保证。2016年新准则的修订体现了先进的实务经验，增强了注册会计师发现舞弊的能力，提高了审计的有效性，降低了公众的审计期望值。

（二）注重向治理层和管理层通报内部控制缺陷

2006 年发布的《中国注册会计师审计准则第 1153 号——向治理层和管理层通报内部控制缺陷》是在借鉴《国际审计准则第 265 号——沟通内部控制缺陷》的基础上制定的准则。在准则中要求注册会计师向被审计单位治理层和管理层恰当通报在财务报表审计中识别出的内部控制缺陷，同时也要求注册会计师在执行审计工作的基础上，确定是否识别出一个或多个内部控制缺陷，以及该缺陷单独或连同其他缺陷是否构成重要缺陷，并对书面沟通文件的内容和特别说明事项作出了规定。2010 年发布的《中国注册会计师审计准则第 1151 号——与治理层的沟通》在原有审计准则的基础上进行了形式上的改写，新准则规范了治理层在监督财务报告方面的职责和作用，对管理层与治理层在财务报告方面的职责作出明确区分，要求注册会计师向治理层和管理层恰当通报注册会计师在审计过程中识别出的，根据职业判断认为足够重要从而值得治理层和管理层各自关注的内部控制缺陷。2016 年修订后的《中国注册会计师审计准则第 1151 号——与治理层的沟通》更加强调了沟通事项中识别出的特别风险，以及影响审计报告形式和内容的情形（如有），通过这种双方互相沟通的提升，增强了社会公众对审计工作层面的了解，从而有效提高审计质量，降低审计期望差距。

（三）全面、彻底体现风险导向审计的基本要求

2010 年新修订的审计准则将风险导向审计理念全面彻底地贯彻到整套审计准则中，在《中国注册会计师审计准则第 1321 号——审计会计估计（包括公允价值会计估计）和相关披露》《中国注册会计师审计准则第 1323 号——关联方》《中国注册会计师审计准则第 1241 号——对被审计单位使用服务机构的考虑》等多项准则中更加强化了注册会计师对重大错报风险的识别、评估和应对，突出强调了风险导向审计的思想，进一步明确了审计工作以评估财务报表重大错报风险作为新的起点和导向。这种原则导向的提升给注册会计师带来了更大的职业判断空间，减少了机械执行准则的可能性，提高了注册会计师在执业过程中的灵活性，同时也对注册会计师的专业胜任能力有了更高层次的要求，这样更加有利于审计目标的达成，使得注册会计师的审计更符合社会公众的期望。

（四）对审计报告的实质性改进

审计报告是注册会计师与广大会计报表使用者的沟通工具。2016 年新修订的关于审计报告等一系列的审计准则对注册会计师如何正确确定审计意见的类型提出了更高层次的要求。最为核心的 1 项是新制订的《中国注册会计师审计准则第 1504 号——在审计报告中沟通关键审计事项》，该准则要求在上市公司的审计报告中增设关键审计事项部分，披露审计工作中的重点难点等审计项目的个性化信息。其中，要求注册会计师说明某事项被认定为关键审计事项的原因、针对该事项是如何实施审计工作的。该准则仅适用于上市实体的审计业务。除该准则外，"对财务报表形成审计意见和出具审计报告""在审计报告中发表非无保留意见""在审计报告中增加强调事项段和其他事项段""与治理层的沟通""持续经营""注册会计师对其他信

息的责任"等6项准则也都作出了实质性修订。新审计报告准则的发布实施，将带来三个方面的积极变化：一是提高审计报告的信息含量，增强其决策相关性；二是提高审计报告的沟通价值，增强审计工作的透明度；三是强化注册会计师的责任，提高审计质量，回应财务报表使用者对持续经营、其他信息、注册会计师独立性的关注。与审计报告相关的这一系列审计准则的修订，不仅强化了注册会计师的执业责任，体现了我国审计准则与国际审计准则的持续全面趋同，也更加符合社会公众的利益，将对缩小社会公众的审计期望差距产生积极影响。

③近年来的学术研究

1988年审计期望差距准则出现以后，人们继续从不同角度对审计期望差距进行了研究，内容包括：有关银行家和投资者对新的审计报告的反应；投资人对审计师查找舞弊的态度；信贷经理对非审计服务和独立性的看法；法官对审计师行为的反应；审计师和客户对于"公众看门狗"作用和非审计服务的期望；美国和英国投资者对"符合GAAP公允表达"以及"真实公允"的理解等。

尤其值得一提的是McEnroe和Martens（2001）对审计合伙人和投资人的调查，他们发现即使在期望差距准则出现十多年以后，投资者在许多方面和/或审计的保证程度上与审计合伙人相比仍然有着更高的期望。该调查指出了差距仍然存在的一些领域，例如，投资人认为，除非对于投资人和债权人而言所有的重要项目都已经报告和披露，否则审计师不应该对财务报表发表无保留意见；对财务报告的无保留意见意味着内部控制系统是有效的；除非财务报告中没有因管理层或雇员舞弊或非法经营而导致的错误存在，否则不应该发表无保留意见。

Kangarluie和Aalizadeh（2017）、Masoud（2017）均采用实证研究方法调查了审计期望差距，发现审计师和管理层对审计师责任认定方面存在显著差异。

这些研究说明了审计期望差距并没有因职业界发布审计期望差距准则而缩小，事实上发生的安然事件、颁布的《萨班斯-奥克斯利法案》，以及近几年发生的审计失败案例，都证明了审计准则仍然需要继续改善。

（2）多样化审计准则制定队伍

从美国审计准则的发展历程可以看出，无论审计职业界如何改善审计准则，都不过是更加明确了其职责范围，很难扩大审计责任。Hooks（1992）认为职业界所做的不过是为了减轻公众的批评和保护职业自律地位，而没有实质性地改变职业界的立场。还有人认为审计师查找舞弊的责任实际上是相互矛盾的，而且将会使职业界产生新的问题。因此，要缩小审计期望差距，就必须改变由审计职业界自律的做法，改变准则制定团队，使审计准则反映公众意见。准则制定队伍不仅应当包括审计师，还要包括投资者、债权人，甚至法律界人士。因为审计期望差距和审计师的法律责任相关，要减少审计师面对的诉讼风险，就应当想办法调和职业界和法律界对审计责任的看法。这一想法在安然事件后得到了实施。

根据《萨班斯-奥克斯利法案》（SOX），公众公司会计监督委员会（PCAOB）将代替审计准则委员会（ASB）成为公众公司审计准则和质量控制准则的制定机构。PCAOB的主要成员都不是会计师，同样，其常设咨询机构也是由各个专业领域的专家所组成的，包括会计、审计、公司财务、公司治理以及公众公司投资等，这个机构负责确定准则制定的先后次序以及对现有准则和建议准则等方面向PCAOB提出政策建议。它代表了更广泛的利益团体，而不仅仅是会计师。PCAOB的首席审计师和职业准则主任道格拉斯·卡米切尔（Douglas Carmichael）指出，这个新的团体将增强现有准则的力度，使其更加明确、具体，并且将注意力集中于为保护公众利益审计师真正需要做的事情。PCAOB最初发布的准则要求较高，其中之一强调了内部控制系统与财务报表审计的联系，这一准则包含120多页的详细指南。PCAOB要使审计师和其他利益团体的看法统一，就必须采取措施以保证未来审计准则的制定要听取所有重要的使用者集团的意见，包括投资者、债权人和管制机构。同时，PCAOB还必须认识到职业守则的局限性，因为这些守则实质上只提供行为的最低准则，因此，还要强调职业道德的重要性。

但如果要职业界承担查找舞弊的责任，财务报告使用人必须愿意为全面审计而增加的财务报告程序支付必要的增值费。2000年7月前美国证券交易委员会（SEC）首席会计师Lynn Turner在关于审计有效性的演讲中指出，1999年排名前七位的会计公司审计收入总和为95亿美元，但是由于财务报告误述而导致的投资损失使得仅仅五个公司的投资人就损失了320亿美元。因此，他指出，相对于审计费用来说，"投资人可能通过增加审计程序而获得的收益（即使这些审计程序可能只能阻止财务欺诈中的一小部分）"是让人非常惊讶的。同时，审计师也要学习查找舞弊的技巧。有学者建议职业界开发一个舞弊数据库，为全国的审计师提供如何洞察舞弊及如何有效地发现各种类型舞弊的信息，从而提高审计有效性。由于财务报告使用人需要高水平的保证，因此审计师需要了解舞弊发现技巧，并能恰当使用。如果建立了这样的数据库，则舞弊审计会变得更加流行，甚至成为审计师所提供审计的一个组成部分。

3）消除不合理差距

审计职业界认为审计期望差距主要是由于使用者未能理解审计的作用以及财务报告的局限性，因此，缩小不合理差距的方法是使公众理解审计的性质和固有的局限性，这需要职业界利用一切可能的机会向公众解释，同时，还有一种沟通方式是使用清楚表达审计责任的审计报告。

（1）增加与公众的沟通

期望差距几乎从一开始就一直困扰着审计职业界，因此，职业界一直在寻找缩小差距的方法。Bailey等人（1983）通过对不同教育程度的人进行测试，发现教育程度越高的人对审计师的不合理期望越少。因此，可以通过教育和沟通的方式向公众宣传职业准则和法律界定的合理性。尽管很多人都批评说，公众的多数期望是合理、可达到的，审计职业界应当通过承担更多责任来缩小差距，教育公众是审计职业界试图避免责任的一种做法，是无效的。但Porter（1993）强调了不合理期望差距的存在，以及教育在消除不合理期望差距中的作用。她认为应当教育公众，让他们了解应当对审计师有什么样的合理预期。此外，Monroe和Woodcliff（1993）也通过实证研究证明，教育在缩小审计期望差距方面是一个有效的手段。当然，教育并不能缩小所有的期望差距，只能在减少不合理期望方面起到作用。

早期职业界坚持认为期望差距的产生是因为公众对审计职能有误解，因此，职业界试图通过与公众沟通的方式改变公众期望，使公众接受职业界对审计责任的理解，从而缩小期望差距。从1945年到1950年，美国会计师协会（AIA，即AICPA的前身）发起了一项运动，目的是让公众了解审计的"真正"责任。1950年职业界印刷了大约7万份有关审计、审计报告和审计责任的小册子，并分发给银行和其他与财务报告相关的利益团体。1989年AICPA也使用过一种小册子来教育公众，题目是"理解审计和审计报告：财务报告使用者指南"，可惜这种小册子没有能够广泛发布，因此其教育作用也就很小。如果能够广泛分发，这种小册子对于缩小不合理期望差距必定有很重要的意义。不过，如果不是强制要求，股东阅读这种小册子的可能性不大，因此这也不能作为一种唯一的方式来缩小期望差距。

由于审计委员会是独立审计工作最主要的使用者，审计职业界的沟通和教育活动主要针对审计委员会展开，其内容包括财务报表审计的目的和局限性，以及管理层应当为财务报告的呈报担负的责任。后来职业界开始认识到公众的许多期望是合理的，因此，他们的努力演化成了不仅强调改变公众期望，而且也通过修改职业准则来缩小差距。

（2）运用恰当措辞的审计报告

对于公众合理的期望，审计职业界应当采取措施尽量满足；对于不合理的期望，如果审计职业界不想增加自己的责任，可以采取的办法就是改善审计师向外界传递审计结论的方式。麦克唐纳委员会曾建议提供一个更加清晰明确的审计报告，并在年度财务报告中声明管理层对财务报告的责任，而且审计委员会应当每年向股东进行汇报。Innes，Brown，Hatherly（1991）认为应当增加审计报告的内容，在审计报告中增加范围段，让报告使用者知道审计师实际上所做的工作，从而减少使用者和审计师之间看法的差异。Monroe和Woodcliff（1994）也发现增加范围段的审计报告确实影响了审计报告使用人的看法，并缩小了很多不合理的期望差距。

这种观点被爱尔兰公共会计师协会所接受，他们将许多容易误解的审计问题包含在审计报告中，因此，审计师可以通过一个信息更充分的审计报告解脱其责任。美国在1948年修改了审计报告，以便更好地使公众了解究竟什么是审计，同时更清晰地表达了审计意见。20世纪90年代再次对审计报告内容进行了改革，强调了审计范围和局限性。但是，究竟什么样的审计报告才是最恰当的，职业界可以通过检验不同措辞的审计报告对报告使用人的理解有什么样的影响，从而进行评价和设计。

［总结与结论］

本章我们主要讨论了与审计职能相关的一个重要问题——审计期望差距。我们介绍了理论界对审计期望差距的定义，并根据Porter的研究分析了期望差距的三个构成要素，从不同角度分析了期望差距产生的原因。我们分析了审计期望差距对审计目标的影响以及在审计法律责任形成中的作用。职业界为了减少审计风险，必须研究如何缩小期望差距，我们针对三种期望差距分别介绍了职业界已经采取的解决对策，根据审计期望差距的性质我们认为审计期望差距是不可能被完全消除的。

[练习题]

★ 讨论题

1.请分析审计期望差距的构成要素。

2.请解释为什么审计期望差距永远无法完全消除。

★ 案例分析题

请根据 [实例11-1]，结合美国职业界所采取的措施分析我国解决业绩缺陷差距可能采用的办法。

★ 补充阅读材料

1.李若山. 注册会计师：经济警察吗？[M]. 北京：中国财政经济出版社，2003.

2.中国注册会计师审计准则，自2018年1月1日起施行.

3.AICPA. Codification of Statements on Auditing Standards （Including statements on Standards for Attestation Engagements）Numbers 1 to 82. January 1, 1997.

4.PORTER B. An empirical study of the audit expectation-performance gap [J]. Accounting and Business Research, 1993, 24（93）: 49-68.

5.HUMPHREY G, MOIZER P, TURLEY S. The audit expectations gap in the United Kingdom [R]. ICAEW Research Board, 1992.

6.SIKKA P, PUXTY A, WILLMOTT H, et al. The impossibility of eliminating the expectations gap: some theory and evidence [J]. Critical Perspectives on Accounting, 1998, 9: 299-330.

7.GOLD A, GRONEWOLD U, POTT C. The ISA 700 auditor's report and the audit expectation gap-do explanations matter? [J]. International Journal of Auditing, 2012, 16（3）: 286-307.

第12章

审计失败

[学习目标]

1. 了解审计失败的后果；
2. 掌握审计失败的含义及其与相关概念的区别；
3. 理解审计失败的内外原因，并能够结合实例分析说明；
4. 了解与审计失败相关的法律责任；
5. 掌握审计失败的规避方法以及如何处理管理层舞弊。

● 12.1 审计失败的内涵

1) 何谓"审计失败"

对于审计失败，目前没有非常明确的定义，根据我们搜集的资料，国内文献对于审计失败有着明确定义的代表性观点主要有：

（1）工作失败论

审计失败是指审计师因违反独立审计准则的要求，在审计过程中存在失误或欺诈行为，发表了不适当的审计意见。

观点评述：从审计准则和审计意见的角度出发，它所指的审计失败只是审计工作的失败，此为狭义审计失败论。

（2）诉讼失败论

审计失败是指审计师出具了虚假的审计报告，引起法律纠纷，受到法律制裁。

观点评述：此种观点的着重点为法律诉讼与法律制裁，强调的是审计工作失败的可能影响。由于审计工作是会计师事务所业务构成部分之一，这一观点还可以理解为事务所经营的失败，此为从审计法律责任角度定义的审计失败论。

（3）职业失败论

审计失败是指审计职业因执业质量低下或职业道德败坏，受到社会非议，失去社会信任与尊重。

观点评述：此种观点是站在整个审计职业的高度，它所表示的失败，旨在告诉我们审计职业已经走到了尽头。此为广义审计失败论。

（4）本书的定义

由于对"审计"一词本意不同的理解，造成了对审计失败概念不同的诠释。我们认为，将"审计"限定为审计活动，一则更为符合审计实务，并有助于解释审计职业失败；二则从审计工作出发，应当是审计学最基础和最根本的研究角度。因此，本书论及审计失败中的审计，其意义就是审计工作。审计失败，即审计师未能遵循独立审计准则执业，在财务报表存在重大错报的情况下，审计师出具了无保留意见的审计报告。

2）审计失败与审计目标、审计责任的关系

"审计目标是审计与外部环境的纽带，审计目标直接反映社会环境的需求，所有影响和制约审计的外部环境的变化，都会提出调整审计目标的要求，进而引起审计实践的变革。与此同时，审计目标对审计人员的审计责任有着直接的影响，有什么样的审计目标，就有什么样的审计责任。例如，审计目标是查错纠弊，审计人员的审计责任就是揭露被审计单位的舞弊和差错。若被审计单位发生重大的舞弊和差错，审计人员由于种种原因未能查出，这就意味着审计人员的失职，对此应承担相应的责任。"上述文字非常清晰地解释了审计目标和审计责任的关系。审计失败是审计工作偏离了审计目标，是承担审计责任的前因。

3）审计失败的衡量

（1）审计是一个系统过程

审计是一个包括审计计划、取证、判断和报告的系统过程，判断审计是否失败不能像判断产品生产失败那样（仅仅依靠最终产品质量），只是依据审计的结果（审计报告）来判定。这是由审计的结果——审计报告——自身特征所决定的。作为审计工作的产品（审计报告）是高度抽象的，具有不可观察性、不可储存性，并不具备有形商品那种直接的、具体的外在表现形式，因此，审计产品的质量也很难用有形的尺子来衡量。另外，审计产品仅仅是构成审计过程的一个组成部分，它同审计过程中其他工作内容有着密切的联系。因此，考察一项审计活动的成败，"不能仅仅局限于该项活动的结果，而应当将形成其结果的整个活动过程联系起来进行分析，只有这样，才能更全面和更深层次地去认识该项审计活动满足社会需求的程度"。

（2）衡量审计失败不应"只看结果，不看过程"

对审计失败的衡量应当与在判定会计信息真实性时将其划分为结果真实与程序真实一样，包括结果失败与过程失败两个方面。过分偏向二者中的任何一个都是不正确的，必须二者同时兼顾。

（3）审计准则是规范审计行为的权威性标准，是判别审计过程是否失败的标准

审计准则不仅体现着社会公众对于审计结果（目标）的要求，而且规范审计师执业过程行为。审计准则是由政府部门或会计师职业团体制定的，用以规定审计人员应有的素质和专业资格，规范并指导其执业行为，衡量和评价其工作质量的权威性标准。由此可见，审计准则是审计人员在执行审计工作时应遵循的规范。审计准则的主要内容大多来自审计实务，是在审计实践中逐步形成并为大多数审计人员所认可、接受并执行的惯例，其规范的内容除了包括审计人员素质要求外，还涉及审计整个过程。因此以一般公认审计准则作为衡量审计失败的标准就顺理成章了。

● 12.2 审计失败与相关概念解析

引发审计失败的原因有多种，这些不同来源的因素相互交织，使得我们难以迅速识别审计失败的真相。与审计失败密切相关的下述三组概念有助于我们撩起审计失败纷繁的"面纱"，认识审计失败的真实"面貌"。

12.2.1 会计责任和审计责任

根据《中国注册会计师审计准则第1111号——就审计业务约定条款达成一致意见》（2016年修订），审计业务约定条款应当包括注册会计师的责任和管理层的责任等事项。《中国注册会计师审计准则第1101号——注册会计师的总体目标和审计工作的基本要求》明确指出，注册会计师按照中国注册会计师审计准则执行财务报表审计工作，针对财务报表整体发表审计意见。管理层和治理层（如适用）认可并理解其应当承担下列责任：①按照适用的财务报告编制基础编制财务报表，并使其实现公允反映（如适用）；②设计、执行和维护必要的内部控制，以使财务报表不存在由于舞弊或错误导致的重大错报；③向注册会计师提供必要的工作条件，包括允许注册会计师接触与编制财务报表相关的所有信息（如记录、文件和其他事项），向注册会计师提供审计所需的其他信息，允许注册会计师在获取审计证据时不受限制地接触其认为必要的内部人员和其他相关人员。财务报表审计并不减轻管理层或治理层的责任。《中华人民共和国会计法》第一章"总则"第四条明确规定："单位负责人对本单位的会计工作和会计资料的真实性、完整性负责。"

由上述审计准则和法律要求可知，保证会计资料的真实、合法、完整是被审计单位的会计责任。按照独立审计准则的要求出具审计报告，保证审计报告的合法性、公允性是审计师的审计责任。审计责任不能替代、减轻或免除会计责任。

【实例12-1】

美国共同基金管理股份有限公司案例（管理层声明是否可以减免审计责任）

1956年，海外投资服务中心成立，其所建立的共同基金管理股份有限公司经营取得了成功。1968年初，共同基金管理公司同当时美国规模最大、利润最丰厚的石油公司——金氏石油公司（以下简称"金氏公司"）签订合作协议，金氏公司以低于市场价格的成本价向共同基金管理公司出售石油等自然资源。但是，在随后的时间里，金氏公司不仅向共同基金出售的是劣质资源，而且出售价格远远高于市场价格。在短短几年内，股价下跌以及劣质资源使得共同基金陷入破产边缘。共同基金破产清算的托管方向法院起诉，作为主要被告之一的是安达信会计师事务所，被指责为未能向共同基金披露金氏公司的欺诈。

安达信在美国3个办事处负责共同基金公司的年度审计，它们与共同基金管理公司、金氏公司存在着密切的业务关系。其中，日内瓦办事处负责协调所有"海外投资服务中心"共同基金的审计，对共同基金管理公司的审计予以特别关注；纽约办事处负责共同基金管理公司的审计业务；丹佛办事处负责金氏公司的审计，并按照纽约办事处要求，主审证实其自然资源资本账户年末余额的准确性。

法庭搜集整理的记录显示，安达信已经意识到"海外投资服务中心"和共同基金管理公司的高风险，特别是安达信对共同基金公司与金氏公司之间的业务往来高度关注。但是，出于某些不便于披露的原因，安达信纽约办事处对于共同基金和金氏公司之间的敏感问题的争论一直上传到安达信事务所内部的最高层合伙人处，最高层合伙人的研究结论还是这些事项"不会有重大影响"。据此意见，安达信出具了共同基金管理公司 1968 年度无保留意见的审计报告。

到了 1969 年，安达信获得了更多的关于金氏公司有关一项重大交易可疑性的证据，但是，审计师没有能够坚持自己的怀疑。在收到金氏公司创始人和主要股东——约翰·金出具的保证声明书后，审计师接受了金氏公司对于该项交易的会计处理方法。在保证声明书中，约翰·金断然否认了有关影响该项交易性质的事实，坚称所有工作人员都没有参与私下交易，并保证金氏公司所有的交易都是合规合法的。

1970 年，共同基金 1969 年度审计报告即将签署之前，安达信发现上述重大交易是一场骗局，这意味着 1969 年约翰·金出具的声明书是虚假的，这将直接影响到共同基金 1969 年度财务报告及审计报告。但是，安达信并没有坚持下去，而是继续信赖原有证据。并且，安达信又从约翰·金处索取了另一项交易性质为正常的声明书，从约翰·金的往来公司处得到一份类似的保证声明书。

针对安达信的审计行为，共同基金破产托管人指控：安达信听任共同基金公司被金氏公司欺诈。法庭认为，安达信掌握的所有事实已经合理表明，安达信应该知道 1969 年"北极产业"的重估，从方法到结果都是虚假的。但是，安达信却仍然坚持误导性的、不完整的信息披露，尽管共同基金管理层应对经营决策承担主要责任，但是，审计师有责任向客户通知这项复杂错综令人迷惑的交易。

经过 1981 年长达 2 个月的审判、半个月的评议后，安达信被判向共同基金管理公司破产托管人进行赔偿，金额高达 8 079 万美元，尽管最后改判为 7 000 万美元，这已经是当时最高的赔偿金额了。

在本案例中，安达信为了确保金氏公司对外交易中没有私下交易的附属协议，要求金氏公司的董事长约翰·金多次撰写保证声明书（管理层声明书）。安达信得到这些声明书后，便认为得到了有力证据证明金氏公司交易的合法性。事实证明，这些声明书并没有减免审计师的审计责任，他们仍然要为自己的重大过失承担赔偿责任。管理层声明书并不是有力的证据，它仅仅是一项证明力很弱的内部证据，审计师需要更多的外部证据证明事实真相。管理层声明书更不能够替代审计师的审计责任。当存在管理舞弊时，从管理层处取得的声明书本身更是存在严重问题，审计师根本不可以信赖这种审计证据，而是应抱着怀疑一切的态度，提高警惕，侦查舞弊。

12.2.2　审计失败与经营失败

经营失败可能是诱发审计失败的导火索。综观中外审计失败案件，大多数审计失败案件都是在经营失败不可避免的情况下，由管理层被迫对外披露；或者因管理舞弊行为被曝光而引发利益相关人对审计师和会计师事务所提起诉讼，从而形成审计失败。因此，审计失败通常是伴随着经营失败的出现而出现，并最终以审计师或者会计师事务所败诉而告终。

经营失败和审计失败的原因各不相同，见表 12-1。一旦经营失败，社会公众就会将审计失败和经营失败相提并论，认定经营失败等同于审计失败甚至认为审计失败引发经营失败。事实上，审计师并不是也不能为企业持续经营提供担保，也不应单独地揭示这方面问题，他们只能对企业管理层财务报告中持续经营相关因素揭示的公允性表示专家意见（包括在持续经营假设不成立的情况下，即企业进入破产清算阶段）。审计师只能合理保证揭示持续经营能力的相关因素真实与公允。对此，《中国注册会计师审计准则第1101号——注册会计师的总体目标和审计工作的基本要求》也明确指出，审计意见不是对被审计单位未来生存能力或管理层经营效率、效果提供的保证。

表12-1   审计失败和经营失败的区别

类型	主体	原因	结果
审计失败	审计师或（和）会计师事务所	审计师的过失和欺诈，违反职业规范	审计师或（和）事务所承担审计责任
经营失败	企业及其管理者	企业的巨额亏损、资不抵债而无法持续经营	企业管理者承担经营责任

尽管审计师无法也无力对被审计单位的经营提供担保，但是，需要指出的是，根据《中国注册会计师审计准则第1324号——持续经营》（2016年修订）的要求，注册会计师有责任就管理层在编制财务报表时运用持续经营假设的适当性获取充分、适当的审计证据并得出结论，并根据获取的审计证据就被审计单位持续经营能力是否存在重大不确定性得出结论。即使编制财务报表时采用的财务报告编制基础没有明确要求管理层对持续经营能力作出专门评估，注册会计师的这种责任仍然存在。因此，审计师在实施审计过程中应充分考虑企业持续经营能力信息披露的充分性与适当性，否则就可能真正发生审计失败。

【实例12-2】

潘·斯奎尔银行审计案例——经营失败引发的审计失败

潘·斯奎尔银行审计案例是20世纪80年代的美国最为严重的金融破产案例之一。该银行成立于1960年，在20世纪70年代石油热潮中，通过向石油和天然气投机商提供大量的贷款业务而爆炸性地扩展起来。但是，随着政府紧缩性经济政策的实施，更由于真正旺盛的石油需求未能形成，对于石油和天然气的预期被大大高估了。潘·斯奎尔银行的资金的流动性变得非常缓慢，储备资金不充足，贷款回收率也很差。该银行的财务状况已经非常困难，为了维持信贷周转的需要，银行铤而走险，开展违法业务。这些激进的贷款政策早已受到监管者——美国货币总监办公室——的关注，并进行了调查和治理，但未能发现真相。直到石油供过于求的局面进一步恶化，美国货币总监办公室再次检查发现潘·斯奎尔银行的财务状况严重恶化，才决定关闭此银行，并立案调查。

为潘·斯奎尔银行先后提供审计服务的是安永会计师事务所和毕马威会计师事务所。安永从1976年至1980年对潘·斯奎尔银行进行审计，其中，1976—1979年，安永出具的均是无保留意见的审计报告，但是对1980年的财务报告进行审计时，安永关注到该银行贷款记录日益恶化，很多贷款记录都未能附上记录开发石油储备的当期工程报告，或者工程师签署的意见或者估计石油储备所需说明的假设。安永对此出具了有保留意见的审计报告，审计报告中指出"在贷款损失准备金的充分性方面，其可靠性不能令审计人员满意"，潘·斯奎尔银行管理层对此非常不满。在没有任何预先通知的情况下，银行改聘毕马威进行1981年度的财务报告审计。

1982年潘·斯奎尔银行的破产，使得该银行本身及其分支机构、存款人以及美国联邦存款保险公司基金等共计遭受的损失超过15亿美元。该银行关闭后，涉及此案的当事人之多，数不胜数，其中包括银行关闭前的董事及银行主管、将大量的存款人资金注入该银行的货币中间商、代理行以及毕马威事务所。希望将银行倒闭责任这一沉重负担转嫁他人的第三方很容易就把毕马威事务所当作他们的目标。联邦银行代理处、潘·斯奎尔银行主要存款来源的货币中间商、负责调查的美国众议院都将谴责的矛头指向毕马威事务所。

负责组织潘·斯奎尔银行听证会的国会调查委员会对毕马威1981年度财务报告审计进行了详细审查。从审计技术的角度看，毕马威对高风险的会计科目执行了必要的审计程序，对上期导致安永出具有保留意见审计报告的贷款项目给予了特别关注。毕马威尽量向调查委员会证明自己出具的无保留意见审计报告是恰当的。但是，美国货币总监办公室的一份报告认为毕马威1982年的审计是"不可接受的"，报告中说道："尽管毕马威会计师事务所已经发现了一些问题，如高于担保品价值提供贷款，未收到借款者的付款之前就向代理行支付本金和利息，银行提取的贷款损失准备金不足等等。但在这样的情况下，还是发表了无保留意见审计报告。"毕马威合伙人认为事务所过度信赖银行的内控，美国货币总监办公室肯定性的检查结果也使得审计师错误地产生了一种安全感。

到80年代末，针对毕马威事务所的民事诉讼金额远远超过了10亿美元。尽管几乎全部诉讼都是在法庭外私下和解的，但是，潘·斯奎尔案件对于毕马威事务所及整个审计行业均有着重要意义：经济环境及企业环境的变幻莫测加剧了企业经营风险，特别是金融领域的企业——它们一度被审计师认为是低风险的，但是事实证明它们是高风险的。众多的案件当事人纷纷将问题焦点集中在会计师事务所身上，这不仅仅暴露出事务所的审计风险来源于审计业务外部的不确定性，更重要的是由于石油危机导致了银行倒闭，会计师事务所成为"深口袋"的牺牲品。

12.2.3　审计失败与审计风险

审计风险有以下三种含义：

（1）未能察觉出重大错报的风险：最狭义的审计风险

这是指审计师错误地估计和判断了审计事项，乃至发表了与事实相悖的审计报告，使重大错报未能揭示出来而受到有关关系人指控并遭受某种损失的可能性。这是一种为广大审计人员普遍理解并为包括国际审计准则在内的大多数国家审计准则所接受的审计风险含义。

（2）发表了一个不适当的意见的风险：狭义的审计风险

从狭义上理解，审计风险应当包括财务报表没有公允揭示而审计人员却认为已经公允揭示的风险、财务报表总体上已公允揭示而审计人员却认为未公允揭示的风险。把客观上是正确的东西判断为错误，即α风险；把客观上是错误的东西判断为正确，即β风险，即通常所说的误拒风险和误受风险。通常情况下，前者与审计效率相关，会增加审计时间和样本量。而后者直接关系到审计效果与质量。

（3）审计职业风险：广义的审计风险

审计风险也可以理解为审计主体损失的可能性，这里特别包括了企业的营业风险。此处的营业风险指的是，尽管审计师为某一客户提供的审计报告正确无误，但审计人员（或承担审计的会计师事务所）却因委托关系而受到伤害的风险。营业风险不是审计过程中发生的失误行为，但它却对审计构成了风险，因而必须将其列入审计风险的范畴。

审计失败与审计风险的区别见表12-2。

表12-2 审计失败与审计风险的区别

类型	表现形式	成因	结果
审计失败	确定的事实	审计师的主观原因：过失或者欺诈	审计责任
审计风险	可能性，或然性	客观原因，审计师未能意识到的主观原因造成	损失的或然性

【实例12-3】

审计实务中如何遵循注册会计师审计准则——从"欣泰电气"审计失败谈起

财政部颁布的中国注册会计师审计准则和问题解答基本涵盖了审计工作的重要领域，是规范注册会计师工作的权威性标准，也是衡量注册会计师业务质量的尺度。尽管国家以法律、法规等形式给注册会计师执业提供了较好防范风险的制度保证，但是从目前证券市场多起审计失败事件看，执行效果并不理想，多数会计师事务所和执业注册会计师都没有很好地遵循这些准则，没有认真履行应有的审计程序，审计风险意识淡薄，审计工作具有很大随意性。下面根据证监会处罚决定书〔2016〕92号的北京兴华会计师事务所（以下简称兴华所）对欣泰电气的审计失败加以梳理：

（1）兴华所对欣泰电气IPO期间财务报表审计和2013年财务报表审计时未勤勉尽责，出具的审计报告存在虚假记载，具体表现为：①在将收入识别为重大错报风险的情况下，对与其相关的应收账款明细账中存在的大量大额异常红字冲销情况未予关注，未对应付账款、预付账款明细账中存在的大量大额异常红字冲销情况予以关注，兴华所未保持职业怀疑予以关注，继而未设计和实施相应的审计程序以获取充分、适当的审计证据。兴华所的上述行为违反了《中国注册会计师鉴证业务基本准则》第二十八条，《中国注册会计师审计准则第1101号——注册会计师的总体目标和审计工作的基本要求》第二十二条、第二十八条，《中国注册会计师审计准则第1141号——财务报表审计中与舞弊相关的责任》第六条、第九条、第二十六条，《中国注册会计师审计准则第1301号——审计证据》第十条的规定。②在应收账款、预付账款询证函未回函的情况下，未实施替代程序，未获取充分、适当的审计证据。如兴华所在对欣泰电气2012年财务报表应收账款进行审计时，共向51家客户发出询证函，在其中7家客户未回函的情况下，仅对其中1家客户进行了替代测试，剩余6家客户未做替代测试；对欣泰电气2013年财务报表进行审计时，共向24家客户发出询证函，在其中22家客户未回函的情况下，仅对其中8家进行了替代测试，剩余14家未做替代测试。兴华所的上述行为违反了《中国注册会计师审计准则第1312号——函证》第十九条的规定。③未对银行账户的异常情况予以关注。如兴华所对欣泰电气货币资金进行审计时，未对丹东市商业银行账户发出询证函，也未在审计工作底稿中说明原因，对该账户2013年1月至12月累计借方发生额为-1 444万元、期末借方余额为-56万元的异常情况未予关注，未实施进一步的审计程序，未能发现该账户2013年1月存在大量减少银行存款同时冲回应收账款的记录。兴华所的上述行为违反了《中国注册会计师审计准则第1101号——注册会计师的总体目标和审计工作的基本要求》第二十八条,《中国注册会计师审计准则第1141号——财务报表审计中与舞弊相关的责任》第二十六条,《中国注册会计师审计准则第1301号——审计证据》第十条的规定。

（2）兴华所对欣泰电气2014年财务报表审计时未勤勉尽责,出具的审计报告存在虚假记载,具体表现为:兴华所对欣泰电气2014年财务报表进行审计时,将应收账款评估为"可能存在较高重大错报风险的领域",并在审计工作总结中将"收入确认"认定为"存在舞弊风险的因素"。2014年,应收账款科目发生180笔红字冲销,金额共计19 521万元,发生于1月至3月的有70笔,其中即包括欣泰电气恢复虚构收回的应收账款5 865万元。会计师在对应收账款进行审计时,抽查2014年10月份41号、231号、597号、11月份676号凭证,红字冲销金额分别为494.71万元、655.40万元、1 225.32万元、1 162.64万元,均涉及虚构应收账款收回。对于上述大量大额异常红字冲销情况,兴华所未保持职业怀疑予以关注,继而未设计和实施相应的审计程序以获取充分的审计证据。兴华所的上述行为违反了《中国注册会计师鉴证业务基本准则》第二十八条,《中国注册会计师审计准则第1101号——注册会计师的总体目标和审计工作的基本要求》第二十二条、第二十八条,《中国注册会计师审计准则第1141号——财务报表审计中与舞弊相关的责任》第六条、第九条、第二十六条,《中国注册会计师审计准则第1301号——审计证据》第十条的规定。

● 12.3　审计失败的成因剖析

在理清审计失败的含义及其与相关概念的区别之后,我们可以进一步认识审计失败的成因。审计活动是一个系统过程,因而要受到环境因素的影响。审计师及会计师事务所本身是审计活动的直接实施者,亦是审计成败的主要原因。

12.3.1　来自审计环境的因素

1）政府行为

西方经济学中的管制效应理论、俘获理论和寻租理论从不同的角度批判了公共利益理论的基本假设。它们认为管制不仅仅存在巨大的成本,还为寻租提供了条件。上述西方经济学理论具有普遍适用性。我国在转轨经济时期的政府管制是利弊兼存的。

我国的注册会计师审计制度真正恢复发展是中华人民共和国成立后的1980年,自恢复重建开始,就一直处于政府部门的领导之下。政府依靠行政力量直接推动审计行业的重建,推动行业内整合重构,推动市场对于审计服务的需求。这种情况不可避免地存在诸多弊端。地方保护主义和行业保护主义的普遍存在也加剧了问题的激化。中国审计市场的产生具有自发的性质,但市场发展却是政府选择而非市场选择的结果。政府对会计市场的干预,主要是以"许可证"方式出现,其中一些干预能在一定程度上提高审计质量。但多数情况下的干预是一些部门和机构从地方保护主义和行业保护主义出发的。

2）竞争环境

美国审计总署GAO（2003）针对美国审计市场上会计师事务所合并和竞争的研究报告指出,虽然大型公众公司一般不会由于价格因素而变更审计师,但是日益激烈的竞争和揽客行为却使得会计公司有必要持续地提供竞争性价格以留住其客户。"高度垄断的市场还是会引起我们的关注，因为在这个市场上会计公司可以动用其市场力量，而且高度集中的市场结构很容易诱发公开或私下的共谋"（GAO，2003）。事实也说明了审计市场的激烈而残酷的垄断竞争已经严重威胁了审计职业赖以生存的基础——独立性，审计失败在所难免。

当前我国审计市场竞争的激烈程度并不亚于美国，但我国的审计市场竞争中还存在两大突出问题：一是业务直接或变相指定；二是低价抢揽业务。在面对加入WTO后全面开放会计审计市场的新格局下，国际四大"压迫式"竞争将使本土具有证券资格的会计师事务所逐渐流失高端客户。本土中小事务所只能在区域内以"火并"价格方式抢揽中小客户。"劣币驱逐良币"现象短时期内恐怕难以从根本上消除。

行业竞争状况对于审计失败影响最大的莫过于审计收费的价格竞争。低价位，可能带来多一些客户，增加一点收益。然而，低价格，必然导致低成本，即要求减少审计取证的数量，减少审计程序的时间。因此，不正当的价格竞争必然使得会计师事务所为降低成本而偷工减料，因而也就可能不按审计准则的要求搜集充分适当的审计证据就提出审计报告，审计质量难以得到保障，审计失败也就在所难免了。

3）法律环境

法律环境主要指的是诉讼制度安排，如举证责任、诉讼时效、损失补偿等。

（1）高风险的美国审计市场

之所以称美国审计市场为高法律风险的环境，主要是由美国的诉讼制度所决定的。1933年公布的美国《证券法》将举证责任转移给审计师，个人投资者只要证明财务报表存在重大不实，就可以向法院提出诉讼，投资者不需要搜集获取证据证明审计师行为不当，也不需要证据证明财务报表不实是其利益受损的主要原因。这些证据的采集都由审计师完成（余玉苗等，1997）。1933年《证券法》将举证责任转移给审计师，使得个人投资者提起诉讼的成本非常低，而提起诉讼的收益非常高。在这种诉讼制度安排下，越来越多的利益团体或者个人因追求弥补投资损失向法庭提起诉讼，从而为审计"诉讼风暴"推波助澜。

（2）我国的法律环境

我国的法律环境逐渐完善，法律体系逐步健全。首先，与会计审计行业密切相关的注册会计师法得到了修订。2014年8月31日，中华人民共和国第十二届全国人民代表大会常务委员会第十次会议通过修订《中华人民共和国注册会计师法》，新注册会计师法有利于发挥注册会计师在社会经济活动中的鉴证和服务作用，加强对注册会计师的管理，维护社会公共利益和投资者的合法权益，促进社会主义市场经济的健康发展。其次，相关的会计规则也处于不断修订完善之中，如2014年7月财政部会计司联合条法司成立了《会计法》修订工作领导小组，积极推动《会计法》修订工作，但规则的滞后或缺失给审计工作带来了极大的不确定性，也给审计师的审计风险带来了极大的变数。最后，目前，针对会计师事务所和审计师诉讼的有效机制尚未完全建立，这在一定程度上宽容了审计失败的发生。

【相关链接 12-1】

我国审计诉讼的法律制度安排

（1）我国法律的举证责任适用于"谁主张，谁举证"的原则，如果应用于审计行业，则会大大抬高诉讼门槛，加大诉讼成本。

（2）与美国会计师事务所的赔偿金额相比，我国监管部门对于事务所的罚款额也仅仅限于非常有限的赔偿额度之内。

（3）存在难以逾越的诉讼前置程序。

2002 年 1 月 15 日，最高人民法院发布了《最高人民法院关于受理证券市场因虚假陈述引发的民事侵权纠纷案件有关问题的通知》（简称 15 号文）。该通知的若干重要条款规定及其对应的诉讼前置程序见表 12-3。

表 12-3　　　　　　　　　　　　　15 号文解读

通知条款	相应的诉讼前置程序
二、人民法院受理的虚假陈述民事赔偿案件，其虚假陈述行为，须经中国证券监督管理委员会及其派出机构调查并作出生效处罚决定。当事人依据查处结果作为提起民事诉讼事实依据的，人民法院方予依法受理	法院只受理"虚假陈述"引发的案件，而非其他原因引发的案件；只有对证监会已经作出处罚决定生效的案件才能提起诉讼，尚未被证监会处罚的公司则不能被起诉
三、虚假陈述民事赔偿案件的诉讼时效为两年，从中国证券监督管理委员会及其派出机构对虚假陈述行为作出处罚决定之日起计算	不利于搜集起诉证据，加大诉讼成本
四、对于虚假陈述民事赔偿案件，人民法院应当采取单独或者共同诉讼的形式予以受理，不宜以集团诉讼的形式受理	法院不接受集团诉讼
五、各直辖市、省会市、计划单列市或经济特区中级人民法院为一审管辖法院；地域管辖采用原告就被告原则	限定管辖法院，增加诉讼成本

2007 年 6 月，我国最高人民法院出台了《最高人民法院关于审理涉及会计师事务所在审计业务活动中民事侵权赔偿案件的若干规定》（以下简称《规定》），这是我国近年来审计责任界定领域的重大成果，这一成果具有重要的实践意义。《规定》解决了以往法律条文界定模糊、相互矛盾的缺陷，并严格界定了事务所的民事赔偿责任，合理平衡了行业利益和公共利益。

【相关链接 12-2】

《最高人民法院关于审理涉及会计师事务所在审计业务活动中
民事侵权赔偿案件的若干规定》

最高人民法院在中国注册会计师协会的协同之下，经过多年调研和努力，对于会计师事务所侵权赔偿责任的界定工作已取得了显著成果。2007 年 6 月 4 日，最高人民法院审判委员会第1428次会议通过了《最高人民法院关于审理涉及会计师事务所在审计业务活动中民事侵权赔偿案件的若干规定》（以下简称《规定》）。《规定》严格遵循了《中华人民共和国民法通则》《中华人民共和国注册会计师法》《中华人民共和国公司法》《中华人民共和国证券法》等法律的要求，结合审判实践，充分体现了司法界对注册会计师行业特征的认知和理解，合理界定了我国事务所民事赔偿责任，矫正了以往法律界定模糊不清的局面。因此，从整体上看，《规定》的突出特点是解决了以往涉及事务所侵权赔偿责任的相关法律条文的模糊性，在责任界定的各个环节体现公平性和可操作性。

4）民间审计制度安排的悖论

民间审计源于受托责任。在财产所有权与经营权分离的情况下，财产所有者将财产委托经营者管理，后者对前者承担受托责任；为了解和考核经营者的业绩，财产所有者委托独立的第三方——审计师——对经营者的经营业绩和企业经营情况进行审查，审计师将审查结果报告给委托人。审计制度安排目的在于保证审计报告能够真实反映实际情况。其中，制度安排的关键是审计师必须独立于被审计对象（经营者），审计师与经营者之间不能够存在经济利益、组织关系上的关联关系。正因如此，独立性一直被视为民间审计的本质特征和灵魂。

但是，理论上的"超然独立"并不能保证实践中的"独立"。发生在审计实务中的近半数的审计失败案件都与独立性问题密不可分。失败症结是保证独立审计顺利实施、保证审计师独立性的制度并没有真正落实。从理论上讲，公司的财产所有者即股东是审计工作的委托方，审计师是全体股东的代理人；而在实践中，特别是完善的资本市场中，公众公司的股东往往虚化成为"橡皮图章"，实际的管理决策权力掌握在经营者手中，甚至可以建立"经理帝国"。这样，审计工作的实际委托方即为经营者，他们决定着聘请哪个审计师，审计公费的高低、审计和保证业务的项目结构。因此，审计师与经营者之间实际上是具有相关性的，审计师无法摆脱利益关系保持真正的超然独立。这种普遍存在于经营者与审计师之间的"固有利益关联"使得审计师难以"查错纠弊"，审计师在承接业务（生存发展）和承担社会责任（经济警察）的两极来回往复，这种两难的境地深刻影响了审计师独立客观地发表意见。正因为这个问题，审计行业以审计失败为代价支付了巨额成本。仔细反思每一次重大的审计失败案件，都是难以摆脱上述制度悖论的结果。

12.3.2　来自客户的因素

1）经营失败

上文中已说明经营失败对审计失败的影响，此处不再赘述。

2）内控失灵

传统制度基础审计的理论是企业内部控制理论，对企业内部控制评价是审计程序设计的依据。但是，当管理层绕过内控进行舞弊时，传统制度基础审计就很难发现问题。"涉及审计师的诉讼案件，45%是由于客户内部控制失灵而导致舞弊存在。其中很多案例表明，客户有健全的内部会计控制，但高层管理人员可以逾越这些制度，内控未能发挥应有的功能。"传统审计方法不能满足现代审计目标的要求，这也是审计失败的原因之一。

3）错误、舞弊和违反法规的行为

针对审计失败提起诉讼的最主要原因之一在于审计师未能发现财务报表中的错误、舞弊和违反法规的行为。

在承接业务时，如果审计师发现客户管理层缺乏正直品格，则发生差错和舞弊行为的可能性就大，审计失败的可能性就比较高，即使扩大审计测试的范围，审计师也难以使总体审计风险的水平降低到社会可接受的程度内，出现法律纠纷的可能性就比较大。

在实施审计中，审计师能否查错纠弊又与其发现问题的能力、报告问题的概率相关。美国芝加哥大学 Merle Erickson 和威斯康星大学 Brian Mayhew 等人以著名的 Lincoln Savings and Loan（LSL）案为例，说明了传统制度基础审计的有限性，审计师对企业经营环境的了解和掌握在发现管理层舞弊中至关重要。该文认为"如果审计师对于 LSL 业务运作及行业基本情况了解，并运用这些知识审查 LSL 主要利润来源等；如果审计师将 LSL 销售额与该地区整个行业数据对比的话，就会发现 LSL 业绩好得令人难以置信"，从而提高查错纠弊能力，避免审计失败。

【相关链接12-3】

错误和舞弊

《中国注册会计师审计准则第1141号——财务报表审计中与舞弊相关的责任》明确说明了错误和舞弊的内涵。

财务报表的错报可能由于舞弊或错误所致。舞弊和错误的区别在于，导致财务报表发生错报的行为是故意行为还是非故意行为。

舞弊是一个宽泛的法律概念，但注册会计师关注的是导致财务报表发生重大错报的舞弊。与财务报表审计相关的故意错报，包括编制虚假财务报告导致的错报和侵占资产导致的错报。

尽管注册会计师可能怀疑被审计单位存在舞弊，甚至在极少数情况下识别出发生的舞弊，但注册会计师并不对舞弊是否已实际发生作出法律意义上的判定。

舞弊，是指被审计单位的管理层、治理层、员工或第三方使用欺骗手段获取不当或非法利益的故意行为。

舞弊风险因素，是指表明实施舞弊的动机或压力，或者为实施舞弊提供机会的事项或情况。

4）日益复杂的经营环境和经济业务

美国学者彼埃尔和安德逊调查了美国涉及会计师的 129 个案例，并撰写了《公共会计师涉及诉讼分析》，其中指出：某些业务复杂的行业容易引发麻烦，金融、房地产和建筑业仅占美国公司的 15%，但涉及 46% 的案例。日益复杂的企业经营环境和经济业务不仅对审计师的专业素质提出挑战，要求审计师具备多方面的能力和知识，还对审计技术方法提出挑战，如果审计师不能适应这些环境及变化，审计失败的风险将大大增加。

【实例12-4】

美国权益基金公司审计失败案例（美国第一例公司计算机舞弊案例）

1960年，美国权益基金公司成立。1972年，该公司已经成为全美十大人寿保险公司之一，而且是人寿保险行业成长最快的公司。1973年，该公司的一名前职员披露了公司内部存在严重财务欺诈。短短几个星期内，权益基金公司就面临破产境地。联邦政府调查发现公司大部分人寿保险单都是伪造的。早在1964年公司股票上市之前，公司总裁戈尔布莱姆就为了提高每年收益而将虚假的折扣列入公司收入，以使公司的经营业绩显示逐年增长的趋势。

权益基金公司财务舞弊最重要的特点就是早在20世纪60年代初期，公司就开始使用电子计算机记账。当时计算机尚未普及，大多数人对此一无所知，负责对公司财务报告进行审计的审计师也不懂得计算机，这就使得公司管理层有机可乘。戈尔布莱姆指使下属篡改计算机中的会计数据；邀请审计师去生意兴隆而豪华的饭店吃午餐；并趁审计师无暇收好审计工作底稿之机，偷看工作底稿的重要线索和内容，据此篡改会计记录以符合审计师的标准。由于审计师不懂计算机技术，他们根本无法发现自己审计的会计记录被修改过，因此也无法发现舞弊行为。通过这种方式，权益基金公司在会计电算化系统中伪造了2亿美元的人寿保险业务单据。

权益基金公司的丑闻爆发后，震惊了整个华尔街。仅在一个星期内，公众手中持有的150亿美元公司股票开始下跌。事后，大批参与公司造假的公司职员和外部第三者受到处罚。由于当时的美国并没有针对计算机或者会计电算化系统的监管政策，该案件给上市公司的监管方、美国注册会计师协会也带来很大震动。AICPA特地于1974年12月出台《审计准则说明第3号——检查和评价内部控制对EDP的影响》，详细规定对实行电算化会计系统的公司应如何进行审计。美国审计总署颁布《审计总署补充审计准则——以计算机为基础的系统审计》，重申了对电算化会计系统应采取的审计行为规范。

12.3.3　来自审计师的因素

1）违反职业道德的行为

因违反职业道德规定，审计师通常被指控存在下述三种行为：过失、重大过失、欺诈。

（1）"过失"，是指在一定条件下，缺少应具有的合理谨慎。评价审计师的过失，是以其他合格审计师在相同条件下可做到的谨慎为标准的。当过失给他人造成损害时，审计师应负过失责任。通常将过失按其程度不同分为普通过失、重大过失和共同过失。

①普通过失，或称"一般过失"，通常是指没有保持职业上应有的合理谨慎，对审计师是指没有完全遵循专业准则的要求。比如，未按特定审计项目取得必要和充分的审计证据，这种情况可视为一般过失。

②重大过失，是指连起码的职业谨慎都不保持，对业务或事务不加考虑，满不在乎。对于审计师而言，则是没有按专业准则的主要要求执行审计。比如，审计不以具体审计准则为依据，视为重大过失。

③还有一种过失叫"共同过失"，即对他人过失，受害方自己未能保持合理的谨慎因而蒙受损失。比如，在审计中未能发现现金等资产短少时，客户可以过失为由控告审计

师，而审计师又可以说现金等问题是由于缺乏适当的内部控制造成的，并以此为由来反击客户的诉讼。

（2）欺诈，又称审计师舞弊，它是以欺骗或坑害他人为目的的一种故意的错误行为。作案具有不良动机是欺诈的重要特征，也是欺诈与普通过失和重大过失的主要区别之一。对于审计师而言，欺诈就是为了达到欺骗他人的目的，明知被审计单位的财务报表有重大错报，却加以虚伪陈述，出具无保留意见的审计报告。与欺诈相关的另一个概念是"推定欺诈"（constructive fraud），又称"涉嫌欺诈"，是指虽无故意欺诈或坑害他人的动机，但却存在极端或异常的过失。推定欺诈和重大过失这两个概念的界限往往很难界定，在美国许多法院将审计师的重大过失解释为推定欺诈，特别是近年来有些法院放宽了"欺诈"一词的范围，使得推定欺诈和欺诈在法律上成为等效的概念。这样一来，具有重大过失的审计师的法律责任就进一步加大了。

审计师是否有过失、重大过失或者欺诈，一般来说，很难严格清晰地予以界定。

【实例 12-5】

澳大利亚 1968 年的 Pacific Acceptance 案

在该案例中，原告是一家经营票据承兑业务的金融公司，其总部设在悉尼。该公司设在墨尔本的子公司发放了大量违规贷款，并卷入其他欺诈活动。原告的会计师在完成对母公司合并报表的审计，准备签发无保留意见的前夕，收到了墨尔本子公司的会计师所出具的保留意见的审计报告。由于临近原告向股东报送财务报告的最后期限，会计师没有再对子公司进行调查，也没有向子公司的审计师进一步了解情况，而是抱着一种"子公司大概对母公司合并报表不存在重大影响"的侥幸心理，对母公司财务报表出具了无保留意见。主审法官认为，会计师在面对这种重大的不确定性时，必须立即向公司董事会报告其发现的最新情况。如果需要进一步调查，会计师应请求董事会宣布股东大会延期或者休会。如果董事会不同意，会计师应直接到股东大会上说明有关情况。在该案例中，审计师未保持应有的职业谨慎，疏于调查而导致过失，应承担相应的审计责任。实践中会计师疏于调查的过失常常是审计时间与成本两方面限制共同作用的结果。

2）违反独立性

审计的独立性是审计的基石。实践证明，很多诉讼案件都是由于审计师偏听客户的一面之词和屈从其施加的各种压力（如"时间压力""成本压力"）而引起的。失去了审计独立性，就很难做到不偏不倚，也就不可能进行适当的审计规划，并按规划实施审计，在审计报告的出具上也无法如实反映，审计失败也就难以避免。

【实例 12-6】

巨人零售公司案例

巨人零售公司是一家大型零售折扣商店，也是一家上市公司。由于竞争的压力，该公司为了掩盖其第一次重大经营损失的真相，将 250 万美元的损失篡改为 150 万美元的收益。其中，该公司通过虚构 1 100 多个广告商名单，虚构预付广告费 30 万美元；伪造 64 张虚假贷项通知单共计 54.9 万美元；伪造差价退款 17.7 万美元，通过这些手段共伪造 102.6 万美元利润。作为审计该公司的罗丝会计师事务所，由于屈服于公司的压力，在公司的控制下执行了一些并无实效的审计程序，尤其是执行了无效的函证程序，并签发了无保留意见的审计报告。随后，该公司以这份经过审定的财务报告向证券交易委员会申请并获准发行了300万美元的股票，并贷到了1 200万美元的流动资金。但是此后不久，该公司即宣告破产，审计该公司的罗丝会计师事务所也难辞其咎，负责该公司审计业务的合伙人被暂停执业5个月。

3）缺乏适当的专业胜任能力

审计师应熟悉并掌握会计审计和计算机等知识技能，随时了解相关领域的前沿知识，并将掌握的知识有效地运用于研究和分析之中。审计师的专业知识欠缺可能导致审计失败，主要表现为：

①对新发布的会计、审计、税收等法规、准则及其他相关技术规范掌握不透彻，缺乏必要的从业经验和适当的专业判断能力。

【实例12-7】

月桂山谷地产公司案例

审计师对一个法律问题的错误解释，导致了月桂山谷地产合伙公司解散，合伙人之一的某个当事人对此深感忧虑并最后导致心脏病发作而死亡，此事引发了一场民事诉讼。经过法院一审、二审的审理，最后法院认为：审计师在执业过程中犯有营私舞弊罪，就在法院判决前，审计师提出庭外和解，愿意赔偿经济损失。

②对客户经营业务，尤其是特殊行业、特殊产业的业务缺乏了解。审计实践证明，在很多诉讼案件中，审计师之所以未能识别重大错误，一个重要原因就是他们不了解客户所在行业的情况及客户的业务。会计是经济活动的综合反映，不熟悉客户的经济业务和生产经营实务，仅局限于有关的会计资料，就可能没有办法了解到经济资料所反映的客观内容，也就可能发现不了其中的错误和舞弊。

4）未能严格按照审计准则要求执业

未能严格按照审计准则的要求执行业务具有多种表现形式。例如，审计师的审计程序欠妥；未能保持应有的职业谨慎、对交易事项缺乏应有的专业怀疑；过分信赖管理层，轻易接受企业管理层所做的解释；过度信赖他人工作，不切实际地减少自己的控制测试和实质性程序等。其他未能严格遵守审计准则的行为包括：所搜集的证据明显不足；未能将审计证据恰当地记录于工作底稿；对重大会计事项重视不够。

审计师发表正确审计意见的前提是必须遵循审计准则的要求，实施必要的审计程序，搜集充分适当的审计证据。如果审计师实施的审计程序不妥，则必然会导致审计失败。常见的不当审计程序见表12-4。

表12-4　　　　　　　　　　　　　　常见的不当审计程序

序号	不当审计程序	说明
（1）	未能适当运用分析程序	在审计实务中，审计师应运用分析程序，通过研究不同财务数据之间以及财务数据与非财务数据之间的内在关系，对财务信息作出评价，如LSL审计案例
（2）	询问技巧不足	审计师对于客户的了解或问题的澄清，都是通过询问方式进行的。而要达到询问的目的，就必须慎选被询问者及注重询问技巧、善于察言观色，找出破绽或发现疑点

序号	不当审计程序	说明
（3）	未能进行充分观察	观察是审计师对企业的经营场所、实物资产和有关业务活动及其内部控制制度的执行情况等进行的实地察看。有经验的审计师应能通过观察企业经营业务处理过程，发现其中的缺陷，从而决定采取适当的审计程序
（4）	函证程序运用不当	对天津广夏的审计过程中，将所有询证函交由公司发出，而并未要求公司债务人将回函直接寄达审计师处；对于无法执行函证程序的应收账款，审计人员在运用替代程序时，未取得海关报关单、运单、提单等外部证据，仅根据公司内部证据便确认公司应收账款
（5）	审计师使用错误的证据搜集方法，或证据使用的方法错误	如企业账上记录一笔未经正式订货程序的销货，销货单上的单价相当高且数量少，经由海运送交国外顾客。审计师检查运费单据，证明货物所有权已转移和存货已经出库，所以未能发现疑点。但如果审计师询问为什么选择以海运方式送交价高量少的货物，他就很有可能会怀疑这笔销货

12.3.4　来自会计师事务所的因素

1）会计师事务所内部质量控制缺陷

会计师事务所的质量控制是事务所生存发展的关键因素之一，但由于种种原因，部分事务所质量控制往往形同虚设，为虚假审计报告的生产大开方便之门。审计失败也就屡见不鲜了。

2）会计师事务所组织形式

会计师事务所业务特性及其"人合非资合"的特点决定其组织形式对于业务质量有重要影响。长期以来，审计职业界、法律界、社会公众一直就事务所组织形式问题展开过多次讨论，但是，至今事务所组织形式仍然是困扰职业界的一个问题：合伙制下巨大的风险使得事务所"望而却步"，有限责任制下频发的审计失败使得社会要求采用合伙制的呼声日渐高涨，来自政府监管的政策导向也朝向合伙制方向发展。实践发现涉及上市公司审计造假的事务所"基本上都是有限责任事务所"。

【相关链接12-4】

会计师事务所组织形式

通常，会计师事务所采用以下三种组织形式：

（1）有限公司制会计师事务所

审计师只以其所认购股份对会计师事务所承担有限责任，会计师事务所也仅以其全部资产对其债务承担有限责任。这种组织形式的优点是责任分明，有利于保护审计师、事务所的利益；不足之处是降低事务所和审计师的法律风险，不利于从法律责任角度强化审计师职业道德和执业质量，不利于从组织形态方面弱化或者减少事务所的违规行为。

（2）普通合伙制会计师事务所

这是由两位或两位以上审计师组成的合伙组织。合伙人以各自的财产对事务所的债务承担无限连带责任。其优点是突出了会计师事务所作为"人合"组织的特点，能够有效地强化事务所内部质量控制、增强审计师的风险防范意识、约束审计师执业行为。其缺点是：①在重大决策上需要全体合伙人的一致同意，因此决策过程较为冗长；②虽然合伙制事务所是以人合为主，但仍然存在着经营理念难以整合、工作方式未尽相同、作业品质要求不同等现象；③由于合伙人受承担风险连带责任的限制，合伙制事务所的规模一般都不大，以中、小型为主；④由于全体合伙人负有无限连带责任，任何一个合伙人的错误与舞弊行为都可能给整个会计师事务所带来灭顶之灾。

（3）有限责任合伙制会计师事务所（LLP）

这是以事务所的全额财产承担有限责任，合伙人对个人执业行为承担无限责任，合伙人之间不承担连带责任。其特点是既融入了合伙制和股份有限公司制会计师事务所的优点，又摈弃了它们的不足。在20世纪90年代中期，国际大型的会计师事务所公司在美国的执业机构都全部转而实行了有限责任合伙制。因为"有限合伙制将有助于其继续吸引、保留和发展所需要的人才来满足客户的需要"。有限责任合伙制会计师事务所已经成为事务所组织形式发展的主流趋势。

3）事务所内部的激励机制

美国会计学专家Zeff教授认为，美国审计职业界之所以会由一个高尚的职业沦为一个唯利是图的职业，其中，最为重要的原因是事务所内部激励机制。由于事务所以经营企业的理念来推动业务发展，所以那些能够招揽到更多客户的事务所员工会得到更快的升职和提拔，对于事务所合伙人的激励更是如此。激励机制的"错位"，使得事务所朝着"钱途"的方向发展，从而形成"恶性循环"。这种以放弃会计行业信誉为代价、将会计行业沦为一种职业的激励机制正是审计失败案件层出不穷的最主要原因之一。

● 12.4 审计失败与审计责任

1）审计责任概念

界定审计责任的关键在于将它与被审计单位的会计责任区分开来。本书中将审计责任理解为：因审计失败，审计师及会计师事务所应承担的法律责任。审计责任可按不同标准分类：（1）按承担责任主体分：包括审计师责任和会计师事务所责任；（2）按形式分：包括民事责任、行政责任和刑事责任；（3）按对象分：对客户的责任、已知第三人责任、可预见第三人责任等。

各类审计责任中，民事责任是最能够体现审计活动特点的责任形式。行政责任和刑事责任主要是国家对审计违法行为施加的惩罚措施。与民事责任相比，这两种法律关系相对简单和稳定，在国际司法实践中的"争议不及民事责任问题大"。相对而言，我国司法实践的传统是"重行政和刑事，轻民事责任"，在英美等国审计师民事责任风起云涌之时，我们对审计民事责任的诉讼依然处在探索之中。可以预见的是，随着我国资本市场的发展、司法体制的完善，审计民事责任必将有所突破和发展。

2）审计民事责任沿革

英美两国具有高度发达的审计职业界和司法界，它们也是引领审计民事发展变化的主要国家。综观整个审计民事责任的发展变迁，审计民事责任一直处于一个限制、扩大、再限制和再扩大的"迂回游移"的过程。这其中复杂的社会环境、惊心动魄的法庭辩论，不仅反映了审计职业界和司法界表面的意见分歧，更是蕴涵了如审计期望差距、审计本质、审计职能定位等重要问题。对审计民事责任的沿革的了解，可以有助于我们"以史为鉴"并"未雨绸缪"。

（1）对客户的责任

1887年英国利兹地产建筑投资公司诉谢泼德案中，审计师因未尽核实资产实存性的责任义务而被判对客户承担赔偿责任，这首次开创了审计师承担法律责任的先河。从19世纪末到20世纪初，英国和美国对于审计师法律责任的界定保持在契约法的范围内，也就是说，审计师只对与其存在合同关系的当事人负责。1931年，美国厄特马斯案件开创了"厄特马斯主义"，意指审计师在工作中的重大过失，尽管不是故意的，也等同于欺诈（即所谓的推定欺诈），要对广泛的第三方负责，从此，审计师的法律责任扩大到除合同当事人之外的"主要受益人"。

（2）对第三方责任

①美国证券法下审计责任的扩展

1933年，美国颁布《证券法》，强化了审计人员对购买新上市证券的最初购买人的法律责任。审计师与客户的契约关系不再是必要条件，对第三方承担责任不再要求存在欺诈行为或者重大过失，一般过失即可构成起诉理由。1962年之前，一直没有据此起诉审计师的事件。1962年，巴克里斯建筑公司起诉审计师案件，最终裁定审计师违反1933年《证券法》而对债券持有人负有责任。1934的《证券交易法》具体规定了审计师的法律责任，禁止审计师对重要事实作不实说明，或者遗漏重要事实。至20世纪六七十年代，针对审计师和会计师事务所的诉讼案件大大增加了。

②英国破除合同相对人的限制

英国1963年Hedley Byrne案，第一次承认了过失性不实陈述需要对合同以外的第三人承担责任。英国上议院裁定，与会计师和其他职业人员存在"特殊关系"的任何第三方因信赖具有职业技能的人员的意见而遭受经济损失，即使与后者没有契约关系，后者也应承担职业过失责任。此案被认为对合同法下当事人（合同相对人）原则的正式放弃。

③对于已知第三人标准的完整说明

1965年美国《侵权法重述》（Ⅱ）第522条正式提出了已知第三人标准，该条款说明了"不实陈述"的侵权规则，具体内容如下：

（Ⅰ）由于营业、职业或者雇佣关系，或者在其具有经济利益的任何交易中，提供了虚假信息以引导交易对方或者第三人的人，如果在获取或者传递上述信息的过程中未能保持合理程度的注意或者技能，应对他人因正当地依赖该信息而遭受的经济损失承担责任。

（II）第（I）款中提到的责任应以满足下列条件为限：

遭受损失的人属于信息提供者打算为其利益或者引导其行动而提供信息，或者知道信息接收方会将信息传递给他们的某个人或者一个范围有限的团体中的人；损失是在信息提供者打算影响的交易，或者他知道信息接收方拟影响的交易，或者其他实质上类似的交易中，基于对该信息的依赖而带来的。

总之，如果陈述人已经知道自己的陈述将由某一特定范围内的人接受并在特定的交易中使用，如果陈述人认可这种使用，他就对该范围内之第三人负注意义务，并就其在特定交易中的损失承担责任。

④侵权法下的审计责任

20世纪70年代是侵权法繁盛的时期，而在1982年英国 JEB Fasterners 一案则标志着可预见第三人标准正式应用于会计师执业过失案例。被告会计师为 B 公司提供财务报告审计服务，B 公司的流动资金严重不足，急需外来融资。原告收购 B 公司之后才发现 B 公司真实的财务状况，于是向法院起诉会计师的审计报告未能揭示 B 公司真实的财务状况。法官认为，虽然收购发生在财务报告披露之后，而被告会计师并没有预见原告将使用其审计报告，但是被告会计师应该了解 B 公司真实的财务状况，并合理预见到 B 公司会寻求外部资金。因此，会计师应该进一步预见到如果审计报告有瑕疵，提供资金方（包括收购方）就会受到损失。自此，英国法律建立了会计师对客户的收购人的关注义务，并进而推广到客户在经营活动中可能发生商业关系的其他第三人身上。

⑤对厄特马斯主义的清算

1983年，美国新泽西州最高法院审理 Roseblum 案件对厄特马斯主义进行了彻底的清算，这种以产品责任为法理基础构建审计师注意义务范围的可预见第三人标准认为"会计师的不实陈述作为引起经济损失的工具，比凿子、铁棍更为厉害"。

⑥对处于扩大中的审计责任的修订

20世纪80年代普通法国家审计师诉讼浪潮的爆发是由可预见第三人标准直接支持和推动的。但是，这种标准对审计职业界的发展以及由此影响的经济发展前景均带来了负面影响。20世纪90年代之后，普通法国家的司法实践普遍出现了限制会计师对第三人法律责任的倾向。例如，1990年英国上议院审计 Caparo 案件，否定了"可预见性"标准的应用，将会计师进行审计的关注义务急剧缩小到委托人，认为审计师不仅对潜在的股东，即公众投资人没有关注的义务，就是对现有的股东依赖经审计的财务报表买入股票的行为也不负责任。1992年 Bily 案件，加利福尼亚州原来一直采用可预见第三人标准，而对此案重新采用《侵权法重述》（II）标准确定审计师过失性不实陈述的注意义务范围。

⑦待定的审计责任边界

"从合同相对人到已知第三人，从可预见第三人又回到已知第三人，过去几十年间，普通法关于会计师对第三人责任范围的规则以'十年'为周期，循环往复。各色理论学说也轮番登场，从传统侵权法理论，到现代审计与资本市场理论，再到法经济学的效率与公平的分析"，直到目前，会计师对第三人的责任范围边界仍然处于游移不定之中。

3）我国对于审计责任的界定

在我国，会计师事务所、审计师因提供虚假审计报告负有的法律责任见表12-5。

表12-5　　　我国会计师事务所、审计师因提供虚假审计报告负有的法律责任

承担责任主体	责任种类	具体内容
会计师事务所	行政责任	警告、没收非法所得、罚款、暂停全部或部分经营业务、吊销有关执业许可证、撤销事务所等
	民事责任	给委托人、其他利害关系人造成损失的，应依法承担赔偿责任
审计师	行政责任	警告、没收非法所得、罚款、暂停执行全部或部分业务、吊销有关执业许可证、吊销审计师资格证书等
	刑事责任	处五年以下有期徒刑或者拘役

【实例12-8】

连城兰花审计失败与利安达会计师事务所责任

一、利安达审计中存在的问题

根据证监会行政处罚决定书〔2016〕105号，利安达对连城兰花审计时，存在以下违法事实：

（一）利安达对连城兰花的风险评估程序未执行到位，未能识别和评估财务报表重大错报风险

利安达了解被审计单位及其环境（不包括内部控制）的审计底稿（索引号CA）显示，会计师实施的风险评估程序包括：向被审计单位项目总体负责人询问主要业务和行业发展状况等信息、对兰花专家进行访谈、对经销商及花卉市场进行调研与询价等。截至调查日，会计师未向证监会提供向被审计单位项目总体负责人询问主要业务和行业发展状况的工作记录；对昆明市西山区兰花协会秘书长李某某的访谈记录为复印件，且没有记录参加访谈的项目组成员，也未能提供项目组成员的出行记录；未能提供项目组成员进行市场调研的出行记录，未能证明会计师或其他审计项目组成员执行了上述审计程序。上述情况不符合《中国注册会计师审计准则第1211号——通过了解被审计单位及其环境识别和评估重大错报风险》第九条、第十四条的相关规定。

（二）利安达对连城兰花应收账款、营业收入的审计未能勤勉尽责，审计结论不公允

1.审计底稿未能证明审计程序的履行

审计工作底稿中未见实地走访的相关记录。项目组对前述北京4家经销商进行现场观察验证，未对经销商进行访谈，项目组也未对连城兰花其他经销商进行实地走访。上述情况不符合《中国注册会计师审计准则第1301号——审计证据》第十条的相关规定。经查，2012年1月至2014年9月连城兰花账面记录的对蔡某某、项某某（上述应收账款函证结果汇总表、审计总结中涉及的两位经销商）虚假销售收入累计达17 066 335元。

2.利安达利用前任会计师访谈底稿未做复核，未对不符事项实施进一步审计程序

利安达对经销商杨某某、杨某浩、杨某春、饶某某、傅某某等以书面询函形式进行访谈，访谈函的访谈记录均为连城兰花董秘王某提供的连城兰花原审计机构大华所访谈底稿的复印件，利安达审计工作底稿中未见对前任会计师访谈底稿的复核。其中，对北京经销商黄某某的访谈函件上，被访谈人记录为杨某妹，利安达审计工作底稿未说明访谈杨某妹的原因，未说明杨某妹与黄某某的关系。上述情况不符合《中国注册会计师审计准则

第1301号——审计证据》第十一条的相关规定。

3.利安达未按行业准则规定对银行存款实施函证程序

2012年1月至2014年9月，连城兰花西安分公司的银行账户、连城兰花北京分公司的银行账户、连城兰花福州分公司银行账户均销户。会计师未对上述银行账户实施函证程序，也未说明不实施函证程序的理由。上述情况不符合《中国注册会计师审计准则第1312号——函证》第十二条的相关规定。

二、审计责任的分析标准

现代公司审计最重要的职能是审计公司财务报表在重大方面是否真实公允，不能以合理保证作为其挡箭牌，应以"应有的关注"为标准来判定注册会计师的审计责任。因此，如果利安达遵守了相关法规的要求，在执行审计中保持了合理关注的义务，就应该免于责任；而如果违反相关准则，未能尽到足够的谨慎义务，就应该承担审计失误的责任。

三、利安达的法律责任

利安达会计师事务所及其注册会计师在履行审计责任时，未按相关法规执业，出现重大过失，应承担相应的法律责任。

（一）民事责任

《中华人民共和国注册会计师法》第四十二条规定："会计师事务所违反本法规定，给委托人、其他利害关系人造成损失的，应当依法承担赔偿责任。"连城兰花的中小股东投资者如能证明利安达违反该法律，并给自己带来损失，即可对其提起民事诉讼，要求民事赔偿。如利安达不能举证投资者损失与自己出具的不实报告无因果关系，就必须承担民事赔偿责任。

（二）行政责任

利安达会计师事务所及其注册会计师存在重大过失，证监会应给予行政处罚。本例中，证监会没收利安达会计师事务所业务收入205万元，并处以205万元罚款；并且，对直接负责的主管人员王晶、田小珑给予警告，并分别处以5万元罚款。

（三）刑事责任

《中华人民共和国注册会计师法》第三十九条规定：会计师事务所、注册会计师违反本法第二十条、第二十一条的规定，故意出具虚假的审计报告、验资报告，构成犯罪的，依法追究刑事责任。此案中，由于利安达是否是故意出具虚假审计报告尚无法得知，推定欺诈与重大过失两个概念又往往难以界定。因而，应认定利安达会计师事务所不存在刑事责任。然而在美国，许多法院将注册会计师的重大过失解释为推定欺诈，并放宽了欺诈的范围，使注册会计师的法律责任进一步增大。

四、启示

1.在此审计失败案例中，利安达应当承担审计责任和相关法律责任。这一方面说明会计师事务所要重视防范审计风险，强化审计质量控制；另一方面说明注册会计师应加强职业道德，不应以"审计固有局限"为挡箭牌。

2.增大注册会计师审计行业的违规成本，证监会切实履行监管义务。

3.相关法律也应该对会计师事务所欺诈与重大过失的认定提出更加明确的规定，兼顾社会公众的利益与注册会计师行业的健康发展。

● 12.5　审计失败的规避

尽管审计失败是客观存在的，但是从审计失败成因中，我们也可大致梳理出如何尽力规避审计失败的思路。

1）优化审计环境

优化审计环境是通过改良审计职业环境，避免因外界原因造成被动的审计失败。在现阶段应着力规范政府行为，施行适度监管政策；改革现行行业协会的组织体系，使其成为真正的"行业自律组织"；完善会计师事务所的聘用和更换机制；完善审计市场和审计职业的准入制度，规范审计市场竞争秩序；制定和完善执业准则和规则；强化事务所和审计师的法律风险，消除民事诉讼的前置程序。同时，也要注意加强与社会公众的沟通，消除"期望差距"带来的不利影响。审计职业界应能正视期望差距，积极与行业之外沟通：一方面应充分说明审计能够做什么，不能做什么；另一方面要协助公众提高区分会计责任和审计责任、审计失败与经营失败的能力。

2）增强审计师的风险管理能力

相关措施包括：增强审计人员的风险意识、重视风险评估、推行风险导向审计、聘请懂行的律师或法律顾问、建立审计风险管理制度。值得注意的是，投保充分适度的责任险也是风险管理的重要环节。

3）强化事务所的内部质量管理

主要措施包括：谨慎选择客户；招收合格的人员，并予以适当培训和督导；恪守执业准则和职业道德规范；深入了解客户的业务；签订业务委托书；执行合格的审计程序；保持应有的职业关注；保持审计的独立性；建立健全质量控制制度等。

4）高度关注管理舞弊，避免审计失败

鉴于管理舞弊与审计失败有着极大的关联性，审计师应特别关注管理舞弊。当出现下列情况时，可能表明企业财务报表存在潜在的危险，审计师应当予以充分注意：

（1）未加解释的会计变化，尤其是经营很糟糕的时候。这表明管理人员正利用会计的随意性来粉饰财务报表。

（2）未加解释的提高利润的业务。例如，当经营很差时，企业可能着手资产负债表业务（例如，出售资产或将负债资本化）以实现阶段性的利润。

（3）引起销售增长的应收账款非正常增长。这表明公司可能放松其信用政策或人为地塞满销售渠道，以记录当期收入。

（4）引起销售增长的库存非正常增长。如果库存的增加是由产成品存货增加而引起的，那么这是企业产品需求量下降的信号，表明企业可能被迫削价（也即减少盈利）或减记库存价值。

（5）企业披露的收益和现金流量之间的差距扩大。如果权责发生制会计数据与现金流量不一致是正常的，那么，公司会计政策保持不变时，两者之间的关系通常是稳定的。所以，上报利润和营业现金流量之间的关系发生任何变化时，都可能表明企业应计项目细微的变化。比如，一家履行大型建设合同的企业可能使用完工百分比法记录收益。对这家企业来讲，收益和现金流量是不等的，它们彼此之间应当保持一种稳定的关系。现在假设企业通过采用一种激进的完工百分比法，使一个阶段的收益得到增长，则企业的利润上升了，但现金流量没有受到影响。

（6）企业会计利润与应纳税所得额之间的差距扩大。只要税法允许，企业对财务会计和税务会计实行不同的会计政策是非常合理的。但是，财务会计与税务会计之间的关系在一定时期内要保持连续性，除非税务规则和会计准则发生显著的变化。这样，企业会计利润与应纳税所得额之间差距的扩大表明企业提供给股东的财务报告变得越发激进了。例如，假设保修费用在财务报表中是根据权责发生制估算的，但在税务报表中却是根据收付实现制记录的。除非企业的产品质量发生很大变化，否则，这两个数据之间的关系应当是相对稳定的。所以，这种关系若发生变化，则表示产品质量变化很大，或财务报告估算正在发生变动。

（7）运用融资机制的倾向，如研究开发合作关系和出售带追索权的应收账款。这些协议都有一套动听的经营逻辑，还为管理层提供了隐瞒债务和夸大资产的机会。

（8）未预计到的大量资产注销。这表明管理层在将变化了的经营环境纳入企业会计核算的过程中动作缓慢。对经营环境的变化未能充分预计也会造成资产注销。

（9）资产负债表日前后的交易或账项调整。企业年度报告由外部审计师进行审计，但中期报表通常仅是复核一下而已。如果企业的管理层不愿意在中期报表中作出恰当的会计估算（比如估计无法收回的应收账款金额），那么不得不迫于外部审计师的压力在年终作出调整。因此，经常性的第四季度调整表明企业中期报告具有激进的管理倾向。

（10）分析性复核揭示财务数据出现重大波动，但这种波动无法得到合理解释。例如，异常的账户金额，实际存货数量异常变动，异常的存货周转率。

（11）理由不充分的审计意见或会计师事务所的变更。

（12）关联方交易。这些交易缺少对市场的客观判断，而且管理人员关于这些交易所作出的会计估算可能比较主观并带有非公平交易的性质。

5）警惕客户经营失败

企业经营生生不息者固然存在，经营不善而失败者也属常见。如果企业在财务方面或经营方面存在影响持续经营的迹象时，审计师就应特别重视。

6）关注非法行为和其他重要事项

至于客户可能存在的违反法规行为，审计师更应密切关注。因为这些违反法规行为可能直接导致企业经营失败进而引发审计失败。

7）采用现代风险导向审计方法

现代风险导向审计将审计资源集中在高风险区域，采用"自上而下、自下而上"相结合的手段，便于审计师全面掌握企业可能存在的重大风险，有利于节省审计成本，相应地提高审计效率，避免因传统审计方法固有缺陷而导致的审计风险。

［总结与结论］

本章主要论述了审计失败的含义、成因及其规避方法。在第一部分审计失败概述中，我们首先说明什么是审计失败及其三重含义，以及我们对审计失败含义的观点；进而，我们分析了审计失败与相邻的概念——如经营失败、审计风险等——之间的区别，以便于读者进一步理解审计失败。在第二部分审计失败的原因分析中，首先分析了来自审计环境的影响因素——政府行为、竞争环境、法律环境，其次分析了来自审计客户的原因，然后分析了来自审计师自身的原因，最后分析了来自会计师事务所的原因。在第三部分如何规避审计失败中，针对审计失败的原因，相应总结了一些避免审计失败的方法，重点说明管理层舞弊的防范方法。

[练习题]

★案例分析题

2017 年 1—5 月，共有 23 家会计师事务所为完成 IPO 的 210 家公司提供了审计服务，立信会计师事务所以 55 单的高业务量稳坐榜首位置。立信会计师事务所被称为最牛 IPO 会计师事务所，也是国内第二大会计师事务所，体系十分庞大，目前有 30 多个分所，每个分所下设多个业务部，总部就下设有 40 多个审计业务部；业务范围也包括了上市服务、法定审计、专项审计、外汇收支、工程造价咨询、税务咨询、管理咨询、培训、法律服务、资产评估等。

2017 年 6 月 19 日，证监会官网信息显示财政部文件责令立信会计师事务所（特殊普通合伙）暂停承接新的证券业务并限期整改的通知。通知显示，立信会计师事务所因在执行审计业务过程中未能勤勉尽责，分别于 2016 年 7 月、2017 年 5 月受到证监会的行政处罚。财政部、证监会决定：责令立信会计师事务所自受到第二次行政处罚之日起（即 2017 年 5 月 23 日）暂停承接新的证券业务。根据向财政部、证监会提交的书面整改计划，于两个月内完成整改并提交整改报告。财政部、证监会将对整改情况进行核查，根据核查情况作出是否允许恢复承接新的证券业务的决定。整改和接受核查期间，立信所首席合伙人、审计业务主管合伙人和质量控制主管合伙人不得离职、办理退伙或转所手续。最后落款人为财政部会计司和证监会会计部，时间为 6 月 15 日。

根据证监会行政处罚决定书，立信会计师事务所接连被监管部门处罚。

2017 年 5 月，立信会计师事务所为步森股份（002569.SZ）与广西康华农业股份有限公司重大资产重组出具康华农业 2011 年、2012 年、2013 年和 2014 年 1 月至 4 月财务报表审计报告，在审计过程中未勤勉尽责，出具的审计报告存在虚假记载。

2016 年 7 月，则出现立信会计师事务所作为大智慧（601519.SH）2013 年财务报表审计机构，出具了标准无保留意见的审计报告，签字注册会计师为姜维杰、葛勤，未对销售与收款业务中已关注到的异常事项执行必要的审计程序，未对临近资产负债表日非标准价格销售情况执行有效的审计程序，未对抽样获取的异常电子银行回单实施进一步审计程序等问题。

对于大智慧的判定，立信会计师事务所还曾提起过行政复议，不过在 2016 年 11 月证监会发布《行政复议决定书》，维持此前作出的处罚。

按照《关于调整证券资格会计师事务所申请条件的通知》规定，两年内在执业活动中受到两次以上行政处罚、刑事处罚的，该会计师事务所应当自出现上述情形之日起两个月内进行整改，并自整改结束之日起 5 个工作日内报送整改情况说明（一式 2 份）。期间不得承接新的证券业务。未按规定提交会计师事务所整改计划书或者逾期仍未达到条件的，财政部、证监会撤回其证券资格。

请根据上面资料，收集相关信息，分析立信会计师事务所审计失败的主要原因是什么。

★补充阅读材料

1.黄世忠. 会计数字游戏——美国十大财务舞弊案例剖析［M］. 北京：中国财政经济出版社，2004.

2.李若山. 注册会计师：经济警察吗？［M］. 北京：中国财政经济出版社，2003.

3.施利特. 财务骗术［M］. 吴谦立，译. 上海：上海远东出版社，2003.

4.易琼. 财务报表保险制度——解决审计独立性的新思路［J］. 中国注册会计师协会行业发展研究资料，2004（2）.

5.李金峰. 上市公司财务舞弊的机理研究［M］. 北京：经济管理出版社，2015.

第 13 章

审计质量控制

[学习目标]

1. 掌握审计质量的含义、特征及其衡量标准；
2. 了解会计师事务所质量控制制度体系构建的相关知识；
3. 掌握业务质量控制制度和财务报表审计的质量控制制度的相关内容。

● 13.1 审计质量控制概述

13.1.1 审计质量概述及其影响因素

审计质量通常指审计工作的规范程度和审计结果的总体质量，它包括审计工作质量和审计结果质量两个方面。其中，工作质量是结果质量的保证，没有工作质量的保证，审计结果的质量就无从谈起，而审计结果的质量又是审计工作质量的综合反映，是审计全过程工作质量的集中体现。审计报告的质量是审计质量最直观的评判标准，只要审计后的信息被认为是可以信赖的，客观地反映了被审单位的经营成果及财务状况，则可以认为审计是高质量的。会计师事务所及其审计师要想保证审计结果的质量以赢得社会公众的认可，就必须控制审计工作的质量。

审计质量会受到许多因素的影响，概括来讲，这些因素主要来自两方面：外部因素和内部因素。

1）外部因素

（1）会计师事务所的组织形式

事务所的组织形式直接影响审计师和事务所承担相应审计责任的比例。在有限责任制下，审计师的责任与事务所的风险存在割裂，在巨大利益的驱动下，事务所的风险无法与审计师的个人责任形成有机结合。为了提高事务所的抗风险能力，就必须将审计师的无限责任纳入事务所的组织体制中。

（2）审计环境

审计失败的原因可能不是审计技术方面而是审计师独立性受到威胁。审计环境的恶化其实是外在执业环境支持或者默认了造假。此外，现代企业制度和公司治理结构对审计师执业环境也存在影响。

（3）注册会计师行业的处罚力度

自我国恢复注册会计师制度以来，注册会计师行业遭受处罚的力度依然较轻。

2）内部因素

（1）执业技术水平

在确认财务报告公允性方面，审计师需要运用更多的职业判断，而审计准则很难对职业判断的程度进行具体的说明，因此，审计质量的高低在很大程度上取决于审计师是否保持应有的职业关注，是否达到了专业人员的执业技术水平的要求。

（2）职业道德

会计师事务所最大的执业风险来自执业人员的明知故犯和故意作假行为。国内外一些大案也与会计师事务所从业人员违反职业道德有关。强化从业人员自觉遵守职业道德准则的意识，才能消除因职业道德薄弱而导致明知故犯造成的出具不真实审计报告的后患。

13.1.2 审计质量的衡量标准

人们在评价"审计质量"时，有时是针对单项审计业务的质量，它具体体现为特定审计师和审计过程的质量，最终体现为特定审计报告的质量；有时是针对会计师事务所总体执业质量，它体现为特定会计师事务所在一定时期内所有审计业务的质量。这两者之间有联系，也有区别。一方面，会计师事务所总体执业质量取决于其一定时期内单项审计业务的质量；另一方面，通常情况，总体执业质量较高的事务所，公众预期其单项审计业务质量也较高。

与上述两个层次的含义相对应，评价审计质量时所采用的衡量标准也分为两个层次：评价单项审计业务质量的标准和评价会计师事务所总体执业质量的标准。正是由于审计质量及其衡量标准的两个层次之间彼此密切相关，因此，在现实中经常造成混淆，这在一定程度上加大了对审计质量及其衡量标准认识上的误区。

1）关于单项审计业务质量的衡量标准

应当以什么为尺度来衡量单项审计业务的质量，国内外理论界及实务界进行了很多探讨，主要的代表性观点有：

（1）Watts 和 Zimmerman（1981）、DeAngelo（1981）等认为，规模大的事务所执行的审计，其质量高于规模小的事务所执行的审计。Richard B. Carter 等（1998）则指出，具有较高声誉的事务所执行的审计，其质量高于其他事务所执行的审计。可见，可以运用事务所的规模、声誉等反映其总体执业质量的指示信号，来间接衡量该事务所执行的单项审计业务的质量。

（2）Schauer 和 Paul Christian（1999）以及 Paul C. Schauer 等认为，审计的功能在于降低被审计单位的信息不对称，而信息不对称程度能够通过股票买卖价差反映出来，因此，可以通过股票买卖价差来评价审计所发挥功能的大小，从而对审计质量的高低进行衡量。

（3）Donald R. Deis、Jr. Giroux 和 Gary A. Giroux（1992）提出，在没有直接的衡量标准的情况下，审计（所花费的）时间可以用来衡量审计质量的高低。

（4）徐建新（2001）认为，审计质量衡量标准是一个体系，其各个组成因子及其关系如下：

①法规制度（最低衡量标准）；

②职业标准（现实衡量标准）；

③社会期望（最高衡量标准）。

（5）北京市注册会计师协会监管部 1998 年 11 月至 1999 年 4 月对北京 17 家事务所 1998 年度对外出具的法定业务报告进行后续检查时，制定了 7 条质量评价标准：①是否编制了相应的工作底稿；②报告和工作底稿是否逐级复核并有复核人签名记录；③是否与客户签订了符合独立审计准则要求的业务约定书；④是否编制了相应的审计计划；⑤是否实施了重要的审计程序；⑥是否取得了充分适当的审计证据支持审计意见；⑦报告的内容与格式是否符合准则要求。

此外，还有一些学者提出的衡量标准包括：盈余反应系数（Krisnhnan，2002）、重要性原则、后续审计、事务所的总体质量水平和审计质量控制制度的完善程度（王英姿，2001）、操纵性应计利润（刘文军，2016；龙小海等，2016）等。

2）关于会计师事务所总体执业质量的衡量标准

关于会计师事务所总体执业质量的衡量标准，国内外理论界和实务界也提出了很多观点，有代表性的观点包括：

（1）Watts 和 Zimmerman（1981）、DeAngelo（1981）等认为，事务所规模可以用来衡量审计质量的高低。根据 DeAngelo（1981）的证明，事务所的规模越大，与每一特定客户相联系的准租占事务所整个准租总和的比重越小，该事务所以机会主义动机行事的可能性就越小，其可预期的该事务所的审计质量就越高。

（2）Richard B. Carter 等（1998）指出，可以用事务所声誉来衡量其执业质量的高低。具有较高声誉的事务所一旦发生审计失败，所付出的代价（包括现有客户以及与之联系的准租、失去凭借声誉收取较高审计费用的能力）更大，因而它们更有动机保持较高的审计质量。

（3）Palmrose 和 Z-V.（1988）、Teo Eu-Jin 和 Keith A. Houghton（2000）等指出，可以运用审计诉讼指标来衡量会计师事务所的执业质量。他们认为，在会计师事务所涉及的法律诉讼活动与该事务所执业质量之间存在负相关关系。

（4）Mark L. Defond（1992）认为，事务所规模、品牌声誉、行业专长、独立性这些指标单独作为衡量审计质量的标准都不够理想，将这些指标结合起来则能够更好地衡量审计质量。

（5）王英姿（2001）提出，将事务所规模、事务所从业人员的质量、是否为国际会计公司（或合作所）的成员、事务所拥有的行业专长水平、事务所质量控制制度本身的完善程度和执行情况、事务所的业务培训和信息沟通情况、事务所拥有的客户的更换频繁程度、负面因素等八方面作为衡量会计师事务所总体执业质量的标准。

（6）王振林（2002）认为，高质量的事务所通常收取的审计费用高于其他事务所。因此，审计收费水平可以用来衡量事务所执业质量的高低。

此外，还有学者提出，以行业专长（Shockley 和 Holt，1983）、来自某一特定客户审计公费收入占该事务所整个公费收入总和的比重（Cohen Report）等来衡量会计师事务所执业质量的高低。

13.1.3 审计师轮换制度和同业复核制度及其评价

如何提高审计质量，保持审计师的独立性，一直是审计学领域的核心话题。审计师轮换制度和同业复核制度对于提高审计质量有着重要意义，长期以来一直是世界主要国家审计质量控制的重要手段。

1) 审计师轮换制度

所谓轮换审计制度就是指从事审计鉴证业务的会计师事务所不能为某一客户长期提供审计鉴证服务，接受审计鉴证服务客户必须在一定期限后更换会计师事务所或合伙人，这样做主要是为了防止审计独立性的削弱导致的审计质量的下降。一些学者在研究后提出，会计师事务所长期为一家客户服务可能会影响审计师的独立性，使其丧失应有的职业怀疑态度与职业敏感。同时，事务所长期为同一审计客户提供服务，容易导致审计师与审计客户的串通舞弊，使存在的财务问题长期隐藏而不被发现。因此，美国有立法者提议，为了避免事务所和它所服务的公司因长期服务而结成密切的关系，有必要建立强制更换会计师事务所的制度，即要求上市公司每隔五年或七年更换会计师事务所。

但是，该主张一被提出，就遭到上市公司和审计界的反对，因为这种变化无疑会导致审计成本的增加，造成社会经济资源的浪费。

【相关链接 13-1】

反对审计师轮换的理由

（1）有研究表明，更换事务所后的头两年是审计质量最差的阶段，因为就外部审计而言，在初始阶段，必须花费大量时间和资源熟悉新的公司，从而增加了审计时间，也增加了审计成本，否则难以保证审计服务质量。

（2）强制更换事务所会造成社会资源的浪费。如果上市公司平均每五年更换一次事务所，则平均每年美国资本市场上有 2 000～3 000 家公司要更换，这不仅影响审计客户的正常经营活动，增加其经营成本，且客户更换会计师事务所也需要向前任事务所支付昂贵的费用，使得更新成本也相当巨大，强制更换事务所也会给资本市场带来更大的混乱，安达信的客户更换事务所造成了混乱就可以说明这一点。

（3）强制更换事务所，使即将离任的审计师有可能不再认真负责，事务所必须花费大量精力去寻找新的客户和推销自己，以致用于推销审计业务的时间远远超过审计的时间。每当一家上市公司要更换事务所时，往往有三四家在竞争，事务所的精力都花费在营销上了。

（4）客户可能以强制更换事务所为名，实施购买审计意见行为，目前几项研究也表明，财务欺诈与近期变更会计师事务所之间存在高度的相关性。

（5）对大型跨国公司而言，其业务的复杂性导致目前可选择的能为其提供审计服务的只有普华永道、德勤、毕马威、安永四大会计公司和少数名列前位的第二层次的国际会计公司，不仅选择余地不大，而且缺乏足够的竞争，使得变更事务所成为轮流坐庄的行为，有悖于强制变更事务所的初衷。

最终，美国 SEC 的新法规接受了各方的建议，将定期更换事务所的提议改为会计师事务所内部对审计客户的主持合伙人必须定期更换。

【相关链接13-2】

美英中三国对审计师轮换的新政策

美国新规定提出：依据合伙人对全面负责审计项目的介入深度区别对待，其中，对审计项目的经理合伙人和第二合伙人从严要求，规定其为某一审计客户服务不得超过五年，且至少五年后才能再次接受该客户；在轮换合伙人的条件中规定，连续七年负责某客户的审计事务的合伙人应该被替换下来，并在两年内不得再负责该客户的审计，其中小规模事务所可以除外；对其他合伙人则不作规定。

英国在2002年7月也实施了类似的规定。要求审计项目的经理合伙人五年一轮换，其他主要合伙人七年一轮换。实施这种轮换制度主要是考虑到长期接触会使审计师可能与客户形成亲密关系，并对熟悉的事物失去警觉和敏感能力，从而有损审计的独立性。显然，这种轮换制度的目的就在于通过降低审计师与客户的亲密程度，从而达到提高审计师独立性的目的，特别是提高审计师的精神独立性。

中国证监会与财政部于2003年年底联合发布了《关于证券期货审计业务签字注册会计师定期轮换的规定》（以下简称《规定》），以强制轮换主审会计师的方式，力促提高上市公司审计质量。《规定》的核心内容为：签字注册会计师和审计项目合伙人为同一被审计客户连续提供审计服务的期限，一般情况下不得超过5年。《规定》于2004年1月1日起正式施行。这一规定的出台，是我国会计行业引入国际惯例，在加强审计独立性方面走出的重要一步，将有力地促使审计师保持必要的职业谨慎，提高职业诚信度。在我国，一些上市公司自首次公开发行股票以来，甚至从股份制改造或者之前，就从未更换过主审会计师，这的确难以保证其审计的质量。我国近年来出现一系列上市公司造假案后，注册会计师行业也遭遇到了前所未有的诚信危机。美国出台相关法规后，我国注册会计师行业也对这一"强制轮换"会计师的规定持赞成态度，认为这是恢复投资者信心和加强行业诚信的有效途径。中国注册会计师协会在其颁布的《中国注册会计师职业道德守则》中也详细规定了定期轮换审计师的具体细则。

独立性是独立审计行业的灵魂。在近年来独立审计行业面临着公信力受到严峻挑战的时候，实行强制轮换审计师制度将会带来不少积极意义。不过，实行强制轮换审计师制度，仅仅是实现审计独立的一种手段。轮换制度要达到预期的效果，会计师事务所自身也必须重视这一制度的内部风险控制。因为没有人比事务所更了解自身风险所在，审计师讲诚信、讲职业道德，轮换制度才能真正起作用。换言之，只有上市公司、行业组织和监管部门各方共同配合，力促审计质量提高，审计师轮换制度才能发挥应有的效用。

2）同业复核制度

所谓同业复核是指审计师对某会计师事务所遵守其质量控制制度情况进行的检查。

美国注册会计师协会规定，加入证券交易委员会的会计师事务所，除必须实行轮换合伙人制度外，还必须实行强制性同业复核制度，如果某个事务所没有同业复核，那么该所的所有成员将失去AICPA会员的资格。同业复核制度要求每个会计师事务所必须由另一合格的会计师事务所对其质量控制系统的健全性及其执行情况进行调查和评估，目的就是要借助业内审计师的技术和经验，对审计师的审计质量进行监督。仅仅从这个角度上看，同业复核制度具有其他制度所没有的优势：它具备了检查审计师审计质量所应该具备的技术和经验，从而避免了注册会计师行业外部的监督不能深入检查的不足之处。

【相关链接13-3】

美国的同业复核制度

在美国，是"证券交易委员会业务处"或"非上市公司业务处"会员的事务所至少每三年要接受复核一次。证券交易委员会业务处的会员事务所的同业复核是依据公众监督委员会的同业复核计划进行的。非上市公司委员会的同业复核则是由州会计师分会依据AICPA同业复核委员会的总体指导意见组织进行的。典型的做法是被复核的事务所选择某事务所对其进行复核，被复核的事务所也可请AICPA和州公会派复核小组进行复核。复核完成后，复核人员须发布一份报告，证明复核的结论和建议。只有通过两个业务处同业复核的事务所，才能成为其会员。目前，美国大约有1 200家事务所加入了"证券交易委员会业务处"的同业复核计划，有7 300家"非上市公司业务处"会员事务所参加了AICPA的同业复核计划。

不是上述两个业务处会员的AICPA会员事务所也被要求每三年进行一次同业复核，也称质量复核（quality reviews）。这种同业复核的目标与上述两业务处同业复核目标相同，但复核的范围相对来说要小一些。这些同业复核也是由州公会依据AICPA同业复核委员会的总体指导意见组织进行的。目前，全美约有32 000家事务所参加了同业复核计划。

同业复核无论是对整个职业，还是对单个事务所，都有益处。不仅有利于提高CPA的社会地位，还有利于提高事务所的声誉，减少法律诉讼案件发生的可能性。当然，同业复核是要花费一定成本的。

3) 审计师轮换制度和同业复核制度的局限与不足

轮换制度虽然可以降低审计师与客户之间的亲密程度，但它并不能消除审计师与客户合谋的可能性。而同业复核制度的局限性则主要存在于执行同业复核的会计师事务所与检查结果没有直接相关的利益冲突，并且作为同业复核的会计师事务所，它们之间存在着无限次重复博弈的问题，即会计师事务所之间检查与被检查的关系可以无限次轮换，如果一家事务所给予另一方不合格，另一方同样有机会进行报复。所以，在理性人的假设下，各会计师事务所必然达成协议（可能是一种默契），获得共谋带来的最大矩阵支付。这样，同业复核制度也必然会蜕化为会计师事务所抵挡其他利益集团压力，塑造公司审计质量声誉的工具，从而抑制它带来实质上的审计师审计质量的提高。这也是"五大"（现已为"四大"）会计师事务所在同业复核中没有一次因出现问题而被不予通过的原因所在。比如，就在安然事件爆发前，安达信公司也顺利地通过了德勤会计师事务所的同业复核，德勤给安达信的审计质量开了"绿灯"。

正是由于审计师轮换制度和同业复核制度存在上述缺陷，人们逐渐意识到唯有事务所自身建立良好的质量控制体系才能够从制度上提高审计执业质量。

● 13.2 会计师事务所质量控制制度体系

13.2.1 会计师事务所质量控制体系概述

审计质量控制体系是指会计师事务所为了保证其审计质量目标的实现，按照既定的审计质量标准对审计质量进行管理而制定和运用的一系列审计质量控制政策和程序所组成的有机整体。它使会计师事务所的审计质量完全处于一种监控、评估的动态过程，并把会计师事务所的质量控制与经营管理活动紧密结合在一起，确保经营管理活动朝着既定的目标前进。从某种意义上说，会计师事务所的质量控制体系就是会计师事务所为了确保它服务的质量而确立的"内部控制制度"，只不过这种"内部控制制度"是紧紧围绕着"提高审计质量"这个中心目标的，审计质量控制体系的确立涉及会计师事务所的方方面面，其中包括事务所的经营理念、组织结构、各机构职责的设定、审计师工作的标准与程序等等。

质量控制体系的构建是一种会计师事务所防范经营风险的有力手段，同时也是事务所风险管理框架下的一个重要子系统。

1）会计师事务所质量控制体系构建原则

会计师事务所质量控制体系的构建应符合以下原则：

（1）兼容性原则

质量控制体系的构建不应该凌驾于事务所的经营管理活动之上，而是与其紧密地结合在一起，要与经营活动同时进行，才能确保质量控制体系作用的有效发挥。

（2）系统性原则

质量控制体系的构建应是针对审计工作的各个方面以及每个审计业务的全过程，是一种横向控制与纵向控制的交织结合，因此应具有较强的系统性，是对审计业务的系统控制。

（3）灵活性原则

质量控制体系的构建是与事务所的许多具体相关因素密不可分的，不同的事务所具有不同的规模、组织结构、客户类型等，这些都会对质量控制体系的构建产生影响。

（4）动态性原则

质量控制体系的构建应该考虑到外界环境的不断变化，通过信息的传递和反馈了解自身的缺陷与不足，使质量控制体系本身不断趋于完善。

（5）成本效益原则

一个会计师事务所质量控制体系的构建要考虑到它的构建成本，也要对构建后所产生的质量成本及收益进行预测评估，某些不符合成本效益原则的质量控制制度应该舍弃，试图寻找更经济的控制方式。

（6）有效性原则

质量控制体系的构建要使事务所通过审计质量管理，既对提高审计工作质量有直接效果，又对审计工作发挥更大的社会作用有积极影响。

（7）整体性原则

要清楚认识到质量控制体系不只是一些条条框框的制度或政策的集合，它是与事务所所有经营管理活动结合在一起的并需要事务所全体员工执行的有机整体活动。质量控制体系条文制度的制定只是体系构建的基础环节，只是一小部分的工作而已，整个体系构建效果的好坏不仅仅取决于制度设计的本身，更多地取决于控制的执行过程。

2）会计师事务所质量控制体系构建的框架

对会计师事务所来说，质量控制体系的构建不仅仅只是某些部门、某些人的事情，也不仅仅只是针对某些审计业务程序和活动，而是会计师事务所整体构建的一个不可分割的部分，它关系到会计师事务所所有的经营管理活动及业务活动，也关系到事务所中的所有部门及其成员，它与整个会计师事务所的经营活动有机地紧密结合在一起，质量控制的理念应渗透到事务所的所有部门及成员，成为会计师事务所经营理念及指导思想中不可缺少的一部分。

具体来说，质量控制体系的构建需要在会计师事务所内部建立许多相关的子系统，质量控制体系能否得以贯彻实施并有效运作有赖于这些子系统的支持，这些子系统有些可能专门为质量控制系统的构建而成立，有些可能本就已存在，但由于质量控制体系的构建而被赋予了新的职能。这些子系统包括：

（1）事务所组织结构层次上建立审计质量的组织结构控制系统

会计师事务所的组织结构是整个专业服务中维护质量控制的基础。组织结构是一系列保证对审计工作实施质量控制的政策和程序的组合。组织结构反映了事务所中关于质量控制的权力、责任、专业服务的执行和管理等各方面的关系。有效的组织结构可以界定关于质量控制活动领域的责任和权利，并反映其相互关系，为事务所的质量管理、建立质量控制目标及其制定质量控制政策和程序提供有效和足够的组织保证，并能够创造一种有利于执行质量控制计划、评估质量管理活动，并对审计质量问题作出有效反映的氛围。

每个事务所可以根据各自的实际情况，不断优化事务所的组织结构，建立健全审计质量的组织控制系统。有条件的事务所可以在事务所的管理委员会下设立质量控制管理委员会，专门负责质量控制制度的设立及执行，并确定事务所的长远和近期质量目标，制定审计质量标准，通过一定程序对各业务部门的质量管理提出要求，并进行经常的检查监督，统一组织质量，控制信息的沟通等。一般建议质量控制管理委员会直接设立在首席合伙人之下，并定期向其作出审计质量状况报告。

（2）事务所内部建立关于质量控制信息的传达和反馈系统

有关审计质量信息的传达及反馈是整个质量控制体系有效运行的关键环节。审计师质量意识的贯彻，质量控制标准的传达，审计质量问题的咨询与处理以及关于审计质量控制责任的授权与委托都依赖于信息系统。同时也要加强质量控制信息系统的反馈机制的建设，增强系统工作的主动性。这方面事务所可以采用审计回访、审计项目抽查、审计质量考评方法，定期搜集质量控制信息，分析审计工作中存在的主要质量问题，并找出主要原因和关键的质量控制点，及时反馈给相关决策者，迅速采取相关措施，加强审计质量控制。值得注意的是，信息传达和反馈渠道应避免不必要的干扰，以防止影响信息传递的及时性及正确性。建议事务所针对质量控制信息应建立专门的输入输出机制，并安排相关人员定期对信息系统的有效性进行评估。

（3）建立有关质量控制责任的考核评估系统

这个系统主要有两个方面的任务。

第一，负责建立健全事务所内部的审计质量标准体系及审计质量责任体系。目前财政部已发布了两个质量控制准则，即《质量控制准则第5101号——会计师事务所对执行财务报表审计和审阅、其他鉴证和相关服务业务实施的质量控制》和《中国注册会计师审计准则第1121号——对财务报表审计实施的质量控制》。前者从会计师事务所层面上进行规范，适用于包括鉴证业务在内的各项业务；后者从执行具体审计项目的层面进行规范，仅适用于财务报表审计业务。这两个准则联系紧密，前者是后者的制定依据，后者是前者的具体化。这是国内会计师事务所制定审计质量标准所必须遵循的基本依据。依据这两者建立了有关事务所的质量控制标准后，根据质量控制标准的要求，还要建立健全相关的辅助性的各项规章制度。注册会计师应当遵守质量控制准则以及本所制定的质量控制制度。审计质量责任体系的真正建立需要将实施审计质量控制及提高审计质量的责任落实到各个部门及人员，实现人尽其才、全员控制。在实施具体审计项目时，各级人员都要明确各自的质量控制责任，实现审计业务的全过程控制。

【相关链接13-4】
会计师事务所规章制度建设

会计师事务所规章制度建设主要包括业务承接规定、工作委派制度、签订业务约定书须知、审计计划编制规定、审计外勤工作管理规定、审计取证注意事项、审计工作底稿编写及复核制度、审计报告撰写及复核制度、重大问题的请示报告制度、服务守则、人员考核与晋升办法等规章制度。这些规章制度是质量控制标准在审计业务流程方面的具体体现，是质量控制标准的重要补充，缺失了这些规章制度，质量控制标准就会形同虚设，犹如无源之水、无根之木。

第二，建立健全质量控制责任的考核评估体系。这个体系建立在审计质量控制责任体系上，并以此为基础主要负责建立质量控制责任的考核机制、审计项目质量责任追究制度及质量责任完成情况的评估汇报机制，为事务所质量控制体系提供运行机制上的有力保障。具体形式可以表现为设立一系列的奖优罚劣制度来提高全事务所的质量意识，例如，对负有质量控制责任而没有按照质量标准执行工作的审计师可以采取告诫、批评、通报或取消某些评审资格等一系列惩罚措施，同时也对能够很好地履行相关的质量控制责任的职员实行一系列的奖赏激励措施，确保质量控制工作能够落到实处，否则这些制度只会犹如一纸空文，毫无实际意义。

（4）针对具体审计项目建立审计业务流程的质量控制系统

这是在事务所的审计技术层面上建立相关的质量控制制度，也是事务所质量控制体系构建的最为重要的环节。在每个具体的审计项目的业务流程上建立有效的质量控制措施，会为事务所提高审计质量、避免审计风险提供最强有力的技术保障。根据审计业务流程质量控制实施的时间，它可以分为以下三个方面的内容：

①建立审计业务质量的事前控制系统

审计质量的事前控制，是指审计工作进行前的审计质量控制，是对审计质量控制的总体规划，是整个审计业务流程质量控制系统的起点和首要环节。在审计业务的前期做好各项质量控制，不仅能从开始确保审计质量，降低审计风险，而且可以大大节约具体审计过程的时间和成本，提高事务所的收益，获得声誉与利润的"双赢"。它主要包括以下几方面的工作：

第一，做好业务承接方面的质量控制。首先，应决定是否接受新客户或继续与老客户合作。为了降低与缺乏正直性的客户打交道的风险，要深入了解客户的情况，评估客户的内在风险，谨慎承接审计业务，防止客户的风险转移，这是搞好审计业务质量控制的前提。在了解客户相关事项的同时，也要对自身的独立性和专业胜任能力进行评估，做到量力而行。其次，在决定了接受客户后，进入商谈审计收费及审计业务承办的具体细节阶段。在这个阶段，要防止具体执业人员为了能够承接业务，而在收费及业务标准上作出违背质量标准的让步，迁就客户，加大审计风险。可以实施业务承接与具体审计业务执业人员相分离的政策，加强质量控制。最后，上述事项结束之后，要按照相关质量控制要求签好业务约定书，业务约定书中关于业务的范围、职责等方面的规定一定要明确，避免含糊，并注明客户要向事务所提供真实、完整、合法的会计账簿及资料，承担相应的法律责任。

第二，业务约定书签订后，要根据具体的审计项目和审计目标，依据审计工作和质量标准的规范要求，并结合所了解到的客户经营及所属行业的基本状况和相关信息资料，研究制订出相应的审计计划和审计程序，并对审计风险及项目的重要性作出合理评估，从而作出合理的工作委派。

第三，进行审计工作的委派，选择合适的人员组织成高质量、高素质的审计工作组，并给每个成员分配相应的审计质量控制责任，这是整个事前质量控制的关键。选择人员时，要根据项目的性质和复杂程度、客户规模的大小进行派遣，并要考虑到具体项目的特殊情况，是否需要特殊领域的专门人员，同时也应注意到派遣人员的独立性问题。分清重点的同时，对一般的项目也要加强控制，并安排经验丰富的审计师进行督导以加强质量控制制度的落实与实施。

②建立审计业务质量的事中控制系统

审计质量的事中控制是指在执行审计业务中对所实施的各项具体的审计程序进行控制，是整个审计过程质量保证的核心，对保证审计质量、降低审计总体风险具有重大作用。

第一，具体实施审计程序时，要建立外勤审计工作的管理制度规定，严格外勤审计工作程序。明确审计项目合伙人和各级审计人员的质量控制责任，规范相关审计程序，严格执行三级复核程序，层层把关，级级负责，确保每一个审计环节都符合审计质量控制标准。

第二，把好审计证据的质量关。审计证据质量的好坏直接影响到审计结论的正确与否，搜集相关可靠的审计证据是提高审计质量、降低审计风险的重要手段之一。规范各级审计人员对审计工作底稿的编制，在工作底稿上反映出其专业判断的过程和工作轨迹，同时可以推行审计日记制度，以审计日记为载体加强质量控制，并重视审计计划和审计总结的编制，对其必备内容应作出详细明确的规定。

第三，注意采用科学有效的审计方法。科学的审计方法应贯穿于审计的全过程，在审计前就要进行调查分析，以确定在审计中应采用的审计方法。审计检查和取证过程乃至审计方案和审计报告的编制都需要有科学有效的审计方法。应注意吸取国内外同行的有益做法，总结整理出适合于自身的审计方法。

第四，完善督导机制，加强督导控制。在具体执行审计业务中，为了保证工作中的判断和得出结论的恰当性，应当对助理人员进行认真的指导、监督及复核，这是质量控制的决定环节。

第五，加强对审计报告的相关控制。审计报告的质量直接关系到审计目标的实现和审计风险的转化，作用十分重要。能否做到如实报告，是对审计师起码的职业准则要求。审计报告必须如实、客观、恰当地反映审计成果，应该建立审计报告的签发制度，对报告的起草、签发、盖章等各个环节都要作出具体的规定。

③建立审计业务质量的事后控制系统

审计质量的事后控制是指在审计业务结束后，做好审计后的各项相关工作，总结相关的审计经验，复查审计过程中使用过的审计程序和方法，这对考核评价审计质量控制责任及提升以后的审计质量具有重大作用。具体来说要做好以下几项工作：

第一，及时总结审计工作。每一个审计项目结束后，项目合伙人都应对本次审计项目进行总结，从中发现审计工作中所存在的对审计质量造成损害的重大隐患问题以便在将来的工作中作出改进。除对不同的审计项目进行总结外，会计师事务所还应对不同行业、系统的审计工作进行总结。审计总结是会计师事务所的宝贵财富，对今后的工作有极强的借鉴和指导意义，有利于提高审计质量，降低审计风险。

第二，加强对审计档案的管理。审计档案是审计项目的重要载体，也是会计师事务所审计工作的重要历史资料，对降低审计风险、化解潜在的诉讼具有特殊作用，应当妥善管理和保管。会计师事务所应当根据业务的具体情况，确定适当的业务工作底稿归档期限。对财务报表审计和审阅业务、其他鉴证业务，业务工作底稿的归档期限为业务报告日后六十天内。

以上三个系统相互联系、相互制约，共同构成一个完整的针对审计业务流程的质量控制体系，是审计质量的自我监督、自我完善的体系。

（5）需要针对审计质量控制构建相应的人力资源管理系统

事务所建立人力资源管理系统主要是为了控制事务所内的审计人员的素质标准。因为对事务所来说，整个质量控制体系的构建，最终的落脚点还是在对审计人员的行为进行控制。审计质量的提高不仅要借助于各项规章制度的制定和实施，还取决于全体审计人员的共同努力。这就要求不仅要在思想上加强对审计人员进行质量教育，强化质量意识，也要在业务上加强培训和技术考核，挑选那些精通业务的人员执行审计任务，才能从根本上保证审计的高质量。

现实工作中，由于审计覆盖面越来越广，审计项目越来越多，由此而来的压力也越来越大，许多审计人员应付思想比较突出，审计风险意识淡薄，质量意识不高，这都为审计失败埋下了隐患。同时，也应该意识到事务所的经营理念是"人合"而不是"资合"，必须把人力资源的开发与管理放在首要地位，一方面需要提高事务所成员的素质，另一方面需要实现人力资源的优化配置，最大限度地发挥现有成员的作用。提高成员素质首先就要把好招聘关，注重聘任人员的德才兼备，并把他配置到能够发挥其最大作用的团队中去。其次，注重员工的专业培训及其后续教育，加强知识的更新与经验的交流。当然，提高素质绝非朝夕之功，更应该值得注重的是对现有人力资源的合理调配，优化组合，实现对审计人力资源的整合。这就需要在对审计人员指派任务时要充分考虑到他们的特长、经验以及项目的特殊性，保证把工作指派给具有专业胜任能力的人员，在某些特别专业的领域，也可以考虑聘请专家或求助其他审计力量。同时人力资源管理系统也应与上述的审计质量责任考核评估系统相结合，建立审计人员的业绩评价指标体系与相应的激励机制，加强对人力资源的考核评估，这是保证审计质量的根本所在。

综上所述，会计师事务所质量控制体系的构建框架应由上述五个子系统组成，如图13-1所示。

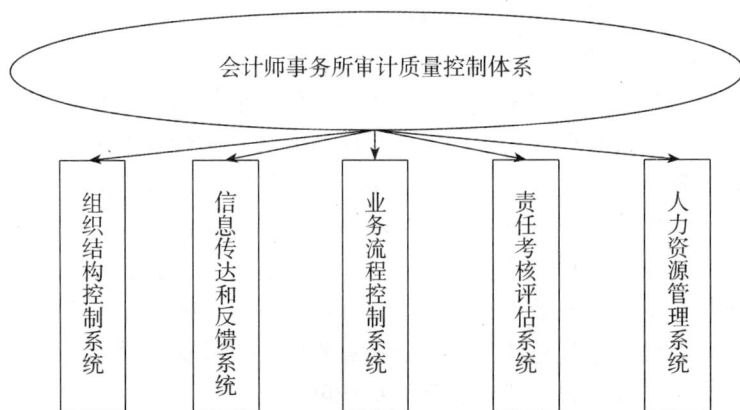

图13-1 会计师事务所质量控制体系构建框架

这五个子系统相互结合，互为补充，共同为事务所的审计质量控制这一目标服务。当然，会计师事务所质量控制体系的构建并没有一个通用的模式，它也必须根据不同的环境因素、不同的客观条件、不同的组织结构特点，并随着质量控制体系的实施开展而不断地深化和完善，因此，各事务所要根据具体的实际情况开展审计质量控制体系的构建工作，做到因时、因地、因人而制宜。

13.2.2 会计师事务所质量控制制度

会计师事务所质量控制制度是指会计师事务所为遵循业务准则的要求出具恰当的报告而制定的政策，以及为执行政策和监控政策的遵守情况而设计的必要程序。《质量控制准则第5101号——会计师事务所对执行财务报表审计和审阅、其他鉴证和相关服务业务实施的质量控制》用于规范会计师事务所在执行业务时应当遵守的质量控制政策和程序，是对会计师事务所质量控制提出的制度要求。会计师事务所应当根据质量控制准则并结合具体情况，制定合适的质量控制制度，包括质量控制制度和程序，以实现质量控制的两大目标：（1）会计师事务所及其人员遵守职业准则和适用的法律法规的规定；（2）会计师事务所和项目合伙人出具适合具体情况的报告。质量控制政策与控制程序既有联系又有区别，控制政策是指会计师事务所为确保实现质量控制目标而采取的基本方针和策略；而控制程序则是会计师事务所为贯彻执行质量控制政策而采取的具体措施及方法。

由于各个事务所所处的具体经营环境不同，事务所在制定质量控制政策和程序时，应当考虑自身规模和业务特征等因素。如果事务所经营规模较大，所执行业务的复杂程度较高、执业责任和风险较大，就需要制定更加复杂、有效的质量控制政策和程序。无论各个事务所的情况如何，其质量控制制度都应当针对以下六个要素制定控制政策和程序：

1）对业务质量承担的领导责任

会计师事务所应当制定政策和程序，培育以质量为导向的内部文化。这些政策和程序应当要求会计师事务所主任会计师或类似职位的人员对质量控制制度承担最终责任。

会计师事务所应当制定政策和程序，使受会计师事务所主任会计师或类似职位的人员委派负责质量控制制度运作的人员具有足够、适当的经验和能力以及必要的权限以履行其责任。

2）相关职业道德要求

（1）遵守职业道德的基本要求

会计师事务所应当制定政策和程序，以合理保证会计师事务所及其人员遵守相关职业道德要求。

（2）遵守职业道德的具体措施

会计师事务所应当制定政策和程序，以合理保证会计师事务所及其人员和其他受独立性要求约束的人员（包括网络事务所的人员），保持相关职业道德要求规定的独立性。这些政策和程序应当使会计师事务所能够：①向会计师事务所人员以及其他受独立性要求约束的人员传达独立性要求。②识别和评价对独立性产生不利影响的情形，并采取适当的行动消除这些不利影响；或通过采取防范措施将其降至可接受的水平；或如果认为适当，在法律法规允许的情况下解除业务约定。

这些政策和程序应当要求：①项目合伙人向会计师事务所提供与客户委托业务相关的信息（包括服务范围），以使会计师事务所能够评价这些信息对保持独立性的总体影响；②会计师事务所人员立即向会计师事务所报告对独立性产生不利影响的情形，以便会计师事务所采取适当行动；③会计师事务所收集相关信息，并向适当人员传达。

（3）鉴证业务还必须满足独立性的要求

会计师事务所应当制定政策和程序，以合理保证能够获知违反独立性要求的情况，并能够采取适当行动予以解决。这些政策和程序应当包括下列要求：①会计师事务所人员将注意到的、违反独立性要求的情况立即报告会计师事务所；②会计师事务所将识别出的违反这些政策和程序的情况立即传达给需要与会计师事务所共同处理这些情况的项目合伙人、需要采取适当行动的会计师事务所和网络内部的其他相关人员以及受独立性要求约束的人员；③项目合伙人、会计师事务所和网络内部的其他相关人员以及受独立性要求约束的人员，在必要时立即向会计师事务所报告他们为解决有关问题而采取的行动，以使会计师事务所能够决定是否应当采取进一步的行动；④每年至少一次向所有受到独立性要求约束的人员获取其遵守独立性政策和程序的书面确认函；⑤明确标准，以确定长期委派同一名合伙人或高级员工执行某项鉴证业务时是否需要采取防范措施，将因密切关系产生的不利影响降至可接受的水平；⑥对所有上市实体财务报表审计业务，按照相关职业道德要求和法律法规的规定，在规定期限届满时轮换项目合伙人、项目质量控制复核人员，以及受轮换要求约束的其他人员。

3）客户关系和具体业务的接受与保持

在接受新客户的业务前，或者决定是否保持现有业务和考虑接受现有客户的新业务时，会计师事务所根据具体情况获取必要信息；在接受新客户或现有客户的新业务时，如果识别出潜在的利益冲突，会计师事务所确定接受该业务是否适当；当识别出问题而又决定接受或保持客户关系或具体业务时，会计师事务所记录问题是如何得到解决的。

4）人力资源

会计师事务所应当制定政策和程序，合理保证拥有足够的具有胜任能力和必要素质并承诺遵守职业道德要求的人员，以使：①会计师事务所按照职业准则和适用的法律法规的规定执行业务；②会计师事务所和项目合伙人能够出具适合具体情况的报告。

5）业务执行

会计师事务所应当制定政策和程序，以合理保证按照职业准则和适用的法律法规的规定执行业务，使会计师事务所和项目合伙人能够出具适合具体情况的报告。这些政策和程序应当包括：①与保持业务执行质量一致性相关的事项；②监督责任；③复核责任。

6）监控

会计师事务所应当制定监控政策和程序，以合理保证与质量控制制度相关的政策和程序具有相关性和适当性，并正在有效运行。

13.2.3 财务报表审计的质量控制制度

财务报表审计的质量控制从审计项目合伙人层面进行规范，仅适用于注册会计师执行财务报表审计业务。项目合伙人应当实施会计师事务所质量控制制度中适用于单项业务的质量控制程序，包括对审计质量承担的领导责任、相关职业道德要求、客户关系和审计业务的接受与保持、项目组的工作委派、业务执行、监控和审计工作底稿这七个方面。

1）对审计质量承担的领导责任

项目合伙人应当对会计师事务所分派的每项审计业务的总体质量负责。

2）相关职业道德要求

相关职业道德要求，是指项目组和项目质量控制复核人员应当遵守的职业道德规范，通常包括中国注册会计师职业道德守则中与财务报表审计相关的规定。在整个审计过程中，项目合伙人应当通过观察和必要的询问，对项目组成员违反相关职业道德要求的迹象保持警觉。

3）客户关系和审计业务的接受与保持

项目合伙人应当确信，有关客户关系和审计业务的接受与保持的质量控制程序已得到遵守，并确定得出的有关结论是恰当的。如果项目合伙人在接受审计业务后获知了某项信息，而该信息若在接受业务前获知，可能导致会计师事务所拒绝该项业务，项目合伙人应当立即将该信息告知会计师事务所，以使会计师事务所和项目合伙人能够采取必要的行动。

4）项目组的工作委派

项目合伙人应当确信，项目组和项目组以外的专家整体上具有适当的胜任能力和必要素质，以便能够：①按照职业准则和适用的法律法规的规定执行审计业务；②出具适合具体情况的审计报告。

5）业务执行

项目合伙人应当对下列事项负责：①按照职业准则和适用的法律法规的规定指导、监督与执行审计业务；②出具适合具体情况的审计报告。项目合伙人应当对项目组按照会计师事务所复核政策和程序实施的复核负责。

【相关链接13-5】

指导、监督与复核

业务执行是计划和实施审计工作，搜集审计证据，形成审计结论的过程，对审计业务质量有直接重大的影响。因此，项目合伙人应当按照质量控制制度的要求，负责组织实施对审计业务的指导、监督与复核。

（1）指导。项目合伙人对助理人员在具体审计过程中提供适时必要的指导，主要包括：

①经指导使每位助理人员能够充分理解按审计计划要求各自所应执行的审计程序及将要达到的审计目标，使助理人员明确其在审计项目中各自所承担工作的重要程度、工作的具体要求及应承担的责任。

②因受制于委托人业务性质、经营特点及业务复杂程度而需特别关注的重点审计领域或重点审计项目，项目合伙人应亲自实施必要的审计程序或在助理人员完成此项工作中提供适时必要的帮助及指导。

（2）监督。项目合伙人对助理人员的工作实施必要的监督，有利于及时发现和解决各项具体问题。监督的内容主要包括：

①密切注意各助理人员的执业过程，以确定其是否能够按照审计程序的要求圆满完成各项具体工作。

②及时纠正助理人员对重要审计问题或重要审计事项不适宜的专业判断，监督其采取的手段或方法是否合理、有效，监督其是否严格执行时间预算，以保证其按时完成所分配的具体审计工作。

③检查。项目合伙人要对助理人员执行的审计程序及所形成的审计结论实施必要的检查，以确定其所完成的具体审计工作是否按照独立审计准则及本所业务规范的要求进行；是否对已完成的审计工作获得充分适当的审计证据并予以记录；是否存在尚未解决的重要审计问题或重大审计事项并判断其对审计结论的影响程度，如审计范围受到限制，决定是否追加或实施替代审计程序，从而达到最终审计目的。

（3）复核。项目合伙人要对助理人员所完成的审计项目过程和结果进行分析复核。复核的内容主要包括：

项目合伙人根据变化的审计事项对总体审计计划的修订是否适当有效，助理人员是否已及时修订并实施了具体审计程序；对委托人固有风险和控制风险的评估是否准确，对检查风险的确定是否满足可接受的最低审计风险水平的要求；根据控制测试结果对委托人内部控制制度的描述及执行情况的判断是否正确，助理人员据此所确定的实质性程序的性质、时间、范围及具体方法的采用能否保证发现已存在的重大错误及舞弊，结合管理层对已存在的重大审计问题的态度、采取措施的方式及最终对审计结论的影响程度，复核审计意见的表达类型及方式是否恰当。

6）监控

监控是对会计师事务所质量控制持续考核和评价的过程，包括定期选取已完成的审计业务进行检查，以使会计师事务所能够合理保证其质量控制制度正在有效运行。有效的质量控制制度应当包括监控过程，以合理保证质量控制制度中的政策和程序具有相关性和适当性，并正在有效运行。项目合伙人应当根据会计师事务所和网络事务所通报的最新监控信息考虑实施监控过程的结果，并考虑监控信息提及的缺陷是否会对审计业务产生影响。

7）审计工作底稿

注册会计师应当就下列事项形成审计工作底稿：①识别出的与遵守相关职业道德要求有关的问题，以及这些问题是如何得到解决的；②针对适用于审计业务的独立性要求的遵守情况得出的结论，以及为支持该结论与会计师事务所进行的讨论；③得出的有关客户关系和审计业务的接受与保持的结论；④在审计过程中咨询的性质、范围和形成的结论。

质量控制为会计师事务所建立并保持一个良好的审计质量管理环境，如前文所述，这是事务所对各个业务环节及各方面全方位、全过程的管理，故称之为会计师事务所质量控制。相对而言，控制的政策是较易制定的，有效地执行才是控制能够实现的关键。为了将会计师事务所质量控制落实到各个具体审计项目中，事务所还需制定相应的程序对各个审计项目的质量进行控制，确保在良好的质量控制环境下，每个审计项目的质量均符合中国注册会计师执业准则的要求。这两个层次的质量控制是相互联系、缺一不可的。

【相关链接13-6】
世界各国审计质量控制规范概览

国际及其他国家和地区审计质量控制准则的制定都是围绕质量控制的基本要素进行的。质量控制的基本要素体现了会计师事务所质量控制的基本环节和基本内容。下面对国际及其他国家和地区审计质量控制的基本要素作简要介绍。

1）国际会计师联合会（IFAC）的"七要素论"

国际会计师联合会发布的《国际审计准则第202号》，为"审计工作质量控制"建立了标准。该准则指出，会计师事务所质量控制的基本要素有七个方面：

（1）专业要求（professional requirements）

事务所全体人员应当坚持独立、公正、客观、保密和专业行为的原则。

（2）技术与能力（skills and competence）

事务所全体人员应当达到并保持所要求的技术水平和专业能力，以使他们具有应有的谨慎，能够履行其职责。

（3）工作委派（assignment）

审计工作应当委派给那些拥有特定情况所需的技术训练和熟练程度的人员。

（4）督导（delegation）

事务所应当对所有层次的工作，进行指导、监督和复核，以期合理保证所完成的工作符合适当的质量标准。

（5）咨询（consultation）

在必要时，应当同事务所内或事务所外那些合适的专家商议。

（6）接受与保留（acceptance and retention of clients）

事务所对未来客户应当进行评价，对现有客户应当不断进行复核。在决定接受或保留某一客户时，应当考虑事务所的独立性和服务于客户的适当能力，以及客户管理层的正直性。

（7）监控（monitoring）

事务所应当检查质量控制政策与程序的持续适当性和执行的效果。

2）美国注册会计师协会的"九要素论"与"五要素论"

1978 年，美国注册会计师协会成立"质量控制准则委员会"（Quality Control Standard Committee，QCSC）。该委员会的职责是帮助会计师事务所控制和运用质量控制准则，以确保其审计工作符合审计准则的要求。该委员会于 1979 年 11 月发布《质量控制准则说明书第 1 号》，提出了质量控制必须考虑的九个基本要素。这九个基本要素及要求是：

（1）独立（independence）

事务所所有从业人员都应独立于客户。

（2）委派审计人员工作（assignment of personal）

（3）咨询（consultation）

（4）督导（supervision）

（5）招聘（hiring）

会计师事务所应当聘用正直、工作能力强且富有进取精神的人员。

（6）专业发展（professional developments）

审计人员应当具备完成所分派工作所需要的知识。

（7）提升（advancement）

被提升的人员应具备履行新职责所需要的资格条件。

（8）客户的接受与续约（acceptance and continuance of clients）

（9）检查（inspection）

检查确定与上述要求有关的程序是否正在有效执行。

美国 SAS 25（AU 161）要求每个会计师事务所依据上述控制要素建立本所的"质量控制制度"（包括质量控制政策和程序）。SAS 25 还指出，质量控制制度只能为遵守 GAAS 提供"合理保证"（reasonable assurance），而不能提供绝对的"担保"（guarantee）。

到目前为止，美国注册会计师协会仍未发布会计师事务所的具体质量控制程序。这是因为控制程序取决于事务所的规模、办事处的数量及业务的范围与性质等因素。颁布一套适用于任何事务所的质量控制程序是不实际的。

1996 年 5 月，美国注册会计师协会的审计准则委员会（ASB）将质量控制的九个要素减少为五个要素，并要求从 1997 年 1 月 1 日起施行。这五个质量控制要素及要求是：

（1）独立、公正与客观（independence，integrity and objectivity）

执行委托业务的全体人员应保持实质上的独立和形式上的独立，并应公正、客观地履行所有职业责任。

（2）人员管理（personal management）

事务所应建立控制政策与程序，以合理保证：①所有新员工能胜任他们的工作；②工作委派给经过充分技术训练和具备相当熟练程度的人员；③所有员工应参加后续职业教育（CPE）和职业发展活动，使其能够完成委派给他们的工作；④选出准备提升的人员，其应具备完成委派给他们的工作所必要的资格条件。

（3）客户和委托业务的接受与续约（acceptance and continuation of clients and engagement）

事务所应只同正直的客户往来，并且只应承办能胜任的委托业务。

（4）委托业务的执行（engagement performance）

事务所应确保委托业务工作的执行符合适用的职业准则、法规规定及本所质量标准的要求。

（5）监控（monitoring）

事务所应建立控制政策与程序，以确保其他四个质量控制要素的有效应用。

3）英国审计实务委员会（APB）的"七要素论"

英国审计实务委员会是英国专门发布审计准则和指南的专业委员会，于1995年3月发布SAS 240"审计工作质量控制"。该准则规定，事务所质量控制的要素包括以下七个方面：

（1）专业要求（professional requirements）

（2）技术与能力（skills and competence）

（3）客户的接受与保留（acceptance and retention of clients）

（4）工作委派（assignment）

（5）督导，包括指导、监督、复核（delegation，including direction，supervision and review）

（6）咨询（consultation）

（7）监控（monitoring）

4）澳大利亚审计准则委员会（ASB）的"七要素论"

澳大利亚审计准则委员会制定的于1996年7月1日施行的《审计准则第206号——审计工作质量控制》，规定了质量控制的七个要素：

（1）专业独立（professional independence）

事务所全体人员都必须坚持独立、公正、客观、保密和专业行为的原则。

（2）聘用（employment）

事务所全体人员应当达到并保持所要求的技术水平和专业能力，使他们能以谨慎态度履行职责。

（3）委派审计人员工作（assignment of personnel to engagements）

（4）督导（supervision）

（5）指导与协助（guidance and assistance）

（6）客户评价（clients evaluation）

（7）管理责任和技术责任的分配（allocation of administrative and technical responsibilities）

事务所应当监控质量控制政策与程序的持续适当性和执行的效果。

5）中国香港会计师公会的"七要素论"

中国香港会计师公会发布的《审计准则说明书第 240 号——审计工作质量控制》指出，会计师事务所质量控制的七个基本要素是：

（1）道德原则（ethical principle）

事务所全体人员应坚持香港会计师公会的与独立、公正、客观、保密和专业行为原则相关的《职业道德说明书》。

（2）技术与能力（skills and competence）

（3）客户的接受与保留（acceptance and retention of clients）

（4）工作委派（assignment）

（5）督导（delegation）

（6）咨询（consultation）

（7）监控（monitoring）

6）中国台湾审计准则委员会的"六要素论"

中国台湾审计准则委员会于 1989 年 12 月发布的《审计准则公报第 18 号——查核工作品质管制》规定了质量控制的六个要素，它们是：

（1）查核人员之品德

（2）查核人员之专业知识及技能

（3）工作分配

（4）工作督导

（5）查核案件之受任

（6）追踪考核

7）质量控制各要素论的比较

纵观上述介绍可以看出，关于质量控制基本要素的认识并不统一，有九要素论（如美国）、七要素论（如国际会计师联合会、英国、澳大利亚、中国香港）、六要素论（如中国台湾）等。对各要素论进行比较分析，可得出以下结论：

（1）各要素论对质量控制基本要素的认识，主要是概括和归类方式不同，其基本观点和基本内容、要求是相似的。比如，美国的九要素与国际会计师联合会的七要素之间的差别，就在于后者将前者的"招聘""专业发展""提升"三要素概括为"技术与能力"要素。再如，美国从 1997 年施行的质量控制的五要素也是在九要素的基础上概括和发展起来的，前者中的"独立、公正与客观"要素是对后者中的"独立"要素的发展；前者中的"人员管理"要素是对后者中的"招聘""专业发展""提升"三要素的归纳；前者中的"客户和委托业务的接受与续约"要素是对后者中的"客户的接受与续约"的发展和更全面认识；前者中的"委托业务的执行"要素是对后者中的"委派审计人员工作""咨询""督导"三要素的概括和发展；前者中的"监控"要素是对后者中的"检查"要素的发展。

（2）各要素论在对同一要素的表述上存在一定的差别，这些差别有的是用词的选择问题，有的是包括内容的选择问题。比如，美国以前的九要素中的"检查"要素在国际及英国、中国香港的七要素中的措辞改为"监控"，而在澳大利业的七要素中改为"管理责任和技术责任的分配"，中国台湾六要素中则称之为"追踪考核"。再如，美国以前的九要素中的"独立"要素在国际及英国准则七要素中内容已扩展为"专业要求"要素，在澳大利亚七要素中为"专业独立"要素，在中国香港为"道德原则"要素，在中国台湾为"查核人员之品德"要素。

（3）美国质量控制基本要素的确定对国际会计师联合会的七要素有着直接的影响，而国际准则中的七要素又对英国、澳大利亚及我国香港、台湾的要素论产生直接影响。国际准则中的七要素实际上是对美国先前的"九要素论"的进一步归纳。而英国、澳大利亚及我国香港的"七要素"几乎就是原样引用国际准则中的"七要素论"，我国台湾的"六要素"只是在国际准则的"七要素论"的基础上删除了"咨询"要素。美国从1997年起质量控制从九个要素减力五个，也将对国际准则及其他国家和地区的质量控制准则中的基本要素产生一定的影响。

（4）国际及其他国家和地区的质量控制要素论有一个共同的特点是强调质量控制以合理保证审计工作符合职业准则要求为中心目的，以人为本，以人员工作的管制为基本内容；强调从员工的招聘、训练、专业发展到提升，从客户和业务的接受到工作委派、督导实行全员及全过程质量管理的现代观念。这些质量控制要素从内容上看，既强调从业人员的职业道德，又强调专业能力和实际业绩；既强调质量控制政策和程序的建立和运用，又强调对现有质量控制政策和程序执行有效性的监控，从而使质量控制形成了一个较为完整的体系。

新颁布的中国注册会计师执业准则丰富了会计师事务所质量控制的内涵，要求会计师事务所建立全面的质量控制制度。新的执业准则与旧审计准则相比，更加强调会计师事务所树立质量至上的意识，培育以质量为导向的内部文化，建立以质量为导向的业绩评价、薪酬及晋升的政策和程序，并要求主任会计师对质量控制制度承担最终责任。健全完善质量控制制度是保证会计师事务所及其业务人员遵守法律法规、职业道德规范以及执业技术准则的基础。

● 13.3　非审计服务与审计质量控制

会计师事务所向其客户提供非审计服务是否影响审计质量的问题，自从20世纪80年代以来就受到西方审计职业界以及相关管理层的关注。安然事件之后，这一问题再次引起世界各国更为广泛的关注与讨论。美国2002年通过的Sarbanes-Oxley法案和美国证券交易委员会（SEC）在其最近通过的"加强委员会对审计师独立性的要求"中都对此问题予以高度的关注。

13.3.1 相关争论

在美国，证券交易委员会（SEC）早就打算严格限制审计师非审计业务范畴。1999年，当时的 SEC 主席阿瑟·利维特曾主张对会计师事务所同时提供审计鉴证和咨询服务给予限制，遭到 AICPA 和"五大"的激烈反对。职业界认为，开展管理咨询服务可以提高审计的效益和审计质量。首先，管理咨询有助于会计师了解客户的经营活动和交易情况，从而能够更好地选择审计程序，有助于提高审计工作的效率，节约审计成本；反过来，通过审计服务也能为管理咨询积累可靠的资讯。其次，与仅仅着眼于财务报表的审计有明显不同，管理咨询服务是以市场需求为导向的，能为企业提供增值服务，因而深受客户欢迎，事务所当然不会放过这一增加收入的新增长点，都积极扩展服务范围和领域，使事务所拥有更坚实和广阔的财务基础，从而更有能力承受失去某一个别客户造成的损失，从总体上说，更有利于在甄别审计客户中舍弃那些风险较大的不够诚信的客户，从而更有利于加强审计独立性。最后，审计工作需要优秀的审计师，同时也需要其他专家，包括贸易、金融、税收、保险精算、信息技术方面的专家。没有这些技术专家就无法提供有效且高质量的审计服务，多元化的管理咨询服务能够使审计师在审计上很方便地得到本所专家的技术支持，更有利于审计质量控制。显然，上述的论据都是以审计师和会计师事务所能勤勉尽责、独立客观公正地完成其社会责任为前提的，而实际情况绝非这样单纯和理想。

13.3.2 安然事件之后的情况

安然和安达信事件暴露后，形成了强大的新的冲击波，人们对同时兼营安然公司的审计和咨询业务的安达信提出了种种质疑和责难。他们认为，上市公司选择某一外部审计公司，可能就是为了使用其咨询业务，而管理咨询的巨额收入使审计师们失去了挑战管理层的勇气。以安达信为例，它向安然公司的收费在 2000 年度高达 5 200 万美元，其中一半以上（2 700 万美元）为咨询收入。在世通和安达信事件中，2000 年安达信向世通公司收取的费用中，咨询等费用接近 1 200 万美元，审计费仅为 230 万美元，非审计收费高达审计收费的 5.2 倍。1999 年普华永道只有 40% 的业务收入来自审计业务，其余收入大多源自管理咨询、税务咨询业务。由此可见，大型会计师事务所日益依赖非审计业务收入，已成为一个普遍现象。

对于这一现象，德勤的全球 CEO 科普兰反驳说，如果只看对事务所支付的咨询和审计费比例，咨询费确实是一个很大的数目，但是如果考虑上市公司向外部购买专业服务的总费用，他们付给外部审计服务方面的咨询费仅占总费用很小的比例，例如，在审计和咨询分拆前，AT&T 每年从外部购买的专业服务价值达 20 亿美元，其中，花费的咨询费仅为 8 000 万美元。因此他认为，咨询并不会影响审计的独立性。然而，公众的担心显然没有消除，在他们看来，咨询业务如此丰厚的回报，事务所能在审计中以超然独立的立场发表不偏不倚的审计意见吗？甚或，事务所能不在咨询和审计服务中与客户沆瀣一气、共同造假吗？在一片哗然的谴责浪潮中，确保审计质量不受影响、提高审计师的审计独立性已成为对会计职业监管体制改革的当务之急、重中之重。

在这一背景之下，美国国会于2002年7月通过的《萨班斯-奥克斯利法案》（Sarbanes-Oxley Act of 2002）和SEC的新法规规定，审计师在向证券发行人提供审计服务的同时不得提供部分非审计服务。新法规允许审计行业保留部分税务服务，即在获得上市公司审计委员会批准的前提下，审计师可以继续提供依法纳税、纳税计划、纳税建议等税务服务。2002年1月，美国审计总署也宣布，禁止会计师事务所为政府部门和接受政府部门资助的私营组织同时提供审计和咨询服务。

在政府监管部门和资本市场的巨大压力下，上市公司处于两难的境地，要么只能使用某一事务所的咨询，要么只能聘用其审计。为了不令客户处于两难的境地，2002年1月，普华永道和毕马威率先表示，虽然不相信提供非审计服务会产生独立性问题，但为了重新赢得公众信心，维护行业的诚信，支持禁止为同一家审计客户提供IT咨询和内部审计服务，并主张拆分咨询服务。安永也随即表示支持这一决定。虽然起初德勤坚决反对这种禁止，还表示不会考虑拆分咨询业务，但仅在一周之后，德勤就改变了立场，表示愿意拆分咨询业务。

在面对要求注册会计师行业提高服务质量的巨大压力下，禁止同时对一家客户提供审计和其他咨询服务的趋势可能已不可避免。但目前美国的法规将同时提供审计与咨询服务的禁止范围只限定在上市公司，没有禁止事务所向非上市公司同时提供这两种服务。在我国，《中国注册会计师职业道德守则》（自2010年7月1日起施行）第4号中专门提出了"为审计客户提供非鉴证服务"（第十二章），《中国注册会计师职业道德守则问题解答》（自2015年1月1日起施行）中具体阐述了注册会计师如何更好地运用职业道德守则，解决实务问题，防范执业风险。业内外人士中有人认为，我国中介市场原本就已被分割过细，会计师事务所业务单一，过于集中在鉴证业务，审计师基本上只具备财务和会计的背景知识，使审计师对客户经营活动的了解极为有限，事务所业务的局限性和审计师知识和技能背景的局限性，反而会增加审计风险。因此他们主张，在我国不宜过早和过严地阻止事务所业务多元化，适度开展咨询业务，有利于事务所更了解客户，更好地把握审计风险。

【相关链接13-7】

中国注册会计师职业道德守则第4号——审计和审阅业务对独立性的要求

第十二章　为审计客户提供非鉴证服务

第一节　一般规定

第九十二条　会计师事务所向审计客户提供非鉴证服务，可能对独立性产生不利影响，包括因自我评价、自身利益和过度推介等产生的不利影响。

第九十三条　本守则并未涵盖会计师事务所向审计客户提供的所有非鉴证服务。当遇到本守则未列举的非鉴证服务时，注册会计师应当运用独立性概念框架予以解决。

第九十四条　在接受委托向审计客户提供非鉴证服务之前，会计师事务所应当确定提供该服务是否将对独立性产生不利影响。在评价某一特定非鉴证服务产生不利影响的严重程度时，会计师事务所应当考虑审计项目组认为提供其他相关非鉴证服务将产生的不利影响。如果没有防范措施能够将不利影响降低至可接受的水平，会计师事务所不得向审计客户提供该非鉴证服务。

第九十五条　向审计客户提供某些非鉴证服务可能对独立性产生非常严重的不利影响，导致没有防范措施能够将其降低至可接受的水平。如果无意中向客户的关联实体或分支机构，或者针对财务报表项目提供了这些非鉴证服务，会计师事务所应当采取下列补救措施将不利影响降低至可接受的水平，以避免损害独立性：

（一）由其他会计师事务所对客户的关联实体、分支机构或财务报表项目进行审计；

（二）由其他会计师事务所重新执行非鉴证服务，并且所执行工作的范围能够使其承担责任。

第九十六条　会计师事务所通常不向审计客户的下列关联实体提供本守则限制的非鉴证服务：

（一）不是会计师事务所的审计客户，但能够直接或间接控制审计客户的实体；

（二）不是会计师事务所的审计客户，但在审计客户中拥有直接经济利益的实体，该实体能够对审计客户施加重大影响，并且经济利益对该实体重大；

（三）不是会计师事务所的审计客户，但与审计客户处于同一控制下的实体。

如果有理由认为同时满足下列条件，会计师事务所可以向上述关联实体提供非鉴证服务：

（一）向上述关联实体提供的非鉴证服务的结果不构成实施审计程序的对象，该服务不因自我评价产生不利影响；

（二）已采取防范措施将非鉴证服务所产生的任何不利影响予以消除，或将其降低至可接受的水平。

第九十七条　如果审计客户成为公众利益实体，在同时满足下列条件时，会计师事务所向其提供非鉴证服务不会损害独立性：

（一）以往向该实体提供的非鉴证服务符合本守则有关向非公众利益实体提供非鉴证服务的规定；

（二）在客户成为公众利益实体之前终止，或之后尽快终止本守则不允许向公众利益实体提供的非鉴证服务；

（三）在必要时已采取防范措施消除对独立性产生的不利影响，或将其降低至可接受的水平。

【相关链接 13-8】
中国注册会计师职业道德守则问题解答（2015 年 1 月 1 日起施行）（节选）

1. 在运用职业道德概念框架时，针对中国注册会计师职业道德守则（以下简称"职业道德守则"）中的禁止性规定，比如，禁止会计师事务所与其审计客户存在某些利益或关系，或禁止向审计客户提供某些非鉴证服务，注册会计师能否通过采取防范措施将可能产生的不利影响降低至可接受的水平，从而能够保持该利益或关系，或者提供该服务？对禁止性规定的遵循是否可考虑会计师事务所的规模大小？另外，对于职业道德守则并未禁止的利益、关系或服务，是否意味着它们是被允许的？

答：上述三个问题，答案都是否定。职业道德守则中的禁止性规定来源于对职业道德概念框架的运用，即，针对被禁止的利益、关系或服务，已经运用职业道德概念框架进行考虑并得出如下结论：没有防范措施可以有效消除相关不利影响或将其降低至可接受的水平。因此，无论会计师事务所规模大小，注册会计师都不可能通过采取防范措施将可能产生的不利影响降低至可接受的水平，因而应当严格遵守职业道德守则中的禁止性规定。

同样，职业道德守则中并未禁止的利益、关系或服务，并不意味着它们是被允许的，需要运用职业道德概念框架进行评估。如果对独立性产生的不利影响超出可接受的水平，则必须采取防范措施。如果无法通过防范措施将不利影响降低至可接受水平，则会计师事务所和注册会计师不应拥有该利益或关系，或不能提供该服务；只有采取防范措施将不利影响降低至可接受水平，该利益、关系或服务才是被允许的。

21.根据职业道德守则第4号第十二章的规定，注册会计师在确定能否向审计客户提供某项非鉴证服务时，需要考虑该项服务是否对财务报表产生重大影响。注册会计师应当如何确定影响的重大程度？

答：需要参考审计准则的相关规定。《中国注册会计师审计准则第1221号——计划和执行审计工作时的重要性》对注册会计师在计划和执行财务报表审计工作时运用重要性概念进行了规范。该准则要求注册会计师应当确定财务报表整体的重要性。但是根据该准则，如果一个或多个特定类别的交易、账户余额或披露，其发生的错报金额虽然低于财务报表整体的重要性，但合理预期可能影响财务报表使用者依据财务报表作出的经济决策，注册会计师还应当确定适用于这些交易、账户余额或披露的一个或多个重要性水平。在这种情况下，如果拟承接的非鉴证服务与这些特定类别的交易、账户余额或披露有关，则注册会计师应当运用该重要性水平。

26.职业道德守则第4号第十三章第一百六十条禁止对财务报表发表审计意见的会计师事务所向审计客户就非鉴证服务收取重大的或有收费。如何理解"对财务报表发表审计意见的会计师事务所"？

答：职业道德守则第4号第二章第十条规定，除非另有说明，会计师事务所包括网络事务所。"对财务报表发表审计意见的会计师事务所"一词旨在阐明，在此情形下，应衡量的是或有收费对该事务所本身的影响是否重大，而不是对网络事务所的影响是否重大。关于网络事务所的内容在职业道德守则第4号第十三章第一百六十条（二）中进行了阐述。

28.职业道德守则第4号适用于审计或审阅业务，并针对公众利益实体作出了额外的规定。职业道德守则第5号适用于其他鉴证业务，但并未针对公众利益实体作出额外规定。当注册会计师向公众利益实体执行其他鉴证业务时，应当执行哪些规定？

答：职业道德守则第5号适用于审计或审阅以外的所有其他鉴证业务客户，无论其是否为公众利益实体。如果会计师事务所还为该客户提供审计或审阅服务，则同时适用职业道德守则第4号。

［总结与结论］

本章主要讨论了目前业内外人士极为关注的审计质量问题。在介绍审计质量的定义及其特征的基础上，本章从不同角度分析了影响审计质量的各种内外部要素，探讨了职业界及政府监管部门对提高审计质量所实施的各种控制措施，并比较说明了控制审计质量的各种对策办法。同样，作为审计的主体，会计师事务所必须研究如何提高审计质量，建立适合自身特点的质量控制体系。最后，介绍了世界各国审计质量控制规范的各种构成要素，并进行了简要的比较分析。

［练习题］

★ 讨论题

1.建立健全审计质量控制系统一般应考虑哪些方面的因素？

2.会计师事务所为什么必须审慎选择客户？

★ 案例分析题

AB会计师事务所是一家中小型事务所，自脱钩改制后，主要业务是中小企业委托的资产评估、验资，管理层的主要精力在争揽客户上，并制定了员工争揽业务的奖励措施。AB会计师事务所的签字注册会计师多数是离退休企业财务人员或离退休财政、审计机关工作人员。这些人不同程度地存在着业务知识老化，业务操作手段原始，如对资产重组、股份制改造、债务重组、合并会计报表及关联方交易等新业务不熟悉，对新颁布的会计、审计准则不能迅速掌握，不会使用计算机等。AB会计师事务所没有固定的工作委派程序，主要视项目数量和进展情况灵活调动。工作委派比较随意，一般由部门经理自由安排。由于业务量与工资挂钩，一般是谁招揽来的项目，谁就要参加。在委派审计工作时，全所缺乏统筹安排，责任不清晰。

若AB会计师事务所尚未制定审计质量控制制度，你认为在制定审计质量控制制度时，哪些方面应特别关注？

★ 补充阅读材料

1.刘汝焯.计算机审计质量控制模型［M］.北京：清华大学出版社，2016.

2.刘桂春.内部控制、会计信息与审计质量［M］.上海：立信会计出版社，2013.

3.常勋，黄京菁.会计师事务所质量控制［M］.大连：东北财经大学出版社，2004.

4.张连起.会计师事务所质量控制［M］.上海：上海财经大学出版社，2003.

5.冯均科.注册会计师审计质量控制理论研究［M］.北京：中国财政经济出版社，2002.

6.王会金：论审计质量控制体系［J］.江苏审计，2003（10）.

7.中国注册会计师审计准则，自2018年1月1日起施行.

8.中国注册会计师职业道德守则问题解答，自2015年1月1日起施行.

9.中国注册会计师职业道德守则，自2010年7月1日起施行.

第4编

舞弊审计与其他服务

第 14 章

舞弊审计

[学习目标]

1. 理解舞弊和舞弊审计的概念；
2. 领会管理舞弊和财务报表舞弊的风险信号以及管理舞弊的主要手段；
3. 掌握了解程序、分析程序、询问程序、实地调查程序在舞弊审计中的应用；
4. 掌握如何对管理层逾越内控行为执行专门测试；
5. 掌握舞弊审计报告的基本要素和格式。

14.1 舞弊和舞弊审计

舞弊是审计学中的永恒主题，审计自从其诞生开始就与舞弊存在着紧密的联系。从古埃及法老时代直到 20 世纪初，查找会计系统的舞弊一直是审计的基本职能。在蒙哥马利《审计：理论与实务》一书中将查错纠弊确定为审计的主要目标。随着社会经济环境的变迁，传统的详细账目审查已不可能，审计方法从账项导向审计逐步发展为内控导向审计。此时，审计师的工作重点从查错防弊转为对财务报表的公允表达。但是，舞弊现象的蔓延使审计师不断陷入公众信任危机。20 世纪 60 年代后期，审计期望差距逐渐拉大，促使审计职业界不得不重新审视审计与舞弊的关系问题。近年来，一系列重大公司管理舞弊案的发生，使舞弊及其审计问题受到了审计职业界的普遍重视。舞弊审计成为审计职业界的热点问题之一。在美国，针对白领阶层滥用资产、挪用和侵占公款等舞弊现象的屡屡发生，还专门成立了全美注册舞弊审核师协会（National Association of Certified Fraud Examiners），建立了注册舞弊审核师考试制度。近年来，针对企业舞弊的侦查与防范，一门"舞弊审计学"（fraud auditing）应运而生。

14.1.1 舞弊的定义及种类

有关舞弊的定义有多种。美国密歇根州刑法的定义为："舞弊是一个总括的概念，它包括多种多样人类独创的欺骗方法——个体用它从他人处得到利益。"美国注册会计师协会（AICPA）在其 2002 年发布的第 99 号《审计准则公告》中对舞弊的定义是："舞弊是一种有意识的行为，通常涉及故意掩藏事实。"澳大利亚新南威尔士州反腐败独立委员会（ICAC）认为："舞弊是一种用欺骗性手段、不诚实地获取财物或其他利益的犯罪行为，这种利益可能是直接的，也可能是间接的。"国际内部审计师协会（IIA）在其1993年发布的《内部审计实务标准》中将舞弊定义为："舞弊包含一系列故意做的不正当和非法欺骗行为，这种行为是由一个组织外部或内部的人来进行的。"2005年，IAASB发布了第240号审计准则《审计师在财务报表审计中关于舞弊考虑的责任》。该准则指出，舞弊是指被审计单位的管理层、治理层、雇员或第三方使用欺诈手段获取不当或非法利益的故意行为。《中国注册会计师审计准则第1141号——财务报表审计中与舞弊相关的责任》对舞弊的定义与IAASB发布的国际审计准则中的定义一致。

对于独立审计而言，舞弊通常指的是公司舞弊。综合上述定义，可以将公司舞弊划分为以下几类：

（1）管理舞弊（management fraud）与雇员舞弊（employee fraud）

按涉及舞弊人员在公司内部的级别，可将舞弊划分为管理舞弊与雇员舞弊。管理层舞弊是管理层蓄谋的舞弊行为，它主要通过发布带有误导性或严重歪曲事实的财务报告来欺骗投资者、债权人、政府及社会公众等外部利益团体。雇员舞弊是公司的内部雇员以欺骗性手段不正当地获取组织的钱财或其他财产的行为，如挪用、盗窃、索取回扣等，这种舞弊一般使公司利益受到了损害。

（2）财务报告舞弊（fraudulent financial reporting）与侵占资产（misappropriation of assets）舞弊

按舞弊是否涉及财务报告，可以将舞弊分为财务报告舞弊和侵占资产舞弊。财务报告舞弊对财务信息作出虚假报告，可能源于管理层通过操纵利润误导财务报表使用者对被审计单位业绩或盈利能力的判断。对财务信息作出虚假报告的动机主要包括：

①迎合市场预期或特定监管要求；

②牟取以财务业绩为基础的私人报酬最大化；

③偷逃或骗取税款；

④骗取外部资金；

⑤掩盖侵占资产的事实。

简而言之，财务报告舞弊是管理层为了欺骗财务报告使用者而对财务报告中列示的数字或其他解释进行的有意识的错报，涉及故意谎报某些财务价值、增加获利能力的假象等。财务报告舞弊一般与管理层舞弊有关。公司高级管理人员进行财务报告舞弊，希望能从舞弊中得到个人的好处。

侵占资产是指被审计单位的管理层或员工非法占用被审计单位的资产，其手段主要包括：

①贪污收入款项；

②盗取货币资金、实物资产或无形资产；

③使被审计单位对虚构的商品或劳务付款；

④将被审计单位的资产挪为私用。

侵占资产通常伴有虚假或误导性的文件记录，其目的是隐瞒资产缺失或未经适当授权使用资产的事实。简而言之，侵占资产舞弊是指非法占用被审计单位的资产。

（3）组织舞弊（organizational fraud）与职务舞弊（occupational fraud）

按舞弊的性质可将舞弊分为组织舞弊和职务舞弊。组织舞弊是由组织进行的损害外部利益团体的舞弊行为，如偷逃税、发布虚假财务信息、窃取商业机密、虚假广告等，目的是为企业谋取利益，因而属于管理舞弊的范畴，常用的手段是编制舞弊性财务报告；职务舞弊则是指由组织内员工利用工作机会并针对组织自身或组织外部的舞弊，如贪污、挪用等，是为谋取个人利益而损害企业利益的行为，常用的方式一般是侵占资产，但也常常涉及舞弊性财务报告。

14.1.2　舞弊审计的概念

对舞弊审计的概念，各国审计准则都没有作出明确界定。从社会公众对舞弊审计的需求看，舞弊审计可以分为以下三个层次：

（1）内部控制审计（internal control auditing）。内部控制审计属于舞弊防范的范畴，因为内部控制是企业反舞弊机制的重要组成部分，内部控制的薄弱提供了滋生舞弊的企业环境。内部控制审计是指审计师接受专门委托，对被审计单位特定日期的内部控制设计和运行的有效性进行审计，并发表审计意见。内部控制审计可区分为两种情况：①审计和报告被审计单位与财务报表相关的内部控制；②执行商定的与内部控制效果有关的其他程序。内部控制审计的目的是评估内部控制的设计与运行效果，可以帮助管理层从源头上制止舞弊。

（2）舞弊关注审计（fraud awareness auditing）。2002 年 10 月 15 日美国的《审计准则第99 号——财务报表审计中对舞弊的关注》（SAS No. 99）发布以后，理论界对舞弊审计的讨论大多是围绕 SAS No. 99 或以其为根据进行的。关于审计师对舞弊的责任，SAS No. 99中指的是财务报表审计中对舞弊的审计责任。所以，舞弊关注审计是指审计师在接受委托执行财务报表审计时，应当关注舞弊发生的可能性，从而对财务报表不存在重大错报提供合理保证。舞弊关注审计是财务报表审计必不可少的组成部分，它的目标是确定舞弊对审计风险的影响以及对财务报表合法性和公允性的影响，以保证发表正确的审计意见。

（3）舞弊专门审计（fraud specific auditing）。严格说来，舞弊专门审计应该属于商定程序的范畴。商定程序一般是指由委托人和会计师事务所之间商讨确定的、由审计师实施的一些程序。在舞弊专门审计中，审计师接受委托对特定信息执行与委托人或业务约定书中所指明的其他报告使用人商定的程序，并就执行的商定程序及其结果出具报告。舞弊专门审计的审查范围和提供保证的程度都取决于商定的结果。舞弊专门审计具体可分为两种情形：①后馈性舞弊审计（reactive fraud auditing），或称舞弊审核（fraud examination），是指审计师（或舞弊审核师）依据法律、犯罪学以及各种组织舞弊或职务舞弊的知识，设计相应的审核程序以证实或解除舞弊怀疑（或称舞弊断言，fraud predication）。舞弊断言是指经过专业训练的审核师认为舞弊已经、正在或将要发生的情形（比如抱怨、迹象、短缺等）。舞弊审核通常涉及司法诉讼。②前馈性舞弊审计（proactive fraud auditing），是指在并未发现舞弊迹象的情况下进行的审计。这通常涉及两个过程：对企业舞弊风险进行识别和评估；经批准就已识别的舞弊开展舞弊调查，确认舞弊事实并出具审计意见。舞弊专门审计是前二者的结合和扩展，不仅需要识别和评估舞弊风险（包括内部控制评估），还需进行舞弊调查，通常也涉及司法行动的协助和内部控制的建议。

舞弊关注审计和舞弊专门审计都不同于一般的财务报表审计，将舞弊审计和财务报表审计完全割裂开来的观点也是错误的。舞弊关注审计是财务报表审计的必要组成部分，舞弊专门审计是建立在财务报表审计基础上的。财务报表审计是以公允性为目的，按照独立审计准则设计并执行相关的审计程序，而舞弊审计是以发现舞弊行为为目的的。一般说来，只要严格遵守审计准则，执行充分的审计程序，审计师是能够揭示舞弊行为的。但是，由于公司舞弊水平的不断提高和舞弊人员反侦察意识的不断增强，按照一般财务报表审计要求执行的审计程序在日益复杂和隐蔽的舞弊行为面前有时又显得无能为力。关于舞弊审计中有效的程序和技巧将在后面的内容中专门介绍。同时，在审计的思维方式、对审计师素质的要求等方面，舞弊审计也不同于一般的财务报表审计，比如，舞弊审计要求审计师恰当运用心理学的知识，并具备较高的舞弊侦察技能。

鉴于近年来频发的审计失败案件给社会造成的巨大损失，以及由此导致的信任危机，各个国家和国际审计准则制定机构和组织纷纷加强审计师在财务报表审计中对于舞弊的考虑要求。例如，IAASB No. 240准则要求审计师在整个审计过程中以职业怀疑态度计划和实施审计工作，充分考虑由于舞弊导致财务报表发生重大错报的可能性。在财务报表审计中充分利用舞弊审计的思维和技术，保持高度的职业怀疑态度将更加有助于实现审计目标，舞弊审计融入财务报表审计中已逐渐成为大势所趋。

● 14.2　关注和识别舞弊风险因素

为了更有效地揭示舞弊，必须分析舞弊产生的原因，即产生舞弊风险的因素。国际审计准则和美国审计准则都强调了审计师应该特别关注舞弊产生的主要条件及根源，并要求在审计计划阶段，审计小组成员集体讨论管理层舞弊的可能性，就被审计单位最有可能在哪些方面发生舞弊以及最有可能以何种方式舞弊交换意见，并在整个审计过程中始终保持职业怀疑态度，识别和评估舞弊导致重大错报的可能性。在整个审计过程中，审计小组成员应当持续交流对舞弊可能导致的重大错报的风险评估及其应对程序的信息。

【相关链接 14-1】

舞弊理论

有关企业舞弊动因的理论较多，比较典型的有GONE理论、冰山理论和舞弊三角理论。

（1）GONE理论

G. Jack Bologua、Robert J. Lindquist 和 Joseph T. Wells 在 1993 年提出了"GONE"理论，认为影响舞弊发生与否的因素包括贪婪（greed）、机会（opportunity）、需要（need）和暴露（exposure）。在GONE理论中，贪婪超出了其本来的含义而被引申为道德水平的低下，与个体因素有关，同时客观的社会价值观、道德环境也对它产生影响；机会是实现舞弊行为的可能的途径与手段，机会不可能完全消除，只能尽力防范以确保这种风险要素低于一定水平；需要是指个体进行舞弊的动机和理由，如实现自我价值的需要、获取资本的需要等；暴露包含两部分的内容，一是舞弊行为被发现、揭露的可能性，二是对舞弊者惩罚的性质及程度。可以看出，贪婪和需要更大程度上与个体有关，而机会和暴露则属于环境因素。四个因素结合在一起互相作用，就决定了舞弊风险的水平。

以 GONE 理论为基础，毕马威公司基金会研究发现，舞弊是由下列三个最基本的因子共同作用造成的，即环境的压力、舞弊的机会、个人（潜在舞弊者）的品性。

（2）冰山理论

冰山理论把舞弊的原因形象地比作海面上漂浮的冰山。海面上的部分是舞弊的结构部分，包括效率衡量措施、等级制度、财务资源、组织目标、技术状况等，这只是冰山的一角；海平面以下的部分是舞弊行为部分，包括态度、感情、价值观、鼓励和满意等，这是更为庞大和危险的部分。舞弊结构上的内容实际上是组织内部管理方面的，是客观存在的，每个人都能看到。但舞弊行为上的内容是更主观化、个性化的，如果刻意掩饰，将很难察觉到。根据这个理论，已识别的舞弊风险远小于未识别的舞弊导致的重大错报风险。

（3）舞弊三角理论

舞弊三角理论是由美国研究舞弊问题的会计学家 W. Steve Albrecht 1995 年提出的，他认为舞弊三角形的三个顶点是"压力、机会和自我合理化"，也就是说，舞弊是压力、机会和自我合理化的综合结果。压力因素是舞弊者的行为动机，可分为四类，即财务压力、恶习、与工作有关的压力、其他压力。机会因素是能够进行舞弊而不被发现或者不被惩罚的时机，包括控制措施的缺乏、无法评价工作质量绩效、缺乏惩罚措施、信息不对称、无能力察觉舞弊行为、无审计轨迹等。自我合理化是指舞弊者能够为自己的行为找到合理的理由，是个人的道德价值判断。雇员舞弊的理由通常有：这是企业欠我的；我仅仅是借用的；没有人从我的行为中受到损害。管理舞弊的理由通常包括：我也是为了企业的利益、度过困难期等。AICPA 的 SAS No. 99 根据舞弊三角理论提出了舞弊风险因素的三个方面，即动机/压力（incentive/pressure）、机会（opportunity）、对舞弊态度/行为合理化解释（自我合理化）（attitude/rationalization）。

上面三个理论从不同角度分析了舞弊风险因素。归纳起来可以将其概括为两大因素，即内因和外因。内因属于个体主观因素，如私欲膨胀、低劣的价值观念、为自己开脱的态度等；外因属于环境因素，如环境的压力、舞弊的机会、惩罚力度不够、内部控制不完善等。内因是根源，而外因是条件，外因比较容易察觉，而内因更具隐蔽性，因此，审计师不仅应把工作重点放在环境和结构方面，对内部控制、内部管理进行评价，更应当注重个体行为方面，充分运用职业判断来分析和挖掘人性方面的舞弊风险。

14.2.1 了解舞弊发生的信号

利用舞弊动因理论，审计师可从以下方面考虑舞弊的发生：①舞弊的动机或压力；②舞弊的机会；③对舞弊行为的合理化解释。IAASB No. 240 将审计师在了解被审计单位及其环境时识别的、表明存在舞弊动机及压力或机会的事情或情况称为舞弊风险因素。实务中，舞弊风险因素有着不同的称谓和各种表现形式，难以穷尽。无论如何，如果在审计过程中发现类似情形，审计师应当予以高度关注。以美国"五大"（现为"四大"）会计师事务所之一的 Coopers & Lybrand 为例，该公司列举了29个警讯，以提醒审计师及公司监察人的注意。其中比较重要的一些警讯如下：

（1）现金短缺、负的现金流量、营运资金及/或信用短缺，影响营运周转；

（2）融资（包括借款及增资）能力降低，营业扩充的资金来源只能依赖盈余；

（3）为维持现有债务的需要必须获得额外的担保品；

（4）订单显著减少，预示未来销售收入的下降；

（5）成本增长超过收入或遭受低价进口品的竞争；

（6）对遭受严重经济压力的顾客，收回欠账有困难；

（7）发展中或竞争产业对新资金的大量需求；

（8）对单一或少数产品、顾客或交易的依赖；

（9）夕阳工业或濒临倒闭的产业；

（10）因经济或其他情况导致的产能过剩；

（11）现有借款合约对流动比率、额外借款及偿还时间的规定缺乏弹性；

（12）管理层严格要求主管达成预算的倾向；

（13）迫切需要维持有利的盈余记录以维持股价；

（14）管理层不向审计师提供为澄清及了解财务报表所需的额外资料；

（15）主管有不法前科记录；

（16）存货大量增加超过销售所需，尤其是高科技产业的产品过时的重大风险；

（17）盈余品质逐渐恶化，例如，折旧由年数总和法改为直线法而欠缺正当理由。

舞弊审计中，管理舞弊和财务报告舞弊具有典型性和代表性，表14-1列示了在这两类舞弊审计中，审计师应当高度关注的舞弊信号。

表14-1　　　　　　　　　　　　管理舞弊和财务报告舞弊的舞弊信号

管理舞弊	
（1）管理层	①管理层过度关注保持或提高公司股价或收益趋势。当管理层关注的焦点是利润或股价而不是企业核心竞争能力时，说明可能存在虚增业绩或操纵股价，财务报告舞弊的可能性显著增加
	②管理层对内控认识不足，企业决策的制定由一个人或少数几个人垄断或把持，公司治理结构流于形式，管理层约束机制失效。管理层理应重视建立有效的内控和监督机制，如果过分忽视内部控制和监督的作用，可能会导致舞弊行为或者是为了更好地掩饰舞弊行为
	③管理层与当前或前任审计师关系紧张。例如，频繁更换审计师且不作充分的信息披露；要求在极短时间内完成审计，限制审计师接触有关人员、资料；不尊重审计师等等。这些情况与管理舞弊存在很大的相关性
	④管理层的诚信存在明显问题。例如，管理层对询问事项予以防备或狡辩；股东与管理层的诉讼；管理层曾经有不诚实的记录或在业界的声誉不佳；管理层经常从事内幕交易；管理层倾向于采用不稳健的会计政策和不适当的冒险做法
	⑤高管层低报酬甚至不领取报酬。从表面上看高管层低报酬与舞弊无关，事实上往往是因为政企不分，或者上市公司与控股公司不分，这样的公司舞弊可能性较高

（2）经营或财务	①组织机构复杂或不稳定，且复杂的程度不合理。从已公布的上市公司舞弊案来看，设立为数众多的分支机构是多数舞弊公司的共同特点 ②存在重大的异常交易。关联方交易、非常交易、资产重组业务等都是管理舞弊中非常重要的手段。这些业务的交易过程往往非常复杂，交易的真实性和计价的公允性很难确定，舞弊风险非常高 ③与同行业对比增长过高或存在非常收益。琼民源是这方面的典型，1996 年与 1995 年相比，销售额增长 3.62 倍，利润总额和净利润却分别增长 848 倍和 1 290 倍，超常增长的背后必然存在舞弊 ④经营净现金流量为负，净收益为正或持续上升。这说明企业利润质量极低，很可能是玩弄资产重组、关联方交易而取得巨额非经营收益的结果，其报告的可信性值得怀疑 ⑤存在筹资等动机或巨大压力。为获得信用机构的信贷资金或其他供应商的商业信用，财务状况和经营业绩欠佳的企业可能需要对财务报表进行粉饰。对上市公司来说，为满足法定发售新股或增配股的条件以达到融资目的、避免被 ST 或 PT、摘掉 ST 或 PT 的帽子，有粉饰财务报表的动机是非常可能的 ⑥财务方面出现了可能导致持续经营能力受到重大影响的迹象。比如，累计经营性亏损数额巨大；资不抵债；营运资金出现负数、经营活动产生的现金流量净额为负数；存在因对外巨额担保等或有事项引发的或有负债等等。出现上述这些情况时，企业的正常生产经营很可能会受到影响，如果影响巨大，势必会关系到企业能否正常经营或存续，此时管理层舞弊的倾向会明显增加 ⑦行业竞争异常激烈或公司利润率迅速下滑

财务报告舞弊

①分析程序揭示的重大波动，这种波动无法得到合理解释。例如，异常的账户金额、实际存货数量异常变动、异常的存货周转率

②未加解释的提高利润的业务。例如，当经营状况恶化时，企业可能着手资产负债表业务（如出售资产或将负债资本化）以实现阶段性的利润

③引起销售增长的应收账款非正常增长。这表明公司可能放松其信用政策或人为地塞满销售渠道，以记录当期收入

④引起销售增长的库存非正常增长。如果库存的增加是由产成品存货增加而引起的，那么这是企业产品需求量下降的信号，表明企业可能被迫削价（即减少盈利）或减记库存价值。如果原材料增加，那么表明生产和采购的效率低下，将导致销售货物的成本增加（即减少盈利）

⑤企业披露的收入和营业现金流量之间的差距扩大。若权责发生制会计数据与现金流量不一致是正常的，那么公司会计政策保持不变时，两者之间的关系通常是稳定的。所以，利润和营业现金流量之间的关系发生任何变化时，都可能表明企业应计算其中的细微变化

⑥企业会计利润与纳税所得之间的差距扩大。企业会计利润与纳税所得之间差距的扩大表明企业提供给股东的财务报告变得越发激进了。例如，假设保修费用在财务报表中是根据权责发生制计算的，但在税务报表中却是根据收付实现制记录的。除非企业的产品质量发生很大变化，这两个数据之间关系应当是稳定的。所以，这种关系若发生变化，则表示产品质量变化很大，或财务报告估算正在发生变动

⑦未预计到的大量资产注销。这表明管理部门在将变化的经营环境并入企业会计核算过程中，动作缓慢。对经营环境的变化未能充分预计也会造成资产注销

⑧资产负债表日前后的交易或账项调整。如果企业的管理部门不愿意在中期报表中作出恰当的会计估算（比如估计无法收回的应收账款额），那么不得不迫于外部审计师的压力在年终作出调整。所以，经常性的第四季度调整表明企业在中期报告中激进的倾向

⑨会计政策与会计估计变更。上市公司利用会计政策与会计估计变更操纵利润的做法相当普遍，尤其是经营状况恶化时，比较典型的是改变长期股权投资的核算方法和财务报表的合并范围

14.2.2 管理舞弊的主要手段

管理舞弊通过粉饰经营业绩或者财务状况，实现财务报表的粉饰，并以粉饰过的财务报表误导财务信息使用者。审计师应当首先关注财务报表错报的高风险领域，以识别可能存在管理舞弊的区域。从我国目前上市公司的情况看，下列业务往往是财务报表错报风险非常高的领域：

（1）关联方交易。某些上市公司通过关联方交易将巨额亏损转移到不需审计的关联企业，从而隐瞒其真实的财务状况。还有一些上市公司则与其关联企业杜撰一些复杂交易，单从会计方法上看，其利润的确认过程完全合法，但它却永远不会实现。例如，已受处罚的琼民源公司，其5.4亿元的非常收益和6.57亿元的新增资本公积金就是通过关联方交易取得的。

【实例14-1】

振隆特产招股说明书造假 签字会计师遭警告处罚

根据证监会行政处罚决定书〔2016〕107号和〔2017〕22号，振隆特产IPO审计失败，证监会决定对该项目签字注册会计师侯立勋、肖捷进行警告并处以罚款。

一、虚假招股说明书"曝光"

2013年至2015年振隆特产向证监会报送过4次招股说明书，2014年4月23日将招股说明书申报稿在证监会网站预先披露。该4份招股说明书均存在虚假记载。

1.2012年至2014年虚增销售收入和利润

2.2012年至2014年虚增存货少结转销售成本，虚增利润

3.虚假披露主营业务情况

二、瑞华所尚未勤勉尽责

瑞华所作为振隆特产IPO审计机构，对振隆特产2012年、2013年及2014年财务报表进行审计并出具了标准无保留意见的审计报告，审计收费130万元。瑞华所在审计过程中未勤勉尽责，其所出具的审计报告存在虚假记载。具体违法事实如下：

1.瑞华所对振隆特产2012年至2014年与营业收入相关的项目进行审计时未勤勉尽责

（1）瑞华所未保持应有的职业怀疑，未充分关注境外销售合同的异常情况

瑞华所在对振隆特产2012年至2014年营业收入进行审计时，振隆特产提供的与各个境外销售客户签订的合同的格式大致相同，合同中缺少对外贸易合同的一些基本要素。瑞华所在审计时发现振隆特产在2012年前后使用的外销合同格式不一样，但未保持应有的职业怀疑，特别是在2013年及2014年营业收入存在舞弊导致的重大错报风险的情况下，对上述异常情况未予以充分关注。

（2）未对函证保持控制

瑞华所在对振隆特产2012年至2014年财务报表进行审计时，对大部分销售客户（包括大部分境外销售客户）期末应收账款余额及当期销售金额进行了函证。经查，瑞华所将向销售客户的询证函交由振隆特产的工作人员发出，未对函证保持控制。振隆特产安排将虚假回函寄回瑞华所。

2.瑞华所对振隆特产2012年至2014年与存货相关的项目进行审计时未勤勉尽责

（1）未按审计准则及其设计的舞弊风险应对措施、总体审计策略执行相应的审计程序

瑞华所对振隆特产2013年及2014年财务报表进行审计时，将存货评估为存在舞弊

风险，将存货和营业成本评估为存在重大错报风险，并将存货评估为存在特别风险。但注册会计师在监盘过程中，在振隆特产的存货密集堆放、各垛物品间没预留可查看空间的情况下，只对顶层、侧面以及外围的存货进行抽样检查，未对垛中心存货进行检查。此外，瑞华所在总体审计策略中提出，核对库房进销存账与财务账是否一致，但实际未执行。

（2）未按审计准则及总体审计策略的要求，实施有效的抽盘程序

经查，2012 年至 2014 年振隆特产虚增的以及存放于天津代工厂的存货金额分别占各年末存货金额的比例为 24.84%、30.97% 及 41.49%，该部分存货于各年年末在振隆特产的自有库房中是无法盘点出来的，而瑞华所在审计底稿中记录 2012 年、2013 年及 2014 年的抽盘比例分别是 54.36%、67.85% 及 88.56%。且实际监盘时，瑞华所仅从每一垛存货中抽出部分存货进行称重或查看质量，进而认为整垛存货是经过抽盘的，故瑞华所实际抽盘的比例远低于审计底稿记载的比例。此外，2013 年及 2014 年，瑞华所在总体审计策略中提出要加大抽盘的范围与数量，但实际也未执行。

三、会计师遭警告处罚

上述行为违反了《证券法》第二十条第二款 "为证券发行出具有关文件的证券服务机构和人员，必须严格履行法定职责，保证其所出具文件的真实性、准确性和完整性" 的规定，构成《证券法》第二百二十三条所述 "证券服务机构未勤勉尽责，所制作、出具的文件有虚假记载、误导性陈述或者重大遗漏" 的行为。签字注册会计师侯立勋、肖捷为直接负责的主管人员，对侯立勋、肖捷给予警告，并分别处以 10 万元罚款。

（2）非常交易。不少上市公司为避免三年亏损摘牌或为达到规定的配股条件，常常采用非常交易，如转让股权、经营权或土地使用权，年末发生非常销售业务，收取政府补贴等，从而获取非常收益，以期公司业绩得到一次性改观。

（3）非货币性交易。有许多上市公司的交易是非货币性的，如转让土地、股权等巨额资产，没有现金流入，只是借记 "应收账款"，同时确认转让利润。还有一些公司通过非法渠道将资金拆借出去，或者将资金投入子公司，这些资金或资本实际上已难以收回，也没有现金流入，却仍在以此确认利息收入或投资收益。如果审计师发现公司的主要收入来源于非货币性交易，其正常的生产经营能力和获利能力就应当受到怀疑。

（4）资产重组。近年来，上市公司的资产重组行为越来越多，不可否认重组在企业扩大经营规模、改善资产结构等方面的积极作用，但一些上市公司实施了 "突击重组" 的战略，或者说是 "报表重组"，重组后上市公司业绩在短期内会大幅度改善，但实际上 "改善" 只是 "业绩幻觉"。"琼民源" 事件就是假借重组实现利润的转移，虚构业绩，这为审计师敲响了警钟。另外，资产重组审计是一项复杂的业务，涉及许多问题，例如，股权变更的标志是什么，如何确定重组购买日，重组相关公司的优质资产、不良资产的计价标准是否一致，资产置换、注入优质资产、剥离不良资产、剥离非经营性资产的会计处理是否合法和公允，被购并方的债权、债务是否真实，是否存在或有负债或损失，对关联方、关联方交易的界定是否准确，对关联方交易的计价和会计处理是否正确等等。这些问题的存在，大大增加了审计师的执业难度和风险。

（5）会计政策与会计估计变更。上市公司有时也会利用会计政策或会计估计变更来操纵利润，比如改变长期股权投资处理方法及合并报表范围。

（6）期后事项与或有事项。审计师应对上市公司期后事项及或有事项保持高度的职业

敏感，不可轻易放过任何"蛛丝马迹"。这方面的问题包括：上市公司期后投资决策出现较大失误，投资效益很差，连续出现巨额亏损或营运资本减损，使公司持续经营能力受到怀疑；存在重大不确定因素，如所得税减免无法估计、法律诉讼等；资产负债表日发生了诸如合并、清算等重大事件；存在应收票据贴现、应收账款抵押、通融票据和其他债务担保；上市公司披露的相关资料与审计附送资料不一致等等。

此外，复杂的控股关系、跨地区交易、非法或非规范的融资行为、所审客户的股票在二级市场的异常波动都容易产生审计风险，应受到审计师的特别关注。

了解高风险的区域之后，审计师应当知晓财务报表粉饰的主要手段。例如：

（1）虚列存货价值。例如，采用不适当方法计算存货成本，或利用材料成本差异账户任意调节存货成本，从而降低或增加销货成本，虚增虚减利润；或故意虚列存货，以隐瞒存货的短缺或毁损。

（2）虚列应收账款。例如，为了虚增销售收入而虚列应收账款，或通过少计坏账准备而虚增应收账款净值。

（3）虚列固定资产。例如，通过少提折旧、将收益性支出列为资本性支出、将短期利息进行资本化处理，或将本应资本化的利息列作当期费用、毁损固定资产不清理等手段达到虚列固定资产的目的。

（4）任意递延费用。主要通过将短期借款利息、广告费用、经常性的设备维护费用等期间费用列为长期待摊费用，以减少当期费用，虚增当期利润。

（5）漏列负债。例如，通过漏列预收账款、漏列应付账款，少计应计利息、少估应付费用等手段来粉饰财务状况。

（6）虚增销售收入。例如，通过混淆会计期间，提前确认销售收入，或错误运用会计政策，将非销售收入列为销售收入，或虚列关联方交易、虚列销售业务等手段增加销售利润。

（7）虚减销货成本。为增加当期销售利润，虚增期末存货价值，从而导致销货成本随之虚减。

（8）潜亏挂账。例如，待处理资产损失挂账，长期无法收回的应收账款和长期积压的存货有可能导致潜在亏损。

（9）利用"其他应收款"和"其他应付款"账户调节利润。这两个账户被审计师戏称为"垃圾筒"和"聚宝盆"，因为"其他应收款"往往被用于隐藏潜亏，"其他应付款"往往被用于隐藏利润。

（10）隐瞒重要事项。隐瞒本应在财务报表附注中揭露的期后事项、关联方交易、或有损失与或有负债、会计政策与会计方法变更等重要事项。

【实例14-2】

艾迪舞弊案

20世纪80年代，美国东海岸有一位著名的人物——艾迪·安达。他一度成为东海岸家电零售业的霸主，但实际上他是个骗子，在短短几年的时间里，共骗取了1.2亿美元。这里我们且看一下艾迪舞弊的手段。

首先，虚报收入。艾迪吩咐下属开具虚假发票，记录虚假销售，同时，虚增资产和利润，而虚假销售的对象则选择平时深受艾迪关照的三大主要供应商。当审计师向那些供应商函证应收账款时,他们会按照艾迪的要求,向审计师提供虚假证明。其次,虚增存货价值。艾迪和他的同谋者向上述供应商"借"商品,以虚增年底的存货数量;并将一家商店的存货转运到另一家商店,以便达到重复计数的目的。他们甚至偷偷篡改审计师的电脑工作底稿中存货盘点表的数据,从而达到虚增存货价值的目的。再次,利用时间性差异。艾迪一贯提前确认收入、拖延负债或费用的入账时间或干脆不入账。连艾迪自己也不知道他欠多少债。最后,披露不实。在第一年会计报表的附注中,公司披露的收入确认基础为现金制。第二年则偷偷换成了应计制,虚增了大量利润。东窗事发后,由于审计师没能发现"疯狂艾迪"的大规模舞弊而面临长时间的诉讼。这是20世纪美国最典型、最臭名昭著的舞弊案例之一,在会计报表舞弊案的历史上不啻为经典的反面教材。

● 14.3 舞弊审计的方法和程序

舞弊审计的方法和程序不是独立于一般财务报表审计的方法和程序而存在的,财务报表审计的方法和程序在舞弊审计中同样适用,而且舞弊审计通常要和财务报表审计结合起来进行。但是,由于舞弊的复杂性和隐蔽性,舞弊审计的思维方式和审计策略与一般的财务报表审计又有着很大的区别。这里要介绍的就是舞弊审计中特别强调的审计方法和程序。

14.3.1 保持职业怀疑态度

职业怀疑态度是指审计师以质疑的思维方式评价所获取审计证据的有效性,并对相互矛盾的审计证据,以及对引起对文件记录或管理层和治理层提供的信息的可靠性产生怀疑的审计证据保持警觉。审计师应该保持强烈的好奇心及敏锐的观察力,对于看似无关却可疑的迹象或线索能够提出"合理疑问",并能锲而不舍地追查下去,以确定其是否导致财务报表重大不实表达,排除合理怀疑。

一直以来审计职业界对职业怀疑态度的理解都是:既不能盲目地认为每一个公司的管理层都是不诚实的,也不能不假思索地认为管理层是绝对诚实的。但在舞弊审计中,对职业怀疑态度的这种中性理解显然不利于舞弊的查找。SAS No.99突出强调了对审计师"职业怀疑态度"的要求,AICPA前主席Barry C. Melancon指出,该准则试图使审计师在审计每个项目时都保持高度的职业怀疑态度,不能推测管理层是诚实可信的,审计师首先要考虑是否有舞弊的嫌疑。要求审计小组全体成员在审计计划阶段,集中讨论因舞弊导致的财务报表重大错报的风险,就被审计单位财务报表可能会怎样舞弊或最有可能在哪些方面舞弊等交换意见,并将讨论记录于工作底稿。IAASB No.240要求审计师在整个审计过程中保持职业怀疑态度,考虑管理层凌驾于控制之上的可能性,并应当意识到,在已识别舞弊导致的重大错报风险的情况下,仅实施旨在发现错误的审计程序是不适当的。

具体而言,保持职业怀疑态度要求在审计计划阶段,审计小组成员应该就客户财务报表中存在重大舞弊的可能性展开讨论,互相交换意见。在审计实施阶段,审计师要利用职业判断能力捕捉重大舞弊的蛛丝马迹、分析重大舞弊的可能性,不能过分信赖管理层的陈述和声明,如果审计师就重要问题难以搜集到充分适当的审计证据,应当推定存在财务报告舞弊的嫌疑,即所谓的"有错推定"假设。SAS No.99要求审计师在一些高风险的审计领域实行"有错推定"假设，如果审计师没有充分、适当的审计证据证明该交易事项或账户余额是真实的，则推定存在问题，包括收入确认、存货数量、会计估计等。在审计完成阶段，审计师还应该关注管理层不披露或不诚实披露重大期后事项与或有事项的可能性。

职业怀疑态度还体现在审计证据的评价上。对通过常规审计程序获取的证据特别是内部证据，审计师应该设计额外或追加的审计程序来获得更多和不同来源的可靠信息，以互相印证；通过第三方，进一步确认管理层对重大事项的解释或说明；利用专家的工作，或询问企业内部或外部的其他人员，来验证具有独立来源的文件。

例如，常规的函证程序存在局限性，审计师一般是根据管理层提供的函证地址寄发询证函，若提供的地址不真实，则函证程序就可能完全失效。为此，审计师在取得管理层提供的函证地址时，应保持应有的职业谨慎。对应收款项，审计师应将管理层提供的客户名称、地址与有关记录（如销售发票上的记录）相互核对，还可自行通过其他途径（如Internet 等）获取被函证单位的地址、电子邮箱地址、传真、电话等，并与管理层提供的相关函证地址进行核对。一定要索取书面回函，保留回函信封作为审计证据，并充分关注回函来源。获取银行对账单等单证是审查银行存款的一项标准取证程序。然而，随着现代造假手段越来越"高明"，加之银行单证属于在被审计单位内部流转过的外部证据，其可靠性应被审慎评价，切不可为貌似真实的印章签字和电脑记录所蒙蔽。对重大银行存款余额的确认应当以函证程序为主。为保证函证的有效性，避免被审计单位利用高科技手段篡改、变造和伪造银行对账单等单证，对于重要和异常的银行账户，审计师应当寻求被审计单位的配合，亲自前往银行函证。

职业怀疑态度还要求审计师在执行某些审计程序时要出其不意。传统的审计程序一般存在着程序标准化的问题，一是不能对症下药，二是使审计师无法突破客户预先设置的障碍或防范措施。审计师对可能存在的重大错报应该采用出其不意的审计程序，如盘点存货时不通知客户。

【实例14-3】

瑞华所及会计师"未勤勉尽责"听证申辩

根据证监会行政处罚决定书〔2017〕22号，瑞华所及振隆特产的签字注册会计师侯立勋、肖捷尚未勤勉尽责遭受处罚。

一、瑞华所及会计师听证申辩

事先告知书中的行政处罚过重，不符合行政合理性原则。调查人员只是考虑了振隆特产存在虚增利润、虚增存货这一客观结果，进而倒推确定被告知人的审计工作必然存在"未勤勉尽责"的情形，因此作出行政处罚。并非被告知人的审计违法行为导致审计报告出现错误，而是由于振隆特产的恶意造假所致。在本案中即使被告知人的审计工作存在某些瑕疵，但并未出现严重过错，也没有达到"未勤勉尽责"的程度，这种情形下再对被告知人施以严厉的行政处罚并无必要，违反了比例原则。因此，瑞华所、侯立勋、肖捷请求证监会对其免于处罚。

二、证监会驳回申辩

证监会严格按照《证券法》等法律法规及中国注册会计师执业准则、规则等相关规定认定会计师事务所及其签字注册会计师的违法责任，并区分上市公司的会计责任与注册会计师的审计责任。本案中瑞华所未对函证保持控制，未按审计准则及其设计的舞弊风险应对措施、总体审计策略执行存货相关审计程序，尤其在振隆特产存在舞弊导致的重大错报风险的情况下，未保持应有的职业怀疑和职业谨慎。上述行为均属严重违反审计准则的行为，构成"未勤勉尽责"。我会根据瑞华所违法行为的事实、性质、情节及社会危害程度所作出的处罚并无不当。

虽然瑞华所提出了尚未达到"未勤勉尽责"的程度，但这一案例却充分显示了审计师保持职业怀疑态度的重要性。

14.3.2　充分运用分析程序

分析程序是指审计师通过研究不同财务数据之间以及财务数据与非财务数据之间的内在关系，对财务信息作出评价。分析程序还包括调查识别出的、与其他相关信息不一致或与预期数据严重偏离的波动和关系。分析程序是揭露舞弊的重要工具，尤其是在管理舞弊的识别上具有明显的作用。其理论基础在于，管理层可以操纵某些财务或非财务信息，但不可能操纵全部业务信息。由于不同信息之间往往存在一定的相关性，有效的分析程序有助于审计师识别影响财务报表的异常交易、事项、金额、比例、趋势以及在细节测试中不易察觉的舞弊迹象。

【相关链接 14-2】

分析程序

分析程序是在 20 世纪 70 年代逐步发展起来的审计方法。传统的分析程序所取得的证据被称为"软证据"，与应收账款函证的回函、存货的实地盘点等程序所取得的"硬证据"比较起来，"软证据"曾经被认为证明力比较弱，因此分析程序也被认为是一种辅助的审计手段。1978 年，AICPA 颁布审计准则公告（SAS）第 23 号"分析性复核（analytical review）"，正式建议使用分析程序。1988 年，为缩小社会公众与审计职业界的"期望差距"，有效地完成揭示重大错弊的审计目标，AICPA 修改颁布了 9 项审计准则，其中包括 SAS 第 56 号公告"分析程序"，正式要求所有注册会计师审计中都要采用分析程序。审计师实施分析程序有助于识别异常的交易或事项，以及对财务报表和审计产生影响的金额、比率和趋势。IAASB No. 240 要求在实施分析程序时，审计师应当预期可能存在的合理关系，并与被审计单位记录的金额、依据记录金额计算的比率或趋势相比较。如果发现异常或偏离预期的关系，审计师应当在识别舞弊导致的重大错报风险时考虑这些比较结果。

分析程序主要用作审计师的风险评估程序，以了解被审计单位及其环境，并且审计师在审计结束时运用分析程序对财务报表进行总体复核。审计师也可将分析程序用作实质性程序。分析程序不仅是对财务数据进行分析，也包括对非财务数据进行分析。

分析程序一般包括下列几个步骤：①选定适当的数据关系；②分析数据关系；③识别异常的数据关系和波动；④调查异常的数据关系和波动；⑤得出结论。因此，分析程序的核心就是审计师查找是否存在异常波动。

在实施分析程序时，审计师应当将财务信息与下列各项信息进行比较：

（1）以前期间的可比信息；

（2）被审计单位的预期结果或者审计师的预期数据；

（3）所处行业或同行业中规模相近的其他单位的可比信息。

如果审计师发现财务信息与上述信息存在不一致或者异常波动的情况，则可能表明财务报表存在重大错报风险。审计师应当结合其他审计程序的实施，进一步分析这些不一致或者异常波动的情况，以查明财务报表是否存在重大错报风险。可见，"异常波动"并非仅指财务数据存在重大的波动，"异常变动"和"与合理预期的差异"不能截然分开，它应该是指审计师的"合理预期"与数据关系存在重大差异，比如，预期增长（或下降）而财务数据显示并未增长（或下降）。当然异常并不意味着一定存在重大错报。审计师应该寻求"异常波动"的合理解释。在核实这些可能的解释之后，一些"异常波动"可能被认为并非异常，但审计师也有可能从中发现更多的异常。

"异常波动"的分析可以通过以下几种途径进行：

（1）横向分析。一般是同业比较，找到行业平均数与竞争者数据，所选择的参照物一定要有可比性。

（2）纵向分析。前后期财务数据进行比较，不能是简单地进行上下年度的比较，至少要3~5年，当然要考虑前后期的可比性，如该公司已进行重大重组，则上下年度可能都不可比。

（3）非财务数据与财务数据比较。财务成果是经营的反映，经营数据（非财务数据）直接决定财务数据，如果财务数据与经营数据发生冲突，则要充分关注。

（4）财务信息构成要素之间比较。财务信息本身也是关联的，这里面当然存在逻辑关系，如财务报表本身有很强的勾稽关系，财务报表项目之间的联动关系，以及财务报表年度内的可比关系（同一年内的月度报表、季度报表之间的对比）。

当然，审计师不能简单地把同业数据、前期数据、非财务数据等直接与财务数据比较。审计师的专业水平体现在对这些数据的修正上，这需要审计师不但要有专业的会计和审计知识，还必须具备足够的商业知识。对"异常波动"的判断还有赖于审计师是否形成了"合理预期"。审计师要识别影响预期的因素，还要对因素进行预期修正。审计师形成"合理预期"是分析程序有效的关键。

合理预期并不只是单纯对财务数据的预期，还包括对会计政策、会计估计的预期，特别是会计估计，由于其强烈的主观性，审计师必须对客户会计估计的合理性作出正确判断。会计估计上的差错不仅仅是客户在专业判断上存在问题，还常常是客户的一种舞弊手段，比如，通过提前确认收入、推迟确认费用、计提秘密准备、费用资本化、资本费用化、资产收入化（将企业的资产转为收入）、少计预计负债、多计预计负债等行为操纵利润。

【实例14-4】

甲公司舞弊案例

本例以甲公司为例说明分析程序对揭露舞弊的作用。根据甲公司2016年和2015年年报数据整理的资料（见表14-2），如果审计师认真执行分析程序，就会发现许多疑点。

表 14-2　　　　　　　　　　　甲公司主要财务数据分析　　　　　　　　金额单位：万元

项目	2015年	2016年	增长率（增长）
主营业务收入	38 358	90 899	136.98%
本年净利润	12 779	41 765	226.83%
经营活动现金净流量	13 192	12 410	−5.93%
年末应收账款	26 519	54 419	105.21%
销售净利润率	33.31%	45.90%	12.59%（增长）
经营活动现金净流量/净利润	103.23%	29.71%	−73.52%（增长）
年末应收账款/销售额	0.69	0.60	−13.04%

根据对如上指标的粗略分析可以发现：

（1）销售大幅度增加，利润增幅远高于销售增幅。通常而言，企业经营存在相当程度的连续性，对一个资产已达 32 亿元的上市公司来说，要使销售额增长 1 倍以上，净利润增长 2 倍多简直是奇迹。

（2）销售净利润率过高，达到近 46%。甲公司的主营业务是葡萄种植酿造和中药材的种植加工，在目前的市场环境下，这种行业鲜有获取暴利的机会。甲公司的主业按产业划分，一部分属于典型的第一产业，即传统农业范畴，另一部分是简单的加工业，属于典型的第二产业。这两类产业工艺的简单、对自然条件和气候的高度依赖、低技术含量、弱竞争壁垒，决定了其获利能力极其有限。乙公司与其属于同行业，且拥有极高的技术壁垒和强大竞争力，该公司 2016 年主营业务利润率也只有 21.45%。所以从行业内的对比分析中可以非常清楚地发现疑点。

（3）经营活动收现率极低且大幅度下降。上年度的经营活动现金净流量与净利润基本持平，而 2016 年经营活动现金净流量只占净利润的不足 30%，说明存在虚构收入的嫌疑。

（4）年末应收账款占本年销售额的 60%，说明销售绝大部分没有收回现金，收入的真实性值得怀疑。

14.3.3　深入了解被审计单位及其环境

公司的经营状况不佳，管理层可能会产生舞弊的动机或压力，公司的经营风险可能会转化为财务报告舞弊的风险，因此，审计师应当从多个角度了解被审计单位及其所处环境，包括被审计单位的目标、战略以及相关经营风险。

【相关链接14-3】

关注被审计单位的经营风险

关注被审计单位的经营风险对舞弊审计而言是非常重要的。原因之一是经营风险对审计风险有影响，经营风险越高，重大错报风险也越高，管理舞弊的可能性也就越大；原因之二是了解经营风险有助于有效地执行分析程序，从经营风险中能更有效发现财务报表潜在的重大错报，因为财务报表是经营的反映，如果经营风险未能在报表上得到体现，则财务报表很有可能失真；原因之三是会计政策、会计估计的合理性评估也只有从经营风险入手才能进行。

了解被审计单位的经营风险情况应该从内外两个方面进行。内部因素包括业务类型、经营特点、管理状况、财务结构、经营绩效等,外部因素包括行业特点、竞争状况、经济环境、与供应商的关系等。深入了解客户的经营风险能够使审计师站在更高的层面看问题,发现潜在的舞弊动机,评估财务报告舞弊的可能性,从而更有效地发现舞弊。而且,分析程序中分析的对象和方法,特别是审计师的"合理预期"的形成,都离不开对其经营风险的分析。

审计实务中,审计师应当从以下方面了解被审计单位及其环境:①相关行业状况、法律环境和监管环境及其他外部因素,包括适用的财务报告编制基础。②被审计单位的性质,包括经营活动、所有权和治理结构、正在实施和计划实施的投资(包括对特殊目的实体的投资)的类型、组织结构和筹资方式。了解被审计单位的性质,可以使注册会计师了解预期在财务报表中反映的各类交易、账户余额和披露。③被审计单位对会计政策的选择和运用,包括变更会计政策的原因。注册会计师应当根据被审计单位的经营活动,评价会计政策是否适当,并与适用的财务报告编制基础、相关行业使用的会计政策保持一致。④被审计单位的目标、战略以及可能导致重大错报风险的相关经营风险。⑤对被审计单位财务业绩的衡量和评价。⑥被审计单位的内部控制。

【实例 14-5】

佳兆业债务危机

2014 年对于佳兆业而言是一个多事之秋。2015 年 2 月 16 日,再次停牌的佳兆业在公告中披露了目前集团的财务状况,其在公告中预计 2014 年佳兆业集团拥有人应占综合纯利将较 2013 年大幅下跌,甚至可能会出现现金流不足以维持运营的情况。

此外,公告显示,截至 2014 年底,佳兆业集团境内外计息债务总额达 650.09 亿元,境内债务总额达 479.7 亿元,这其中应付银行的债务为 124.2 亿元,应付非银行财务机构的债务为 355.5 亿元;境外债务额总计达 170.38 亿元。

而预期在 2015 年底前需要偿还的债务本息总额在 341 亿~355 亿元之间。值得一提的是,这一债务额相较于早前媒体统计的 280 亿元要高出许多,这也让接手郭氏家族股权入主佳兆业的融创中国面临的风险和难度更大。佳兆业还在公告中表示,集团债务重组将加快,预计 2015 年 4 月完成。

佳兆业在 2015 年 2 月 16 日发布的公告中进一步解释,倘若近期公告中所披露的佳兆业集团物业项目的锁定及限制没能在短时间内撤销或解决,佳兆业的现金流将受到不利影响,不足以维持其营运,而佳兆业集团资产的价值也将受不利影响。因此,鉴于佳兆业的财务状况及其未来义务,预计重组将需加快进行。

普华永道作为佳兆业聘请多年的核数师,充分关注到了佳兆业的财务危机和经营风险。2014 年 9 月,普华永道就明确告知佳兆业如想恢复财报的审核工作,必须处理六大问题:206 亿元的"明股实债"、不明的现金付款及收款、购回已出售的项目公司、出售东莞及惠州的附属公司、重新指定已收垫款所得款项为其他应付款、持续经营存在不明朗因素。

2016 年 5 月 30 日,佳兆业董事会告知普华永道已有复牌时间表,并要求其在 2016 年 9 月之前完成 2014 年年报的审核工作。6 月 17 日,普华永道以书面形式与佳兆业董事会沟通称,由于未参与到年报漏洞的调查之中,亦不了解情况,因此不能评估调查结果的相关审核影响，亦不能决定将主要执行何种额外审核程序，也无法确定完成审核工作的时间，因此无法承诺能够按照时间表完成工作。3 天之后，佳兆业董事会告知普华永道，拟终止与普华永道之间的核数师关系。

14.3.4　执行询问程序

舞弊从其本质上看是易于隐藏而难以被发现，尽管隐藏的方式多种多样，但还是会存在蛛丝马迹。查找舞弊的最佳线索不是账面资料而是相关人员，审计师对企业管理层和雇员的询问是发现舞弊行为的重要路径。比如，对管理舞弊而言，一般都是 CEO 指使他人舞弊，CEO 身边人员因而通常会知道该舞弊行为。审计师应该掌握询问的技巧，避免单刀直入而使有关人员无法接受，审计师还要运用心理战术，在询问中察言观色。

一般而言，舞弊询问的对象包括企业管理层、审计委员会或类似机构、内部审计师及其他人员。有些审计师怀疑舞弊审计（特别是管理舞弊审计）中询问管理层的作用。实际上，询问管理层，尤其是 CEO、CFO 及其助手，可以为审计师提供线索，当然前提是审计师必须注意询问的内容和方式。审计师必须事先拟好要询问的内容、方式直至步骤，并从易到难、步步深入。询问的内容诸如：是否知道已经发生的任何指控或怀疑存在舞弊行为；管理层对企业内部舞弊风险的认识，以及对会计记录、分类、交易中可能存在的舞弊风险的判断；管理层用以减少舞弊风险的计划和控制措施；如何监督及实施为消除已经发生的舞弊风险或者为预防、阻止和发现舞弊而设置的内部控制；是否向审计委员会或类似机构报告内部控制；是否建立监督分支机构的政策和程序；是否存在某个特定经营场所或业务部门更容易发生舞弊的情形。

审计委员会在监督企业舞弊风险评估及相应的内部控制方面负有重要责任。因此，审计师应当了解审计委员会（如果存在的话）如何行使监督职责，了解审计委员会开展工作的范围，直接向审计委员会主席询问其对舞弊风险的看法以及是否获知现存或可疑的舞弊行为。

对设有内部审计部门的企业，审计师应当向适当的内部审计师询问：对企业舞弊风险的认识，本期是否实施了任何识别或发现舞弊的程序，管理层对通过内部审计程序发现的舞弊是否采取了适当的应对措施，是否知道或怀疑存在任何舞弊事实、舞弊嫌疑或舞弊指控。

此外，审计师还应该向财务报告过程以外的人员询问企业是否存在舞弊或具有值得怀疑的舞弊迹象，这种询问对审计师可能更有帮助，可能为审计师提供独特的视角，从非财务角度印证管理层提供的信息，或提供管理层逾越内部控制的信息。审计师可以向下列人员询问：不直接涉及财务报告过程的经营管理人员；负责生成、处理或记录复杂、异常交易的人员及其监督人员；企业内部不同职权层级的员工；执行、记录或处理复杂或异常交易的员工；企业内部法律顾问以及负责法律事务、道德事务、处理舞弊指控的人员。

14.3.5　实地调查和利用专家工作

从我国目前情况看，审计师对财务报表合法性和公允性的审查，大多数主要采用从报表向总账、明细账、记账凭证以及原始凭证追索审查的方法。但是重大财务报告舞弊常常涉及虚构经济业务，企业往往会伪造销售合同甚至销售发票等业务凭证。此时，局限于账证资料的审计至多只能发现会计差错而不是财务报告舞弊。

审计师扩大实地调查程序必然能够为发现舞弊提供有意义的线索。调查工作可以从内外两方面进行。审计师应该深入企业生产、管理现场，观察生产经营过程，并询问相关工作人员，如采购员、销售员、保管员、生产工人等，可以获得有关企业内部控制、生产经营实际情况的重要信息，许多管理漏洞和生产经营中存在的问题也不难被发现。如果有必要，还应该进行外部调查，如对供货商、代理商、消费者甚至同行业企业的调查。比如，对于虚构收入的舞弊审计，观察供产销过程、函证供货商及客户可以提供多条线索。当然，审计师要真正实施广泛的内查外调还须法律法规赋予相应的权限，并需要执业环境的整体改善。在银广夏事件中，如果审计师已发现舞弊迹象，在分析其收入结构的基础上，假如审计师到天津广夏亲自考察，到其生产线观察其生产过程，询问供产销人员，分析发货与销售回款情况，增加函证直至向提供重要单据的部门直接调查，其简单的舞弊手法不可能逃过审计师的专业视野。

审计师不是万能的，如果审计业务涉及的特殊技能和知识超出了审计师的能力范围，审计师可以利用专家协助执行鉴证业务。审计学领域的专家，是指除会计、审计之外的某一特定领域中具有专门技能、知识和经验的个人或组织。专家可以是被审计单位或会计师事务所的员工，也可以是被审计单位或会计师事务所从外部聘请的个人或组织。银广夏事发后《财经》记者采访了几位萃取专家和业内人士，得出三个结论：第一，以天津广夏萃取设备的产能，即使通宵达旦运作，也生产不出其所宣称的数量；第二，天津广夏萃取产品出口价格高到近乎荒谬；第三，银广夏对德出口合同中的某些产品，根本不能用二氧化碳超临界萃取设备提取。假设审计师及时征求了专家的意见，公司又不能提供合理的解释，也许银广夏的骗局会早些揭开。

14.3.6 针对管理层逾越内控行为执行专门程序

由于管理层的特殊地位，他们能够通过越过内控操纵会计记录或编制舞弊财务报告。特别是上市公司，由于投资者始终关注其经营形势、财务状况及经营成果，管理层达到某种财务绩效的压力或动机始终存在。管理层的地位使其便于逾越内部控制、串通舞弊、伪造文件，这些舞弊行为依靠审计师执行传统的审计程序是很难察觉的，所以审计必须针对管理层逾越内控风险执行专门的实质性程序。

（1）检查特殊分录及其他调整

舞弊财务报告常常涉及对财务报告过程的操纵，如做不恰当或未经批准的账簿记录；对报表项目进行调整（如合并抵销、重分类调整等）。为了有效地执行这个程序，审计师需要很好地了解公司的财务报告过程，以选择和确认需要测试的账簿记录和调整业务。比如，了解明细账记录和调整业务需要哪些授权程序，以发现未经授权的业务；了解谁有条件和资格接触账簿以操纵账簿记录和调整业务，确认哪些人有舞弊的机会，然后再分析这些人是否有舞弊的动机和自我合理化的能力。

审计师需要通过检查账簿记录来确认要测试的特殊分录和调整业务，并进一步审核支持这些业务的相关资料，即使在控制测试认为内部控制执行有效的情况下，对特殊分录和调整业务的检查也是必要的。

（2）复核重大会计估计

舞弊财务报告常通过重大会计估计的故意错报而实现。管理层的会计估计常涉及诸多的判断或假设，这些判断或假设对资产价值、具体交易的认定（如收购、重组或处置）、重要应计负债等会计估计会产生重大影响，所以审计师应该关注管理层判断或假设的合理性及其对会计估计的影响，考虑会计估计与其支持证据的差异，利用审计师自行作出的独立估计或从其他渠道获取的独立估计与管理层作出的会计估计进行比较，复核能够证实会计估计的期后事项，分析财务报告舞弊的可能性。下列各项属于常见的需要进行估计的项目：坏账、存货陈旧过时或遭受毁损、固定资产的耐用年限与净残值、无形资产的受益期、长期待摊费用的分摊期间、或有损失、收入确认中的估计等。

此外，审计师应对以前期间财务报表中反映的重大会计估计进行追溯复核，利用事后数据确定与之相关的管理层假设和判断是否存在倾向性，判断管理层是否存在故意操纵行为。这种复核可能向审计师提供额外信息，预示管理层本年是否存在类似的操纵。

（3）评估重大非经常性交易的合理性

复杂的经营结构及交易安排，特别是涉及特定目的个体或关联方的恶意交易安排，是财务报告舞弊的常用手法。如果审计师注意到重大非经常性交易与正常经营不符，或者与审计师对企业及其经营环境的了解不符，审计师就应该了解重大非经常性交易的实质，评价它的内在合理性，分析它是否符合商业常规，并分析交易是否预示着存在财务报告舞弊。应当特别注意是否涉及未曾了解的关联方。就本身而论，关联方交易并不构成财务报告舞弊，但如果这些交易没有经过适当的授权，或管理层没有向审计师提及这些交易，那么这些交易就可能是管理层掩饰财务报告舞弊的迹象。

【实例 14-6】

"中钢"跌出世界 500 强：败于风险控制

2012 年 7 月 9 日世界 500 强企业榜单公布，我国大陆地区的上榜公司连续第 9 年增加，共有 73 家公司上榜，比 2011 年增加了 12 家。不少上榜企业都在官网挂出标语，庆贺荣升为 500 强企业。当我们为这些企业在全球化潮流中异军突起而鼓舞喝彩的时候，唯一一家落榜的企业——中国中钢集团公司——落寞的身影让我们亦为之扼腕。在经济持续增长的大环境下，为何中钢却一落千丈，不禁引起人们关注。而新晋的企业们也应以中钢为前车之鉴，吸取其教训。

中钢集团从世界 500 强中的第 354 名一下子跌出，它在告诉我们：500 强企业，如果组织能力发展滞后于企业的成长，对风险控制不住，很快就会自己绊住自己，兵败于"麦城"。

这几年，中钢集团风风雨雨，传闻不少。中钢集团作为中国最早"走出去"从事经济技术合作的国有大型企业之一，在 2008 年被国资委评选为国有企业典型，并得到官方媒体集中式的正面报道，也就在那时，中钢集团的发展战略被冠名为"中钢模式"，某大学商学院还对此进行了专项课题研究。早在 2009 年中钢便跻身于世界 500 强，荣列第 372 位，而那一年中国进入 500 强的企业仅 30 家。后来，中钢因存在 40 亿元巨额财务黑洞、巨额佣金支付不合规、虚报利润、投资不谨慎等诸多问题被媒体曝光，最后定论如何，不得而知，但是结果是企业发展进程停滞。

这样一个曾经交出过优异答卷，看起来似乎并无什么内忧外患的企业为何落得如此田地，值得我们去深入探究。透视中钢集团近年来的成长轨迹，究其原因可以归纳如下：

第一，战略风险管理不善。中钢集团主要是一家以铁矿石贸易为主要业务的公司，每年数千万吨的铁矿石贸易是其收益的主要来源。对中国钢铁业这个利润率极低的行业来说，其增速已经开始放缓，各大钢企在上游原料和下游销售都有自己的下属公司，中钢集团在拿不到外包的情况下，为了表面上的欣欣向荣，不惜铤而走险。中钢在作出决策前应关注合作方的公司治理情况、管理层品行、生产经营能力以及财务情况，尤其是对山西中宇、河北纵横这样的民营企业，应该更多一点考察。但是，2007年5月，中钢毅然决定同有诸多问题的中宇"全面合作"。中宇原材料供应和产品销售这重要的"两头"均依赖中钢，而中钢的利益根本得不到保证。2007年至2010年间，中钢为河北纵横累计垫资、预付款项超过100亿元。2009年河北纵横对中钢占款达到高峰，而同时中钢对河北纵横的产品包销却出现亏损。这项交易之所以得以实施，决策随意便是内控缺失的反映。

第二，风险意识过于薄弱。中钢的大部分客户为民营中小企业，因为只有缺乏资金实力的中小企业才愿意将钢材包销给中钢。山西中宇对中钢欠款高达40亿元，这个巨大的"财务黑洞"是诸多问题中最为突出的一个。中宇有多达52亿元、涉及1 600多家债权人的债务，其存在很多中钢不可控因素。但离谱的是，中钢竟然同意以20亿元的预付货款换取每年100多亿元的销售收入，根本无视垫付资金所伴随的高财务风险。如果中钢是在缺乏风险管控意识的情况下作出与中宇合作的决定，那么，中钢此后并不是毫无机会发现风险并采取相应的控制措施的，但结果是中钢资金被慢慢吞噬，最后中钢骑虎难下，越陷越深。

第三，虚增销售，盲目扩张。这可能是致使中钢失足的决定性因素。虚增销售收入有利有弊，但对于中钢这家急于上市、急于扩大规模的企业来说，虚增销售收入有利于融资，也有利于提高企业知名度，无疑是利大于弊的，而对于企业的健康平稳发展却是弊远远大于利的。同时，过于急躁的扩张行为，使得中钢外强中干、岌岌可危。由于空中楼阁式的规模扩张令中钢元气大伤，截至2011年9月末，中钢集团资产总额1 268.56亿元、负债总额1 157.89亿元、资产负债率为91.29%，中钢之后做的一切努力只剩下将企业从生死线的边缘往回拉。

第四，内控运行严重失效。无论是财务风险意识薄弱、战略意识缺失还是盲目扩张，均是由于中钢集团急于快速做大但又缺乏有效内部管控导致的。听说中钢与中宇相关交易未经董事会批准，是典型的管理层逾越内部控制的问题。为什么管理层可以逾越董事会？监事会为什么没有发挥作用？到底谁可以制衡管理层？内部控制在两种情况下失效：一种是高级管理人员故意践踏；另一种是串通舞弊。这两种情况中钢是否都存在？如果由于管理人故意为之而导致内控执行失效，也许"监督"是唯一的办法。每个企业都应该有内审部门，但是内审部门的"报告线"决定了该部门的地位。按照常理，内审部门应该向企业的专业审计委员会报告，但是从中钢官网的组织结构图我们看到，中钢内设审计监察部，但其报告线是先向经营管理层报告，这让内审部门的作用大打折扣。

● 14.4 舞弊审计报告

对舞弊关注审计和舞弊专门审计而言，舞弊关注审计属于财务报表审计的组成部分，所以不需要出具专门的舞弊审计报告，审计师只需要根据被审计单位对已发现舞弊事项的调整或披露情况，发表恰当意见的财务报表审计报告，并考虑是否在审计报告中揭示已发现的舞弊事实。此处重点介绍的是舞弊专门审计的审计报告。

14.4.1 比较与借鉴

对舞弊审计报告，首先应明确两点。其一，舞弊审计的直接目的是查出舞弊事实，而不是对管理层就舞弊问题的陈述发表意见。因此，简短的审计意见并不能满足信息使用者的需要。其二，舞弊审计的终极目标是防范类似舞弊的再次发生，而不是仅仅追究当前舞弊者的责任，因此，舞弊审计报告中不仅需要说明当前存在的问题，还需要附加对防范类似问题再次出现提出的建议。目前我国对舞弊审计报告既没有职业准则的明确规定，也还没有形成实务中的规范格式，因此，有必要借鉴其他国家的舞弊审计报告。这里以美国和澳大利亚舞弊审计报告为例。

在美国、澳大利亚等国，新闻媒体经常会对政府机构提出舞弊指责。作为回应，议会往往会聘请审计师对其进行舞弊调查并出具审计报告。比如，2000 年 3 月，美国税收联合委员会（The Joint Commission on Taxation）就国内税收署（IRS）处理出口事项问题向国会提交了一份报告。报告中包括了如下内容：报告摘要；舞弊断言简介；调查发现的事实，分别不同项目进行了阐述；调查的方法，包括了解背景信息、文档审核、会谈和现场调查、其他资料审核等；IRS 处理出口事项的具体细节；图表与附录。

1998 年，澳大利亚国会要求国会经济参考委员会（Senate Economics Reference Committee）就税收总署（ATO）公平对待纳税人、大型企业与国际部的绩效以及涉嫌组织犯罪问题进行了调查，随后委员会任命了四位审计师进行了审计，并于 2001 年提交了报告。报告分为三部分：摘要与建议，包括报告摘要、背景资料、审核目标与范围、总体结论、主要事实与建议；审计发现及结论，分别就不同问题按照导言、背景资料、调查事实、审计目标与范围、审计方法进行了阐述；附录，主要列明审计师认为需要补充说明的相关信息。

虽然两份报告都属于政府部门舞弊审计范畴，格式也不大相同，但都具有如下特点：要素基本一致，都包括了摘要、背景资料、审计结论、审计目标与范围、审计方法、详细事实、附录等；表述顺序大致相同，原则是先简后繁、先结论后事实，易于读者迅速了解报告内容。

14.4.2 舞弊审计报告的要素

1）一般要素

一般要素是指所有审计报告都包括的内容，比如报告对象、责任区分、审计的目的和范围、审计师签章、会计师事务所地址、报告日期等。在舞弊审计报告中，要强调如下要素：

（1）管理责任与审计责任。审计报告中应当对如何区分管理责任与审计责任作出说明，因为一方面舞弊专门审计通常不属于财务报表审计的范畴，在法规或准则中没有对舞弊审计责任的明确规定，因此必须在审计报告中作出相应界定；另一方面，如同财务报表审计一样，舞弊审计中审计师只能提供合理保证，如果不明确管理责任和审计责任，报告使用人可能会认为审计师提供的是绝对保证，所以在报告中对双方的责任予以说明，既可以提醒报告使用人合理使用报告，也可以在一定程度上保护审计师。

（2）审计目标与范围。在报告中说明审计目标与范围，可以便于阅读者理解和适当解释审计结论，避免对信息使用者产生误导。审计报告中对审计目标与范围的表述十分重要，理论界和实务界没有就舞弊审计的目标达成共识，所以审计师需要在审计报告中作出说明。审计范围一般通过明确被审计主体、被审计的事项以及审计涵盖的期间予以限定。此外，审计师应该考虑在报告中说明是否存在任何审计范围上的限制、限制的程度如何，因为这是发表公正意见的基础。

2）特殊要素

特殊要素是指舞弊审计报告所具有的区别于财务报表审计报告的要素，具体包括三项：

（1）审计程序与方法。舞弊审计除了采用通常的财务报表审计程序，比如检查书面资料、查询及函证、询问相关人员、内部控制测试等以外，一般还有自身独特的程序，如获取证人证词和嫌疑人陈述等，审计师应该在报告中加以表述。

（2）审计发现的事实。财务报表审计报告中无须列举审计发现的事实，对于不符合公认会计原则的事项一般要求被审计单位调整。当被审计单位拒绝调整时，审计师应当视问题的性质考虑其对审计意见的影响。而舞弊审计中，审计师的结论必须建立在充分的证据基础上，对所取得的主要证据应当加以列示。

（3）审计结论与建议。舞弊审计结果的概括就是审计结论，目的是说明舞弊存在与否、舞弊者及舞弊金额等。为发挥舞弊审计的建设性作用，审计师的建议是必不可少的。

14.4.3 舞弊审计报告的格式

在财务报表审计中，审计报告一般采用标准格式。舞弊审计报告目前还没有规定的或通行的格式，一般按一定的逻辑顺序进行安排，比如，直接按审计工作发展顺序来组织报告的内容；按照重要性来编排资料，即先简单阐述审计结果，再引述充分的证据进一步证实结论。由于舞弊审计涉及一系列的舞弊证据，篇幅通常较长，因此按重要性来编排资料比较合适。就审计报告正文而言，其内容可按三个部分进行组织：摘要与建议、舞弊事实阐述、审计具体建议。

1）摘要与建议

为了给报告使用者直观的印象，舞弊审计报告正文中应当首先列示出摘要与建议，具体包括：①背景资料。比如，实施该项舞弊审计的原因，是源于例行的审计，还是因为舞弊断言；审计对象与企业的关系，是属于某一部门、某一层次雇员还是企业整体（如企业管理舞弊）。②审计的目标与范围。审计报告中必须载明委托人与审计师事先约定的审计目标，通常的目标是舞弊风险评估、查出舞弊者与舞弊事实、提出审计建议。受审计技术的限制，舞弊审计不可能是万能的，审计报告中需要列明审计范围，比如，检查了书面资料、相关企业雇员提供了证词、获取了嫌疑人证言等。③审计结论。通过归纳和整理所搜集的审计证据，审计师应当发表审计意见：是否存在舞弊行为；如果存在，列明舞弊的类型、舞弊者及舞弊金额。审计结论必须简明扼要、观点正确，还必须列明审计师判断舞弊存在与否的依据。④审计建议要点。审计师的建议通常包括如何完善内部控制、是否应当起诉舞弊者等。

2）舞弊事实阐述

审计报告中必须分项列出涉及舞弊的人员、舞弊的手段与方法、舞弊的具体金额。此外，审计师还应当分别说明通过执行不同审计程序所获得的证据。比如，针对某项雇员挪用现金舞弊案，审计报告中应当列明：①书面资料审查的结果，如发现嫌疑人涂改原始凭证、伪造报销单据或者收款不入账；②证人证词，如另一位雇员提供证词证实其帮助嫌疑人进行凭证涂改；③嫌疑人陈述，如嫌疑人在审计师出示相关证据后承认自己挪用了公司现金。

3）审计具体建议

审计师的建议可能有两种，即完善内部控制和起诉舞弊者。①内部控制的完善。揭露舞弊并不是舞弊审计的最终目的，舞弊审计应当是舞弊防范体系的一部分。如何在未来避免相同或类似舞弊行为的发生更具有实际意义。通过舞弊审计，审计师不仅可能揭露出所存在的舞弊行为，也可能会发现舞弊是如何形成的，从而能够发现企业内部控制系统的重要缺陷。审计师有责任将这些缺陷告知企业管理层直至企业最高决策机构。②起诉舞弊者。在现实中，如果企业发现其雇员存在舞弊行为，尤其是高级管理层舞弊，往往允许其辞职，而低层雇员常被起诉。事实上，高级职员的舞弊（白领犯罪）所造成的损失通常高于蓝领工人舞弊的损失。企业这样做的目的有些是出于诉讼成本的考虑，有些则是担心诉讼会影响企业的形象。尽管这样做自有其道理，但却可能带来负面影响，比如其他人可能会认为舞弊获益会远远高于其风险，因而会诱使其他人从事舞弊行为。因此，审计师应当建议企业起诉舞弊者。

［总结与结论］

舞弊审计以发现舞弊行为为目的，与财务报表审计不能完全割裂开来。在舞弊审计中，重要的是关注和识别舞弊风险因素，这就需要审计师从不同的舞弊风险因素出发，了解舞弊的信号，熟悉舞弊的主要手段。了解被审计单位及其环境、分析程序和对管理层逾越内控行为进行专门测试是舞弊审计中非常有效的程序，询问程序和实地调查程序同样也是非常重要的。由于舞弊的复杂性和隐蔽性，审计师应该在整个审计过程中保持职业怀疑态度。

［练习题］

★讨论题

20世纪70年代末，威廉由美国道提斯食品公司的销售员提升为格雷温斯分部的总经理。威廉上任后不久，该分部便因业绩不佳受到总部的批评。威廉开始在月度业绩报告中虚增存货，通过虚增月末存货余额来降低公司产品销售成本，从而提高毛利。1980年和1981年公司由格特曼会计师事务所审计。事务所的审计师在审计过程中了解到下面一些情况：

（1）存货在道提斯公司资产负债表中是最大的主干科目，金额约占公司总资产的

40%。

（2）道提斯公司（特别是格雷温斯分部）的存货内部控制存在着很多薄弱环节。

（3）1980年和1981年期间，格雷温斯分部的存货余额大量增加，使得该分部的存货周转率大大低于正常水平。

下面是审计师在审计过程中对一些情况的介绍：

（1）审计师对存货进行审计时，采用的是常规的审计程序。从审计工作底稿中可以看出，审计师没有将存货项目列作高风险的项目。

（2）在1980年的存货实地盘点完成后，威廉向审计师交来三张虚假的存货登记表，并声明是审计师在盘点时忽略掉的。审计师粗略地核对之后，便把表上所有金额归入了格雷温斯分部的存货余额中。

（3）在1981年，该分部存货实地盘点完成后，审计师发现存货登记表上的数目与计算机打印出来的年末存货余额不符。他通知了事务所的合伙人并给威廉写了一份备忘录，要求他作出解释。但威廉根本没有答复，而合伙人也没有追查此事。审计项目合伙人在复核审计工作底稿时，没有留意这一备忘录，也没有进一步调查登记表与计算机所列存货余额之间为何存在巨额差异。

（4）威廉在提供证词时说，他虚增存货以提高利润只是想作为缓兵之计，等分部业绩提高之后就洗手不干了，没想到业绩迟迟不能提高，他欲罢不能；他自己经常要为存货短缺和转移存货编造种种借口，而审计师从不证实这些借口的真伪；审计师在格雷温斯分部的冷库中盘点存货时马马虎虎，因为那里非常冷。

要求：请你分析这个案例给了我们哪些启示。

★ 案例分析题

1. 中兴会计师事务所于2016年12月10日接受甲公司董事会的委托进行年度财务报表审计，以评价公司管理层的业绩。据了解，甲公司原是华远会计师事务所的常年客户，经向甲公司负责人员询问得知，负责甲公司审计业务的华远事务所的审计师李峰离职，经李峰介绍，转而委托中兴会计师事务所。中兴会计师事务所的审计师要求在12月31日对公司存货进行盘点，被公司婉言拒绝，原因是公司曾于6月30日进行了盘点，当时李峰参与了盘点工作，且盘点时的所有资料均可以提供给审计师复核，现在刚刚接受一张订单，交货期限很短，如果停工盘点，则难以按期交货。

对此，中兴事务所的审计师做了大量的工作，现了解到下面这些信息：

（1）通过向公司有关人员询问，得知李峰与甲公司的总经理私人关系甚好。总经理上任以来，公司的业绩一直不错，但2016年出现滑坡。

（2）执行了解程序，发现甲公司存货的内部控制存在一定漏洞。

（3）检查公司6月30日的盘点记录，其中A产品期末盘存量是20 000件，检查以前月份的存货明细账，A产品的期末库存每月都保持在10 000件至12 000件之间。

（4）甲公司的生产经营特点决定了存货的比重较大，占总资产的40%左右。

在这种情况下，审计师是否应该坚持对存货进行实物检查？如果不能进行，能否出具无保留意见的审计报告？请根据舞弊三角理论进行分析，解释其原因。

2. 表14-3是某公司2013—2016年年度财务报表中的部分数据。公司为农业生产企业，四年中公司的投资活动全部表现为购建固定资产，公司2016年资产负债表上固定资产余额为73 184万元。另据公司董事局主席介绍：公司共有255亩（255亩=170 000平方米）温室大棚，每平方米温室需要投入1 000元。如果根据这一数据计算，固定资产投入应为17 000万元。

表14-3　　　　　　　　某公司2013—2016年年度财务报表部分数据　　　　　　　　单位：万元

项目	2016年	2015年	2014年	2013年	合计
经营活动净现金流量	18 622	1 392	12 694	13 536	46 244
投资活动净现金流量	−51 895	−214	−12 523	−13 536	−78 168
筹资活动净现金流量	68 317	0	0	0	68 317
现金净流量	35 044	1 178	171	0	36 393
主营业务收入	110 225	67 007	34 550	847	212 629
净利润	52 113	19 096	7 341	56	78 606

分析该表数据，并说明该公司可能存在哪些方面的问题。

★ 补充阅读材料

1.张加学，李若山.存货的奥秘——美国法尔莫公司财务报表舞弊案例分析 [J]. 财务与会计，2002（2）.

2.张连起.舞弊行为与舞弊审计 [J]. 财务与会计，2002（9）.

3.黄世忠，叶丰滢.美国HPL技术公司财务舞弊案及其启示 [J]. 财务与会计，2003（2）.

4.傅欣，龙云."欧亚农业"事件再探——对异常财务数据的分析 [J]. 财务与会计，2003（3）.

5.黄世忠，张胜芳.美国废品管理公司财务舞弊案例剖析（上）[J]. 财务与会计，2004（6）.

6.黄世忠，张胜芳.美国废品管理公司财务舞弊案例剖析（下）[J]. 财务与会计，2004（7）.

7.张苏彤，康智慧.信息时代舞弊审计新工具——奔福德定律及其来自中国上市公司的实证测试 [J]. 审计研究，2007（3）.

8.杨明增.头脑风暴法在舞弊审计中的运用研究：回顾与启示 [J]. 审计研究，2011（4）.

9.廖冠民，吴溪.收入操纵，舞弊审计准则与审计报告谨慎性 [J]. 审计研究，2013（1）.

第15章

鉴证服务概述

[学习目标]

1. 了解鉴证业务的产生与发展历程；
2. 掌握鉴证业务的概念与要素；
3. 掌握鉴证业务与相关服务的区别；
4. 掌握鉴证业务的重要分类；
5. 了解鉴证业务的法律责任。

● 15.1　鉴证业务的产生与发展

"鉴证业务"（assurance service）也称"保证服务"、"认证业务"或"可信性保证业务"。它是20世纪90年代中后期国际审计职业界对审计鉴证性服务的一个新的概括和提法，既是审计专业服务产品向纵深开发的结果，也是审计专业服务从"审计"向"鉴证"的一次重大跨越。

1）鉴证业务产生与发展的历程

"鉴证业务"对应的英文原词是"assurance service"。我国审计界和学术界亦有将其译为"保证服务"、"认证业务"和"可信性保证业务"的。

最早有组织地致力于鉴证业务研究与开发的是美国注册会计师协会（AICPA）。早在1993年，AICPA在探讨审计未来发展方向时便指出其未来的发展方向是鉴证业务。此后，加拿大特许会计师协会（CICA）、澳大利亚会计职业组织、国际会计师联合会（IFAC）等也成立了相关机构进行鉴证业务的研究。

1993年5月，美国注册会计师协会（AICPA）在新墨西哥州圣达菲（Santa Fe）召开审计/鉴证会议。这次会议注意到了客户对审计和其他鉴证业务需求的下降，以及对鉴证业务范围和效用方面的不满，会议决定开发一项广阔的计划，重塑鉴证业务的未来，以增进其价值。为此，AICPA于1994年成立了以毕马威（KPMG）合伙人Robert K. Elliott为主席的临时性机构"鉴证业务特别委员会"（SCAS，通称为Elliott委员会）。1996年底，该委员会通过网站发布了翔实的研究报告（通称Elliott报告）。1997年，AICPA成立了一个永久性的机构"鉴证业务执行委员会"（ASEC），Ronald S. Cohen、Robert L. Bunting、Susan C.Rucker 等先后担任主席，时任主席为 KPMG 合伙人 Thomas E. Wallance。特别值得一提的是，美国独立审计职业界于 1998 年发布的《CPA 愿景报告：2011 年及以后》在展望未来的五大核心服务领域时也将"鉴证与信息真实性服务"位列第一。

1995 年 8 月，加拿大特许会计师协会（CICA）组建了以 KPMG 合伙人 Axel N. Thesberg 为主席的鉴证业务工作组（TFAS），旨在开发和实施一项拓展鉴证业务范围的计划，并确保独立审计师在鉴证业务领域的优势。TFAS 分别于 1995 年 12 月和 1997 年 6 月向 CICA 管理委员会（BOG）提交了中期报告，并于 1998 年 1 月提交了最终报告。CICA 根据最终报告的建议成立了鉴证业务发展委员会（ASDB）。

1997 年，澳大利亚注册会计师协会（ASCPA）与澳大利亚特许会计师协会（ICAA）成立了以安永（Ernst & Young）合伙人 Stuart Alford 为主席的鉴证业务联合工作组（JASTF）。JASTF 于当年 12 月发布了一份报告，讨论了鉴证业务未来发展的一些关键问题，并提议成立研究与创新委员会（RIB）。RIB 于 1998 年 7 月成立，其持续至 1999 年 4 月 ASCPA 的退出。1999 年 6 月，澳大利亚会计研究基金会管理委员会宣布将审计准则委员会（ASB）更名为审计和鉴证准则委员会（AUASB）。

国际会计师联合会（IFAC）也积极开展鉴证业务的研究工作。1997 年 8 月，IFAC 下属的审计实务委员会（IAPC，IAASB 的前身）发布了一份名为《信息可靠性报告》的征求意见稿，得到积极回应。IAPC 在对该征求意见稿进行修改之后，于 1999 年 3 月以《鉴证业务》为名重新发布了征求意见稿，并最终于 2000 年 6 月正式发布了 ISAE 100《鉴证业务》。2002 年 11 月，IAASB 对注册会计师的业务类型进行重新划分，相应地，ISAE 100 被分拆为两个文件：《鉴证业务的国际框架》和 ISAE 2000《鉴证对象为历史财务信息之外的鉴证业务》。2003 年，IAASB 发布上述两个文件的征求意见稿，建议取代 ISAE100《鉴证业务》并废止 ISA 120《审计准则的国际框架》。2005 年 1 月，IAASB 正式发布了《鉴证业务的国际框架》，其中定义并说明了鉴证业务的含义、要素和目标，确定了国际审计准则（ISAs）、国际审阅准则（ISREs）和国际鉴证业务准则（ISAEs）所适用的业务类型。

2）鉴证业务产生与发展的原因

鉴证业务产生与发展的推动力主要来源于独立审计行业内外环境的变化。

（1）行业内部谋求进一步生存和发展的空间

从某种意义上来看，鉴证业务的产生和发展是职业界寻求进一步生存和发展空间的结果。因此，致力于鉴证业务研究与开发的初衷是着眼于独立审计行业的未来发展。

20 世纪 90 年代以后，传统的财务报表审计已经成为一个相对成熟的服务产品，社会期望甚高，同业竞争激烈，诉讼风险加大，迫使审计师另辟蹊径，在咨询和鉴证方面进行拓展。市场对提高信息质量的需求和审计师自身的能力，很自然地促使审计师专业服务由审计向鉴证业务跨越，并将鉴证业务作为行业发展的方向。具体而言，促使 AICPA 开展相关研究与开发的是 1993 年审计/鉴证会议对独立审计师未来服务的探索和展望；CICA 开展相关努力的一个重要背景则是其通过研究草拟的一份"愿景报告"（Vision Report）；英格兰和威尔士特许会计师协会（ICAEW）的报告《增值职业：2005 年的特许会计师》也勾画了未来鉴证业务的蓝图。

美国鉴证业务特别委员会（SCAS）委员 William Kinney 教授在 1998 年的一次关于鉴

证业务的研讨会上一针见血地指出：会计行业成立鉴证业务特别委员会的根本动机只有一个——生存。Robert Elliott 在该委员会成立（1994 年）致辞中谈道，美国在过去的七年中，来自传统审计业务的收入停滞在 70 亿美元左右。他预测，到 2000 年传统审计的总收入仍然只会接近这个水平，而来自其他鉴证业务的收入将增加到 210 亿美元（其中相当大的一部分目前被其他行业所赚取）。

（2）职业环境的变化是鉴证业务产生和发展的动力

Elliott 报告将变化的环境概括为七个方面：信息技术的变革；对受托责任（accountability）的更大的需求；资本提供者构成的变化；人口年龄分布的变化；组织结构的变化；供应商、客户和资本市场的全球化；教育。Elliott 正是以此为背景提出了一个新的鉴证业务架构。该报告比较全面地提出了影响鉴证业务产生和发展的主要因素。

具体而言，鉴证服务是审计师审计服务的延伸和发展。它的产生是审计服务自身内在的扩张动力和外部环境变化共同作用的结果。社会环境的迅速变化急剧地改变决策者对信息来源和信息质量的需求。会计信息（历史的、财务的、交易的信息）再也不是唯一的商业语言，许多非财务信息正变得对商业决策越来越重要。这一变化趋势将改变审计师在未来提供服务的内容。因此，正是信息技术、公司组织结构、受托责任、资本构成等一系列的变化，才形成了鉴证服务市场。

①信息技术

信息技术是产生、影响鉴证服务的最重要因素。现代信息技术的飞速发展及其对全社会的广泛和深远的影响，将重新定义企业的概念，将改变企业的组织结构，改变企业获取、转换、传递产品和服务的过程，改变企业、客户与鉴证者之间的关系等等。这些变化将深刻地影响决策者对新型信息和相关性的鉴证服务的需求，由此促使审计师涉及信息系统可靠性认证、风险评价、企业业绩评价等领域。

②公司组织结构

公司组织结构的改变也为审计师提供了更多的服务机会。信息技术、竞争、人际关系的变化，控制风险的尝试已经导致新的组织结构产生，出现了更多的联营、合资和临时性组织。这些变化向审计师评价经济实体的财务状况和价值所采用的传统程序提出了挑战，如会计传统假设中的持续经营假设、主体假设等，又如面对面的交易现在变成了网上交易等问题。

因此，对审计师来说，公司组织结构的改变将意味着：

A.新组织结构的实体将导致新的信息流动方式，决策过程和信息系统将会变得更分散。整个系统的设计必须保持信息的流动性，审计师可以为新实体开发保障和监控活动的处理方法，为管理分散的组织设计 IT 系统等。

B.联营和合资企业的大量出现将创造出新的受托责任问题。如合伙一方对另一方提供机密信息的必要性，合资企业对另一方按新责任标准尽责，及时公告重大事项等，以及频繁地评价交易是否真实可靠等，审计师可以为合资企业建立有关控制、受托责任、业绩等标准，促进各方的交流，改善合作关系等。

C.更多临时组织的出现，使得会计持续经营假设不再成立，会计分期不再重要，财务报告的重点将从分期报告转向多重目的的报告。

D.许多实体的使命可能更不清晰、上市公司与私人公司的区分、营利组织与非营利组织的区分将变得模糊，需要更多受托责任的履行与审计师的监督。

③受托责任要求的增加

受托责任要求的增加促进了审计师服务范围的扩展。信息技术的进步降低了受托责任成本，也加大了不能履行责任的风险。信息的增量和信息的流动使得人们更难判断信息是否客观和可靠。由于受托责任成本降低，人与人之间的一般信任也降低了，为此需要更多的责任约束。因此，需要更多的审计师的鉴证服务。

④资本构成的变化

资本构成的变化影响了未来鉴证服务的发展。无论是成熟还是不成熟的资本市场，都会对鉴证服务提出不同的要求和需求。在成熟的资本市场上，如美国，其机构投资者控制了证券市值的一半。一般情况下，个人投资者与被投资方仅仅存在间接关系，两者之间的联系往往需通过一系列的中介机构，如经纪人、顾问公司等。虽然信息技术的发展降低了获取信息的成本，个人投资者能够更密切地关注被投资方，但前提是个人投资者能够掌握信息、能够自行处理。这对于所有个人投资者来说并不现实。因此，仍需要中介机构的服务，包括会计师事务所的鉴证服务。在不成熟的资本市场上，随着证券市场上个人投资者风险意识的提高，政府对证券市场监管力度的加大，其对鉴证服务的需求必然也会增加。

从鉴证服务的产生发展过程来看，其涉猎的范围具有广泛性，同时服务本身又要求专业性，这就导致鉴证服务市场存在竞争。对于一些新兴服务市场，如果审计师不去争取，其他职业就有可能去占领，从而影响会计师事务所的服务市场发展。所以，鉴证服务的提供者需要拥有实力，才能在鉴证服务业务竞争中占有一席之地。

● 15.2　鉴证业务的含义与要素

15.2.1　鉴证业务的含义

1）两种有代表性的观点

关于鉴证服务概念，目前存在以下两种具有代表性的观点：

（1）AICPA 鉴证服务特别委员会（Special Committee on Assurance Services）制定的概念框架

该概念框架将鉴证服务（assurance services）定义为"是为决策者提供的、旨在改善信息质量或内容的独立的专业服务"。该概念框架进一步指出："信息"的范围包括财务信息与非财务信息、历史信息与未来信息、分散信息与系统信息、内部信息与外部信息等。"质量"是指信息的可靠性和相关性。"内容"是指信息的表达方式和使用信息的决策模式。"决策者"是指信息的使用者。"独立"是指审计师作为用户的受托人处于中立的地位。"专业服务"涉及审计师的专业判断，不能被任何软件或非专业竞争者所替代。

这一定义包括许多重要概念。第一，这个定义关注的是决策。要作出好的决策需要高质量的财务或非财务信息。第二，定义与提高信息质量及其内容有关。鉴证服务通过提高信息的可靠性与相关性来增加信息的可信度。内容可以通过信息呈报的形式加以改善。第三，定义涉及独立性。对鉴证服务来说，独立性仅与信息的质量或背景有关。第四，定义还包括了"专业服务"这样的术语，其中含有对职业判断的应用。

（2）IFAC（2005）《鉴证业务的国际框架》（International Framework for Assurance Engagements）

2005年1月1日，国际会计师联合会发布了经修订后最新的《国际审计准则》，其中确立了《鉴证业务的国际框架》。本框架定义并说明了鉴证业务的含义、要素和目标，确定了国际审计准则、审阅业务的国际准则和鉴证业务的国际准则所适用的业务类型。本框架指出，鉴证服务是指审计师对鉴证对象信息提出结论，以增强除责任方之外的预期使用者对鉴证对象信息信任程度的一种业务。其中，鉴证对象信息是对鉴证对象按照标准进行评估和计量的结果，是将标准应用于鉴证对象所产生的信息。在财务报表审计中，鉴证对象信息是指企业对其财务状况、经营成果和现金流量按照企业会计准则和会计制度予以确认、计量、列报和披露而形成的财务报表认定。

2）IFAC（2005）鉴证业务概念的解析

IFAC（2005）关于鉴证业务的定义可从以下几个方面加以理解：

（1）鉴证业务的用户是"预期使用者"，即鉴证业务可以被用来有效地满足信息使用者的需求。

（2）鉴证业务的目的是改善信息的质量或内涵，增强除责任方之外的预期使用者对鉴证对象信息的信任程度，即以适当鉴证或提高鉴证对象信息的质量为主要目的，而不涉及为如何利用信息提供建议。

可靠性和相关性是信息的两大属性，是鉴证服务的主要内容。首先，鉴证服务有助于提高信息的可靠性。鉴证服务可以获取信息，并对信息的可靠性进行评价。信息质量的改善并不意味着认证后的信息与认证前的信息有何不同，鉴证服务只是通过运用专业判断，提高鉴证信息的可信性，仅此而已。其次，鉴证服务能够增强信息的相关性，从而改进决策。因为鉴证服务是为预期使用者决策服务的，因而更加强调相关性，在某些情况下可能为了相关性而牺牲可靠性。

（3）鉴证业务的基础是独立性和专业性，通常由具备专业胜任能力和独立性的审计师来提供，审计师应当独立于责任方。

独立性是审计师职业的基石。由于信息提供者和预期使用者的利益可能不一致，所以信息提供者所提供的信息可能质量不高，不利于决策的制定。因此，预期使用者寻求审计师对信息加以认证以提高信息的质量，降低信息风险。显然，预期使用者要求审计师独立于信息提供者。

（4）鉴证业务的"产品"是鉴证结论，审计师要对鉴证对象信息提出结论，该结论应当以书面报告的方式予以传达。

（5）鉴证服务需要审计师的职业判断。鉴证服务是审计师提供的专业服务，需要审计师的专业判断。专业判断与独立性一起使审计师服务发挥增值作用。尽管信息技术的进步提高了数据的运算速度和分析质量，但技术不能替代人类的专业判断。目前，有些鉴证服务已有详细的执业标准和报告要求，但许多新的鉴证服务还没有，因此审计师要考虑在遵循一般准则的前提下灵活运用具体标准。

15.2.2 鉴证业务的要素

鉴证业务旨在增进某一鉴证对象信息的可信性。审计师通过搜集充分、适当的证据来评价某个对象是否在所有重大方面符合适当的标准，提出鉴证结论，从而提高该鉴证对象信息对预期使用者的有用性。

根据上面描述式的界定，可以看出，鉴证业务应该具备以下五项要素：

（1）三方关系。三方关系人分别是审计师、责任方和预期使用者。审计师对由责任方负责的鉴证对象或鉴证对象信息提出结论，以增强除责任方之外的信息预期使用者对鉴证对象信息的信任程度。

（2）鉴证对象。鉴证对象具有多种不同的表现形式，可能是财务或非财务的业绩或状况、物理特征、系统、过程或者行为，不同的鉴证对象具有不同的特征。

（3）标准。即用来对鉴证对象进行评价或计量的基准，当涉及列报时，还包括列报的基准。

（4）证据。审计师要通过一套系统的方法获取充分、适当的证据，以此作为提出结论的基础。

（5）鉴证报告。审计师要针对鉴证对象信息（或鉴证对象）在所有重大方面是否符合适当的标准，以书面报告的形式发表一个能够提供一定保证程度的结论。

15.2.3　鉴证业务的构成内容

鉴证服务的市场前景非常广阔，其服务种类也相当丰富。就其业务类型而言，存在以下两种划分方法：

IFAC（2005）《鉴证业务的国际框架》中指出，按照鉴证业务提供鉴证程度的不同，将鉴证业务区分为合理鉴证业务和有限鉴证业务两大类。合理鉴证业务的目标是审计师将鉴证服务风险降至该业务环境下可接受的低水平，以此作为以积极方式提出结论的基础；有限鉴证业务的目标是审计师将鉴证服务风险降至该业务环境下可接受的水平，以此作为以消极方式提出结论的基础。就财务报表的鉴证而言，合理鉴证业务称作审计，有限鉴证业务称作审阅。

按照美国注册会计师协会鉴证服务委员会制定的概念框架，将鉴证服务区分为审计业务和非审计业务的鉴证服务。除了审计业务之外，非审计业务的鉴证服务主要包括关于信息技术的鉴证服务和关于其他类型信息的鉴证服务两大类。前者主要涉及电子商务（electric commerce），即为电子交易和信息传播的可靠性和安全性提供鉴证；后者涉及的业务则非常广泛，主要涉及经营业绩评价（business performance measurement services）、养老工作评价（eldercare plus）及风险评估（assessment of risks）等领域。实际上，对鉴证服务的范围并没有特别的限制，还存在很多其他的服务项目，诸如政策遵行（policy compliance）、合并与并购认证（mergers and acquisitions）、ISO 9000认证、年度环境审计（annual environmental audit）等。

● 15.3　鉴证业务与相关服务的区别

15.3.1　相关服务的构成

相关服务是相对于鉴证服务而言的，是指那些由审计师提供的、除了鉴证服务以外的其他服务，主要包括：

1）对财务信息执行商定程序

对财务信息执行商定程序的目标是审计师对特定财务数据、单一财务报表或整套财务报表等财务信息执行与特定主体商定的具有审计性质的程序，并就执行的商定程序及其结果出具报告。

审计师执行商定程序业务，仅报告执行的商定程序及其结果，并不提出鉴证结论。报告使用者自行对审计师执行的商定程序及其结果作出评价，并根据审计师的工作得出自己的结论。

2）代编业务

代编业务是指审计师运用会计而非审计的专业知识和技能，代客户编制一套完整或非完整的财务报表，或代为搜集、分类和汇总其他财务信息。

审计师执行代编业务使用的程序并不旨在，也不能对财务信息提出任何鉴证结论。

3）税务服务

会计师事务所的客户需要缴纳中央政府和地方政府规定的各种税收。会计师事务所的税务部门协助填写纳税申报单，提供有关税务筹划和财产转移计划方面的建议，代表客户接受税务部门和法庭有关纳税问题的质询。

4）咨询服务

咨询服务是针对企业的组织、人事、财务、经营、体制以及其他活动提供建议和帮助的一种咨询活动。许多会计师事务所内部都设有独立的部门来提供这类服务，例如，小企业咨询、管理信息系统设计、法律援助服务、保险精算、养老评价服务。由于提供的服务性质各异，管理咨询服务部门的成员不仅有审计师，还有其他行业的专家。近年来，会计师事务所的管理咨询服务业务量增长迅猛。由于独立性以及其他一些原因，许多大型事务所都已经将其咨询业务与鉴证业务予以分离。

【相关链接 15-1】

咨询业务的特征

与鉴证服务相比，咨询业务具有以下三个基本特征：

（1）咨询服务以信息的使用为主要目标，而不涉及信息质量，也不对咨询业务所使用的信息加以保证；

（2）咨询服务一般是咨询服务的提供者与客户之间的两方契约；

（3）专业性是咨询服务的基础。

15.3.2 鉴证业务与相关服务的区别

鉴证业务和相关服务的区别主要体现在以下几个方面：

（1）业务涉及的关系人不同。相关服务通常只涉及两方关系人，即客户和提供相关服务的审计师；而鉴证业务通常涉及三方关系人，即责任方、信息预期使用者及提供鉴证业务的审计师。

（2）业务关注的焦点不同。相关服务关注的焦点主要是信息的生成、编制及对如何利用信息作出决策提供建议；而鉴证业务关注的焦点是适当保证和提高鉴证对象信息的质量，通常不涉及信息的利用。

（3）工作结果不同。相关服务的工作结果不对信息提供可信性保证；而鉴证业务的工作结果是审计师以书面形式提出结论，该结论能对鉴证对象信息提供某种程度的可信性保证。

（4）独立性要求不同。相关服务通常不对提供服务的审计师提出独立性要求；而鉴证业务要求审计师必须独立于鉴证业务中的其他两方。

审计师在确定某项业务是适合作为鉴证业务还是适合作为相关服务时，应当根据执业准则的要求，着重考虑客户寻求服务的目的。如果客户的要求只涉及信息的编制和利用或就某一事项寻求建议或意见，那么审计师将此业务作为相关服务是恰当的。但是，如果客户需要审计师对特定事项以书面报告的形式提供保证，则此业务应当作为鉴证业务。

表 15-1 以内部控制鉴证作为鉴证业务的代表，以代编财务信息、商定程序和管理咨询作为相关服务的代表，对两类业务的区别进行比较。内部控制鉴证与代编财务信息、商定程序以及管理咨询的区别不止以下几个方面，此处的比较旨在区分鉴证业务与相关服务。

表 15-1　　　　　　　　　　　　**鉴证业务与非鉴证业务的区别**

区别＼业务类型	鉴证业务 （内部控制鉴证）	非鉴证业务 （代编财务信息、商定程序、管理咨询）
保证水平	对内部控制的有效性提供可信性保证	不对任何信息提供可信性保证
关系人	审计师、责任方（管理层）、信息预期使用者	代编财务信息和管理咨询只存在审计师和客户两方关系人，商定程序可能存在三方关系人
鉴证对象	被鉴证单位的内部控制	无
标准	内部控制的有效性标准，例如内部控制审计指引	代编财务信息的标准是会计准则和相关会计制度，商定程序的标准是相关准则规定和业务约定书的要求，管理咨询没有确定的标准
证据	获取足以支持所提出结论的充分、适当的证据	代编财务信息和管理咨询无须获取证据，商定程序需要获取证据，作为出具报告的基础
报告	以书面形式提供报告，并在报告中就内部控制的有效性提出鉴证结论	管理咨询可以以书面或口头形式报告咨询结果，代编财务信息和商定程序需要提供书面报告，但在报告中不提出鉴证结论

● 15.4　鉴证业务的重要分类

15.4.1　合理保证业务和有限保证业务

合理保证业务和有限保证业务是鉴证业务的一组重要概念。与之相关的"合理保证"和"有限保证"也是鉴证业务的一组重要概念。

1）"合理保证"和"有限保证"概念的提出

1997年8月，国际会计师联合会（IFAC）下设的审计实务委员会（IAPC，国际审计与鉴证准则理事会 IAASB 的前身）为了识别信息使用者对不同鉴证对象日益增长的信息需求，提高信息可信性，满足决策者的需要，发布了一份名为《信息可信性报告》（Reporting on the Credibility of Information）的征求意见稿。IAPC 在该征求意见稿中提出了"不同水平保证"（a continuum of levels of assurance）的概念。

《信息可信性报告》的征求意见稿得到了理论界以及实务界的积极回应。绝大部分的反馈意见认为，有必要对审计师对不同业务提供保证水平的差异进行区分。然而，也有不少意见认为，"不同水平保证"的概念在实务中很难操作。虽然在理论上说，审计师可以像光谱一样对鉴证业务提供无数种不同水平的保证。但鉴证报告的使用者并不需要对其进行如此精确的区分，鉴证报告也很难精确传达审计师所提供的保证水平。在实务中，审计师执行的证据搜集程序以及出具的鉴证报告通常只对应两种截然不同的保证水平：审计水平（高水平保证）和审阅水平（中等水平保证）（IFAC，2002）。此外，如果使用"不同水平保证"的概念，由于它着重强调的是鉴证业务数量方面的特征，还可能会导致人们对"鉴证业务"概念的理解产生偏差，忽视其性质方面的特征。而实际上，后者也是十分重要的。例如，鉴证对象具有不同的特征，可能表现为定性或定量、客观或主观、历史或预测、时点或期间；证据搜集程序也会在性质、时间、范围等方面完全不同（IFAC，2003）。

为此，IAPC 对1997年的征求意见稿进行了修订，并于1999年3月以《鉴证业务》（Assurance Engagements）为名重新发布了新的征求意见稿。在1999年的征求意见稿中，IAPC 保留了对鉴证业务保证水平进行区分的做法，但是将保证水平限定为仅包括两种水平：一种是"合理保证"（reasonable assurance），一种是"有限保证"（limited assurance），合理保证提供的保证水平高于有限保证提供的保证水平。这样，IAPC 便正式提出了"合理保证"和"有限保证"概念。鉴证业务按其提供保证水平的高低，相应地被分为合理保证的鉴证业务和有限保证的鉴证业务。

此后，IAPC 于2000年6月正式发布了 ISAE 100《鉴证业务》。2002年11月，IAASB 对审计师的业务类型进行重新划分，相应地将 ISAE 100 分拆为《鉴证业务的国际框架》（International Framework for Assurance Engagements）和 ISAE 2000《鉴证对象为历史财务信息之外的鉴证业务》（Assurance Engagements on Subject Matters other than Historical Financial Information）。2003年，IAASB 发布了上述两个文件的征求意见稿，建议取代 ISAE 100《鉴证业务》并废止 ISA 120《审计准则的国际框架》。2005年1月，IAASB 正式发布了上述两个文件。这一系列的征求意见稿以及最终发布的文件均采用了"合理保证"和"有限保证"的概念。我国于2006年2月发布的《中国注册会计师鉴证业务基本准则》同样如此。

2）合理保证不等于绝对保证

正确理解鉴证业务准则中的保证概念，要将它们与"绝对保证"的概念进行区分。

这里，首先对绝对保证、合理保证和有限保证进行界定是有必要的。绝对保证是指审计师对鉴证对象信息整体不存在重大错报提供100%的保证。合理保证是一个与积累必要的证据相关的概念，要求审计师通过不断修正的、系统的执业过程，获取充分、适当的证据，对鉴证对象信息整体提出结论，它提供的是一种高水平但并非100%的保证。与合理保证相比，有限保证在证据搜集程序的性质、时间、范围等方面受到有意的限制，它提供的是一种适度水平的保证。可以看出，三者提供的保证水平逐次递减，因此，区分的关键是绝对保证与合理保证。正确理解二者的关系，有助于减轻审计师承担的责任。

《中国注册会计师鉴证业务基本准则》明确指出，合理保证提供的保证水平低于绝对保证；将鉴证业务风险降至零几乎不可能，也不符合成本效益原则。

3）合理保证和有限保证的确定标准

辨明合理保证与绝对保证后，需要进一步区分合理保证和有限保证。在这里，首先给出二者的定义是必要的。合理保证是指审计师将鉴证业务风险降至具体业务环境下可接受的低水平，以此作为以积极方式提出结论的基础。有限保证是指审计师将鉴证业务风险降至具体业务环境下可接受的水平，以此作为以消极方式提出结论的基础。合理保证提供的保证水平高于有限保证提供的保证水平。

实务中，对于一项具体的鉴证业务，其保证水平一般都是事先约定好的，而不是根据审计师的工作实施情况再确定是提供合理保证还是有限保证。这样，审计师承接业务时确定所提供保证水平的判断标准就成为一个关键的问题。对此，理论界一直存在争议。主要观点有两种，一种是"变量相互影响观"（interaction of variables view），另一种是"工作努力观"（work effort view）（IFAC，2002）。

【相关链接15-2】

变量相互影响观与工作努力观

"变量相互影响观"认为审计师针对某一业务确定所提供保证水平时，需要运用职业判断，考虑以下四个变量的相互关系：

（1）鉴证对象。不同的鉴证对象具有不同的特征，可能表现为定性或定量、客观或主观、历史或预测、时点或期间。其中，有些鉴证对象易于被可靠地评估和计量，易于获得结论性的证据，那么，就可以为其提供较高水平的保证。例如，在其他变量不变的情况下，审计师对客观、定量的鉴证对象（如历史财务报表）提供的保证水平可以高于对主观、定性的鉴证对象（如道德行为或预测性财务信息）提供的保证水平。

（2）标准。虽然对于所有的鉴证业务来说，标准都必须适当，但由于鉴证对象特征不同，采用不同的标准对鉴证对象进行评估和计量时，其可靠性也不尽相同。如果某项鉴证业务的标准只能对鉴证对象进行定性的评估，而不能进行定量的计量（如对道德行为进行评估的标准），那么，不管审计师付出多大的努力，他都无法搜集到充分、足够的证据来支持其提供高水平的保证。

（3）证据搜集程序。证据搜集程序的性质、时间和范围是决定审计师确定所提供保证水平的一个主要因素。如果要提供高水平的保证，就必须实施相对比较全面和复杂的证据搜集程序。

（4）可获取证据的数量和质量。审计师需要获取充分适当的证据作为其对鉴证对象提供某种水平保证的基础。提供的保证水平越高，相应地对证据数量和质量的要求就越严格。

上述四个变量是相互影响的。如果没有适当的标准，就无法对鉴证对象进行准确的评估和计量。鉴证对象的特征还会限制所获取证据的数量和质量，且鉴证对象越复杂，审计师付出的努力越多。

"工作努力观"认为审计师在确定为某一业务提供的保证水平时，首先要考虑鉴证报告使用者的需求，例如，客户是需要高水平还是低水平的保证以及成本方面的考虑等。审计师据此确定为执行该业务付出的努力程度，这会影响证据搜集程序的性质、时间和范围，以及所提供的保证水平。当然，这种工作努力程度和保证水平都是事先约定好的，而不是根据审计师的工作实施情况再确定是提供合理保证还是有限保证。至于标准和鉴证对象，它们适当与否被视为审计师承接某项业务的先决条件。而不能因为其适当性有限，将某项本不能承接的业务在降低所提供保证水平后予以承接。也就是说，如果审计师认为某项业务不适合作为合理保证的鉴证业务予以承接，那么，他也不能将其作为有限保证的鉴证业务予以承接。

虽然在理论上说，"变量相互影响观"和"工作努力观"是非此即彼、二者择一的关系。但在 2005 年 1 月发布的《鉴证业务的国际框架中》，IAASB 所持的观点在某种水平上却是上述两种观点的一个结合。例如，IAASB 指出，审计师在鉴证报告中提出结论的方式（积极方式或消极方式）取决于其所实施的证据搜集程序的性质、时间和范围，这显然是"工作努力观"的主张。IAASB 同时要求鉴证报告需要披露与预期使用者相关，且与审计师获得的保证水平相关的鉴证对象特征。例如，企业在首次公开发行股票时，其招股说明书中的盈利预测文件必须经审计师审核，提供有关拟上市公司预计收益的情况，那么，该鉴证对象的预测性特征对于预期使用者来说就是相关的。如果不披露，可能导致预期使用者对鉴证业务产生误解。鉴证对象的预测性特征同时也使得审计师难以为其提供高水平的保证。这其中体现的就是"变量相互影响观"。

由于合理保证和有限保证的确定在很大程度上取决于审计师的职业判断，因此，对于一项具体的鉴证对象而言，有些事务所可能为其提供合理保证，另一些事务所则可能为其提供有限保证；即便在同一个事务所内部，不同时期为同一鉴证对象提供的保证水平可能也会存在差异。

4）合理保证和有限保证的区别

在我们看来，二者的系统性差别主要可以体现在以下方面：

（1）目标不同

合理保证的目标是将鉴证业务风险降至具体业务环境下可接受的低水平，以此作为以积极方式提出结论的基础，并对鉴证后的信息提供高水平的保证。

有限保证的目标是将鉴证业务风险降至具体业务环境下可接受的水平，以此作为以消极方式提出结论的基础，对鉴证后的信息提供低于高水平的保证。但该保证水平应该是一种有意义的保证水平，即能够在一定水平上增强预期使用者对鉴证对象信息的信任。

（2）证据搜集程序不同

在合理保证的鉴证业务中，为了能够以积极方式提出结论，审计师应当通过一个不断修正的、系统化的执业过程，获取充分、适当的证据。与合理保证的鉴证业务相比，有限保证的鉴证业务在证据搜集程序的性质、时间、范围等方面是有意识地加以限制的。

（3）所需证据多少不同

由于证据搜集程序的性质、时间和范围不同，相应地，在两类业务中，审计师搜集证据的多少也不同。提供合理保证所需的证据比提供有限保证所需的证据要多。

（4）鉴证业务风险不同

鉴证业务风险通常体现为重大错报风险和检查风险。重大错报风险是指鉴证对象信息在鉴证前存在重大错报的可能性。对于同一个鉴证对象与鉴证对象信息，例如，内部控制鉴证，不管审计师提供的是合理保证还是有限保证，其重大错报风险均不存在差异。但检查风险则不然，它是指某一鉴证对象信息存在错报，该错报单独或连同其他错报是重大的，但审计师未能发现这种错报的可能性。检查风险的高低显然取决于审计师所实施证据搜集程序的性质、时间和范围。由于有限保证的鉴证业务的证据搜集程序在上述方面受到有意识的限制，因此，其检查风险高于合理保证的鉴证业务。相应地，提供有限保证的鉴证业务风险高于提供合理保证的鉴证业务风险。

（5）鉴证对象信息的可信性不同

与有限保证的鉴证业务相比，审计师在合理保证的鉴证业务中，实施的证据搜集程序更为系统和全面，搜集的证据更多，提供的保证水平更高，相应地，鉴证后的鉴证对象信息也更为可信。

（6）提出结论的方式不同

合理保证和有限保证提供的保证水平不同，鉴证后鉴证对象信息的可信性也不同，为了使预期使用者能够清楚了解二者的区别，二者提出结论的方式也不同。合理保证的鉴证业务要求审计师以积极方式提出结论，有限保证的鉴证业务要求审计师以消极方式提出结论。

（7）责任大小不同

审计师在合理保证鉴证业务中承担的责任要大于在有限保证鉴证业务中承担的责任。

（8）业务收费不同

合理保证的鉴证业务与有限保证的鉴证业务相比，前者提供的保证水平高于后者、鉴证对象信息的可信性高于后者、证据搜集程序较后者更系统和全面、审计师承担的责任高于后者，业务收费水平自然也高于后者。

【相关链接15-3】

合理保证和有限保证区别示例

在审计师传统的业务领域，财务报表审计提供的是合理保证，财务报表审阅业务提供的是有限保证。下面，我们以审计和审阅为例，具体阐述合理保证和有限保证的区别，见表15-2。

表15-2	合理保证和有限保证的区别	
业务类型 \ 区别	合理保证的鉴证业务 （财务报表审计）	有限保证的鉴证业务 （财务报表审阅）
目标	在可接受的低审计风险下，以积极方式对财务报表整体发表审计意见，提供高水平的保证	在可接受的审阅风险下，以消极方式对财务报表整体发表审阅意见，提供有意义水平的保证，该保证水平低于审计业务的保证水平
证据搜集程序	系统、全面。包括三个阶段：风险评估程序、控制测试（必要时或决定测试时）、实质性程序。具体程序包括：检查记录或文件、检查有形资产、观察、询问、函证、重新计算、重新执行、分析程序	有意识地加以限制，主要采用询问和分析程序获取证据
所需证据多少	较多	较少，不能提供审计中要求的所有证据
鉴证业务风险	较低	较高
鉴证对象信息的可信性	较高	较低
提出结论的方式	以积极方式提出结论。例如，"我们认为，ABC公司财务报表已经按照企业会计准则和《××会计制度》的规定编制，在所有重大方面公允反映了ABC公司20×1年12月31日的财务状况以及20×1年度的经营成果和现金流量"	以消极方式提出结论。例如，"根据我们的审阅，我们没有注意到任何事项使我们相信ABC公司财务报表没有按照企业会计准则和《××会计制度》的规定编制，未能在所有重大方面公允反映被审阅单位的财务状况、经营成果和现金流量"
责任大小	较大	较小
业务收费	较高	较低

15.4.2 基于责任方认定的业务和直接报告业务

1）基于责任方认定的业务和直接报告业务的含义

在基于责任方认定的业务中，责任方对鉴证对象进行评价或计量，鉴证对象信息以责任方认定的形式为预期使用者获取。责任方认定是责任方将适当标准应用至鉴证对象的结果。如在历史财务报表审计中，被审计单位管理层（责任方）对财务状况、经营成果和现金流量（鉴证对象）进行确认、计量和列报（评价或计量）而形成的财务报表（鉴证对象信息）即为责任方的认定，该财务报表可为预期报表使用者获取，审计师针对财务报表出具审计报告。

在基于责任方认定的业务中，审计师或针对责任方认定提出结论，或直接针对鉴证对象提出结论，无论采取何种方式提出结论，预期使用者都可以获取责任方认定。

在直接报告业务中，审计师直接对鉴证对象进行评价或计量，或者从责任方获取对鉴证对象评价或计量的认定，但该认定无法被预期使用者获取，预期使用者只能通过阅读鉴证报告获取鉴证对象信息。简而言之，直接报告业务是审计师直接应用适当的标准对鉴证对象进行评价并提出结论，预期使用者无法获取责任方认定。如在内部控制鉴证业务中，审计师可能无法从管理层（责任方）获取其对内部控制有效性的评价报告（责任方认定），或者虽然审计师能够获取该报告，但预期使用者无法获取该报告，审计师直接对内部控制的有效性（鉴证对象）进行评价并出具鉴证报告，预期使用者只能通过阅读该鉴证报告获得内部控制有效性的信息（鉴证对象信息）。

2）基于责任方认定的业务和直接报告业务的区别

（1）审计师提出结论的对象不同

在基于责任方认定的业务中，审计师提出结论的对象可能是责任方认定，也可能是鉴证对象。此类业务的逻辑顺序应当是：首先，责任方按照标准对鉴证对象进行评估和计量，形成责任方认定，并提交给审计师；然后，审计师根据适当的标准对鉴证对象进行再评价和再计量，将其结果与责任方认定进行比较；最后，审计师既可以针对责任方认定提出鉴证结论，也可以直接针对鉴证对象提出结论。

在直接报告业务中，审计师提出结论的对象就是鉴证对象，无论责任方是否作出了认定、是否将认定提供给审计师。在此类业务中，审计师不是对责任方认定进行再评价或者再计量，而是直接针对鉴证对象进行评价和计量。

（2）预期使用者能否获取责任方认定

在基于责任方认定的业务的鉴证报告中，审计师通常会引述（将责任方认定的具体内容列示于鉴证报告内）或者体现（鉴证报告后附有责任方认定）责任方认定的相关内容。因此，预期使用者可以获取相关认定。

在直接报告业务的鉴证报告中，审计师并不提及责任方认定，而是直接针对鉴证对象提出结论。这意味着，无论责任方认定是否存在、是否被审计师获取，鉴证报告中都不会体现该认定，因此，预期使用者无法获取相关认定。

（3）责任方的责任不同

在基于责任方认定的业务中，由于责任方已经将既定标准应用于鉴证对象，形成了鉴证对象信息（即责任方认定），因此，在此类业务中，责任方应当对鉴证对象信息负责，同时也对鉴证对象负责。例如，企业聘请审计师对企业自身的持续经营报告进行鉴证。在该业务中，鉴证对象信息为持续经营报告，由该企业的管理层负责，企业管理层为责任方。该业务的鉴证对象为企业的持续经营状况，它同样由企业的管理层负责。再如，某政府组织聘请审计师对企业的持续经营报告进行鉴证，该持续经营报告由该政府组织编制并分发给预期使用者。在该业务中，鉴证对象信息由该政府组织负责，该政府组织为责任方。该业务的鉴证对象为企业的持续经营状况，责任方即该政府组织却无须为它负责。

在直接报告业务中，无论审计师是否获取了责任方认定，鉴证报告中都不会体现此类认定，责任方对鉴证对象负责。例如，在内部控制鉴证中，审计师直接对内部控制的有效性进行评价并出具鉴证报告，该业务的鉴证对象是企业的内部控制情况，责任方就是对企业内部控制负责的组织或人员，即被鉴证企业的管理层。

（4）鉴证报告的格式和内容存在差异

在基于责任方认定的业务中，鉴证报告的引言段通常会提供责任方认定的相关信息，进而说明鉴证业务的执行程序并提出鉴证结论，而在直接报告业务中，审计师直接说明鉴证对象、鉴证业务的执行程序并提出鉴证结论。下面将通过两类业务的报告直观地说明这种差异。

【相关链接15-4】

基于责任方认定的业务报告和直接报告业务报告区别示例

（1）基于责任方认定的业务报告

本例是无保留意见的标准审计报告，自2017年1月1日起，在A+H股公司以及纯H股公司中实施；自2018年1月1日起扩大到所有被审计单位。在本例中，审计报告后附的财务报表，即为责任方认定，预期使用者可以获取责任方认定。

审 计 报 告

ABC股份有限公司全体股东：

一、审计意见

我们审计了ABC股份有限公司（以下简称ABC公司）财务报表，包括20×1年12月31日的资产负债表，20×1年度的利润表、现金流量表、股东权益变动表以及相关财务报表附注。

我们认为，后附的财务报表在所有重大方面按照企业会计准则的规定编制，公允反映了ABC公司20×1年12月31日的财务状况以及20×1年度的经营成果和现金流量。

二、形成审计意见的基础

我们按照中国注册会计师审计准则的规定执行了审计工作。审计报告的"注册会计师对财务报表审计的责任"部分进一步阐述了我们在这些准则下的责任。按照中国注册会计师职业道德守则，我们独立于ABC公司，并履行了职业道德方面的其他责任。我们相信，我们获取的审计证据是充分、适当的，为发表审计意见提供了基础。

三、关键审计事项

关键审计事项是我们根据职业判断，认为对本期财务报表审计最为重要的事项。这些事项的应对以对财务报表整体进行审计并形成审计意见为背景，我们不对这些事项单独发表意见。

（略）

四、其他信息（略）

五、管理层和治理层对财务报表的责任

ABC公司管理层（以下简称管理层）负责按照企业会计准则的规定编制财务报表，使其实现公允反映，并设计、执行和维护必要的内部控制，以使财务报表不存在由于舞弊或错误导致的重大错报。（略）

六、注册会计师对财务报表审计的责任

我们的目标是对财务报表整体是否不存在由于舞弊或错误导致的重大错报获取合理保证，并出具包含审计意见的审计报告。合理保证是高水平的保证，但并不能保证按照审计准则执行的审计在某一重大错报存在时总能发现。（略）

××会计师事务所	中国注册会计师：×××（签名并盖章）
（盖章）	中国注册会计师：×××（签名并盖章）
中国××市	二〇×二年×月×日

（2）直接报告业务报告

本例是无保留意见的系统鉴证报告。在本例中，审计师没有获取责任方的相关认定，直接针对鉴证对象进行评价进而提出结论，预期使用者无法获取相关认定。

注册会计师报告

××管理层：

我们审查了 ABC 公司 20××年×月至 20××年×月期间金融服务系统可应用性、安全性、完整性和可维护性等方面的控制有效性。这些控制是 ABC 公司管理层的责任，我们的责任是在审查的基础上，对这些控制是否遵循×××会计师协会制定的系统认证原则和标准发表意见。该系统认证的原则和标准可查阅网站：××××。

我们的审查遵循了×××会计师协会制定的鉴证准则，审查程序包括：①了解金融服务系统可应用性、安全性、完整性和可维护性相关控制情况；②测试和评价控制的运行效果；③执行我们根据情况认为必要的其他程序。我们相信我们的审查为发表意见提供了合理基础。

我们认为，ABC 公司在 20××年×月至 20××年×月期间，对金融服务系统可应用性、安全性、完整性和可维护性等方面保持了有效控制，在所有重大方面遵循了×××会计师协会制定的系统认证原则和标准，能够在以下几个方面提供合理保证：

①系统能够按照服务水平声明或协议中所确定的时间进行运营和使用；

②系统受到保护以免受未经授权的物理和逻辑进入；

③系统的处理是完全的、准确的、及时的，并经过授权；

④系统能够按要求进行更新以连续保持系统的可应用性、安全性和完整性。

（对鉴证结论有效性的适当说明、对管理层系统认证说明书的相关阐述略）

（签名）

（日期）

（3）简要的比较表

下面，我们以盈利预测审核作为基于责任方认定的业务的代表，以金融服务系统鉴证作为直接报告业务的代表，对两类业务的区别进行比较，见表15-3。

表15-3　　　　基于责任方认定的业务和直接报告业务的区别比较表

区别＼业务类型	基于责任方认定的业务（盈利预测审核）	直接报告业务（金融服务系统鉴证）
责任方认定	预期使用者不通过阅读盈利预测审核报告便可获取责任方认定，即企业的盈利预测信息	可能不存在责任方认定（公司管理层关于金融服务系统可应用性、安全性、完整性和可维护性等方面控制有效性进行评价的信息），或虽然存在，但该认定无法被预期使用者获取，预期使用者只能通过系统鉴证报告获取上述信息
责任方的责任	责任方对鉴证对象信息负责，即对盈利预测信息负责	责任方对鉴证对象负责，即对公司金融服务系统可应用性、安全性、完整性和可维护性等方面控制的有效性负责
提出结论的对象	鉴证对象信息，即对所审核的盈利预测信息进行评价	鉴证对象，即对公司金融服务系统可应用性、安全性、完整性和可维护性等方面控制的有效性进行评价
鉴证报告	以书面形式提供盈利预测审核报告，明确提及责任方认定，或直接提及鉴证对象和标准。例如，"我们审核了后附的简称ABC公司编制的预测（列明预测涵盖的期间和预测的名称）"	以书面形式提供系统鉴证报告。直接提及鉴证对象和标准，无须提及责任方认定。"我们对ABC公司20××年×月至20××年×月期间金融服务系统可应用性、安全性、完整性和可维护性等方面控制有效性进行审查"

● 15.5　鉴证业务的法律责任

　　与提供审计服务一样，审计师提供鉴证服务也存在法律责任问题。就鉴证服务而言，虽然其总体上的保证程度比审计服务低，但某些服务品种在某些特定环境下，鉴证服务的法律责任可能并不比审计服务减轻多少。因此，鉴证服务的法律责任问题非常值得重视。

　　在鉴证服务中，尤其以网誉认证和系统认证面临的潜在法律责任最为突出。由于网誉认证是为了验证电子商务的安全性和合法性，不仅电子商务系统本身容易受到攻击，而且其用户的分布非常广泛，甚至遍及全球。因此，网誉认证的法律风险可能非常大。系统认证是为了验证电子计算机系统的可靠性，从法律责任角度来说，与网誉认证相比具有以下特征：（1）系统认证相对于网誉认证而言，无论是认证的内容、认证准则，还是实务开展，都更加成形。（2）系统认证与网誉认证都首先要保证计算机系统的安全可靠，面对的第三方都非常广泛。网誉认证面对的第三方用户主要是互联网用户，而系统认证的用户包括电子数据交换用户（EDI用户）、企业用户和互联网用户。

目前，各国及国际上尚未针对审计师鉴证服务制定专门的法律法规，因此，鉴证服务的法律责任只能比照审计师审计的法律责任。审计师在提供审计服务时，常常被当作是"深口袋者"被客户或第三方告上法庭，并承担巨额的民事赔偿责任。审计师的鉴证服务，其保证程度总体上低于审计服务，因此，其承担的法律责任也不会高于审计的法律责任。但是，由于网誉认证和系统认证都与计算机网络有关，用户范围广泛，甚至包括全球范围内的互联网用户，因此其潜在的法律风险仍然比较大，甚至会产生国际争端。因此，美国注册会计师协会和加拿大注册会计师协会倡导的鉴证服务，一方面开拓了审计师的服务范围，另一方面也在一定程度上增加了审计师法律责任的不确定性。

1）鉴证服务面临的法律环境

目前提供鉴证服务的主要有美国、加拿大、英国、澳大利亚和新西兰五个国家，而且这五个国家的审计师同样面临较为严峻的法律环境。

上述五个国家，除美国以外其余四个都属于英联邦国家。虽然它们都属于判例法的国家，但英联邦国家的法律体系与美国又有所不同。在英联邦国家，最高法院具有最高的裁决权，地方各法院的裁决都要受到最高法院的约束。也就是说，在衡量审计师的职业责任时，英联邦国家往往以最高法院作出的决定为准。而美国各州都有立法权，各州对审计师法律责任的规定不同，各州法院对相同案件的审判结果也会出现较大的差异。另外，英联邦国家中，一个国家的审判案例可能会被其他国家采用。同时，英联邦国家也会引用一些美国的案例作为审判的依据。而在美国，虽然有些法院有时也会引用英联邦国家的案例，但其效力远不及国内案例，其通常都是先考虑美国国内案例。

虽然上述五国的审计师都已在提供鉴证服务，但到目前为止，尚未出现第三方专门针对审计师鉴证服务过错或舞弊的诉讼案例。但是，这些国家对审计师审计责任等的法律规定以及相关的诉讼案例，对审计师提供的鉴证服务无疑会产生重大影响，系统认证标准和认证报告都从不同角度反映出了标准制定者和执行者对责任因素的考虑。可以肯定的一点是，将来一旦出现鉴证服务诉讼案，这些国家的法院将会参照现有的审计诉讼案进行审判。

由于各国的法律环境存在差异，如果网誉认证、系统认证引发国际诉讼，也存在法律适用、诉讼执行等难题。因此，在现有法律环境下，系统认证等鉴证服务的法律责任一般不会超过审计师的承受能力。

2）关于审计师对第三方法律责任认定的不同规则

（1）合约规则

严格意义上的合约规则是最具有限制性的法律标准。根据合约规则的要求，如果第三方要追究提供鉴证服务的审计师的法律责任，基本前提是其与审计师之间存在直接联系或合约关系。一般情况下，审计师提供鉴证服务通常只会与客户之间存在直接联系和合约关系，与第三方不会存在直接联系或合约关系。因此在这种情况下，只有客户才能追究审计师的法律责任，而其他任何方都不具有这种权利。

（2）近似合约规则

近似合约规则要求，审计师对非客户第三方承担责任的前提是，审计师必须知道非客户第三方将因特定交易目的而依赖于其工作结果。就鉴证服务的特点而言，按照近似合约规则，审计师的责任范围也是非常有限的。

【实例 15-1】

近似合约规则

近似合约规则首次被应用于确定审计师对非客户第三方的法律责任的案例是 1931 年厄特马斯诉塔奇会计师事务所一案。该案认为，审计师因普通过失不对依赖其报告的第三方（指无合约关系的第三方）承担法律责任。当时负责此案的纽约州上诉法院指出，虽然审计师知道被审的资产负债表将被各方未确认的债权人和股东阅读，但审计师受雇于客户时并不知道厄特马斯公司（原告）是其审计工作的第三方受益人，因此审计师不会对其负责。但法庭同时也确立了一种特殊情况，即主要受益人原则。也就是说，如果审计师在与客户双方签订合同时，已经知道原告方是第三方受益人时，则应承担其法律责任。

（3）重编规则

根据这一规则，为客户编制财务信息或提供审计服务的审计师，不仅应对客户承担法律责任，而且要对财务信息第三方受益人中的任何个人或一组人中的某个人承担法律责任，只要第三方符合以下条件：①第三方在交易中合理地信赖了财务信息，该交易是审计师或其客户有意利用财务信息施加影响的交易；②此种信赖导致第三方蒙受经济损失。但是，如果审计师不存在任何理由认为第三方应该得到该财务信息，或者第三方与客户的交易与审计师得知的情况相比，已发生变化并导致审计风险的实质增加，则审计师不应对第三方承担责任。

如果将重编规则应用于鉴证服务，提供鉴证服务的审计师虽然并不需要知道鉴证服务第三方用户的确切身份，但其必须对信赖鉴证服务报告的第三方承担法律责任。

（4）合理可预见规则

合理可预见规则确立了最广泛的法律责任范围。如果适用这一原则，凡是应合理预见能够得到和信赖鉴证服务报告的关系人，都将视为审计师应负责的范围。

3）防范法律责任的措施

（1）根据美国注册会计师协会建议的鉴证服务诉讼风险模型（AICPA，1998）

为防范鉴证服务的法律责任，审计师首先要采取的措施就是要决定是否执行鉴证服务。事务所合伙人应该考虑提供鉴证服务对事务所总体风险暴露程度以及事务所所坚持标准的影响。美国的会计师事务所在决定是否接受或保留某个客户时，一般是按照五大质量控制要素进行评价。具体步骤包括：

①评价客户管理层的公正性；

②确认特殊环境和异常风险；

③评价事务所执行鉴证服务的专业胜任能力；

④评价独立性；

⑤确定审计师的职业谨慎能力；

⑥签订业务约定书。

（2）应用保护性条款

会计师事务所在与客户签订书面的业务约定书时，要特别考虑运用保护性条款，这些条款主要有：

①损失限制条款。损失限制条款是指将客户对审计师的诉讼要求限制在一定数量范围内的契约条款。也有的将损失限制条款确定为客户对第三方向鉴证服务提供者提出的赔偿要求承担赔偿责任。总之，这种条款都是试图将事务所可能受到的损失限定在一定范围内。但如果提供鉴证服务的审计师属于重大过失或故意造假，那么这种条款就会自动失去法律效力。

②替代争端解决条款（alternative dispute resolution）。替代争端解决条款是指通过协议确立仲裁和调解方式，以避免未来出现争端解决方面的不确定性，节约解决时间，降低费用。不过，替代争端解决条款主要用于解决与客户的争端，而非第三方。

［总结与结论］

鉴证业务是审计师从事的主要业务领域。本章介绍了审计鉴证业务的产生与发展，分析了鉴证业务的概念和要素，对鉴证业务和相关服务进行了区分，有利于对鉴证服务的理解。根据提供的保证程度不同，鉴证业务可分为合理保证业务和有限保证业务，审计属于合理保证业务，审阅属于有限保证业务；根据审计师提出结论的对象不同，鉴证业务可分为基于责任方认定的业务和直接报告业务。因为缺乏针对鉴证业务的专门法律，鉴证的法律责任通常比照审计师审计的法律责任。

［练习题］

★ 简答题

1. 试比较鉴证服务所提供的不同保证程度之间的差异。

2. 如何区分鉴证服务与相关服务？

3. 关于审计师对鉴证服务所涉及的第三方的法律责任的界定，目前尚未制定专门的法律法规。但根据其审计业务的法律责任可以推断的可能的认定规则有几种？对每种规则应如何理解？

★ 案例分析题

2002 年 2 月，美国 ABC 新闻组调查发现，47% 的消费者非常担心网上私人信息的保密问题；盖洛普调查公司（Gallup Pull）2002 年 2 月调查也发现，48% 的被调查者认为信用卡网上购物不安全，51% 的被调查者在一些私人电子商务网站遭"拒绝服务"的攻击后，不愿再在网上提供私人的财务信息。

根据上述案例回答下列问题：

（1）上述调查结果说明网络世界的消费者对哪种鉴证服务存在潜在的需求？

（2）如果你是网络世界的消费者，你会认为该种保证的提供者应具备哪些条件？试说明理由。

★ 补充阅读材料

1.王爱国，王一川.碳鉴证业务是审计的一个自然领域［J］.审计研究，2014（4）.

2.杨学华，梁丛花.对注册会计师开展网络鉴证业务的思考［J］.会计之友，2012（10）.

3.林琳，潘琰.XBRL鉴证业务理论基础建构［J］.当代财经，2011（8）.

第16章

其他鉴证业务

[学习目标]

1. 掌握预测性财务信息审核相关准则的内容并能够区分预测和规划；

2. 了解内部控制鉴证业务的主要内容；

3. 了解风险评估业务的相关内容。

其他鉴证业务是指除财务报表审计和审阅以外的鉴证业务。与审计和审阅业务相比，其他鉴证业务的鉴证对象信息不是历史财务信息。在国内，其他鉴证业务包括预测性财务信息审核、内部控制审计、基建工程预算结算决算审核、外汇收支情况表审核等业务。在美国和加拿大还包括网络认证（WebTrust）和系统认证（SysTrust）。本章主要介绍预测性财务信息审核、内部控制鉴证和风险评估这三种其他鉴证业务。

16.1 预测性财务信息审核

随着社会经济的发展和资本市场的兴起繁荣，投资者、债权人和管理层要想作出正确的决策，不仅需要依赖历史会计信息，还需要获取未来有效的会计信息。这就要求会计不仅提供历史信息而且要增加披露预测性信息。于是，编制预测性财务报表就成为现代企业会计的一项重要任务。一般来说，上市公司需要提供预测性财务报表。例如，我国证券监督管理委员会就要求上市公司在首次发行新股时编制和披露盈利预测，即对未来会计期间的经营成果进行预测和测算。此外，银行和其他金融机构在发放贷款时也要求借款企业或个人提供盈利预测，政府部门在确定发放政府补贴或企业在申请政府资助项目时也要求企业提供财务预测资料。

16.1.1 基本概念

1）预测性财务信息的含义

预测性财务信息是以假设的条件为前提编制的，反映在假设条件下将要发生的经济业务和事项的结果。预测性财务信息可能包括财务报表整体（即包含资产负债表、利润表、股东权益变动表和现金流量表以及财务报表附注在内的一套完整的财务报表）或财务报表的一项或多项要素（例如，其中的某一张财务报表，或者某一张财务报表中的一个或者多个项目等）。对于那些以一套完整的财务报表形式出现的预测性财务信息，通常称其为预测性财务报表。

预测性财务信息所涵盖的期间可以有一部分是历史期间（例如，在 2018 年 4 月编制 2018 年全年的预测性财务报表时，其中 1—3 月份的数据是已实现数），但不能全部是历史期间，必须至少有一部分属于未来期间。

由于预测性财务信息所涉及的是截至目前尚未发生的事项，因此不可避免地带有高度的主观性，并且在编制预测性财务信息过程中需要作出大量的估计和判断。这是预测性财务信息的一项重要特征。

2）最佳估计假设和推测性假设

编制预测性财务信息所依据的假设可以分为两类：

（1）最佳估计假设。最佳估计假设是指截至编制预测性财务信息日，管理层对预期未来发生的事项和采取的行动作出的假设。

（2）推测性假设。推测性假设是指管理层对未来事项和采取的行动作出的假设，该事项或行动预期在未来未必发生。例如，企业尚处于营业初期，未来经营状况的不确定性较大；或者管理层正在考虑进行重大的业务转型，而该转型的效果尚有较大的不确定性等。

可以看出，最佳估计假设和推测性假设的主要区别在于管理层对于假设的事项或行动在未来发生的可能性的判断不同。预测性财务信息所依据的假设需要在这两类假设之间作出恰当的分类，这是由于假设的类别直接决定了以之为基础的预测性财务信息的分类，也决定了审计师评价假设时采用的审核程序以及是否需要获取支持性的证据。

（3）预测和规划。预测是指管理层在最佳估计假设的基础上编制的预测性财务信息。规划是指管理层基于推测性假设，或同时基于推测性假设和最佳估计假设编制的预测性财务信息。

规划信息多见于"如果……那么……"的分析中，即在给定的推测性假设下估算相关财务指标的可能结果。例如，假定市场占有率分别为 5%、10% 和 20%，在此基础上分别推算各种情况下可能获得的净利润。这时，假定的市场占有率数据属于推测性假设，所预测的财务信息属于规划。

16.1.2 预测性财务信息审核的总体要求

审计师在执行预测性财务信息审核业务的过程中，应当在了解被审核单位的情况以及预测性财务信息涵盖期间的基础上，实施相应的审核程序，获取充分、适当的审核证据，作为形成审核结论和发表审核意见的基础。

在执行预测性财务信息审核业务时，审计师应当就下列事项获取充分、适当的证据：

（1）管理层编制预测性财务信息所依据的最佳估计假设并非不合理；在依据推测性假设的情况下，推测性假设与信息的编制目的是相适应的。

（2）预测性财务信息是在假设的基础上恰当编制的。

（3）预测性财务信息已恰当列报，所有重大假设已充分披露，包括说明采用的是推测性假设还是最佳估计假设。

（4）预测性财务信息的编制基础与历史财务报表一致，并选用了恰当的会计政策。

16.1.3　审阅范围与保证程度

1）不对预测性财务信息的结果能否实现发表意见

预测性财务信息是被审核单位管理层对未来作出的预计和测算，很大程度上受到主观判断的影响，所涉及的事项和行动通常并非如预期那样发生，并且变动可能重大，实际结果可能与预测性财务信息存在差异。所以，审计师不应对预测性财务信息的结果能否实现发表意见。

2）对管理层采用假设的合理性提供有限保证

鉴证业务的保证程度分为合理保证和有限保证，有限保证的保证程度低于合理保证。审计师在对预测性财务信息所依据假设的合理性进行评价时，由于根据所能获取的支持性证据不能从正面判断假设的合理性，而只能判断有无任何证据表明假设不合理。因此，当对管理层采用的假设的合理性发表意见时，审计师仅提供有限保证。

3）提供合理保证的事项

在预测性财务信息审核业务中，审计师需要对预测性财务信息是否依据假设恰当编制，并按照适用的会计准则和相关会计制度的规定进行列报发表意见。对这一事项，审计师通常提供合理保证。

因此，在同一份预测性财务信息审核报告中往往会出现两种保证共存的情况，即对于假设的合理性提供有限保证，同时对预测性财务信息的编制与假设的一致性以及是否按照适用的会计准则和相关会计制度的规定进行列报提供合理保证。审计师应当注意区分不同性质的保证及其各自的适用范围，避免混淆。

16.1.4　预测性财务信息审核的执行

我国已颁布了预测性财务报表鉴证准则，即《中国注册会计师其他鉴证业务准则第3111号——预测性财务信息的审核》。对于审计师执行预测性财务信息审核服务，该准则主要包括以下四部分内容：

1）了解被审核单位情况

审计师应当充分了解被审核单位情况，以评价管理层是否识别出编制预测性财务信息所要求的全部重要假设。审计师了解被审核单位情况时应考虑的事项有：

（1）与编制预测性财务信息相关的内部控制，以及负责编制预测性财务信息人员的专业技能和经验。

（2）支持管理层作出假设的文件的性质。支持管理层作出假设的文件，主要是指管理层据以作出假设的支持性证据的信息来源，包括被审核单位的相关内部文档、行业分析报告、有关的外部公开资料等。这些文件的性质决定假设的性质（即最佳估计假设或推测性假设）及其合理性。

（3）运用统计、数学方法及计算机辅助技术的程度。

（4）形成和运用假设时使用的方法。

（5）以前期间编制预测性财务信息的准确性，及其与实际情况出现重大差异的原因。

审计师在了解被审核单位过程中，应当考虑被审核单位编制预测性财务信息时依赖历史财务信息的程度是否合理。审计师通过了解被审核单位的历史财务信息来评价预测性财务信息与历史财务信息的编制基础是否一致，并为考虑管理层假设提供历史基准。

2）执行审核程序

（1）审计师通过考虑重大错报的可能性、以前期间执行业务所了解的情况、管理层编制预测性财务信息的能力、预测性财务信息受管理层判断影响的程度、基础数据的恰当性和可靠性来确定审核程序的性质、时间和范围。

（2）审计师可以从内部或外部来源获取支持管理层作出最佳估计假设的充分、适当的证据。对推测性假设，审计师不需要获取支持性的证据，但应当确定这些假设与编制预测性财务信息的目的相适应，并且没有理由相信这些假设明显不切合实际。

（3）审计师应当通过检查数据的计算准确性和内在一致性等，确定预测性财务信息是否依据管理层确定的假设恰当编制。

（4）审计师应当关注变化特别敏感的领域，并考虑该领域影响预测性财务信息的程度。当接受委托审核预测性财务信息的一项或多项要素时，审计师应当考虑该要素与财务信息其他要素之间的关联关系。

（5）审计师应当就预测性财务信息的预定用途、管理层作出的重大假设的完整性、管理层认可对预测性财务信息的责任向管理层获取书面声明。

3）评价预测性财务报表的编制情况

审计师在评价预测性财务信息的列报（包括披露）时，除考虑相关法律法规的具体要求外，还应当考虑下列事项：

（1）预测性财务信息的列报是否提供有用信息且不会产生误导。

（2）预测性财务信息的附注中是否清楚地披露会计政策。

（3）预测性财务信息的附注中是否充分披露了所依据的假设；是否明确区分最佳估计假设和推测性假设；对于涉及重大且具有高度不确定性的假设，是否已充分披露该不确定性以及由此导致的预测结果的敏感性。

（4）预测性财务信息的编制日期是否得以披露，管理层是否确认截至该日期，编制该预测性财务信息所依据的各项假设仍然适当。

（5）当预测性财务信息的结果以区间表示时，是否已清楚说明在该区间内选取若干点为基础，该区间的选择是否不带偏见或不产生误导。

（6）从最近的历史财务信息披露来看，会计政策是否发生变更、变更的原因及其对预测性财务信息的影响。

4）出具审核报告

审计师对预测性财务信息出具的审核报告应包括以下内容：

（1）标题。

（2）收件人。

（3）指出所审核的预测性财务信息。

（4）提及审核预测性财务信息时依据的准则。

（5）说明管理层对预测性财务信息（包括编制该信息所依据的假设）负责。

（6）适当时提及预测性财务信息的使用目的和分发限制。

（7）以消极方式说明假设是否为预测性财务信息提供合理基础。

【相关链接16-1】

预测性财务报表审核报告示例

（1）对预测性财务报表出具无保留意见的报告（以预测为基础）

审 核 报 告

ABC股份有限公司：

我们审核了后附的ABC股份有限公司（以下简称ABC公司）编制的预测（列明预测涵盖的期间和预测的名称）。我们的审核依据是《中国注册会计师其他鉴证业务准则第3111号——预测性财务信息的审核》。ABC公司管理层对该预测及其所依据的各项假设负责。这些假设已在附注×中披露。

根据我们对支持这些假设的证据的审核，我们没有注意到任何事项使我们认为这些假设没有为预测提供合理基础。而且我们认为，该预测是在这些假设的基础上恰当编制的，并按照××编制基础的规定进行了列报。

由于预期事项通常并非如预期那样发生，并且变动可能重大，实际结果可能与预测性财务信息存在差异。

××会计师事务所（公章）　　　　中国注册会计师：×××（签名并盖章）

　中国××市　　　　　　　　　　中国注册会计师：×××（签名并盖章）

　　　　　　　　　　　　　　　　　　　　　　　　　　×年×月×日

（2）对预测性财务报表出具无保留意见的报告（以规划为基础）

审 核 报 告

ABC股份有限公司：

我们审核了后附的ABC股份有限公司（以下简称ABC公司）编制的规划（列明规划涵盖的期间和规划的名称）。我们的审核依据是《中国注册会计师其他鉴证业务准则第3111号——预测性财务信息的审核》。ABC公司管理层对该规划及其所依据的各项假设负责。这些假设已在附注×中披露。

ABC公司编制规划是为了××目的。由于ABC公司尚处于营业初期，在编制规划时运用了一整套假设，包括有关未来事项和管理层行动的推测性假设，而这些事项和行动预期在未来未必发生。因此，我们提醒信息使用者注意，该规划不得用于××目的以外的其他目的。

根据我们对支持这些假设的证据的审核，在推测性假设（列明推测性假设）成立的前提下，我们没有注意到任何事项使我们认为这些假设没有为规划提供合理基础。我们认为，该规划是在这些假设的基础上恰当编制的，并按照××编制基础的规定进行了列报。

即使在推测性假设中所涉及的事项发生，但由于预期事项通常并非如预期那样发生，并且变动可能重大，因此实际结果仍然可能与预测性财务信息存在差异。

××会计师事务所（公章）　　　　中国注册会计师：×××（签名并盖章）

　中国××市　　　　　　　　　　中国注册会计师：×××（签名并盖章）

　　　　　　　　　　　　　　　　　　　　　　　　　　×年×月×日

（8）对预测性财务信息是否依据假设恰当编制，并按照适用的会计准则和相关会计制度的规定进行列报发表意见。

（9）对预测性财务信息的可实现程度作出适当警示。

（10）注册会计师的签名及盖章。

（11）会计师事务所的名称、地址及盖章。

（12）报告日期。报告日期应为完成审核工作的日期。

预测性财务报表的审核意见也可能是非无保留的，下列情况可能导致保留意见、否定意见和无法表示意见：①预测性财务信息的列报不恰当；②假设不能为预测性财务信息提供合理基础；③审核的范围受到限制。

【实例 16-1】

今明会计师事务所开拓其他鉴证业务

今明会计师事务所是一个拥有 40 多人、地处北京的会计师事务所。自成立以来，一直以外商投资企业、国有企业以及一些高新科技公司的年报审计、验资、改制审计业务为核心发展。近年来，由于众多小型会计师事务所的出现，今明会计师事务所的客户不断流失。今明会计师事务所分析其客户流失的去向有：一是一些希望到二板市场上市的高新科技企业更换到具有证券期货执业资格的会计师事务所；二是一些私营企业和小规模企业的年报审计、验资、改制审计业务更换到新出现小型会计师事务所，原因是审计收费低、回扣多。今明会计师事务所的管理层开会讨论如何保持和开拓业务，注册会计师提出了不同的意见：一是认为应当"以恶治恶"，与那些不规范的会计师事务所在收费和回扣上拼一把，先把客户留住；二是认为应当避开过于成熟的审计业务的过度竞争，积极开拓其他鉴证和相关服务业务，以此提高事务所的发展平台。

最后，今明会计师事务所选择了避开过于成熟的年报审计业务的过度竞争，积极开拓其他鉴证业务的发展道路。从 2008 年以来，今明会计师事务所利用技术和培训外交（即利用为相关职能部门提供培训和技术咨询与支持，取得这些部门的信任和器重）先后开拓了以下其他鉴证业务：

（一）中央与地方共建高校评估项目、中央级普通高校附属中小学评审项目、中央级高校评审项目

受财政部教科文司和教育部财务司的委托，今明会计师事务所接受了对部分高校及附属中小学下年度修购资金项目预算评估任务，同时对各高校以前年度项目预算执行情况进行检查评审。这些高校按地域分布于全国各大省市，修购资金项目评估涉及房屋修缮类、设备购置类、基础设施维修改造类项目。

（二）地震灾后恢复重建资金使用情况专项审计

受中国气象局计划财务司的委托，按照中国气象局内部相关资金管理规定的要求，对全国受灾严重的省市县气象局灾后重建资金的使用情况进行审计。检查内容主要包括预算批复情况、预算执行情况、政府采购执行情况、国库集中支付情况、会计核算与管理情况、项目管理情况、制度建立与执行情况、重大项目评审论证情况等。

目前，今明会计师事务所业务总量中 70% 以上是这些依赖技术和培训开拓的其他鉴证业务，今明会计师事务所在三四年中逐步完成了从以年报审计业务为业务增长点转移到以其他鉴证业务为业务增长点的转变。

● 16.2　内部控制审计

16.2.1　内部控制审计的含义与特征

内部控制是企业为了合理保证财务报告的可靠性、经营的效率和效果以及对法律法规的遵守，由治理层、管理层和其他人员设计和执行的政策和程序。内部控制作为企业各项管理工作的基础，是衡量企业管理水平的重要标志，也是企业持续健康发展的可靠保证。

为了促进企业建立、实施和评价内部控制，规范会计师事务所内部控制审计行为，根据国家有关法律法规和《企业内部控制基本规范》（财会〔2008〕7号），财政部会同证监会、审计署、银监会、保监会制定了《企业内部控制应用指引第1号——组织架构》等18项应用指引、《企业内部控制评价指引》和《企业内部控制审计指引》，自2011年1月1日起在境内外同时上市的公司施行，自2012年1月1日起在上海证券交易所、深圳证券交易所主板上市公司施行，在此基础上，择机在中小板和创业板上市公司施行。执行《企业内部控制基本规范》及企业内部控制配套指引的上市公司和非上市大中型企业，应当对内部控制的有效性进行自我评价，披露年度自我评价报告，同时应当聘请会计师事务所对财务报告内部控制的有效性进行审计并出具审计报告。上市公司聘请的会计师事务所应当具有证券、期货业务资格；非上市大中型企业聘请的会计师事务所也可以是不具有证券、期货业务资格的大中型会计师事务所。

1）内部控制审计的含义

内部控制审计，是指会计师事务所接受委托，对特定基准日内部控制设计与运行的有效性进行审计。内部控制审计的作用在于审计师通过调查了解被审计单位内部控制的建立和实施情况，并进行相关测试来对其健全性和有效性作出评价，据以确定实质性程序的性质、时间和范围。它可以减少对报表项目和相关账户的测试工作量，提高鉴证结论的可信度，保证鉴证工作质量，提高鉴证工作效率。同时，通过对内部控制的检查，还可以向管理层指出内部控制系统存在的薄弱环节，并提出纠正和完善的建议和措施。

2）内部控制审计的特征

内部控制审计与审计师的审计业务相比有以下区别：

（1）内部控制审计是一项专门的鉴证业务。审计师执行审计业务时，也要对内部控制进行评价，其目的是评价控制风险，决定审计策略，是为完成审计目标服务的。与此不同，内部控制审计的目的是要专门研究内部控制的有效性，并在审计结束后发表审计意见。

（2）内部控制审计的范围限定于特定日期与财务报表相关的内部控制。一般来说，审计时对内部控制进行测试的范围更广泛，需要对内部控制的各个重要方面都进行评价。但在内部控制审计业务中，要评价的领域和期间通常经过审计师和委托企业的管理层双方讨论并确定下来，其审计范围直接取决于双方的约定。

（3）审计师提供审计业务时通过对内部控制的了解和测试，对财务报表总体得出结论。而内部控制审计则仅对内部控制的有效性发表意见，不需要对报表总体发表意见。

16.2.2 内部控制审计的执行

在我国，适用于内部控制鉴证的标准是2010年4月5日财政部、证监会、审计署、银监会和保监会共同发布的《企业内部控制审计指引》。依据指引，内部控制审计的程序和方法主要有以下几个步骤：

1）计划审计工作

在计划审计工作时，注册会计师应当评价下列事项对内部控制、财务报表以及审计工作的影响：

（1）与企业相关的风险；

（2）相关法律法规和行业概况；

（3）企业组织结构、经营特点和资本结构等相关重要事项；

（4）企业内部控制最近发生变化的程度；

（5）与企业沟通过的内部控制缺陷；

（6）重要性、风险等与确定内部控制重大缺陷相关的因素；

（7）对内部控制有效性的初步判断；

（8）可获取的、与内部控制有效性相关的证据的类型和范围。

2）实施审计工作

注册会计师应当按照自上而下的方法实施审计工作。自上而下的方法是注册会计师识别风险、选择拟测试控制的基本思路。注册会计师在实施审计工作时，可以将企业层面控制和业务层面控制的测试结合进行。

注册会计师测试企业层面控制，应当把握重要性原则，至少应当关注：

（1）与内部环境相关的控制；

（2）针对董事会、经理层凌驾于控制之上的风险而设计的控制；

（3）企业的风险评估过程；

（4）对内部信息传递和财务报告流程的控制；

（5）对控制有效性的内部监督和自我评价。

注册会计师测试业务层面控制，应当把握重要性原则，结合企业实际、企业内部控制各项应用指引的要求和企业层面控制的测试情况，重点对企业生产经营活动中的重要业务与事项的控制进行测试。注册会计师应当关注信息系统对内部控制及风险评估的影响。并且，注册会计师在测试企业层面控制和业务层面控制时，应当评价内部控制是否足以应对舞弊风险，应当测试内部控制设计与运行的有效性。

3）评价控制缺陷

内部控制缺陷按其成因分为设计缺陷和运行缺陷，按其影响程度分为重大缺陷、重要缺陷和一般缺陷。

注册会计师应当评价其识别的各项内部控制缺陷的严重程度，以确定这些缺陷单独或组合起来，是否构成重大缺陷。

在确定一项内部控制缺陷或多项内部控制缺陷的组合是否构成重大缺陷时，注册会计师应当评价补偿性控制（替代性控制）的影响。企业执行的补偿性控制应当具有同样的效果。

表明内部控制可能存在重大缺陷的迹象，主要包括：

（1）注册会计师发现董事、监事和高级管理人员舞弊；

（2）企业更正已经公布的财务报表；

（3）注册会计师发现当期财务报表存在重大错报，而内部控制在运行过程中未能发现该错报；

（4）企业审计委员会和内部审计机构对内部控制的监督无效。

4）完成审计工作

注册会计师完成审计工作后，应当取得经企业签署的书面声明。书面声明应当包括下列内容：

（1）企业董事会认可其对建立健全和有效实施内部控制负责；

（2）企业已对内部控制的有效性作出自我评价，并说明评价时采用的标准以及得出的结论；

（3）企业没有利用注册会计师执行的审计程序及其结果作为自我评价的基础；

（4）企业已向注册会计师披露识别出的所有内部控制缺陷，并单独披露其中的重大缺陷和重要缺陷；

（5）企业对于注册会计师在以前年度审计中识别的重大缺陷和重要缺陷，是否已经采取措施予以解决；

（6）企业在内部控制自我评价基准日后，内部控制是否发生重大变化，或者存在对内部控制具有重要影响的其他因素。

5）出具审计报告

注册会计师在完成内部控制审计工作后，应当出具内部控制审计报告。标准内部控制审计报告应当包括下列要素：

（1）标题；

（2）收件人；

（3）引言段；

（4）企业对内部控制的责任段；

（5）注册会计师的责任段；

（6）内部控制固有局限性的说明段；

（7）财务报告内部控制审计意见段；

（8）非财务报告内部控制重大缺陷描述段；

（9）注册会计师的签名和盖章；

（10）会计师事务所的名称、地址及盖章；

（11）报告日期。

下面以标准内部控制审计报告为例来说明内部控制审计报告的格式和措辞。

【相关链接 16-2】

内部控制审计报告

××股份有限公司全体股东：

按照《企业内部控制审计指引》及中国注册会计师执业准则的相关要求，我们审计了××股份有限公司（以下简称××公司）××年×月×日的财务报告内部控制的有效性。

一、企业对内部控制的责任

按照《企业内部控制基本规范》《企业内部控制应用指引》《企业内部控制评价指引》的规定，建立健全和有效实施内部控制，并评价其有效性是企业董事会的责任。

二、注册会计师的责任

我们的责任是在实施审计工作的基础上，对财务报告内部控制的有效性发表审计意见，并对注意到的非财务报告内部控制的重大缺陷进行披露。

三、内部控制的固有局限性

内部控制具有固有局限性，存在不能防止和发现错报的可能性。此外，由于情况的变化可能导致内部控制变得不恰当，或对控制政策和程序遵循的程度降低，根据内部控制审计结果推测未来内部控制的有效性具有一定风险。

四、财务报告内部控制审计意见

我们认为，××公司按照《企业内部控制基本规范》和相关规定在所有重大方面保持了有效的财务报告内部控制。

五、非财务报告内部控制的重大缺陷

在内部控制审计过程中，我们注意到××公司的非财务报告内部控制存在重大缺陷［描述该缺陷的性质及其对实现相关控制目标的影响程度］。由于存在上述重大缺陷，我们提醒本报告使用者注意相关风险。需要指出的是，我们并不对××公司的非财务报告内部控制发表意见或提供保证。本段内容不影响对财务报告内部控制有效性发表的审计意见。

××会计师事务所	中国注册会计师：×××（签名并盖章）
（盖章）	中国注册会计师：×××（签名并盖章）
中国××市	××年×月×日

【实例 16-2】

昆明机床被出具内部控制审计否定意见

一、案例介绍

沈机集团昆明机床股份有限公司是中国著名的制造大型精密机床的骨干企业。公司前身是筹建于1936年的中央机器厂；1953年更名为昆明机床厂；1993年10月19日正式注册成立昆明机床股份有限公司，是我国首批九家在香港上市的股份制规范化试点企业之一，也是云南省及国内装备行业唯一一家在境内、外同时上市的公司。2017年4月26日，昆明机床被瑞华会计师事务所出具了内部控制审计否定意见报告。

二、案例分析

由瑞华会计师事务所出具的2016年昆明机床的"内部控制审计否定意见报告"可以看出，昆明机床内部控制主要存在两个重大缺陷：一是公司层面内部控制重大缺陷，二是与对子公司股权管理相关的内部控制重大缺陷。

（一）公司层面内部控制重大缺陷

如昆明机床公司2016年度财务报表附注四、27所述，昆明机床公司对前期会计差错事项进行了追溯调整，阐述了2016年财务报表比较数据，对财务报表影响程度重大。昆明机床公司违反了企业会计准则的规定，以前年度财务报表存在对财务数据的不实陈述，并因涉嫌违反了信息披露的证券法律法规，目前正在被中国证监会立案调查。昆明机床公司于2016年12月31日未有效建立针对管理层舞弊及凌驾于内部控制之上的风险而设计的控制，对销售和发货、费用计提以及存货资产管理的会计系统控制和内部监督失效，异致未能有效识别在财务会计报告中存在的重大会计差错。

（二）与对子公司股权管理相关的内部控制重大缺陷

瑞华所在对昆明机床公司的重要子公司进行审计时，发现孙公司长沙赛尔透平机械有限公司在系统中同时记录了多个账套。另外，我们发现子公司西安交大赛尔机泵成套设备有限责任公司账面记录了多笔将银行承兑汇票背书给第三方非金融机构并取得借款的业务，但所附凭据存在票据到期日被涂改的痕迹。同时，昆明机床公司未能有效执行对子公司股权的管理控制，导致保证公司投资安全完整的控制存在重大缺陷。

● 16.3 风险评估

经营风险被定义为"某个事件或活动对一个组织的经营能力的发挥和发展战略的履行带来不良的影响"（The Economist Intelligence Unit，1995）。企业为了达到经营目标，实现发展战略，将会面临许多的经营风险。例如，①战略环境风险：来自于经营以外的广泛的因素，包括顾客偏好的改变、替代产品的出现或竞争环境、政治局势、法律法规和资本使用的改变；②经营环境风险：既有造成商品和服务的取得、转换和买卖过程的低效率或无效果的因素，也有造成资产、人力资源和市场资源（如顾客基础）、企业声誉损失和市场机会丧失的因素；③信息风险：来自于使用低质量信息对经营和财务管理、发展战略制定和给外部信息使用者带来误解的威胁。

在信息技术和相关领域飞速发展的今天，如何评价和控制这些风险就变得非常重要。信息技术减少了对环境变化进行有效反应所需要的时间，改变了业务流程和理想的组织形式，从而压缩了企业的业务，更少地需要员工进行管理控制及授权员工制定决策。这些改变都影响了对信息和资产保护的传统控制。

审计师在识别和评价企业所面对的风险，设计保护资产、减少会计信息错报风险的控制系统方面是有经验的，同时，他们也熟悉相关的法规，能够提供风险评价、设计风险测试系统和监督业务伙伴、保证业务伙伴能力的服务。

16.3.1 风险评估的含义和特点

1）风险评估的含义

风险评估是指审计师为了使企业能够发现和管理企业风险而向其决策者提供有用的信息。风险评估服务包括：

（1）识别和评价企业所面对的主要的、潜在的风险；

（2）独立评价企业识别的风险；

（3）评价企业识别和限制风险的系统。

2）风险评估的特点

审计师所提供的风险评估具有如下特点：

（1）效益性

一般来说，风险评估服务的使用者包括小企业的所有者和大企业的高级经理和董事会。对于所有者和高级经理来说，如果他们知道所有重要的风险以及这些风险对企业经营可能造成的影响，那么他们会觉得这样的服务是非常有价值的。对于公司董事会来说，风险评估服务可以用来有效地履行他们的监督职责。对于如借款人、投资者和供应商等外部使用者来说，风险评估服务帮助这些外部使用者及时了解企业所面临的风险，这样他们就可以对企业的经营状况作出实时判断。因此，风险评估服务具有非常广阔的市场前景，可以成为会计师事务所新的利润增长点。

（2）复杂性

审计师的风险评估服务是通过对企业发生的重大不利事件的可能性进行评价，得出评估结果。由于不利事件的发生存在着不确定性，这就需要针对不同的情况，运用不同的方法进行风险评估。有些不利事件发生的可能性是可以量化的，这样就可以得出定量的结果，可以用金额或其他单位来表示；有些不利事件发生的可能性是无法量化的，就只能得出定性的结果，可以用"易管理的""困难的""灾难性的"等词语来表示。风险评估服务的复杂性对执业的审计师提出了较高的要求。审计师应具有丰富的知识和良好的分析判断能力，能从企业错综复杂的业务活动中，找出企业发展过程中存在的主要风险。

16.3.2 风险评估的执行

风险评估服务属于新兴的鉴证服务，目前还没有统一的准则或标准。"四大"会计师事务所均制定了风险评估的标准，这些标准可以为被评估的企业管理层所接受。对于不同的会计师事务所，风险评估包含在不同的业务类型中。普华永道会计师事务所提供一种名为"全球风险控制"的服务，其目标是帮助企业确认面临的风险，为企业提供降低风险和寻找成长机会的建议，从战略或策略上管理和控制风险，为企业开发和保持竞争优势提供建议。安永会计师事务所提供企业风险服务，就是帮助企业在日益变化的市场环境中，认清企业所面临的风险，评价风险带来的影响，并寻求应对风险问题的方案。可以看出，这两种服务均包括风险评估的内容。另外，毕马威会计师事务所还与IT企业合作，设计出能够评价企业风险的软件。该软件能够确定和量化企业发展中所面临的重要的战略风险，这样企业就可以将精力集中在这些高风险的领域，从而可以促进企业的健康发展。

［总结与结论］

本章介绍了其他鉴证业务的三种主要形式：预测性财务信息审核、内部控制审计和风险评估。通过学习，希望读者能够掌握与上述三种业务相关的知识，并对实务有所了解。针对预测性财务信息审核业务，我国已经出台了相关具体准则，有利于读者学习。内部控制是现代公司内部治理的重要内容，企业的形象、品牌、业绩、发展潜力全都与内部控制强弱有关，而且社会公众对企业的内部控制也呈现出越来越关注的趋势。风险评估则是帮助企业发现其管理存在的风险，为广大的信息使用者提供企业的风险信息。审计师对企业进行的内部控制审计和风险评估在我国都属于新兴鉴证业务，业务量不多，应用的范围不广，尤其是风险评估，现在还没有具体的准则和指导意见，其执业人员在执行业务时还处在摸索阶段。

［练习题］

★简答题

1. 预测性财务报表审核的总体要求是什么？
2. 与审计师的财务报表审计相比，内部控制审计有哪些特征？
3. 风险评估服务包括哪些内容？

★案例分析题

审计师张民对利多公司截至2016年12月31日的年度存款和短期借款财务信息以及2016年度财务报表执行了相关鉴证程序。利多公司管理层要求张民针对该年度财务报表提供一份有关该公司内部控制有效性的审核报告。

要求：

（1）针对管理层相关要求，请你帮助张民撰写一份内部控制审计报告的草稿。假设利多公司内部控制不存在重大疏漏。

（2）假设利多公司在短期借款内部控制程序方面存在重大疏漏，请你为张民再草拟一份内部控制审计报告。

★补充阅读材料

1. 赵宇鹏，赵丽生.上市公司披露制度：预测性财务信息的问题与对策［J］. 会计之友，2014（12）.
2. 梁海林，何永达.上市公司预测性财务信息披露制度研究［J］. 财会研究，2011（4）.
3. 中国注册会计师其他鉴证业务准则第3111号——预测性财务信息的审核.

第17章

相关服务

[学习目标]

1. 了解审计师相关服务的主要类型；
2. 掌握对财务信息执行商定程序相关准则的主要内容；
3. 掌握代编财务信息相关准则的主要内容。

许多公司并不需要审计师提供财务报表审计、审阅或预测性财务信息审核等鉴证业务，而只需要利用其会计等专业知识提供的记账、代编财务信息、对财务信息执行商定程序、税务咨询、管理咨询等服务。该类服务称为相关服务。相关服务主要是审计师利用其会计等专业知识代客户搜集、分类、汇总、编制财务或非财务信息，不提出任何鉴证结论，与鉴证业务有着本质的区别。

规范相关服务业务率先从美国开始，美国注册会计师协会下设的会计与复核委员会（Accounting and Review Committee）发布《会计与复核业务准则公告》，约束审计师为非上市公司编制未审定财务报表。中国注册会计师体制自恢复以来，随着经济体制改革的深入，也逐渐在客户的要求下，开始从事相关服务业务，但前期财政部和中国注册会计师协会未予以规范。在会计准则、审计准则国际趋同的要求下，财政部于2010年11月颁布的于2012年1月1日正式施行的中国注册会计师执业准则中对审计师执行相关服务业务作出了规范。考虑到我国已经存在相关服务的具体准则，因此，本章主要介绍两类相关服务：对财务信息执行商定程序以及代编财务信息。

● 17.1 对财务信息执行商定程序

对财务信息执行商定程序（以下简称商定程序）是指审计师接受委托，对特定财务数据、单一财务报表或整套财务报表等财务信息执行与特定主体商定的具有审计性质的程序，并就执行的商定程序及其结果出具报告。商定程序既不是审计和审阅业务，也不是其他鉴证业务，它并不提出鉴证结论，只是一项服务业务。为了维护审计师职业形象，审计师执行商定程序业务，应当遵守相关职业道德规范，恪守客观、公正的原则，保持专业胜任能力和应有的关注，并对执业过程中获知的信息保密。中国注册会计师执业准则对商定程序业务不提出独立性要求，但如果业务约定书或委托目的对审计师的独立性提出要求，审计师应当从其规定。如果审计师不具有独立性，应当在商定程序业务报告中说明这一事实。审计师执行商定程序业务时应当考虑《中国注册会计师相关服务准则第 4101 号——对财务信息执行商定程序》的规定和业务约定书的要求。

17.1.1　商定程序的目标

1）商定程序目标的含义

对财务信息执行商定程序的目标是指审计师对特定财务数据、单一财务报表或整套财务报表等财务信息执行与特定主体商定的具有审计性质的程序，并就执行的商定程序及其结果出具报告。

上述目标主要考虑以下几个方面：

（1）商定程序业务执行的程序是与特定主体协商确定的。审计师执行商定程序业务的前提是与特定主体协商需要执行哪些程序，以达到某一特定的目的。与审计业务的明显差别是，审计中执行的程序是由审计师按照审计准则的要求和职业判断确定的，为实现审计目标，审计师可以使用各种审计程序。而商定程序业务中执行的程序，是由审计师与特定主体协商确定的。

（2）执行商定程序的对象是财务信息。财务信息涉及的范围很广，通常包括特定财务数据、单一财务报表或整套财务报表等。特定财务数据通常包括财务报表特定项目、特定账户或特定账户的特定内容。特定财务数据可能直接出现在财务报表或其附注中，也可能是通过分析、累计、汇总等计算间接得出的，还可能直接取自会计记录。

（3）审计师就执行的程序及其结果出具报告。商定程序业务报告只报告所执行的商定程序及其结果，不发表任何鉴证意见。

2）特定主体的含义

特定主体是指委托人或业务约定书中指明的报告致送对象。

委托人是委托审计师执行商定程序业务并与会计师事务所签订业务约定书的一方，是审计师报告的致送对象。委托人与被执行商定程序的主体可能是同一主体，也可能不是同一主体。

商定程序业务报告的致送对象除了委托人之外，可能还有其他人。例如，企业为满足其债权人的需要，委托审计师对该企业的有关财务信息执行商定程序，报告致送对象不仅包括企业，还包括企业的多个债权人。需要注意的是，除委托人之外的其他报告致送对象仅指业务约定书中所指明的报告致送对象。

3）商定程序与审计、审阅业务对比分析

审计和审阅业务属于对历史财务信息的鉴证业务，商定程序属于相关服务业务，三者之间存在显著差异，具体差异见表 17-1。

表 17-1　审计、审阅与商定程序差异对比表

对比内容	业务种类 审计	审阅	商定程序
证据搜集程序的性质和范围	不断修正的、系统化的证据搜集过程	一般限于询问和分析程序	取决于商定结果
保证程度	合理保证	有限保证	不提供保证
结论表达方式	积极方式	消极方式	不提供保证，仅报告工作
报告分发	普遍	普遍/限制	限制

17.1.2 商定程序的业务约定书

1）商定程序业务约定书的基本前提

鉴于商定程序业务的特点，在接受业务委托前，审计师应当与特定主体就拟执行的程序、相关责任等业务约定事项进行沟通，协商拟执行程序的性质、时间和范围等，确保双方都已经清楚地了解拟执行的商定程序。如果执行商定程序的报告除提供给委托人外，还要提供给业务约定书中指明的其他的致送对象，审计师还应当与这些报告使用人沟通。

审计师接受商定程序业务委托的前提条件包括：

（1）审计师和特定主体清楚地了解拟执行的程序。

（2）审计师与特定主体就拟执行的程序达成一致意见。

（3）商定程序业务的对象（财务信息）存在明确、合理的评价或判断标准，且具有一定的事实证据，以使审计师能够据以执行商定程序和报告执行程序得出的结果。当需要运用重要性原则时，审计师还应根据委托目的与特定主体预先商定重要性水平。

（4）报告的分发和使用仅限于特定主体。

2）与特定主体沟通的事项及业务约定书的内容

审计师应当就下列事项与特定主体沟通，并达成一致意见：

（1）业务性质。包括说明执行的商定程序并不构成审计或审阅，不提出鉴证结论。为区别于审计、审阅业务，审计师在业务约定书中，应当说明执行的商定程序并不构成审计或审阅，不发表审计或审阅意见。

（2）委托目的。商定程序业务的委托目的取决于委托人的需要。不同的委托人会有不同的需求，因而不同委托项目的委托目的可能千差万别。由于委托目的不同，审计师执行商定程序的对象、执行的程序、报告的内容等均会有所不同。审计师在签约前必须弄清委托人的要求和委托目的，并应在业务约定书中予以明确。

（3）拟执行商定程序的财务信息。执行商定程序的对象（财务信息）因委托目的的不同而不同，需要审计师在业务约定书中指明拟执行商定程序的具体财务信息。

（4）拟执行的具体程序的性质、时间和范围。审计师执行商定程序业务，最为重要的是要与特定主体协商需要执行哪些程序，并确定程序的性质、时间和范围。不同特定主体的需求可能差别很大，所商定的程序在性质、时间和范围等方面差异也会很大。业务约定书中必须详细列明拟执行的程序以及执行程序的时间和范围。在描述程序时，不应使用含糊的词语。

（5）预期的报告样本。由于商定程序业务的特殊性，审计师执行的程序、出具的报告等与审计业务存在差异。为了使委托人及其他特定主体了解商定程序业务与审计业务的区别以及商定程序业务报告的格式，审计师在向委托人递交业务约定书时，应当附送一份预期的报告样本，以免特定主体对审计师的工作及报告产生误解。

（6）报告分发和使用的限制。审计师执行的商定程序是与特定主体协商确定的，而其他人由于不了解为什么要执行这些程序，可能会对审计师报告的结果产生误解，所以商定程序业务的报告应仅限于同意执行商定程序的特定主体依据委托目的使用，不能用于其他目的及分发给其他单位或个人。如果报告除提供给委托人使用外，还需要分发给其他特定使用人，应当在业务约定书中予以指明。

上述与特定主体沟通的事项是业务约定书的主要内容，但并非业务约定书应当包括的全部内容，业务约定书还应当包括签约双方的名称、签约双方的责任、出具报告的时间要求、报告的使用责任、业务收费、约定书的有效期间、违约责任和签约时间等。

3）与特定主体的沟通方式

通常，审计师应当就拟执行的程序直接与每一报告致送对象（特定主体）进行讨论。如果无法与所有的报告致送对象直接讨论拟执行的商定程序，审计师应当考虑采取下列措施：

（1）与报告致送对象的代表讨论拟执行的商定程序；

（2）查阅来自报告致送对象的相关信函和文件；

（3）向报告致送对象提交报告样本。

如果接受委托，审计师应当与委托人就双方达成一致的事项签订业务约定书，以避免双方对商定程序业务的理解产生分歧。

签订业务约定书旨在确定委托、受托关系，明确委托目的、业务性质、双方的责任以及报告的用途、分发范围和使用责任等。

17.1.3　商定程序的执行

1）计划商定程序工作

审计师应当合理制订工作计划，以有效执行商定程序业务。

执行商定程序业务与执行审计业务一样也应编制工作计划，对商定程序工作作出合理安排，以有效执行商定程序。

2）程序的类型

执行商定程序业务运用的程序通常包括：（1）询问和分析；（2）重新计算、比较和其他核对方法；（3）观察；（4）检查；（5）函证。

审计师执行的商定程序与审计程序基本相同。但需要注意的是，实际执行商定程序业务时，可能仅执行上述程序中的一种或几种或某种程序中的一部分，究竟执行哪些程序取决于审计师与特定主体商定的结果。

另外，由于商定程序具有灵活性，审计师可执行的程序也不一定限于上述五种程序，可能会因特定主体的特殊需要执行上述程序以外的其他程序。

当执行商定程序受到客观条件的限制时，审计师应当征得特定主体的同意来修改程序。如果得不到特定主体的同意（例如，程序是监管机构规定的，不能修改），审计师应在报告中说明执行程序所受到的限制，或者解除业务约定。

3）商定程序业务对程序和证据的要求

审计师应当执行商定的程序，并将获取的证据作为出具报告的基础。

审计师只有按照业务约定书的要求，全部完成商定程序后，才能就执行商定程序的结果出具报告。如果应当执行的程序没有执行或执行不充分，报告的结果就会缺少合理的依据。虽然审计师执行商定程序的性质、时间和范围取决于与特定主体商定的结果，但在与特定主体协商时，审计师不应同意执行过于主观并可能因此产生多种理解的程序。

证据是支持审计师报告的基础。审计师只有通过执行商定的程序，获取适当的证据，才能据以得出恰当的工作结果。但是，审计师不需要为了获取额外的证据，在委托范围之外执行额外的程序。为了便于理解该要求，下面列举了一些恰当和不恰当程序的例子。

（1）恰当的程序。①在商定相关的参数后，进行抽样；②检查能证明某些交易的文件或检查交易的详细情况；③向第三方函证特定信息；④将文件、清单或分析的结果与特定的实际情况相比较；⑤就他人进行的工作执行特定程序（如内审人员的工作）；⑥进行计算。

（2）不恰当的程序。①只查阅某一财务报表认定或某特定信息就据以出具报告；②只查阅他人的工作结果就据以出具报告，或者将他人的工作结果直接作为自己的工作结果进行报告；③解释审计师专业知识范围以外的信息。

4）工作记录

审计师应当记录支持商定程序业务报告的重大事项，并记录按照本准则的规定和业务约定书的要求执行商定程序的证据。审计师在编制工作底稿时可以参照《中国注册会计师审计准则第1131号——审计工作底稿》的规定执行。会计师事务所在管理工作底稿时应当遵照《会计师事务所质量控制准则第5101号——业务质量控制》的有关规定执行。

17.1.4　商定程序的报告

审计师执行商定程序业务，仅报告执行的商定程序及其结果，并不提出鉴证结论。报告使用者自行对审计师执行的商定程序及其结果作出评价，并根据审计师的工作得出自己的结论。

商定程序业务报告应当详细说明业务的目的和商定的程序，以便使用者了解所执行工作的性质和范围。

商定程序业务报告应当包括下列内容：（1）标题；（2）收件人；（3）说明执行商定程序的财务信息；（4）说明执行的商定程序是与特定主体协商确定的；（5）说明已按照执业准则的规定和业务约定书的要求执行了商定程序；（6）当审计师不具有独立性时，说明这一事实；（7）说明执行商定程序的目的；（8）列出所执行的具体程序；（9）说明执行商定程序的结果，包括详细说明发现的错误和例外事项；（10）说明所执行的商定程序并不构成审计或审阅，审计师不提出鉴证结论；（11）说明如果执行商定程序以外的程序，或执行审计或审阅，审计师可能得出其他报告结果；（12）说明报告仅限于特定主体使用；（13）在适用的情况下，说明报告仅与执行商定程序的特定财务数据有关，不得扩展到财务报表整体；（14）审计师的签名和盖章；（15）会计师事务所的名称、地址及盖章；（16）报告日期。

上述16项基本内容构成了商定程序业务报告的内容，审计师编制报告时应当予以充分关注。以下几点需要特别注意：（1）标题。与审计报告不同，准则并未要求商定程序业务的报告必须统一标题。审计师在出具商定程序业务报告时，可以根据实际需要自行确定报告的标题，如"对××执行商定程序的报告"。（2）收件人。商定程序业务报告的收件人应当是特定主体，一般是委托人，也可以包括业务约定书中指明的其他的报告致送对象。（3）在对特定财务数据执行商定程序业务时，说明报告仅与执行商定程序的特定财务数据有关，不得扩展到财务报表整体。（4）报告日期。是指审计师完成商定程序的日期。（5）审计师应当仅报告对特定财务信息执行商定程序的结果及发现的问题，而不应对该财务信息发表鉴证意见或者提供可信性保证。（6）审计师应当报告其执行程序所发现的一切问题。执行商定程序业务一般不使用重要性原则，除非与特定主体商定了重要性水平的范围。如果运用了重要性原则，审计师应当在报告中说明所商定的重要性水平。（7）审计师应当避免在报告中使用模棱两可的词语。如审计师对"在某一日期的银行存款余额调节表中找出未付款支票，查看在随后一个月的银行对账单中这些支票是否已结清"执行的商定程序，对工作结果的恰当描述应当是："除了以下情况，银行存款余额调节表中所有未付款的支票都在随后一个月的银行对账单中表明已结清：（列出例外的情况）"，对工作结果的不当描述是："执行该程序并未发现任何情况"。

商定程序业务报告仅限于参与协商确定程序的特定主体使用，以避免不了解商定程序的人对报告产生误解。

【相关链接 17-1】

对应收账款明细表执行商定程序示例
注册会计师执行商定程序的报告

ABC 公司：

我们接受委托，对 Y 公司 20×1 年 12 月 31 日的应收账款明细表执行了与贵公司商定的程序。这些程序经贵公司同意，其充分性和适当性由贵公司负责。我们的责任是按照《中国注册会计师相关服务准则第 4101 号——对财务信息执行商定程序》和业务约定书的要求执行商定程序，并报告执行程序的结果。本业务的目的仅是协助贵公司评价 Y 公司应收账款记录的正确性。现将执行的程序及得出的结果报告如下：

一、执行的程序

1. 取得 Y 公司编制的 20×1 年 12 月 31 日的应收账款明细表，验算合计数，并与总分类账核对是否相符。

2. 从应收账款明细表中抽取 50 家客户，检查对应的销售发票与主营业务收入明细账是否相符。抽取方法是从第 10 家客户开始，每隔 20 家抽取 1 家。

3. 对应收账款明细表中余额较大的前 200 家客户进行函证。

4. 对未回函的客户，检查销售发票、发运凭证和订货单是否相符。

5. 对回函金额不符的客户，取得 Y 公司编制的差异调节表，并检查差异调节是否适当。

二、执行程序的结果

1. 执行第 1 项程序，我们发现应收账款明细表合计数正确，并与总分类账核对相符。

2. 执行第 2 项程序，我们发现销售发票与主营业务收入明细账相符，抽取余额占应收账款明细表合计数的 10.5%。

3. 执行第 3 项程序，我们对应收账款明细表中余额较大的前 200 家客户发出询证函，函证金额占应收账款明细表合计数的比例为 80%。收到 180 家客户的回函，回函金额 ×元，差异 ×元（其中正差 ×元，负差 ×元），其余 20 家客户未回函。

4. 执行第 4 项程序，我们发现未回函的 20 家客户的销售发票、发运凭证和订货单相符。

5.执行第5项程序，我们发现除以下回函金额不符外，其他差异通过差异调节表调节消失（列出回函金额不符的应收账款）。

上述已执行的商定程序并不构成审计或审阅，因此我们不对上述应收账款明细表发表审计或审阅意见。如果执行商定程序以外的程序或执行审计或审阅，我们可能得出其他报告结果。

本报告仅供贵公司用于第一段所述目的，不应用于其他目的及分发给其他单位或个人。本报告仅与上述特定财务数据有关，不应将其扩大到Y公司财务报表整体。

××会计师事务所（盖章）　　　　中国注册会计师：×××（签名并盖章）
中国××市　　　　　　　　　　　中国注册会计师：×××（签名并盖章）
　　　　　　　　　　　　　　　　　　　　二〇×二年×月×日

【相关链接17-2】
与并购计划相关的商定程序报告示例
注册会计师执行商定程序的报告

ABC公司：

我们接受委托执行了下面所列程序。这些程序经贵公司管理层同意，其充分性和适当性由贵公司管理层负责。我们的责任是按照《中国注册会计师相关服务准则第4101号——对财务信息执行商定程序》和业务约定书的要求执行商定程序，并报告执行程序的结果。本业务的目的仅仅是帮助贵公司管理层了解对Y公司截至20×1年12月31日的并购计划。

我们所执行的程序及其结果如下：

一、货币资金

我们从以下银行取得了银行询证函回函。通过比较，我们发现银行确认的存款余额与Y公司银行存款余额调节表中相应金额一致。我们通过计算检查了银行存款余额调节表的编制，并将计算得到的各银行存款账户余额与相应的总账余额进行了比较。

银行	20×1年12月31日的总账余额
D银行	￥5 000
E银行	￥13 776
XYZ信托公司——一般账户	￥86 912
XYZ信托公司——工资账户	￥5 000
	￥110 688

执行上述程序我们未发现任何异常。

二、应收账款

1.我们加总了列在应收账款账龄分析表中所有顾客的账户余额（以A标志），并将得到的总额与总账余额进行了比较。

我们未发现差异。

2.我们对应收账款账龄分析表中列示的各个顾客在20×1年12月31日的账户余额（以A标志）与应收账款明细账的余额进行了比较。

比较的结果没有发现异常。

3.我们在以A标志的账户余额中抽取了50家顾客进行追查，包括查找应收账款明细账对应的未收款发票。顾客的抽取方式是从第8家顾客开始，每隔15家抽取一家。

对所抽取的50家顾客账户余额进行追查，没有发现异常。抽取的余额共占顾客账户总余额的9.8%。

4.我们对应收账款分析表中余额较大的前150家顾客发出了询证函，得到的询证结果在下面予以说明。我们还对没有作出答复的顾客余额进行了追查，查看了有关的发票和运单。按照与贵公司管理层的约定，单笔余额差异在300元以下的视为不重要，对其不再执行进一步程序。

我们发出询证函的150家顾客中，有140家作出了答复，10家没有作出答复。根据收到的询证答复，我们发现其中120家顾客不存在异常，其他20家存在差异，一部分差异的金额视为不重要（如前面所界定的），另一部分差异通过调节表的调整后消失。根据账龄汇总的询证结果见表17-2。

表17-2　　　　　　　　　　　　　　询证结果汇总表　　　　　　　　　　　　　　单位：元

账 龄	20×1年12月31日应收账款		
	顾客的账户余额	发出的询证金额	得到的询证结果
未到期的	156 000	76 000	65 000
过期的：			
少于1个月	60 000	30 000	19 000
1~3个月	36 000	8 000	10 000
超过3个月	48 000	48 000	8 000
合计	300 000	162 000	102 000

上述已执行的商定程序并不构成审计或审阅，因此我们不发表审计或审阅意见。如果执行商定程序以外的程序或执行审计或审阅，我们可能得出其他报告结果。

本报告仅供贵公司管理层用于第一段所述目的，不应用于其他目的及分发给其他单位或个人。本报告仅与上述特定财务数据有关，不应将其扩大到Y公司财务报表整体。

××会计师事务所（盖章）　　　　中国注册会计师：×××（签名并盖章）
中国××市　　　　　　　　　　　中国注册会计师：×××（签名并盖章）
　　　　　　　　　　　　　　　　　　　　　二○×二年×月×日

● 17.2　代编财务信息

代编财务信息（以下简称代编业务）是指审计师接受客户委托，运用会计而非审计的专业知识和技能，代客户编制一套完整或非完整的财务报表，或代为搜集、分类和汇总其他财务信息。代编业务既不是审计和审阅业务，也不是其他鉴证业务，不包含任何保证成分，是一项服务业务。但以审计师名义执行时，应当遵守相关职业道德规范，恪守客观、公正的原则，保持专业胜任能力和应有的关注，并对执业过程中获知的信息保密。对代编业务不提出独立性要求，但审计师如果不具有独立性，应当在代编业务报告中说明这一事实。在任何情况下，如果审计师的姓名与代编的财务信息相联系，审计师应当出具代编业务报告。

17.2.1　代编业务的目标

代编业务的目标是审计师运用会计而非审计的专业知识和技能，代客户编制一套完整或非完整的财务报表，或代为搜集、分类和汇总其他财务信息。审计师执行代编业务使用的程序并不旨在、也不能对财务信息提出任何鉴证结论。

根据代编业务的目标可知，代编业务既非审计业务也非审阅业务，不包含任何保证成分，因此不属于鉴证业务。代编业务与鉴证业务存在显著的区别，具体见表17-3。

表17-3　　　　　　　　　　　　代编业务与鉴证业务的区别

区别＼业务类型	代编财务信息	鉴证业务（以财务报表审计为例）
业务关系人	只涉及审计师和责任方两方关系人	涉及审计师、被审计单位和预期使用者三方关系人
业务关注的焦点	财务信息的搜集、分类和汇总	财务信息的质量
保证程度	不对财务信息提供任何程度的保证	对财务报表不存在重大错报提供合理保证
独立性的要求	不对独立性提出要求，但如果不独立，应当在代编业务报告中说明这一事实	要求审计师从实质上和形式上独立于被审计单位
对象	可能是历史财务信息，也可能是预测性财务信息	历史财务信息，通常是历史财务报表
标准	客户指定的编制基础，可以是法定的，也可以是非法定的	适用的会计准则和相关会计制度
证据	对证据未提出要求	获取足以支持审计意见的充分、适当的证据
报告	如果审计师的姓名与代编财务信息相关联，需要出具代编业务报告，但在报告中不提出鉴证结论	以书面形式提供审计报告，并在报告中就财务报表整体是否不存在重大错报发表审计意见

17.2.2　业务约定书

1）签约前的工作

审计师应当在代编业务开始前，与客户就代编业务约定条款达成一致意见，并签订业务约定书，以避免双方对代编业务的理解产生分歧。

具体地说，审计师应当在代编业务开始前与客户就以下事项进行沟通：

（1）委托目的。在接受委托前，审计师应当与客户进行沟通，告知鉴证业务与代编业务的区别，识别出客户的真实需求，明确客户委托的目的，以避免双方对代编业务的理解产生分歧。

（2）代编业务的性质。无论是在客户还是信息使用者的印象或认识中，往往都将审计师与信息保证联系在一起。即便客户明确地提出代编服务的要求，也可能暗含对某种保证的期待。因此，审计师必须在业务承接前明确地向客户指明代编业务的性质，即代编业务既非审计也非审阅，代编业务的程序不用于、也无法用来对代编的财务信息提出任何鉴证结论。同时，客户也不能依赖审计师的代编服务来揭露可能存在的错误、舞弊以及违反法规的行为，或者内部控制存在的薄弱环节。通过与客户沟通，明确代编业务的性质。

（3）客户责任。审计师应当与客户进行沟通，明确客户提供信息的范围、性质以及对其所提供信息承担的责任。例如，在代编符合合同条款要求的财务信息时，客户提供的信息应当包括合同条款的原始信息，以及其他经营管理方面的信息，当然，还应当包括已有的会计记录，这样才能确保编制的财务信息符合合同要求。

（4）编制基础。所谓编制基础，是指按照一定的标准，对信息进行搜集、分类和汇总，以编制满足使用者需求的财务信息。编制基础既可以是法定的，也可以是非法定的。法定的编制基础可以是适用的会计准则和相关会计制度，也可以是政府监管部门颁布的、特殊的财务信息要求。非法定的编制基础可能是客户治理层或管理层制定的考核要求和计算规则、金融机构制定的贷款条款等。目前常见的编制基础有财务报表编制基础、计税基础、收付实现制基础等。

审计师应当就客户采用的编制基础与客户进行沟通，并向客户指明：①采用的编制基础将在代编的财务信息中进行披露，如在财务报表附注中予以说明；②如果审计师出具了代编业务报告，报告中也将相应地说明采用的编制基础。

同时，审计师还应向客户说明，如果代编财务信息存在与选定编制基础背离的情形，也将在代编财务信息和代编业务报告中予以披露。例如，某小企业客户选择《企业会计制度》作为代编财务信息的基础，根据《企业会计制度》的规定，开办费用自正式生产经营之日起一次性摊销，而客户一定要在三年内摊销，则审计师应当在编制的财务报表和出具的代编业务报告中予以说明。

在这一点上，代编业务也与鉴证业务有所不同：如果客户坚持偏离选定的编制基础，执行代编业务的审计师只需在代编财务信息和代编业务报告中对此予以说明；如果是鉴证业务，则审计师要说明这一偏离对鉴证对象信息的影响，并提出鉴证结论。

就客户采用的编制基础进行的沟通还包括将编制基础与客户的委托目的相结合，判断两者是否一致。如果编制基础与委托目的不一致，审计师应当提请客户采用与委托目的相适应的编制基础。

（5）代编信息的预期用途、分发范围和代编业务报告。审计师在承接业务时，还需要就代编财务信息的预期用途、分发范围，以及可能出具的代编业务报告与客户进行沟通。

一旦审计师知道自己的名字将与代编的财务信息发生联系，就必须出具代编业务报告。例如，外商投资企业在给国外股东的财务报告中可能说明"本财务报表是委托××会计师事务所按照国际财务报告框架编制的"。为了避免信息使用者产生误解，以为经过审计师之手，就有某种保证，审计师应当出具代编业务报告，说明执行的业务既非审计也非审阅，因此不对代编的财务信息提出鉴证结论。审计师应当将代编业务报告与代编的财务信息一并提供给客户。

2）业务约定书的内容

业务约定书应当包括下列主要事项：（1）业务的性质，包括说明拟执行的业务既非审计也非审阅，审计师不对代编的财务信息提出任何鉴证结论；（2）说明不能依赖代编业务揭露可能存在的错误、舞弊以及违反法规行为；（3）客户提供的信息的性质；（4）说明客户管理层应当对提供给审计师的信息的真实性和完整性负责，以保证代编财务信息的真实性和完整性；（5）说明代编财务信息的编制基础，并说明将在代编财务信息和出具的代编业务报告中对该编制基础以及任何重大背离予以披露；（6）代编财务信息的预期用途和分发范围；（7）如果审计师的姓名与代编的财务信息相联系，说明审计师出具的代编业务报告的格式；（8）业务收费；（9）违约责任；（10）解决争议的方法；（11）签约双方法定代表人或其授权代表的签字盖章，以及签约双方加盖的公章。

审计师与客户就沟通事项达成一致意见之后，应当签订业务约定书，以明确双方对委托事项的理解和达成的约定，保护双方的利益。业务约定书的格式可以是合同式，也可以是信函式。

17.2.3　计划、程序与记录

1）制订代编业务计划

审计师在与客户签订业务约定书之后，应当制订代编业务计划，详细计划代编业务的程序、时间和人员安排等事项，以便能够将资源合理分配到代编业务的重要领域，有效率地完成代编业务。代编业务计划随着委托项目的规模、复杂程度、审计师与客户的交往经验以及对客户业务的熟悉程度的不同而不同。

2）了解客户

审计师应当了解客户的业务和经营情况，熟悉其所处行业的会计政策和惯例，以及与具体情况相适应的财务信息的形式和内容；了解客户业务交易的性质、会计记录的形式和财务信息的编制基础。审计师通常利用以前经验、查阅文件记录或询问客户的相关人员，获取对这些事项的了解。

3）代编业务程序

如果注意到管理层提供的信息不正确、不完整或在其他方面不令人满意，审计师应当考虑执行下列程序，并要求管理层提供补充信息：（1）询问管理层，以评价所提供信息的可靠性和完整性；（2）评价内部控制；（3）验证任何事项；（4）验证任何解释。

如果管理层拒绝提供补充信息，审计师应当解除该项业务约定，并告知客户解除业务约定的原因。

4）发生重大错报的情形及其处理

审计师应当阅读代编的财务信息，并考虑形式是否恰当，是否不存在明显的重大错报。重大错报包括下列情形：（1）错误运用编制基础；（2）未披露所采用的编制基础和获知的重大背离；（3）未披露审计师注意到的其他重大事项。

审计师应当在代编财务信息中披露采用的编制基础和获知的重大背离，但不必报告背离的定量影响。

如果注意到存在重大错报，审计师应当尽可能与客户就如何恰当地更正错报达成一致意见。如果重大错报仍未得到更正，并且认为财务信息存在误导，审计师应当解除该项业务约定。

5）获取管理层声明书

审计师应当从管理层获取其承担恰当编制财务信息和批准财务信息的责任的书面声明。该声明还应当包括管理层对会计数据的真实性和完整性负责，以及已向审计师完整提供所有重要且相关的信息。

6）工作记录

审计师应当记录重大事项，以证明其已按照代编业务准则的规定和业务约定书的要求执行代编业务。

重大事项通常包括：（1）业务约定书；（2）代编业务计划；（3）执行的代编程序；（4）发现的重大错报；（5）客户管理层声明书；（6）代编财务信息的最终成果；（7）出具的代编业务报告（如果适用）。

17.2.4 代编业务报告

代编业务报告应当包括以下内容：（1）标题；（2）收件人；（3）说明审计师已按照《中国注册会计师相关服务准则第4111号——代编财务信息》的规定执行代编业务；（4）当审计师不具有独立性时，说明这一事实；（5）指出财务信息是在管理层提供信息的基础上代编的，并说明代编财务信息的名称、日期或涵盖的期间；（6）说明管理层对审计师代编的财务信息负责；（7）说明执行的业务既非审计，也非审阅，因此不对代编的财务信息提出鉴证结论；（8）必要时，应当增加一个段落，提醒注意代编财务信息对采用的编制基础的重大背离；（9）审计师的签名及盖章；（10）会计师事务所的名称、地址及盖章；（11）报告日期。

审计师应当在代编财务信息的每页或一套完整的财务报表的首页明确标示"未经审计或审阅""与代编业务报告一并阅读"等字样，从而可以让信息使用者知晓审计师提供的是会计专业知识和技能的服务，并明确告知使用者，审计师在代编服务中不提出任何鉴证结论。

【相关链接17-3】

代编财务报表业务报告

代编财务报表业务报告

（收件人名称）：

在ABC公司管理层提供信息的基础上，我们按照《中国注册会计师相关服务准则第4111号——代编财务信息》的规定，代编了ABC公司20×1年12月31日的资产负债表，20×1年度的利润表、股东权益变动表和现金流量表以及财务报表附注。管理层对这些财务报表负责。我们未对这些财务报表进行审计或审阅，因此不对其提出鉴证结论。

×× 会计师事务所（盖章）　　　　中国注册会计师：×××（签名并盖章）

中国××市　　　　　　　　　　　二○×二年×月×日

【相关链接17-4】

代编财务报表业务报告，增加段落以引起对背离编制基础的关注

代编财务报表业务报告

（收件人名称）：

在ABC公司管理层提供信息的基础上并根据20××年×月×日签订的代编业务约定书中约定的代编基础——企业会计准则和《××会计制度》，我们按照《中国注册会计师相关服务准则第4111号——代编财务信息》的规定，代编了ABC公司20×1年12月31日的资产负债表，20×1年度的利润表、股东权益变动表和现金流量表以及财务报表附注。管理层对这些财务报表负责。我们未对这些财务报表进行审计或审阅，因此不对其提出鉴证结论。

我们提请注意，如财务报表附注×所述，管理层对融资租赁的机器设备未予资本化，该事项不符合企业会计准则和《××会计制度》的规定。

××会计师事务所（盖章）　　　　中国注册会计师：×××（签名并盖章）

中国××市　　　　　　　　　　　　　　　　二○×二年×月×日

[总结与结论]

本章主要论述了审计师执行的包括商定程序、代编财务信息等相关服务业务。相关服务与鉴证业务有着本质的区别，不提出任何鉴证结论。审计师执行相关服务，要遵循相关服务准则。

[练习题]

★ 简答题

1.如何区分审计、审阅与商定程序？

2.为什么对审计师执行相关服务业务没有提出独立性的要求？

★ 案例分析题

A会计师事务所接受B企业（非上市公司）代编资产负债表的委托，委派C审计师执行该项业务，C审计师的配偶任该企业财务总监，C在代编的资产负债表上签署了名字，但未出具代编资产负债表业务报告。

要求：

（1）A会计师事务所执行这项业务是否完全符合相关服务准则的要求？

（2）C审计师能否执行该项业务？

（3）请你代C审计师草拟一份代编资产负债表业务报告。

★补充阅读材料

1.中国注册会计师相关服务准则第4101号——对财务信息执行商定程序.

2.李杰，孟祥军.注册会计师执行商定程序业务的现存问题与对策［J］.中国注册会计师，2008（11）.

主要参考文献

中文部分

专著部分

[1] 刘明辉.审计与鉴证服务 [M]. 北京：高等教育出版社，2007.

[2] 马贤明，郑朝晖.会计谜局·解 [M]. 大连：大连出版社，2005.

[3] 常勋，等.会计师事务所质量控制 [M]. 大连：东北财经大学出版社，2004.

[4] 陈汉文.审计 [M]. 厦门：厦门大学出版社，2004.

[5] 郭晓梅，等.注册会计师法律责任 [M]. 大连：东北财经大学出版社，2004.

[6] 黄世忠.会计数字游戏——美国十大财务舞弊案例剖析 [M]. 北京：中国财政经济出版社，2004.

[7] 李若山.注册会计师：经济警察吗？[M]. 北京：中国财政经济出版社，2003.

[8] 刘燕.会计师民事责任研究：公众利益与职业利益的平衡 [M]. 北京：北京大学出版社，2004.

[9] 张宜霞.内部控制——基于企业本质的研究 [M]. 北京：中国财政经济出版社，2004.

[10] 刘明辉.审计 [M]. 大连：东北财经大学出版社，2003.

[11] 格雷，曼森.审计流程：原理、实践与案例 [M]. 吕兆德，等，译.北京：中信出版社，2003.

[12] 张连起.会计师事务所质量控制 [M]. 上海：上海财经大学出版社，2003.

[13] 陈汉文，等.证券市场与会计监管 [M]. 北京：中国财政经济出版社，2002.

[14] 冯均科.注册会计师审计质量控制理论研究 [M]. 北京：中国财政经济出版社，2002.

[15] 林启云.注册会计师非审计服务研究 [M]. 大连：东北财经大学出版社，2002.

[16] 林钟高，等.独立审计理论研究 [M]. 上海：立信会计出版社，2002.

[17] 刘明辉.独立审计学 [M]. 大连：东北财经大学出版社，2002.

[18] 徐政旦，等.审计研究前沿 [M]. 上海：上海财经大学出版社，2002.

[19] 中国会计学会.中国会计研究文献摘编（1979—1999）[M]. 大连：东北财经大学出版社，2002.

[20] 阿伦斯，等.审计学——整合方法研究 [M]. 石爱中，等，译.北京：中国审计出版社，2001.

［21］蔡春.审计理论结构研究［M］.大连：东北财经大学出版社，2001.

［22］胡春元.风险基础审计［M］.大连：东北财经大学出版社，2001.

［23］黄京菁.独立审计目标及其实现机制研究［M］.广州：暨南大学出版社，2001.

［24］萧英达，等.国际比较审计［M］.上海：立信会计出版社，2000.

［25］陈建明.独立审计规范论［M］.大连：东北财经大学出版社，1999.

［26］卡迈克尔.审计概念与方法［M］.刘明辉，译.大连：东北财经大学出版社，1999.

［27］刘明辉，等.审计概念与方法——现行理论与实务指南［M］.大连：东北财经大学出版社，1999.

［28］毛岩亮.民间审计责任研究［M］.大连：东北财经大学出版社，1999.

［29］比弗.财务呈报：会计革命［M］.王昌锐，蔡传里，许家林，译.大连：东北财经大学出版社，1999.

［30］林钟高，等.离任审计［M］.大连：东北财经大学出版社，1998.

［31］刘怀德.现代审计实证分析［M］.北京：经济科学出版社，1998.

［32］刘明辉.独立审计准则研究［M］.大连：东北财经大学出版社，1997.

［33］张建军.审计概念体系研究［M］.北京：中国财政经济出版社，1997.

［34］王文彬，等.审计基本理论［M］.上海：三联书店上海分店，1994.

［35］尚德尔 C W.审计理论［M］.汤云为，吴云飞，译.北京：中国财政经济出版社，1992.

［36］李 T.企业审计［M］.徐宝权，张立民，译.天津：天津大学出版社，1991.

［37］莫茨 R K，夏拉夫 H A.审计理论结构［M］.文硕，等，译.北京：中国商业出版社，1990.

［38］汤云为，等.审计理论［M］.北京：中国审计出版社，1990.

［39］文硕.世界审计史［M］.北京：中国审计出版社，1990.

［40］查特菲尔德 M.会计思想史［M］.文硕，董晓柏，译.北京：中国商业出版社，1989.

论文部分

［41］刘文军.会计师事务所执业质量检查提高审计质量了吗?［J］.审计研究，2016（11）.

［42］龙小海，张媛媛.会计师事务所规模与审计质量——基于会计师事务所分所的实证研究［J］.南京审计大学学报，2016，13（5）.

［43］高一华，尹斌.浅论独立审计的审计责任与法律责任的认定——以"科龙-德勤"审计失败案为例［J］.时代金融，2012（3）.

［44］向佳.内部控制审计案例分析——新华制药被出具否定意见［J］.企业导报，2012（11）.

［45］张凤丽.基于新审计准则视角的审计期望差距研究［J］.会计之友，2012（7）.

［46］李晓慧.会计师事务所开拓其他鉴证业务的案例研究［J］.会计之友，2011（1）.

［47］刘圻.论审计期望差距的分类治理：一个程序理性的视角［J］.审计研究，2008（2）.

［48］赵丽芳.审计期望差距、差距弥合与治理基础审计［J］.审计研究，2007（2）.

［49］刘明辉，何敬.审计期望差距的心理学分析［J］.审计研究，2010（3）.

［50］刘明辉，等.鉴证业务三方关系人：基于经济学的解析［J］.经济与管理研究，

2006（9）.

[51] 刘明辉，等.两类鉴证业务之辨析：基于责任方认定的业务和直接报告业务 [J]. 中国注册会计师，2006（6）.

[52] 刘明辉，等.注册会计师鉴证业务中的保证概念 [J]. 财务与会计，2006（11）.

[53] 刘明辉，等.法务会计、舞弊审计与审计责任的历史演进 [J]. 审计与经济研究，2005（6）.

[54] 陈毓圭.关于风险导向审计方法由来与发展的认识 [J]. 中国注册会计师，2004（4）.

[55] 李雪，等.对环境审计定义的再认识 [J]. 审计研究，2004（2）.

[56] 易琼.财务报表保险制度——解决审计独立性的新思路 [J]. 中国注册会计师协会行业发展研究资料，2004（2）.

[57] 张连起，等.现代审计风险模型分析探讨 [J]. 中国注册会计师，2004（10）.

[58] 杜兴强.审计全新思路：战略系统审计模式 [J]. 中国审计，2003（7）.

[59] 蒋卫平，等.美国最新反舞弊审计准则的产生背景、内容及其影响 [J]. 财务与会计，2003（4）.

[60] 刘明辉，等.注册会计师业务相关术语辨析——兼论注册会计师业务的范围及分类 [J]. 中国注册会计师，2003（1）.

[61] 卢相君.证券市场独立审计期望差研究 [J]. 当代经济研究，2003（1）.

[62] 章立军.审计期望差产生的经济学分析 [J]. 中国注册会计师，2003（12）.

[63] 张龙平，等.美国舞弊审计准则的制度变迁及其启示 [J]. 会计研究，2003（4）.

[64] 陈汉文，等.审计的未来：认证服务研究 [J]. 审计研究，2002（3）.

[65] 李雪颖，等.查找舞弊是注册会计师的天职 [J]. 财务与会计，2002（3）.

[66] 汪月祥.审计实务中如何遵循独立审计准则——从"银广夏"审计失败谈起 [J]. 中国注册会计师，2002（5）.

[67] 张连起.舞弊行为与舞弊审计 [J]. 财务与会计，2002（9）.

[68] 赵宝卿.注册会计师审计法律责任研究 [J]. 审计研究，2002（3）.

[69] 宋常.舞弊及其审计问题的若干思考 [J]. 审计研究，2001（4）.

[70] 苏牧.论审计研究的起点 [J]. 审计研究，2001（4）.

[71] 孙峥.新经济的挑战与机遇——中国注册会计师业务前景之展望 [J]. 审计研究，2001（1）.

[72] 张雪芬.关于企业环境审计的几个问题 [J]. 审计研究，2001（5）.

[73] 郑朝晖.上市公司十大管理舞弊案分析及侦查研究 [J]. 审计研究，2001（6）.

[74] 白静，等.国际注册会计师业务的最新发展及启示 [J]. 审计研究，1999（2）.

[75] 刘明辉.论审计失败 [J]. 财务与会计，1999（11）.

[76] 祝圣训，等.环境审计——绩效审计的发展 [J]. 审计研究，1998（5）.

[77] 福建省审计学会课题组.关于环境审计的思考（上、下）[J]. 审计研究，1997（6）.

[78] 张以宽.论环境审计与环境管理 [J]. 审计研究，1997（3）.

[79] 阎金锷，等.审计理论研究的新起点——审计理论结构探讨 [J]. 审计研究，1996（3）.

[80] 李若山.审计理论结构探讨 [J]. 审计研究，1995（3）.

［81］刘兵.审计理论研究的逻辑起点及审计理论体系［J］.审计研究，1995（4）.

［82］徐政旦，等.试论我国社会主义审计模式的若干原则［J］.审计研究，1987（4）.

其他

［83］中国注册会计师执业准则（自2012年1月1日起施行）.

［84］中国注册会计师执业准则指南（2007年修订）.

［85］AICPA第100号审计准则（SAS No.100）《期中财务信息》.

［86］AICPA的SSAE No.10《预计财务报表鉴证准则》.

［87］AICPA的《鉴证业务准则第1号——鉴证业务》.

［88］ISO14010：1996《环境审核指南——通用原则》.

［89］澳大利亚《审计准则第904号——执行商定程序业务》.

英文部分

专著部分

［1］ADAMS C A，EVANS R. Accountability，completeness，credibility and the audit expectations gap［M］. Sheffield：Greenleaf Publishing，2004.

［2］MESSIER W F，Jr. Auditing and assurance service：a systematic approach［M］. 3rd ed. New York：McGraw-Hill，2003.

［3］DANGELMAYER T. ESD program management［M］. 2nd ed. Dordrecht：Kluwer Academic Publishers，1999.

［4］HUMPHREY G，MOIZER P，TURLEY S. The audit expectations gap in the United Kingdom［R］. ICAEW Research Board，1992.

［5］WILLIAM D G. A survey of auditing research［M］. London：Prentice-Hall International，1987.

［6］WALLACE W A. The economic role of the audit in free and regulated markets［M］. New York：Touch Ross，1980.

［7］MAUTZ R K，SHARAF H A. The philosophy of auditing［M］. Sarasota：American Accounting Association，1961.

［8］LITTLETON A C. Accounting evolution to 1900［M］. New York：American Institute Publishing Company，1933.

［9］MONTGOMERY R H. The American business manual［M］. New York：P. F. Coller & Son Corporation，1911.

论文部分

［10］FADZLY M N，AHMAD Z. Audit expectation gap：the case of Malaysia［J］. Managerial Auditing Journal，2004，19（7）：897-915.

［11］THOMASW W，ALEJANDRO J Jr，PITMAN M K. The audit expectation gap of the 21st Century［J］. Today's CPA，2004，7.

［12］LIN Z J，CHEN F. An empirical study of audit expectation gap in the People's Republic of China［J］. International Journal of Auditing，2004，8（2）：93－115.

［13］DAN K，ALVESSON M. Understanding ethical closure in organizational settings the case of media organizations [J]. Nature Reviews Molecular Cell Biology, 2010, 14 (11): 688.

[14] COURVILLE S. Social accountability audits: challenging or defending democratic governance? [J]. Law & Policy, 2003, 25 (3): 269-297.

[15] BEAULIEU P R. Reputation does matter [J]. Journal of Accountancy, 2002, 1.

[16] SCHWARTZ M S. A code of ethics for corporate code of ethics [J]. Journal of Business Ethics, 2002, 41 (1-2): 27-43.

[17] DELEO W I, LETOURNEAU C A, MCCLEYMOR J G. Awareness and potential of eldercare services [J]. The CPA Journal, 2002, 11.

[18] MCENROE J E, MARTENS S C. Auditors' and investor's perceptions of the 'expectation gap' [J]. Accounting Horizons, 2001, 15 (4): 345-358.

[19] BEST P J, BUCKBY S, TAN C. Evidence of the audit expectation gap in Singapore [J]. Managerial Auditing Journal, 2001, 16 (3): 134-144.

[20] WIELE T, KOK P, MCKENNA R, et al. A corporate social responsibility audit within a quality management framework [J]. Journal of Business Ethics, 2001, 31 (4): 285-297.

[21] COLLISON D, SLOMP S. Environmental accounting, auditing and reporting in Europe: the role of FEE [J]. European Accounting Review, 2000, 9 (1): 111-129.

[22] TACKETT J A, CLAYPOOL G A, WOLF F M. Audit disaster futures: antidotes for the expectation gap? [J]. Managerial Auditing Journal, 1999, 14 (9): 468-478.

[23] GARCIA BENAU M A, BARBADILLO E R, HUMPHREY C, et al. Success in failure? Reflections on the changing Spanish audit environment [J]. The European Accounting Review, 1999, 8 (4): 701-730.

[24] SIKKA P, PUXTY A, WILLMOTT H, et al. The impossibility of eliminating the expectations gap: some theory and evidence [J]. Critical Perspectives on Accounting, 1998, 9 (3): 299-330.

[25] PIERCE B, KILCOMMINS M. The audit expectations gap: the role of auditing education [J]. DCUBS Research Papers, 1996, 13.

[26] MONROE G S, WOODLIFF D R. An empirical investigation of the audit expectation gap: Australian evidence [J]. Accounting and Finance, 2014, 34 (1): 47-74.

[27] EPSTEIN M J, GEIGER M A. Investor views of audit assurance: recent evidence of the expectation gap [J]. Journal of Accountancy, 1994, 177 (1).

[28] PORTER B. An empirical study of the audit expectation - performance gap [J]. Accounting and Business Research, 2012, 24 (93): 49-68.

[29] MONROE G S, WOODLIFF D R. The effect of education on the audit expectation gap [J]. Accounting and Finance, 2009, 33 (1): 61-78.

[30] HOOKS K. Professionalism and self-interest: a critical view of the expectations gap [J]. Critical Perspectives on Accounting, 1992, 3 (2): 109-136.

[31] BAILEY K E, BYLINSKI J H, SHIELDS M D. Effect of audit report wording changes

on the perceived message [J]. Journal of Accounting Research, 1983, 21 (2): 355-370.

[32] CHOW C W. The demand for external auditing: size, debt and ownership influences [J]. The Accounting Review, 1982, 57 (2): 272-291.

[33] CARROLL A B. A three-dimensional conceptual model of corporate preformance [J]. Academy of Management Review, 1979, 4 (4): 497-505.

[34] LIGGIO C D. The expectation gap: the accountant's Waterloo [J]. Journal of Contemporary Business, 1974, 3: 27-44.

[35] KANGARLUIE S, ALIZADEH A. The expectation gap in auditing [J]. Accounting, 2017, 3 (1).

[36] MASOUD N. An empirical study of audit expectation-performance gap: the case of Libya [J]. Research in International Business and Finance, 2017, 41: 1-15.

其他

[37] AICPA. Codification of Statements on Auditing Standards (Including statements on Standards for Attestation Engagements) Numbers 1 to 82. January 1, 1997.

[38] AICPA. Statement on Auditing Standards No. 100 Interim Financial Information.

[39] APB. Proposals for an Expanded Auditors' Report (Consultative Paper). Accountancy, 1991 (11).

[40] COSO. Enterprise Risk Management-Integrated Framework. 2004.

[41] COSO. Enterprise Risk Management Framework (draft). 2003.

[42] DONNELLY, et al. Cases in strategic-systems auditing [R]. KPMG, 2002.

[43] EC. Promoting a European Framework for Corporate Social Responsibility. 2001.

[44] IAASB. ISA 200, Objective and General Principles Governing an Audit of Financial Statements.

[45] IAASB. ISA 315, Identifying and Assessing the Risks of Material Misstatement through Understanding the Entity and Its Environment.

[46] IAASB. ISA 330, The Auditor's Procedures in Response to Assessed Risks.

[47] IAASB. ISA 500R, Audit Evidence.

[48] Version 2.0 of the SysTrust Principles and Criteria.

[49] Version 3.0 of the WebTrust Principles and Criteria.